LETTRES APOSTOLIQUES

DE

S. S. LÉON XIII

LETTRES APOSTOLIQUES
DE
S. S. LÉON XIII
ENCYCLIQUES, BREFS, etc.

Texte latin avec la traduction française en regard

PRÉCÉDÉES

D'UNE NOTICE BIOGRAPHIQUE

SUIVIES

D'UNE TABLE GÉNÉRALE ALPHABÉTIQUE

TOME SEPTIÈME ET DERNIER

> *Ego autem rogavi pro te ut non deficiat fides tua : et tu,.... confirma fratres tuos.*
> (Luc. XXII, 23.)
> Πέτρος διά Λέοντος ταῦτα ἐξεφώνησεν.
> Pierre a parlé par la bouche de Léon.
> (*Concil. Chalc.*)
> Mon amour pour Jésus-Christ doit s'étendre particulièrement à son Vicaire sur la terre.
> (P. D'ALZON, *Directoire* des Aug. de l'Ass.)

PARIS
5, RUE BAYARD, 5

LETTRES APOSTOLIQUES

ou

ENCYCLIQUES, BREFS, &.

DE

S. S. LÉON XIII

DISCOURS

DE

LÉON XIII

AUX PÈLERINS FRANÇAIS, CONDUITS PAR LE COMITÉ
DES PÈLERINAGES NATIONAUX, LE 2 MAI 1879 (1)

C'est avec le plus vif plaisir que Nous voyons aujourd'hui autour de Notre trône les fils de la généreuse nation française, dont les gloires et les souffrances ont été toujours étroitement unies à celles de l'Église et du Pontificat romain.

Nous vous remercions, Nos chers enfants, du fond de Notre cœur, pour les sentiments que vous venez de Nous exprimer. Ces sentiments de respect, de dévotion et d'inébranlable fidélité envers la Chaire de saint Pierre et Notre humble personne correspondent pleinement à la paternelle bienveillance qui Nous attache à vous, laquelle, Nous Nous plaisons à le constater, n'est que le juste prix du zèle et de l'activité que vous ne cessez de consacrer à la cause de Dieu, qui vous ramènent pour la huitième fois à Rome, et qui sont dignes de tout éloge. Oui ! sans nul doute, dignes de tout éloge; car ce zèle et cette activité se manifestent à côté d'une soumission absolue à l'autorité de l'Église, dans un siècle où le souffle de l'insubordination à toute autorité produit tant de victimes et tant de ruines dans le monde, en multipliant les malheurs de la société. Ce zèle et cette activité en outre sont vraiment salutaires, car ils constituent une véritable victoire sur l'esprit d'indifférentisme et d'égoïsme, à cette époque qui n'en est que trop atteinte. Ils sont encore véritablement exemplaires, car ils réveillent les esprits et font revivre au sein de la catholicité des actions lumineuses de courage chrétien et d'invincible fermeté, qui ont dans tous les siècles rempli d'honneur et de gloire l'histoire de l'Église.

Aussi est-ce avec une indicible consolation que Nous voyons la vigueur avec laquelle la vie réellement catholique se maintient et se développe en France, malgré les nombreux obstacles et les fréquentes contradictions qu'elle sait vaincre, car elle les sait affronter avec fermeté au nom de son Dieu, le Dieu des causes bienfaisantes et des saintes victoires ! En effet, c'est la pureté de sa foi qui multiplie la fécondité de ses bonnes œuvres. Nous en trouvons constamment le témoignage solennel et vivant dans la générosité avec laquelle la charité française court au-devant de chaque besoin, de toute misère, comme aussi dans l'intrépide promptitude qui vous donne la force de

---

(1) Texte de la *Voce della Verita*.

combattre pour les droits du Christ et de son Eglise, sans aucune crainte ni respect humain. Et Nous éprouvons une grande joie à vous le dire sans réticence, car Nous fondons sur ces mérites et sur ces vertus Nos plus douces et Nos plus belles espérances pour l'avenir de votre illustre nation. — Souvent Nous disons en Nous-mêmes : Non, le bon Dieu n'abandonnera pas un peuple qui ne se lasse pas de donner au monde de si éclatants témoignages de sa fidélité à son Eglise, de son amour filial au Vicaire du céleste Rédempteur.

Voilà pourquoi il importe, très chers enfants, pour le bien de votre patrie, comme pour celui de la religion, que vous continuiez à hardiment professer votre foi et votre union avec ce saint Siège Apostolique; foi et union qui ont valu jadis à la France le titre glorieux de *Fille aînée de l'Eglise*. Et ce titre glorieux, vous ne le perdrez jamais, pourvu que vous vous efforciez toujours de disposer des trésors de la grâce, dont le Seigneur vous comble, en faveur de la justice et de la vérité. D'ailleurs plus les temps sont terribles, plus il importe de s'abriter sous l'arche sainte du salut de l'humanité, pour échapper à l'orage qui gronde et au naufrage qui menace. Soyez certains que c'est ainsi que vous sauverez votre chère patrie des dangers qu'elle court et que vous lui assurerez les bienfaits de l'ordre, de la paix et de la prospérité, que Nous vous souhaitons et que Nous implorons pour vous aux pieds de Notre divin Maître. Et afin que vous puissiez de plus en plus mériter ces bienfaits, recevez, chers enfants, la Bénédiction Apostolique, que Nous vous donnons de tout Notre cœur : bénédiction que Nous étendons aussi illustre Episcopat de France, qui ne cesse de Nous offrir les témoignages attendrissants de sa fidélité et de son amour; comme Nous la transmettons à vos familles, et à toute la France catholique, afin que cette Bénédiction, chers enfants, vous suive et vous protège sur cette terre, et vous serve de gage de la félicité éternelle au ciel.

Benedictio, etc.

EPISTOLA ENCYCLICA
DE SS. CYRILLO ET METHODIO

Venerabilibus Fratribus, Patriarchis, Archiepiscopis et Episcopis catholici orbis universis gratiam et communionem cum Apostolica Sede habentibus,

LEO PP. XIII

Venerabiles Fratres, Salutem et apostolicam Benedictionem.

GRANDE MUNUS christiani nominis propagandi, beato Petro principi Apostolorum ejusque Successoribus singulari modo demandatum, Romanos Pontifices impulit ut sacri Evangelii nuntios ad varias orbis terrarum gentes diversis temporibus mittendos curarent, prout res et consilia *miserentis Dei* postulare viderentur. — Quamobrem sicut Augustinum ad Britannos in culturam animorum legaverunt, Patritium ad Hibernos, Bonifacium ad Germanos, Villebrordum ad Phrisios, Batavos, Belgas, aliosque persæpe ad alios, sic etiam apostolici muneris apud Slavoniæ populos obeundi facultatem CYRILLO et METHODIO, viris sanctissimis, concesserunt: quorum instantia maximisque laboribus perfectum est, ut illi Evangelii lumen aspicerent, et ab agresti vita ad humanum civilemque cultum deducerentur.

Cyrillum et Methodium, par Apostolorum nobilissimum, si hominum fama, beneficiorum memor, celebrare Slavonia tota numquam desiit, non minore certe studio colere Ecclesia Romana consuevit, quae et utrumque eorum, quamdiu vixerunt, multis rebus honoravit, et alterius demortui cineribus carere noluit. — Inde jam ab anno MDCCCLVIII Slavonici generis Bohemis, Moravis et Croatis, qui solemnia in honorem Cyrilli et Methodii celebrare quotannis die nono mensis martii consueverant, indulgentia Pii IX immortalis memoriae decessoris Nostri permissum est ut deinceps diem quintum mensis Julii festum agerent, horariasque preces ob Cyrilli et Methodii memoriam persolverent. Neque multo post, quo tempore Concilium magnum ad Vaticanum haberetur, perplures Episcopi ab hac Apostolica Sede suppliciter petiverunt, ut eorumdem cultus et stata solemnitas ad universam Ecclesiam propagaretur. Verum infecta ad hanc diem re, et ob temporum vices mutato per eas regiones reipublicae statu, opportunus Nobis oblatus videtur locus juvandi Slavoniæ populos, de quorum incolumitate et salute solliciti magnopere sumus. Igitur cum paternam caritatem Nostram nulla in re ab iis desiderari patimur, tum latius proferri augerique religionem

LETTRE ENCYCLIQUE
SUR SS. CYRILLE ET MÉTHODE

A tous nos vénérables Frères, les Patriarches, Primats, Archevêques et Évêques du monde catholique en grâce et communion avec le Siège apostolique,

LÉON XIII, PAPE

VÉNÉRABLES FRÈRES, SALUT ET BÉNÉDICTION APOSTOLIQUE

L'auguste charge de propager le nom chrétien, confiée d'une manière particulière au bienheureux Pierre, Prince des apôtres, et à ses successeurs, a porté les Pontifes romains à envoyer, à différentes époques, aux diverses nations de la terre des messagers du saint Evangile, selon que les circonstances et les conseils du Dieu de miséricorde paraissaient le demander. C'est pourquoi, de même qu'ils déléguèrent pour l'instruction des âmes Augustin aux Bretons, Patrice aux Irlandais, Boniface aux Germains, Willibrod aux Frisons, aux Bataves, aux Belges, et bien d'autres encore à d'autres peuples, ainsi ils conférèrent aux saints Cyrille et Méthode le pouvoir de remplir le ministère apostolique auprès des peuples slaves, qui, grâce à leur zèle et à leurs grands travaux, virent la lumière de l'Evangile et passèrent de la vie barbare à la civilisation.

Si la renommée, fidèle au souvenir de leurs bienfaits, n'a jamais cessé de célébrer dans tout le pays slave Cyrille et Méthode, couple illustre d'apôtres, l'Eglise romaine non plus ne les a pas entourés d'un culte moindre, elle qui, de leur vivant, les a honorés l'un et l'autre dans beaucoup de circonstances, et ne voulut pas se priver des cendres du premier des deux qui mourut. Aussi, dès l'année 1858, les Bohêmes, les Moraves et les Croates de race slave, qui avaient coutume de célébrer chaque année, le 9 mars, une solennité en l'honneur de Cyrille et de Méthode, obtinrent de la faveur de Pie IX, Notre prédécesseur, d'immortelle mémoire, de faire désormais leur fête le 5 juillet, et de réciter l'office en mémoire de Cyrille et de Méthode.

Peu après, dans le temps que se tenait le grand Concile du Vatican, beaucoup d'évêques demandèrent instamment au Siège apostolique que leur culte et leur fête du rite déterminé fussent étendus à toute l'Eglise. Mais l'affaire n'ayant pas encore abouti jusqu'à ce jour et un changement étant survenu par les vicissitudes du temps dans l'état politique de ces contrées, l'occasion Nous paraît favorable d'être utile aux peuples slaves, dont Nous avons grandement à cœur la conservation

volumus hominum sanctissimorum, qui Slavonicas gentes sicut olim, disseminata fide catholica, ab interitu ad salutem revocarunt, ita nunc sunt cœlesti patrocinio potenter defensuri. Quo autem magis emergat, quales sint quos orbi catholico venerandos et colendos proponimus, placet rerum gestarum historiam breviter attingere.

Cyrillus et Methodius, fratres germani, Thessalonicæ amplissimo loco nati Constantinopolim mature concesserunt, ut in ipsa urbe Orientis principe humanitatis artes addiscerent. Nec latuit scintilla ingenii, quæ jam tum elucebat in adolescentibus; nam uterque plurimum brevi profecerunt; at Cyrillus maxime, qui eam scientiarum laudem adeptus est ut singularis honoris caussa *Philosophus* appellaretur. Non longo intervallo monachum agere Methodius cœpit; Cyrillus autem dignus est habitus cui Theodora imperatrix, auctore Ignatio Patriarcha, negotium daret erudiendi ad fidem christianam Chazaros trans Chersonesum incolentes, qui idoneos sacrorum administros Constantinopoli imploraverant. Quod ille munus non gravate accepit. Itaque Chersonam in Tauris adlatus, sermoni vernaculo illius gentis, ut quidam ferunt, aliquandiu operam dedit; eoque tempore sibi contigit optimis auspiciis, ut S. Clementis I P. M. sacros cineres inveniret, quos quidem haud difficile agnovit cum ex pervagata majorum memoria, tum ex anchora, quacum ipsa martyrem fortissimum Trajani imperatoris jussu in mare præcipitem actum, et deinde conditum fuisse constabat. — Tam pretioso thesauro potitus, in Chazarorum urbes sedesque penetravit; quos præceptis suis edoctos et Dei numine instinctos, multiplici superstitione deleta, ad Jesum Christum adjunxit. Recenti christianorum communitate optime constituta, continentiæ simul et caritatis memorabile documentum edidit, cum oblata ab indigenis dona omnia recusavit, excepta servorum, qui christianum nomen profiterentur, manumissione. Mox Constantinopolim rediit alacer, atque in monasterium Polychronis, quo se jam Methodius receperat, Cyrillus ipse secessit.

Interim res apud Chazaros prospere gestas ad Rastilaum Moraviæ principem fama detulerat. Is, Chazarorum exemplo incitatus, de aliquot operariis evangelicis Constantinopoli arcessendis cum imperatore Michaële III egit, nec difficile, quod volebat, impetravit. Igitur tot jam factis nobilitata virtus, proximorumque juvandorum in Cyrillo et Methodio perspecta voluntas effecit, ut ii Moraviensi expeditioni destinarentur. Cumque iter per Bulgariam instituissent christianorum initiatam sacris, nullo loco prætermittunt amplificandæ religionis opportunitatem. In Moraviam vero, effusa obviam multitudine ad

et le salut. C'est pourquoi, si Nous voulons que Notre paternelle affection ne leur manque en rien, Nous voulons aussi que s'étende et s'accroisse le culte de ces hommes saints qui, de même qu'autrefois ils amenèrent les populations slaves de la mort au salut en propageant la foi catholique parmi elles, de même aujourd'hui les défendront puissamment par leur céleste patronage.

Cyrille et Méthode, frères germains, nés dans la célèbre ville de Thessalonique, vinrent de bonne heure à Constantinople pour étudier les sciences humaines dans la capitale même de l'Orient. On ne tarda pas à remarquer l'étincelle de génie qui brillait déjà dans ces jeunes gens; l'un et l'autre firent de grands progrès en peu de temps, mais surtout Cyrille qui se distingua tellement dans les sciences qu'il mérita comme un honneur particulier d'être appelé *le Philosophe*. Peu de temps après, Méthode embrassa l'état monastique; de son côté, Cyrille fut jugé digne d'être chargé par l'impératrice Théodora, à la demande du patriarche Ignace, d'instruire dans la foi chrétienne les Khazares, peuples situés au delà de la Chersonèse qui demandaient à Constantinople des prêtres instruits. Il accepta volontiers cette charge. Aussi s'étant rendu d'abord en Chersonèse, il consacra quelque temps, comme plusieurs le racontent, à l'étude de la langue du pays; et à cette époque il lui arriva, par le plus heureux des présages, de découvrir les restes sacrés du pape saint Clément Ier, qu'il n'eut pas de peine à reconnaître, grâce à l'antique tradition aussi bien qu'à l'ancre avec laquelle on savait que le magnanime martyr fut précipité dans la mer par ordre de l'empereur Trajan et ensuite enseveli. Maître d'un si précieux trésor, il pénétra dans les villes et les résidences des Khazares, et bientôt, après avoir aboli divers genres de superstition, il gagna à Jésus-Christ ces peuples, instruits par ses enseignements et mus par l'esprit de Dieu. La nouvelle communauté chrétienne étant heureusement constituée, il donna un mémorable exemple de continence et de charité à la fois, en refusant tous les présents que lui offraient les habitants, à l'exception des esclaves, dont il se réserva l'affranchissement s'ils se convertissaient au christianisme. Bientôt il revint à Constantinople. Dans le monastère de Polychrone, où Méthode s'était déjà retiré, Cyrille se retira aussi.

Pendant ce temps-là, la renommée avait apporté à Rastiz, prince de Moravie, le bruit des événements heureux arrivés chez les Khazares. Celui-ci, excité par leur exemple, négocia avec l'empereur Michel III l'envoi par Constantinople de quelques ouvriers évangéliques, et il obtint sans peine ce qu'il désirait. Le mérite insigne de Cyrille et de Méthode, et leur dévouement bien connu pour le prochain, les firent donc désigner pour la mission de Moravie.

S'étant mis en route à travers la Bulgarie, qui était déjà initiée à la foi chrétienne, ils ne négligent en aucun lieu l'occasion d'y accroître la religion. En Moravie, la foule étant venue à leur rencontre jusqu'aux

imperii fines, summa voluntate et celebri lætitia excipiuntur. Nec mora fuit, quin imbuere christianis institutionibus animos aggrederentur et in spem cœlestium bonorum erigere; idque tanta vi, tam operosa industria, ut non longo intervallo Moravorum gens nomen Jesu Christo libentissime dederit. Ad eam rem non parum scientia valuit dictionis slavonicæ, quam Cyrillus ante perceperat, multumque potuerunt sacræ utriusque Testamenti litteræ, quas proprio populi sermone reddiderat. Quare omnis Slavorum natio plurimum homini debet, quod non fidei christianæ solum, sed etiam civilis humanitatis ex illo beneficium acceperit : nam Cyrillus et Methodius principes inveniendi fuerunt ipsas litteras, quibus est sermo ipsorum Slavorum signatus et expressus, eaque de caussa ejusdem sermonis auctores non immerito habentur.

Ex tam remotis disjunctisque provinciis rerum gestarum gloriam secundus rumor Romam nuntiaverat. — Atque ita cum Nicolaus I P. M. fratres optimos Romam contendere jussisset, ii sine cunctatione imperata facere instituunt; romanumque iter alacriter ingressi, reliquias S. Clementis secum advehunt. Quo nuntio, Hadrianus II, qui in locum Nicolai demortui fuerat suffectus, clero populoque comitante, obviam magna cum honoris significatione progreditur hospitibus illustribus. Corpus S. Clementis magnis extemplo prodigiis nobilitatum, solemni ducta pompa, inlatum est in Basilicam iisdem vestigiis paternæ domus martyris invictissimi Constantiniano tempore excitatam. Deinde Cyrillus et Methodius de munere apostolico, in quo essent sancte laboriosèque versati, ad Pontificem Maximum, assidente clero, referunt. Et quoniam fecisse contra instituta majorum religionesque sanctissimas arguebantur, quod sermonem Slavonicum in perfunctione munerum sacrorum usurpavissent, caussam dixere rationibus tam certis tamque illustribus ut pontifex totusque clerus et laudarint homines et probarint. Tum ambo, dicto ex formula catholicæ professionis sacramento, juratique se in fide beati Petri et Pontificum Romanorum permansuros, Episcopi ab ipso Hadriano creati consecratique sunt, pluresque ex discipulis eorum variis sacrorum ordinum gradibus initiati.

Erat tamen provisum divinitus, ut Cyrillus Romæ conderet vitæ cursum anno DCCCLXIX die XIV Februarii, virtute magis quam ætate maturus. Elatus est funere publico magnificoque apparatu, eo ipso quo Pontifices Romani solent, et in sepulcro, quod sibi Hadrianus extruxerat, perhonorifice compositus. Sacrum defuncti corpus, quia Constantinopolim asportari populus romanus non pertulit, quamvis parentis mœstissimæ desiderio

limites de la principauté, ils sont reçus avec le plus grand empressement et avec une joie insigne. Sans retard, ils s'appliquent à pénétrer les esprits des enseignements chrétiens et à les élever vers l'espérance des biens célestes, et cela avec tant d'ardeur, avec un zèle si laborieux, qu'en peu de temps la nation des Moraves s'était donnée spontanément à Jésus-Christ.

La connaissance que Cyrille avait antérieurement acquise de l'idiome slave ne contribua pas peu à ce résultat; l'influence de la littérature sacrée des deux Testaments, qu'il avait traduits en langue populaire, fut considérable. Aussi toute la nation des Slaves doit-elle beaucoup à celui de qui elle a reçu non seulement la foi chrétienne, mais aussi le bienfait de la civilisation; car Cyrille et Méthode furent les inventeurs de l'alphabet qui a fourni à la langue des Slaves ses signes et ses moyens d'expression, et pour cette raison ils passent avec raison pour les fondateurs de la langue elle-même.

La renommée avait apporté de ces provinces si éloignées et si isolées jusqu'à Rome la gloire de ces actions. Aussi le Souverain Pontife Nicolas Ier ayant ordonné aux saints frères de se rendre à Rome, ceux-ci s'empressent d'exécuter sans retard ses ordres, et ayant pris avec ardeur le chemin de Rome, ils apportent avec eux les reliques de saint Clément. A cette nouvelle, Adrien II, qui avait été élu à la place du feu pape Nicolas, s'avance au milieu du concours du clergé et du peuple et avec les apprêts d'une réception solennelle à la rencontre de ces hôtes illustres. Le corps de saint Clément, honoré sur l'heure même de prodiges insignes, fut porté en grande pompe à la basilique élevée au temps de Constantin sur les ruines mêmes de la maison paternelle de l'invincible martyr.

Ensuite Cyrille et Méthode rendent compte, en présence du clergé, au Souverain Pontife de la mission apostolique dont ils s'étaient acquittés si saintement et si laborieusement. Et comme ils étaient accusés d'avoir agi contre les usages antiques et contre les rites les plus saints, en employant la langue slave pour la célébration des mystères sacrés, ils plaidèrent leur cause par des raisons si justes et si probantes, que le Pontife et tout le clergé avec lui les louèrent et les approuvèrent. Tous deux alors ayant prêté serment, selon la formule de la profession catholique, et ayant juré qu'ils resteraient dans la foi du bienheureux Pierre et des Pontifes romains, furent créés et consacrés évêques par Adrien lui-même, et plusieurs de leurs disciples furent promus aux différents Ordres sacrés.

Le dessein de la Providence était que Cyrille terminât le cours de sa vie à Rome, le 14 février de l'an 869, plus mûr en vertu qu'en âge. Il eut des funérailles publiques et solennelles, célébrées avec la même pompe que pour les Pontifes romains, et il fut placé en grand honneur dans le tombeau qu'Adrien s'était fait construire pour lui-même. Le corps saint du défunt, que le peuple romain ne laissa pas transporter à Constantinople, malgré les désirs d'une mère désolée, fut conduit à

expetitum, deductum est ad sancti Clementis, atque hujus prope cineres conditum quos Cyrillus ipse tot annis venerabundus asservarat. Cumque veheretur per Urbem inter festos psalmorum cantus, non tam funeris quam triumphi pompa, visus est populus romanus libamenta honorum cœlestium viro sanctissimo detulisse.

Hæc ubi acta, Methodius jussu auspiciisque Pontificis Maximi ad consueta apostolici muneris officia in Moraviam episcopus remigravit. In ea provincia *facta forma gregis ex animo* rei catholicæ inservire majore in dies studio institit; factiosis rerum novarum auctoribus, ne catholicum nomen opinionum insania labefacerent, fortiter resistere; Suentopolcum principem, qui Rastilaum exceperat, ad religionem erudire; eumdemque officium deserentem admonere, increpare, demum sacrorum interdictione punire. His de caussis invidiam excepit teterrimi adque impurissimi tyranni, a quo actus est in exilium. Sed aliquanto post restitutus tempestivis adhortationibus impetravit, ut mutati animi indicia princeps ederet, pristinamque consuetudinem novo vitæ modo redimi intelligeret oportere. Illud vero est mirabile, quod vigilans Methodii caritas, prætervecta Moraviæ fines, sicut superstite Cyrillo Liburnicos et Servios attigerat, ita nunc Pannonios complectebatur, quorum principem, Cocelum nomine, ad religionem catholicam informavit, et in officio retinuit: et Bulgaros, quos ipsos cum rege eorum Bogori in fide christiani nominis confirmavit; et Dalmatas, quibuscum cœlestia partiebat communicabatque charismata; et Carinthios, in quibus ad unius veri Dei notitiam cultumque traducendis plurimum olaboravit.

Sed ea res molestiam homini peperit. Etenim quidam ex novella christianorum societate, quia strenue actis rebus virtutique Methodii inviderent, apud Joannem VIII Hadriani successorem, insontem postularunt de suspecta fide violatoque more majorum, qui in sacris obeundis sermoñem græcum aut latinum unum adhibere consueverunt, præterea nullum. Tunc Pontifex, incolumitatis fidei disciplinæque veteris studiosissimus, Methodio Romam evocato diluere crimina, seseque purgare imperat. Is, ut semper erat ad parendum alacer conscientiæque testimonio fretus, anno DCCCLXXX cum coram Joanne et Episcopis aliquot Cleroque urbano adfuisset, facile vicit, eam prorsus fidem et se retinuisse constanter et ceteros diligenter edocuisse, quam præsente et approbante Hadriano declaratam, ad sepulcrum principis Apostolorum jurejurando confirmarat: quod vero ad linguam Slavonicam in sacris peragendis usurpatam, se justis de caussis, ex venia ipsius Hadriani Pontificis, nec sacris litteris repugnan-

la basilique de Saint-Clément et déposé près des cendres de celui que Cyrille lui-même avait conservé avec vénération pendant tant d'années. Et pendant qu'il était porté à travers la ville, au milieu des chants joyeux des psaumes, on eût dit que le peuple romain, en lui décernant les honneurs célestes, lui faisait plutôt un triomphe que des funérailles.

Après cela, Méthode retourna comme évêque, par l'ordre et sous les auspices du Souverain Pontife, reprendre ses fonctions apostoliques en Moravie. Dans cette province, « devenue par son âme l'informateur de son troupeau », il s'appliqua de plus en plus à servir la cause catholique; on le vit combattre énergiquement les novateurs pour les empêcher de ruiner le nom catholique par la folie des opinions; instruire dans la religion le prince Swentopolk, qui avait succédé à Rastiz, le reprendre quand il manquait à son devoir, le gourmander jusqu'à le punir même de l'excommunication. Pour ces raisons, il s'attira la haine du cruel et impudique tyran, qui l'envoya en exil. Mais rappelé d'exil peu de temps après, il obtint, par d'habiles exhortations, que le prince donnât des preuves de meilleures dispositions et qu'il comprit la nécessité de racheter ses anciennes habitudes par un nouveau genre de vie. Ce qu'il y a de plus admirable, c'est que la vigilante charité de Méthode ayant dépassé les limites de la Moravie, comme elle atteignait du vivant de Cyrille les Liburniens et les Serbes, ainsi elle embrassait maintenant les Pannoniens, dont il convertit le prince à la religion catholique et le retint dans le devoir; et les Bulgares, qu'il confirma dans la foi chrétienne avec leur prince Boris; et les Dalmates, auxquels il distribuait et dispensait les grâces célestes; et les Carinthiens, qu'il travailla ardemment à amener à la connaissance et au culte du seul vrai Dieu.

Mais cela devint pour lui une source d'épreuves : car quelques membres de la nouvelle société des chrétiens, jaloux des actes courageux et de la vertu de Méthode, l'accusèrent, malgré son innocence, auprès de Jean VIII, successeur d'Adrien, d'avoir une foi suspecte et de violer la tradition des aïeux, lesquels, dans la célébration des Saints Mystères, se servaient de la langue grecque ou de la langue latine seule, à l'exclusion de toute autre. Alors le Pontife, dans son zèle pour le maintien de l'intégrité de la foi et de l'ancienne tradition, appelle Méthode à Rome et lui enjoint de repousser l'accusation et de se justifier.

Méthode, toujours prêt à obéir et fort du témoignage de sa conscience, comparut en l'année 880 devant le pape Jean, plusieurs évêques et le clergé romain; et là il remporta une facile victoire en prouvant qu'il avait toujours gardé et fidèlement enseigné aux autres la foi qu'en présence et avec l'approbation d'Adrien il avait professée et promis de garder par son serment juré au tombeau du Prince des apôtres, et que, s'il s'était servi pour les Saints Mystères de la langue slave, c'était pour

tibus, jure fecisse. Qua peroratione ita se qualibet culpæ suspicione liberavit, ut in re præsenti complexus Methodium Pontifex potestatem ejus archiepiscopalem, expeditionemque Slavonicam libenti animo ratam esse jusserit. Insuper, aliquot delectis Episcopis, quibus Methodius ipse præesset, et quorum opera in administranda re christiana juvaretur, perhonorificis commendatum litteris in Moraviam cum liberis mandatis remisit. Quas res omnes postea Summus Pontifex confirmatas voluit per litteras ad Methodium datas, cum scilicet huic rursus subeunda malevolorum invidia fuit. Quare securus animi, cum Pontifice Maximo cunctaque Ecclesia romana arctissimo caritatis fideique vinculo conjunctus, adsignatum sibi munus explere multo vigilantius perseveravit; nec diu desideratus est egregius operæ fructus. Nam cum primum ipse per se ad catholicam fidem Borzivoium principem Bohemorum, deinde Ludmillam uxorem ejus, adhibito quodam sacerdote, perduxisset, brevi perfecit, ut in ea gente christianum nomen longe lateque vulgaretur. Per eadem tempora Evangelii lumen in Poloniam invehendum curavit: quo cum ille per mediam Gallæciam penetravisset, sedem episcopalem Leopoli statuit. Inde, ut nonnuli tradiderunt, in Moscoviam proprii nominis digressus, thronum pontificale *Kiowense* constituit. Cum his haud sane arescentibus laureis in Moraviam reversus est ad suos: jamque sese abripi ad humanum exitum sentiens, ipsemet sibi successorem designavit; clerumque et populum snpremis præceptis ad virtutem cohortatus, ea vita, quæ sibi via in cœlum fuit placidissime defunctus est. — Uti Cyrillum Roma, sic Methodium Moravia decedentem luxit, amissum quæsivit, funere ejus modis omnibus honestato.

Horum factorum, Venerabiles Fratres, perjucunda Nobis accidit recordatio; nec mediocriter commovemur, cum retro longe respicimus optimis initiis splendidam Slavonicarum gentium cum Romana Ecclesia conjunctionem. Etenim duo isti christiani nominis propagatores, de quibus loquuti sumus, Constantinopoli quidem ad ethnicos populos discesserunt; sed tamen eorum missionem ab hac Apostolica Sede, catholicæ unitatis centro, aut omnino imperari, aut, quod plus vice simplici actum est, rite sancteque approbari oportuit. Revera hic in Urbe Roma ab iis est et suscepti muneris ratio reddita, et ad accusationes responsum; hic ad sepulcra Petri et Pauli in fidem catholicam juratum, consecratioque episcopalis accepta una cum potestate sacri imperii, retento ordinum discrimine, constituendi. Demum hinc est usus slavonici sermonis in ritibus sanctissimis impetratus; atque hoc anno decimum expletur sæculum, ex quo Joannes VIII P. M. ad Suentopolcum Moraviæ principem

de justes motifs, par licence spéciale du pontife Adrien lui-même, et sans que le texte sacré y répugnât. Par cette défense, il se justifia si bien de tout soupçon de faute, que sur-le-champ le Pontife embrassa Méthode, et voulut bien confirmer son pouvoir archiépiscopal et sa mission chez les Slaves. En outre, le Pontife ayant délégué plusieurs évêques sur qui devait présider Méthode et qui devaient l'aider dans l'administration des affaires chrétiennes, le renvoya en Moravie avec des lettres très flatteuses et des pleins pouvoirs. Et plus tard, lorsque de nouveau l'envie des méchants s'attaqua à Méthode, le Souverain Pontife voulut bien encore par de nouvelles lettres confirmer toutes ces faveurs.

C'est pourquoi, pleinement rassuré et uni au Souverain Pontife et à toute l'Eglise romaine par le lien très étroit de la foi et de la charité, Méthode persévéra avec beaucoup plus de vigilance encore dans l'accomplissement de la charge qui lui avait été dévolue, et il ne fit point attendre les fruits remarquables de son zèle. Car après avoir lui-même, à l'aide d'un prêtre, converti à la foi catholique Borzivoy, prince des Bohêmes, et un peu après Ludmille, l'épouse de ce prince, il sut en peu de temps faire en sorte que le christianisme se répandit partout dans cette nation. Dans le même temps il s'appliqua à faire parvenir la lumière de l'Evangile dans la Pologne, ou, ayant lui-même pénétré en Galicie, il fonda un siège épiscopal à Léopol.

De là, étant entré, comme quelques-uns le rapportent, dans la Moscovie proprement dite, il établit le siège épiscopal de Kiew. S'étant ainsi couvert d'immortels lauriers, il retourna en Moravie, auprès des siens ; sentant qu'il approchait de sa fin dernière, il désigna lui-même son successeur et, après avoir, par ses derniers conseils, exhorté à la vertu son clergé et son peuple, il quitta avec une grande paix cette vie, qui pour lui avait été le chemin du ciel. De même que Rome pleura Cyrille, ainsi la Moravie témoigna son chagrin de la mort de Méthode et ses regrets de sa perte en honorant de toutes manières ses funérailles.

C'est une grande joie, Vénérables Frères, que Nous donne la mémoire de ces événements, et Nous ne sommes pas peu ému de contempler, si loin, derrière nous, l'union magnifique dans ses belles origines des nations slaves avec l'Eglise romaine. Car si c'est de Constantinople que ces deux propagateurs du nom chrétien, dont Nous venons de parler, sont partis pour pénétrer chez les infidèles, c'est de ce Siège apostolique, centre de l'unité catholique, qu'ils ont dû recevoir l'investiture de leur mission, ou plus simplement la sainte et nécessaire approbation de cette mission. En effet, c'est ici, dans cette ville de Rome, qu'ils ont rendu compte de leur mission et qu'ils ont répondu à leurs accusateurs ; c'est ici, au tombeau de Pierre et de Paul, qu'ils ont juré de garder la foi catholique, qu'ils ont reçu la consécration épiscopale en même temps que le pouvoir de constituer la hiérarchie sacrée en observant la distinction des Ordres. Enfin c'est ici qu'on a sollicité et obtenu la licence d'employer la langue slave dans les rites sacrés, et il y a cette année dix siècles que le Souverain Pontife Jean VIII ita scripsit: *Litteras slavonicas...quibus Deo laudes debitæ resonant, jure laudamus, et in eadem lingua Christi Domini Nostri præconio et opera ut enarrentur jubemus. Nec sanæ fidei vel doctrinæ aliquid obstat, sive missas in eadem slavonica lingua canere sive sacrum Evangelium vel lectiones divinas Novi et Veteris Testamenti bene translatas et interpretatas legere, et alia horarum officia omnia psallere.* Quam consuedutinem multas post vices sanxit Benedictus XIV per apostolicas Litteras anno MDCCLIV die XXV Augusti datas. — Pontifices autem Romani, quotiescumque opem rogati sunt a principibus viris, qui populis præessent Cyrilli Methodiique opera ad christianos ritus traductis, numquam commiserunt, ut sua desideraretur in adjuvando benignitas, in docendo humanitas, in consiliis dandis benevolentia, in rebus omnibus, quibuscumque possent, eximia voluntas. Præ ceteris vero Rastilaus, Suentopolcus, Cocelus, sancta Ludmilla, Bogoris insignem Decessorum Nostrorum caritatem pro re et tempore experti sunt.

Necque Cyrilli ac Methodii interitu constitit aut remisit paterna Romanorum Pontificum pro Slavoniæ populis sollicitudo; sed in tuenda apud eos sanctitate religionis conservandaque prosperitate publica semper enituit. Revera ad Bulgaros Nicolaus I sacerdotes qui populum instituerent, et Episcopos Populoniensium et Portuensium ab Urbe Roma misit, qui recentem christianorum societatem ordinarent: item Bulgarorum crebris de sacro jure controversiis is ipse responsa peramanter reddidit, in quibus vel ii, qui minus Ecclesiæ Romanæ favent, summam prudentiam collaudant atque suspiciunt. Ac post luctuosam dissidii calamitatem, laus est Innocentii III reconciliasse cum Ecclesia catholica Bulgaros, Gregorii autem IX, Innocentii IV, Nicolai IV, Eugenii IV in reconciliata gratia retinuisse. — Similiter erga Bosnienses et Erzegovinenses, pravarum opinionum deceptos contagiis, insigniter eluxit Decessorum Nostrorum caritas, scilicet Innocentii III et Innocentii IV, qui evellere ex animis errorem; Gregorii IX, Clementis VI, Pii II, qui sacræ potestatis gradus per eas regiones stabiliter firmare studuerunt. — Nec exiguam, nec postremam curarum suarum partem Innocentius III, Nicolaus IV, Benedictus XI, Clemens V in Servios contulisse putandi sunt, a quibus fraudes, ad labefactandam religionem astute comparatas, providentissime continuerunt. — Dalmatæ quoque et Liburnici ob fidei constantiam, vicissitudinemque officiorum a Joanne X, a Gregorio VII, a Gregorio IX, ab Urbano IV favorem singularem et gravia laudum præconia adepti sunt. — Denique ipsa in Ecclesia Sermiensi, sæculo sexto barbarorum incursionibus deleta, posteaque sancti

écrivait à Swentopolk, prince de Moravie : « A bon droit Nous louons les lettres slaves..... lesquelles retentissent des louanges dues à Dieu, et Nous ordonnons que dans cette même langue soient célébrées les louanges et les œuvres de Notre-Seigneur Jésus-Christ. Et rien, dans la foi orthodoxe et dans la doctrine, n'empêche soit qu'on chante la messe en la langue slave, soit qu'on lise dans cette langue le saint Evangile ou les leçons divines du Nouveau et de l'Ancien Testament bien traduites et interprétées, ou qu'on psalmodie tous les offices des Heures. » Cette coutume, après bien des vicissitudes, fut sanctionnée par Benoît XIV, par des lettres apostoliques datées du 25 août 1754.

Mais les Pontifes romains, chaque fois que leur assistance fut sollicitée par les princes qui gouvernaient les peuples que le zèle de Cyrille et de Méthode avait amenés au christianisme, agirent de telle sorte qu'on ne put jamais les accuser de manquer, soit de tendresse en secourant, de douceur en enseignant, soit de bienveillance dans leurs conseils et, en toutes choses où cela était possible, de la plus grande condescendance. Rastiz, surtout et Swentopolk, et Cocel, et sainte Ludmille, et Boris connurent l'insigne charité de Nos prédécesseurs dans des circonstances et à des époques différentes.

La sollicitude paternelle des Pontifes romains pour les peuples slaves ne s'est ni arrêtée ni relâchée depuis la mort de Cyrille et de Méthode ; elle s'affirma toujours en protégeant chez eux la sainteté de la religion et la conservation de la prospérité publique. En effet, Nicolas envoya de Rome aux Bulgares des prêtres chargés d'instruire le peuple, ainsi que les évêques de Populonie et de Porto, chargés d'organiser la nouvelle société chrétienne. Le même Pape répondit avec beaucoup d'amour aux nombreuses controverses des Bulgares sur le droit sacré, de telle façon que ceux qui sont les moins bien disposés pour l'Eglise romaine remarquent et louent la haute prudence de ces réponses.

Et depuis la douloureuse calamité du schisme, c'est la gloire d'Innocent III d'avoir réconcilié les Bulgares avec l'Eglise catholique, et c'est la gloire de Grégoire IX, d'Innocent IV, de Nicolas IV, d'Eugène IV, d'avoir maintenu cette réconciliation. De même à l'égard des Bosniaques et des Herzégoviniens, trompés par la contagion d'opinions perverses, on vit briller avec éclat la charité de Nos prédécesseurs, Innocent III et Innocent IV, Grégoire IX, Clément VI, Pie II, qui s'efforcèrent, les deux premiers d'arracher l'erreur des esprits, les trois autres d'affermir solidement dans ces contrées les degrés de la hiérarchie sacrée. On doit estimer qu'Innocent III, Nicolas IV, Benoît XI, Clément V, ne consacrèrent pas la plus petite ou la dernière part de leurs soins aux Serbes ; car c'est avec une grande prévoyance qu'ils réprimèrent les fraudes astucieusement combinées en ce pays pour la destruction de la religion. De même aussi les Dalmates et les Liburniens reçurent de Jean X, Grégoire VII, Grégoire IX, Urbain IV, des témoignages de faveur particulière et les plus grandes louanges pour leur constance dans la foi en échange de leurs bons services.

Enfin, il y a de nombreux monuments de la bienveillance de Gré-

Stephani I Hungariæ regis pio studio restituta, multa sunt Gregorii IX et Clementis XIV benevolentiæ monumenta.

Quapropter agendas Deo grates esse intelligimus, quod idonea Nobis occasio præbeatur gratificandi genti Slavorum, communisque ipsorum utilitatis efficiendæ, non minore certe studio, quam quod est in Decessoribus Nostris omni tempore perspectum. Hoc scilicet spectamus, hoc unice cupimus, omni ope contendere ut gentes Slavonici nominis majore Episcoporum et sacerdotum copia instruantur; ut in professione veræ fidei, in obedientia vera Jesu Christi Ecclesiæ obfirmentur, experiendoque quotidie magis sentiant, quanta vis bonorum ab Ecclesiæ catholicæ institutis in convictum domesticum omnesque reipublicæ ordines redundet. Illæ quidem Ecclesiæ plurimas et maximas curarum Nostrarum sibi partes vindicant; nec quicquam est, quod optemus vehementius, quam ut earum possimus commoditati prosperitatique consulere, cunctasque perpetuo concordiæ nexu Nobiscum habere conjunctas, quod est maximum atque optimum vinculum incolumitatis. Reliquum est, ut adspiret propositis Nostris et incoepta secundet *dives in misericordia Deus*. Nos interim apud ipsum deprecatores adhibemus Cyrillum et Methodium, Slavoniæ magistros, quorum sicut volumus amplificari cultum ita coeleste patrocinium Nobis adfuturum confidimus.

Itaque præcipimus, ut, rato die quinto mensis Julii quem f. r. Pius IX constituit, in Kalendarium Romanæ atque universalis Ecclesiæ inseratur, agaturque quotannis festum sanctorum Cyrilli et Methodii cum ritus duplicis minoris Officio et Missa propria, quæ sacrum Consilium legitimis ritibus cognoscendis approbavit.

Vobis autem omnibus, Venerabiles Fratres, mandamus, ut has Litteras Nostras publicandas curetis, et quæ in iis præscripta sunt cunctos ex ordine sacricolarum, qui divinum Officium ritu Ecclesiæ Romanæ celebrant, servare jubeatis, in suis quisque Ecclesiis, provinciis, civitatibus, diœcesibus, et locis Regularium. Denique volumus, Vobis suadentibus et cohortantibus, in universum rogari atque orari Cyrillum et Methodium, ut qua valent apud Deum gratia, Oriente toto rem christianam tueantur, imploranda catholicis hominibus constantia, dissidentibus reconciliandæ cum vera Ecclesia concordiæ voluntate.

Hæc, ut supra scripta sunt, ita rata et firma esse jubemus, non obstantibus sancti Pii V Pontificis Decessoris Nostri aliisque Apostolicis super Breviarii et Missalis Romani reformatione editis constitutionibus, statutis quoque ac consuetudinibus, etiam immemorabilibus, ceterisque contrariis quibuscumque.

goire IX et de Clément XIV dans l'église de Sirmium, détruite au vi⁰ siècle par les incursions des barbares et restaurée plus tard par le zèle pieux de saint Etienne, roi de Hongrie.

C'est pourquoi Nous comprenons que Nous devons rendre grâces à Dieu de ce qu'une bonne occasion Nous est donnée d'accorder une faveur à la nation slave et de pourvoir à son bien général, et cela certes avec un zèle non moindre que celui dont ont témoigné Nos prédécesseurs.

Car ce que Nous avons en vue, ce que Nous désirons uniquement, c'est de n'épargner aucun effort pour que les nations slaves soient enseignées par un plus grand nombre d'évêques; pour qu'elles soient affermies dans le culte de la vraie foi, dans l'obéissance à la véritable Eglise de Jésus-Christ; pour qu'elles sentent davantage, par l'expérience de chaque jour, quelle force pour le bien rejaillit des préceptes de l'Eglise catholique sur le foyer domestique et sur toutes les classes du pays.

En vérité, ces Eglises prennent la plus nombreuse, la plus grande part de nos pensées, et il n'est rien que Nous désirions plus vivement que d'être à même de pourvoir à leur intérêt, à leur prospérité, et de les unir à Nous par le nœud perpétuel de la concorde, ce qui est le plus grand et le meilleur lien de salut. Il Nous reste à obtenir que le *Dieu riche en miséricorde* favorise Nos projets et seconde Nos entreprises. En attendant, Nous invoquons comme intercesseurs auprès de lui Cyrille et Méthode, docteurs des pays slaves; car comme Nous voulons agrandir leur culte, Nous avons confiance que leur céleste protection ne Nous fera point défaut.

C'est pourquoi Nous ordonnons qu'au cinquième jour du mois de juillet fixé par Pie IX, d'heureuse mémoire, soit insérée dans le calendrier de l'Église romaine et universelle et annuellement célébrée, la fête des saints Cyrille et Méthode, avec l'office du rite double mineur, et la messe propre, que la Sacrée Congrégation des Rites a approuvés.

A vous, donc, Vénérables Frères, Nous ordonnons que vous veilliez à la publication de cette Encyclique, et que vous prescriviez l'observation de ce qui y est édicté par tous ceux de l'Ordre des prêtres qui célèbrent les offices de l'Eglise romaine, dans leurs églises, provinces, cités, diocèses et couvents de réguliers. Nous voulons enfin, vos conseils et vos exhortations aidant, que Cyrille et Méthode soient priés et invoqués dans le monde entier, afin que de toute la faveur dont ils jouissent auprès de Dieu ils protègent la religion chrétienne dans tout l'Orient, en obtenant la constance pour les catholiques et en inspirant aux dissidents le désir de se réconcilier avec la véritable Eglise.

Nous décrétons que ce qui est écrit ci-dessus soit ratifié et confirmé nonobstant la Constitution de saint Pie V, notre Prédécesseur, et les autres Constitutions apostoliques publiées sur la réforme du Bréviaire et du Missel romain, nonobstant les décrets et coutumes, même les plus reculés, et toutes autres choses contraires.

Cœlestium vero munerum auspicem et præcipuæ Nostræ benevolentiæ pignus, Apostolicam benedictionem Vobis omnibus, Venerabiles Fratres, cunctoque clero et populo singulis Vestrum commisso peramanter in Domino impertimus.

Datum Romæ, apud sanctum Petrum, die XXX septembris anno MDCCCLXXX, Pontificatus Nostri anno tertio.

LEO PP. XIII.

Comme gage des faveurs célestes et de Notre particulière bienveillance, Nous vous accordons, avec beaucoup d'amour, dans Notre-Seigneur, à vous tous, Vénérables Frères, à tout le clergé et à tout le peuple confiés à vos soins, la bénédiction apostolique.

Donné à Rome, près Saint-Pierre, le trentième jour de septembre, en l'an 1880, de notre Pontificat le troisième.

LÉON XIII, PAPE.

EPISTOLA
DE VITANDIS IMPORTUNIS CONTROVERSIIS
Venerabilibus Fratribus Episcopis Belgii,
LEO PP. XIII
Dilecte Fili, Venerabiles Fratres,
salutem et apostolicam Benedictionem.

Licet multa postremis hisce temporibus in Belgio contigerint rei catholicæ perniciosa, quæ animum nostrum magno dolore affecerunt, solatium tamen consolationemque percepimus ex multis constantis amoris fideique testimoniis a catholicis Belgii viris Nobis exhibitis, quoties opportuna sese offerret occasio. In primis autem Nos recreavit et recreat egregia vestra in Nos voluntas, studiumque a vobis impensum, ut christianus populus vobis commissus in fidei catholicæ sinceritate et unitate persistat, et amore in Ecclesiam Christique Vicarium in dies crescat. Placet autem id Vobis maxime laudi tribuere, quod optimæ juventutis institutioni omni industria studetis, providentes ut in primis litterarum scholis de religione doctrina large adolescentibus tradatur. Nec minore cura contenditis ut christianæ educationi cuncta bene vertant in Gymnasiis etiam et Lyceis, et in ipsa Lovaniensi studiorum Universitate.

Nihilominus hac in re quieto aut securo Nos animo esse non sinunt quæ catholicorum hominum concordiæ periculum creare penes Belgas videntur, eosque in contraria studia distrahere. Supervacaneum porro est hic memorare quæ fuerint veteres recentesque dissidiorum caussæ, occasiones, incitamenta, inde etiam profecta, unde minus expectandum esse videbatur: ea vos, dilecte Fili Noster et Venerabiles Fratres, præ ceteris intelligitis et Nobiscum deploratis, cum probe noveritis, nullo unquam tempore tantam fuisse concordiæ inter omnes catholicos viros conciliandæ et servandæ necessitatem, quantam hoc nostro, quo christiani nominis hostes unanimi impetu Ecclesiam undique adoriuntur.

Itaque de ea tuenda solliciti, monemus, minus eidem favere nonnullas de jure publico controversias, quæ solent animos apud vos maxime commovere: versantur autem circa necessitatem vel opportunitatem exigendi ad catholicæ doctrinæ normam recentes rei publicæ formas, juris novi, ut aiunt, principiis innixas. — Profecto Nos ipsi ante omnes summopere cupimus ut humana societas christiano more componatur, atque ut omnes civitatis

LETTRE
A L'ÉPISCOPAT BELGE

A notre cher Fils le cardinal-archevêque de Malines et à nos vénérables Frères les Évêques de Belgique,

LÉON XIII, PAPE

CHER FILS ET VÉNÉRABLES FRÈRES, SALUT ET BÉNÉDICTION APOSTOLIQUE

Dans ces dernières années, la cause du catholicisme a subi, en Belgique, des épreuves multipliées. Si Notre cœur en a éprouvé une tristesse profonde, Nous avons toutefois trouvé un soulagement et une consolation dans les témoignages d'amour persistant et de fidélité que les Belges catholiques Nous ont prodigués toutes les fois qu'ils en ont eu l'occasion. Et par-dessus tout le reste, ce qui Nous a fortifié, ce qui Nous fortifie encore, c'est votre attachement insigne à Notre personne et le zèle que vous déployez, afin que le peuple chrétien confié à vos soins persévère dans la pureté et dans l'unité de la foi catholique, et progresse chaque jour dans son amour pour l'Eglise du Christ et de son Vicaire. Il Nous est doux de vous donner des louanges toutes spéciales pour votre sollicitude à encourager par tous les moyens possibles la bonne éducation de la jeunesse, en assurant aux jeunes gens des écoles primaires un enseignement religieux établi sur de larges bases. Votre zèle s'attache avec une pareille vigilance à ce que tout conspire à l'avantage de cette formation chrétienne dans les collèges et dans les instituts, ainsi qu'à l'Université catholique de Louvain.

D'autre part, dans cette situation, Nous ne pouvons demeurer ni indifférent, ni en paix en présence d'incidents qui paraissent mettre en péril chez les Belges la bonne entente des citoyens catholiques et les diviser en camps opposés. Il serait superflu de rappeler ici les causes et les occasions de ces dissentiments, et les encouragements qu'ils ont trouvés là même où l'on aurait dû le moins s'y attendre. Tous ces détails, cher fils et vénérables frères, vous les connaissez mieux que personne et vous les déplorez avec Nous, sachant parfaitement qu'à aucune autre époque la nécessité d'assurer et de maintenir l'union entre catholiques n'a pu être aussi grande qu'en ce moment, où les ennemis du nom chrétien s'acharnent de toute part contre l'Eglise dans une attaque unanime.

Plein de sollicitude pour cette union, Nous signalons les entraves que lui créent certaines polémiques concernant le droit public et qui, chez vous, engendrent une très vive opposition de sentiments. Ces polémiques ont pour objet la nécessité ou l'opportunité de conformer aux prescriptions de la doctrine catholique les formes gouvernementales actuelles, basées sur les principes du droit moderne, comme on l'appelle communément. A coup sûr, Nous, plus que personne, Nous devons souhaiter de tout cœur que la société humaine soit régie d'une

ordines divina Christi virtus penetret ac pervadat. Id.Nobis propositum esse statim ostendimus a Pontificatus Nostri exordiis, publicis editis documentis; potissimum autem Litteris Encyclicis, quas adversus sociaslismi errores, et nuper de politico principatu evulgavimus. Attamen catholici viri omnes, si utiliter in commune bonum elaborare velint, præ oculis habeant et fideliter sequantur oportet consultam agendi rationem, quam in his rebus adhibere solet Ecclesia : quæ licet cœlestium doctrinarum integritatem justitiæque principia inviolabili firmitate tueatur, maximeque enitatur ut privatis actibus publicisque institutis et moribus eadem principia moderantur; æquam tamen habet rerum, locorum, temporumque rationem; et sæpe ut in humanis rebus assolet, quædam aliquandiu tolerare cogitur mala, quæ removeri vix aut ne vix quidem possunt, quin gravidribus malis et perturbationibus aditus aperiatur.

Illud insuper in controversiis agitandis cavendum est, ne modus transiliatur, quem æquitatis caritatisque leges præscribunt; neve temere insimulentur, vel in suspicionem adducantur viri ceteroquin Ecclesiæ doctrinis addicti, maxime autem qui in Ecclesia dignitate et potestate præcellunt. — Id quidem tibi, dilecte fili Noster, contigisse dolemus, qui Ecclesiæ Mechliniensi Archiepiscopi auctoritate præes, quique ob egregia tua in Ecclesiam merita et catholicæ doctrinæ tuendæ studium, dignus es habitus qui Patrum Cardinalium Collegio a Decessore Nostro f. r. Pio IX adscribereris. — Per se autem apparet, hanc in falsas insimulationes quemlibet vocandi levitatem alieno nomini detrahere, mutuæ caritatis vincula relaxare, injuriamque iis inferre quos *Spiritus Sanctus posuit Episcopos regere Ecclesiam Dei*: ideoque ut ab ea omnes catholici viri temperent summopere cupimus, graviterque monemus. Quibus quidem scire satis sit, Apostolicæ Sedi Romanoque Pontifici, ad quem omnibus semper patet accessus, officium esse demandatum, catholicas ubique veritates tuendi, cavendique ne quid in Ecclesia serpat aut disseminetur, quod de fide et moribus doctrinæ officere vel cum ea discrepare videatur.

Ad vos quod attinet, dilecte Fili Noster et Venerabiles Fratres, summa diligentia curate ut omnium doctorum virorum, et eorum præsertim, quibus juventutis instituendæ munus per vos est creditum, una sit mens eademque sententia in his, in quibus Apostolicæ Sedis auctoritas dissentiendi libertatem non relinquit. In his autem quæ sapientum disputationibus libere permittuntur, ita, Vobis suadentibus ac monentibus, ingenia exerceantur, ut sententiarum diversitas animorum unitatem et voluntatum concordiam non abrumpat. Qua de re plena sapien-

manière chrétienne, et que la divine influence du Christ pénètre et imprègne complètement tous les ordres de l'Etat.

Dès le commencement de Notre Pontificat, Nous avons, sans retard, manifesté que telle était Notre pensée bien arrêtée, et cela par des documents publics, en particulier par les lettres encycliques que Nous avons publiées contre les erreurs du socialisme, et, tout récemment, sur le pouvoir civil. Cependant, tous les catholiques, s'ils entendent s'employer utilement au bien commun, doivent avoir devant les yeux et imiter fidèlement la conduite prudente que l'Eglise tient elle-même dans les affaires de ce genre; elle maintient et défend dans toute leur intégrité les doctrines sacrées et les principes du droit, avec une fermeté inviolable, et s'attache de tout son pouvoir à régler les institutions et les coutumes de l'ordre public aussi bien que les actes de la vie privée d'après ces mêmes principes. Néanmoins, elle garde en cela la juste mesure des choses, des temps et des lieux ; et comme il arrive ordinairement dans les choses humaines, elle est contrainte de tolérer quelquefois des maux qu'il serait presque ou même tout à fait impossible d'empêcher sans s'exposer à des calamités et à des troubles plus funestes encore.

En outre, dans les polémiques, il faut se garder de dépasser les justes bornes que tracent de concert la justice et la charité, de ne pas jeter témérairement le blâme ou la suspicion sur des hommes d'ailleurs dévoués aux doctrines de l'Eglise, et par-dessus tout sur ceux qui dans l'Eglise même sont élevés par la dignité et le pouvoir. — Or, Nous déplorons que cela se soit vérifié à votre égard, cher fils, qui présidez en qualité d'archevêque au diocèse de Malines, à vous qui, pour vos mérites insignes envers l'Eglise, et pour votre zèle à défendre la doctrine catholique, avez été jugé digne par Notre prédécesseur, d'heureuse mémoire, Pie IX, de prendre place dans le Collège des éminentissimes cardinaux. Il est manifeste que cette légèreté avec laquelle on formule indistinctement contre le prochain des accusations sans fondement porte atteinte à la bonne réputation d'autrui et relâche les liens de la charité, et qu'elle outrage *ceux que l'Esprit-Saint a placés pour gouverner l'Eglise de Dieu.*

C'est pourquoi Nous souhaitons de toutes Nos forces, et Nous en donnons ici l'avertissement sévère, que tous les catholiques s'abstiennent de ce procédé. Qu'il leur suffise de se souvenir que c'est au Siège apostolique et au Pontife romain, auprès duquel chacun peut avoir accès, qu'a été commise la charge de défendre partout les vérités catholiques, et de veiller à ce qu'il ne se répande ni ne se propage dans l'Eglise aucune erreur quelconque, capable de porter atteinte à la doctrine de la foi et des mœurs ou qui paraisse en contradiction avec elle.

En ce qui vous concerne, cher fils et vénérables frères, employez toute votre vigilance à ce que tous les hommes de la science, et ceux-là surtout auxquels vous avez confié la charge d'instruire la jeunesse, soient d'un avis et d'un sentiment unanimes dans ces questions, sur lesquelles l'enseignement du Saint-Siège ne permet point de liberté d'opinion. Et quant aux points abandonnés aux disputes des savants, que grâce à votre impulsion et à vos conseils les esprits s'y exercent de façon que la diversité des sentiments ne brise pas l'union des

tiæ ac gravitatis præcepta doctis viris tradidit immortalis memoriæ Pontifex Decessor Noster Benedictus XIV in Constitutione *Sollicita ac provida;* imo etiam exemplar ad imitandum proposuit sanctum Thomam Aquinatem, qui pacato semper stilo et gravi dicendi forma utitur, non solum cum docet, veritatemque argumentis communit, sed etiam cum adversarios urget et insectatur. Placet Nobis hæc eadem Decessoris Nostri præcepta iterum sapientibus commendare, idemque exemplar exhibere, ex quo non modo discant qua ratione sit cum adversariis agendum, sed etiam qualem in philosophicis et theologicis disciplinis doctrinam tradi oporteat et coli. Non semel vobis, dilecte Fili Noster et Venerabiles Fratres, significavimus quantopere Nos optemus ut sancti Thomæ sapientia in scholis catholicis restituatur et maximo ubique in honore habeatur. Auctores etiam Nos fuimus constituendi in Lovaniensi Academia altioris philosophiæ, ad mentem S. Thomæ, magisterium; qua in re, sicut et in ceteris omnibus paratissimos vos nacti sumus desideriis Nostris obsequi voluntatemque Nostram perficere. Cœpta igitur alacriter insistite, et studiose curate, ut in eadem Academia christianæ philosophiæ uberes fontes, e S. Thomæ Aquinatis operibus erumpentes, large copioseque auditoribus recludantur, et ad omnium aliarum disciplinarum utilitatem deriventur. Qua in re neque consilium neque operam Nostram, ubi opus fuerit, Vobis unquam deesse sinemus.

Interim vero a Deo qui fons sapientiæ est et pacis auctor caritatisque amator, opportunam necessitatibus opem imploramus, et cœlestium munerum copiam omnibus adprecamur. Quorum auspicem et singularis benevolentiæ Nostræ testem Apostolicam Benedictionem vobis, dilecte Fili Noster et Venerabiles Fratres, simulque universo Clero et populo curis vestris credito peramanter in Domino impertimus.

Datum Romæ apud S. Petrum die 3 augusti 1881, Pontificatus Nostri anno quarto.

LEO PP. XIII.

cœurs et la concorde des volontés. Sur ce sujet, le Souverain Pontife Benoît XIV, Notre immortel prédécesseur, a laissé dans sa Constitution *Sollicita ac provida*, aux hommes d'étude des règles pleines de sagesse et d'autorité, il leur a proposé comme un modèle à imiter en cette manière saint Thomas d'Aquin dont la modération de langage et la gravité de style se maintiennent autant dans la lutte et l'attaque à l'égard des adversaires que dans l'exposition de la doctrine et des preuves destinées à la défendre.

Nous voulons renouveler aux savants les recommandations de Notre prédécesseur, et leur signaler ce noble modèle, qui leur apprendra non seulement la manière de conduire la controverse avec les opposants, mais aussi le caractère de la doctrine qu'il faut tenir et développer dans la culture de la philosophie et de la théologie. A plusieurs reprises, cher fils et vénérables frères, Nous vous avons exprimé Notre vif désir de voir la sagesse de saint Thomas rappelée dans les écoles catholiques et entourée partout de la plus haute considération. Nous vous avons également exhortés à établir à l'Université de Louvain l'enseignement de la philosophie supérieure dans l'esprit de saint Thomas.

Dans cette affaire, comme dans toutes les autres, Nous vous avons trouvés absolument prêts à condescendre à Nos vœux et à remplir Notre volonté. Poursuivez donc avec zèle la tâche commencée, et veillez avec soin à ce que, dans cette même Université, les sources fécondes de la philosophie chrétienne, qui jaillissent des œuvres de saint Thomas, soient ouvertes aux disciples avec une riche abondance, et appliquées au profit de toutes les autres branches de l'enseignement. Dans l'exécution de ce projet, si vous avez besoin de Notre aide ou de Nos conseils, ils ne vous feront jamais défaut.

Entre temps, nous prions Dieu, la source de la sagesse, l'auteur de la paix et l'ami de la charité, d'accorder son secours favorable dans les conjonctures présentes, et Nous lui demandons pour tous l'abondance des dons célestes. Comme l'augure de ces grâces, et en signe de Notre bienveillance toute spéciale, Nous accordons d'un cœur aimant Notre bénédiction apostolique à vous-mêmes, cher fils et vénérables frères, à tout votre clergé et au peuple confié à vos soins.

Donné à Rome, auprès de Saint-Pierre, le 3 août 1881, la quatrième année de Notre pontificat.

LÉON XIII, PAPE.

EPISTOLA ENCYCLICA

De mediis fidei apud populos conservandæ opportunis,

*Venerabilibus Fratribus,
Archiepiscopis, Episcopis et aliis Ordinariis Italiæ,*

LEO PP. XIII

Venerabiles Fratres, salutem et apostolicam Benedictionem.

Etsi nos, pro auctoritate atque amplitudine Apostolici muneris, et universam christianam rempublicam et singulas ejus partes maxima, qua possumus, vigilantia et caritate complectimur: nunc tamen singulari quadam ratione curas cogitationesque Nostras ad se Italia convertit. — Quibus in cogitationibus et curis altius quiddam rebus humanis diviniusque suspicimus: anxii enim et solliciti sumus de salute animarum sempiterna; in qua tanto magis fixa et locata esse omnia studia Nostra oportet, quanto eam majoribus periculis videmus oppositam. — Cujus generis pericula, si magna unquam in Italia fuerunt, maxima profecto sunt hoc tempore, cum ipse rerum publicarum status magnopere sit incolumitati religionis calamitosus. Eamque ob caussam Nos movemur vehementius, quod singulares conjunctionis necessitudines Nobis cum Italia intercedunt, in qua Deus domicilium Vicarii sui, magisterium veritatis, et catholicæ unitatis centrum collocavit. — Alias quidem multitudinem monuimus, ut sibi caveret, et singuli intelligerent, quæ sua sint in tantis offensionum caussis officia. Nihilominus, ingravescentibus malis, volumus in ea Vos, Venerabiles Fratres, mentem diligentius intendere, et, communium rerum inclinatione perspecta, munire vigilantius populorum animos, omnibusque præsidiis firmare, ne thesaurus omnium pretiosissimus fides catholica diripiatur.

Perniciosissima hominum secta, cujus auctores et principes non celant neque dissimulant quid velint, in Italia jamdiu consedit: denunciatisque Jesu Christo inimicitiis, despoliare penitus institutis christianis multitudinem contendit. — Quantum audendo processerit, nihil attinet dicere hoc loco, præsertim cum exstent Vobis, Venerabiles Fratres, ante oculos vel fidei vel moribus illatæ jam labes et ruinæ. — Apud italas gentes, quæ in avita religione constanter et fideliter omni

LETTRE ENCYCLIQUE

A L'ÉPISCOPAT ITALIEN

A nos vénérables Frères, les Archevêques, Évêques et autres Ordinaires d'Italie,

LÉON XIII, PAPE

VÉNÉRABLES FRÈRES, SALUT ET BÉNÉDICTION APOSTOLIQUE

Bien que l'autorité et l'étendue du devoir apostolique Nous fassent entourer toute la république chrétienne et chacune de ses provinces de tout l'amour et de toute la vigilance qui est en Notre pouvoir, l'Italie, à l'heure présente, attire particulièrement Nos sollicitudes et nos pensées. Ces pensées et ces sollicitudes portent plus haut que les choses humaines : car c'est le salut éternel des âmes qui Nous occupe et Nous rend anxieux, c'est cet intérêt qui s'impose à Notre zèle et le doit tout entier concentrer à mesure que Nous le voyons exposé à de plus grands périls. Ces périls, si jamais ils furent menaçants en Italie, c'est surtout aujourd'hui, alors que la condition même de l'État civil est un fléau pour la religion. Nous en sommes d'autant plus affecté qu'une intime alliance Nous unit à l'Italie, où Dieu a placé la demeure de son Vicaire, le magistère de la vérité et le centre de l'unité catholique. Déjà d'autres fois Nous avons averti les peuples de prendre garde, et les individus de comprendre quels devoirs leur incombent en de si funestes circonstances. Néanmoins, les maux s'aggravent, et Nous voulons, vénérables Frères, les signaler à votre plus diligente attention, afin qu'ayant observé la pente des choses publiques, vous fortifiiez avec plus de vigilance l'esprit des peuples et l'entouriez de tous les secours, de peur que le plus précieux trésor, la foi catholique, ne leur soit arraché.

Une secte pernicieuse, dont les auteurs et les chefs ne cachent ni ne déguisent leurs desseins, a pris position depuis longtemps en Italie; après avoir déclaré la guerre à Jésus-Christ, elle s'efforce de dépouiller le peuple des institutions chrétiennes. Jusqu'où déjà sont allées ses audaces, il Nous est d'autant moins nécessaire de le dire, vénérables Frères, que les graves atteintes et les ruines que les mœurs et la religion ont à déplorer s'étalent sous vos yeux.

Au milieu des peuples de l'Italie, toujours si constamment fidèles à

tempore permanserunt, imminuta nunc passim Ecclesiæ libertas est, atque acrius in dies hoc agitur, ut ex omnibus publice institutis forma illa et veluti character christianus deleatur, quo semper fuit Italorum non sine caussa nobilitatum genus. Sublata sodalium religiosorum collegia : proscripta Ecclesiæ bona : rata citra ritus catholicos connubia ; in institutione juventutis nullæ potestati ecclesiasticæ partes relictæ. — Neque finis est nec modus ullus acerbi et luctuosi belli cum Apostolica Sede suscepti, cujus caussa incredibiliter Ecclesia laborat, Romanusque Pontifex in summas angustias compulsus est. Is enim civili principatu spoliatus necesse fuit ut in alienam ditionem potestatemque concederet. — Urbs autem Roma, augustissima urbium christianarum, exposita est et patet quibuslibet Ecclesiæ hostibus, profanaque rerum novitate polluitur, scholis et templis ritu hæretico passim dedicatis. Quin immo exceptura fertur hoc ipso anno legatos et capita inimicissimæ rerum catholicarum sectæ, huc ad singulare quoddam concilium cœtumque profecturos. Quibus quidem hujus deligendi loci satis apparet quæ caussa fuerit; videlicet conceptum adversus Ecclesiam odium explere procaci injuria volunt, Romanoque Pontificatu in ipsa sede sua lacessendo, funestas belli faces proxime admovere. — Dubitandum profecto non est, quin impios hominum conatus Ecclesia aliquando victrix effugiat : certum tamen exploratumque est, his artibus eos hoc assequi velle, una cum Capite totum Ecclesiæ corpus afficere et religionem, si fieri possit, extinguere.

Quod sane velle eos, qui se italici nominis amantissimos profitentur, incredibile videretur, intereunte : nam italicum nomen, intereunte fide catholica, maximarum utilitatum fonte prohiberi necesse esset. Etenim si religio christiana cunctis nationibus optima salutis præsidia peperit, sanctitatem jurium, tutelam justitiæ; si cæcas ac temerarias hominum cupiditates virtute sua ubique edomuit, comes et adjutrix omnium rerum quæ honestæ sunt, quæ laudabiles, quæ magnæ : si varios civitatum ordines, et diversa reipublicæ membra ad perfectam stabilemque concordiam ubique revocavit, horum profecto beneficiorum copiam uberius quam ceteris Italorum generi impertivit. — Est quidem nimis multorum hæc labes et macula, ut obesse et nocere saluti aut incremento reipublicæ Ecclesiam dicant Romanumque Pontificatum prosperitati et magnitudini italici nominis inimicum putent. Sed istorum querelas absurdasque criminationes aperte superiorum temporum omnia monumenta convincunt. Revera enim Ecclesiæ summisque Pontificibus Italia maxime debet, quod gloriam suam apud omnes gentes propagavit, quod

la foi de leurs pères, la liberté de l'Eglise est de toute part atteinte; chaque jour, on redouble d'efforts pour effacer des institutions publiques cette forme, cette empreinte chrétienne, qui a été toujours et à bon droit le sceau des gloires de l'Italie. Les maisons religieuses supprimées, les biens de l'Eglise confisqués, des unions conjugales formées en dehors des lois et des rites catholiques, le rôle de l'autorité religieuse effacé dans l'éducation de la jeunesse : elle est sans fin et sans mesure, cette cruelle et déplorable guerre déclarée au Siège apostolique, cette guerre pour laquelle l'Eglise est sous le poids d'inexprimables souffrances, et le Pontife romain se trouve réduit aux plus extrêmes angoisses. Car, dépouillé du principat civil, il lui a fallu tomber sous l'empire et à la merci d'un pouvoir étranger.

Mais Rome, la plus auguste des cités chrétiennes, est une place ouverte à tous les ennemis de l'Église; de profanes nouveautés la souillent; çà et là, des temples et des écoles y sont consacrés à l'hérésie. On dit même qu'elle va recevoir, cette année, les députés et les chefs de la secte la plus acharnée contre le catholicisme, qui s'y sont donné rendez-vous pour une solennelle assemblée. Les raisons qui ont déterminé le choix de ce théâtre ne sont point un mystère : ils veulent, par cette outrageante provocation, assouvir la haine qu'ils nourrissent contre l'Eglise, et approcher au plus près leurs torches incendiaires du pontificat romain en l'attaquant dans son siège même.

L'Eglise, sans aucun doute, enfin victorieuse, déjouera les menées impies des hommes; il est pourtant acquis et d'expérience que leurs complots ne tendent à rien moins qu'à renverser tout le corps de l'Eglise avec son Chef, et, s'il était possible, à éteindre la religion.

Rêver de tels projets pour de prétendus amis de l'honneur italien paraît chose incroyable; car la ruine de la foi catholique tarirait pour l'Italie la source des biens les plus précieux. Si, en effet, la religion chrétienne a créé pour tous les peuples les meilleures garanties de la prospérité, la sainteté des droits et la tutelle de la justice; si, par son influence, elle a partout dompté les passions aveugles et téméraires, elle, la compagne et la protectrice de toute honnêteté, de toute noblesse, de toute grandeur; si, partout elle a rappelé à une paix durable et à la parfaite harmonie toutes les classes et les divers membres de la société, l'Italie a reçu de ses bienfaits une plus riche part que toute autre nation.

C'est en vérité le crime et la honte d'un trop grand nombre d'oser dénoncer l'Eglise comme nuisible au salut et à la prospérité de la chose publique, et de regarder le pontificat romain comme l'ennemi de la grandeur du nom italien. Mais les monuments du passé ont facilement raison de semblables injures et d'aussi absurdes calomnies. C'est à l'Eglise et aux Pontifes romains que l'Italie doit surtout d'avoir propagé la gloire chez tous les peuples, de n'avoir point succombé aux agres-

iteratis barbarorum impressionibus non succubuit, et immanes Turcarum impetus invicta repulit, et multis in rebus æquam legitimamque libertatem diu conservavit, et pluribus iisdemque immortalibus optimarum artium monumentis civitates suas locupletavit. — Neque postrema Romanorum Pontificum hæc laus est, quod provincias italicas ingenio moribusque diversas communi fide et religione unas semper conservaverint, et a discordiis omnium funestissimis liberaverint. Atque in trepidis calamitosisque temporibus non semel erant publicæ res ad extremos casus præcipitaturæ, nisi Pontificatus Romanus ad salutem valuisset. — Neque futurum est, ut minus valeat in posterum, modo ne voluntas hominum obsistens virtutem ejus intercipiat, neu libertatem impediat. Etenim vis illa benefica, quæ in institutis catholicis inest, quoniam ab ipsa eorum natura sponte proficiscitur, immutabilis est et perpetua. Quemadmodum pro salute animarum omnia religio catholica et locorum et temporum intervalla complectitur, ita etiam in rebus civilibus ubique et semper sese ad hominum utilitates porrigit atque explicat.

Tot vero ereptis tantisque bonis summa mala succedunt: quoniam qui sapientiam christianam oderunt, iidem, quidquid contra fieri a se dicant, ad perniciem devocant civitatem. Istorum enim doctrinis nihil est magis idoneum ad inflammandos violenter animos, concitandasque perniciosissimas cupiditates. Sane in iis quæ cognitione scientiaque continentur, cœlestis fidei lumen repudiant : quo extincto, mens humana in errores sæpissime rapitur, nec vera cernit, atque illuc facile evadit, ut in humilem fœdumque *materialismum* abjiciatur. Spernunt in genere morum æternam immutabilemque rationem, et supremum legum latorem ac vindicem Deum despiciunt; quibus sublatis fundamentis, consequens est, ut, nulla satis idonea legum sanctione, omnis vivendi norma ab hominum voluntate arbitrioque sumatur. In civitate vero ex immodica libertate quam prædicant et volunt, licentia gignitur : licentiam sequitur perturbatio ordinis, quæ est maxima et funestissima pestis reipublicæ. Revera nulla fuit aut deformior species, aut miserior conditio civitatis, quam illa, in qua tales et doctrinæ et homines valere aliquandiu potuerunt. Ac nisi recentia exempla supperterent, id fidem excedere videretur, potuisse homines scelere audaciaque furentes in tanta excidia ruere, et retento ad ludibrium libertatis nomine, in cæde et incendiis debacchari. — Quod si tantos nondum sensit Italia terrores, primo quidem singulari Dei beneficio tribuere, deinde id quoque caussæ fuisse statuere debemus, quod, cum itali homines numero longe

sions réitérées des barbares, d'avoir opposé des armes victorieuses à la féroce invasion des Turcs, d'avoir conservé longtemps en bien des choses une mesure légitime de juste liberté, d'avoir enrichi ses cités de nombreux et immortels monuments de la science et des arts. Ce n'est certes pas la dernière gloire des Pontifes romains d'avoir conservé unies dans une commune foi les provinces de l'Italie, différentes de mœurs et de génie, et de les avoir délivrées des plus funestes discordes. Plusieurs fois, dans des temps troublés et calamiteux, la chose publique allait courir les derniers risques, si le pontificat romain ne l'eût préservée par sa puissance salutaire.

Son influence ne sera pas moins utile dans l'avenir si la malice des hommes ne vient en intercepter la vertu ou en étouffer la liberté. Cette force bienfaisante, qui est propre aux institutions catholiques, parce qu'elle en découle comme naturellement, est immuable et perpétuelle. De même que, pour le salut des âmes, la religion catholique embrasse toutes les contrées sans limites de temps et d'espace, ainsi partout et toujours dans les choses civiles elle se présente et se répand pour les vrais intérêts de l'humanité.

A tant de biens perdus succèdent des maux suprêmes; car les ennemis de la sagesse chrétienne, quelles que soient leurs prétentions contraires, conduisent la société à sa ruine. Rien de plus efficace que leurs doctrines pour allumer dans les âmes des flammes violentes et attiser les passions les plus pernicieuses. Dans le domaine de la science, ils répudient les célestes lumières de la foi; or, une fois ce flambeau éteint, l'esprit humain est d'ordinaire entraîné dans l'erreur, ne voit plus le vrai, et vient aisément sombrer dans les bas-fonds d'un abject et honteux matérialisme. — En matière de mœurs, ils rejettent dédaigneusement l'éternelle et immuable raison, et méprisent Dieu, souverain législateur et suprême vengeur; or, ces fondements arrachés, il ne reste plus aux lois de sanction suffisante; la règle de la vie ne relève que de la volonté et de l'arbitre de l'homme. Dans la société, la liberté sans mesure, qu'ils prônent et poursuivent, engendre la licence, et la licence se fait suivre de près par le renversement de l'ordre, le plus funeste fléau de la chose publique. De fait, on n'a pas vu de sociétés plus hideuses et plus misérables que celles où de pareils hommes et de pareilles doctrines ont pu prévaloir un moment. Si de récents exemples n'en faisaient foi, on se refuserait à croire que des hommes, dans l'emportement d'une audace furieuse et criminelle, aient pu se précipiter dans de pareils excès, et, en retenant comme par dérision le nom de liberté, se livrer à des saturnales de meurtres et d'incendies.

Si l'Italie n'a point encore éprouvé de pareilles terreurs, Nous le devons attribuer d'abord à une singulière protection de Dieu, mais reconnaître ensuite, pour expliquer cette préservation, que les peuples de l'Italie, fidèles pour l'immense majorité à la religion catholique, n'ont

maximo in religione catholica studiose perseverarint, idcirco flagitiosarum opinionum, quas diximus, dominari libido non potuit. Verum si hæc, quæ religio præbet, munimenta perrumpantur, continuo Italia in eos casus ipsos delaberetur, qui maximas et florentissimas nationes aliquando perculerunt. Etenim necesse est, ut similitudinem doctrinarum exitus similes consequantur : et quoniam in eodem vitio sunt semina, fieri non potest, quin fructus plane eosdem effundant. Immo vero majores fortasse pœnas violatæ religionis gens italica lueret, quia perfidiam et impietatem culpa ingrati animi cumularet. Non enim casu aliquo, aut levi hominum voluntate datum est Italiæ, ut partæ per Jesum Christum salutis vel a principio esset particeps, et beati Petri Sedem in sinu gremioque suo collocatam possideret, et longo ætatum cursu iis, quæ a religione catholica sponte fluunt, maximis et divinis beneficiis perfrueretur. Quapropter metuendum sibi magnopere esset quod ingratis populis Paulus Apostolus minaciter nunciavit, *Terra sæpe venientem super se bibens imbrem, et generans herbam opportunam illis a quibus colitur, accipit benedictionem a Deo : proferens autem spinas, et tribulos, reproba est, et maledicto proxima; cujus consummatio in combustionem* (1).

Prohibeat Deus hanc tantam formidinem ; atque omnes pericula serio considerent, quæ partim impendent ab iis, qui non communi utilitati, sed *Sectarum* commodis servientes, capitales cum Ecclesia inimicitias exercent. Qui si saperent, si vera caritate patriæ tenerentur, certe nec de Ecclesia diffiderent, nec de nativa ejus libertate detrahere, injuriosis suspicionibus adducti, conarentur; immo vero consilia ab ea oppugnanda ad tuendam adjuvandamque verterent; idque in primis providerent, ut Pontifex Romanus sua jura reciperet. — Etenim suscepta cum Apostolica Sede contentio quanto plus Ecclesiæ nocet, tanto minus est incolumitati rerum italicarum profutura. De qua re alio loco mentem Nostram declaravimus : « Dicite, publica Italiæ res neque prosperitate florere, neque diuturna tranquillitate posse consistere, nisi Romanæ Sedis dignitati et summi Pontificis libertati, prout omnia jura postulant, fuerit consultum. »

Quapropter, cum nihil magis velimus, quam ut res christiana salva sit, cumque præsenti italicarum gentium discrimine commoveamur, Vos vehementius quam unquam alias, Venerabiles Fratres, hortamur, ut studium caritatemque Vestram ad comparanda tot malorum remedia Nobiscum conferatis. — Et primum quidem edocete summa cum cura populos, quanti sit fidei

(1) *I Hebr.* VI, 7, 8.

pu être dominés par le vice des doctrines honteuses que Nous avons dénoncées. Que si les remparts élevés par la religion vien··· t à crouler, l'Italie tombera elle aussi dans ces mêmes abîmes, dont les plus grandes et les plus florissantes nations ont été quelquefois victimes. Les mêmes doctrines doivent entraîner les mêmes conséquences, et puisque les germes sont infectés du même poison, il est impossible qu'ils ne produisent pas les mêmes fruits.

Bien plus, l'Italie payerait peut-être plus cher son apostasie, parce que chez elle l'ingratitude mettrait le comble à la perfidie et à l'impiété. Ce n'est pas par hasard, ou par un caprice de la volonté humaine, qu'il a été, dès l'origine, donné à l'Italie d'être associée au salut conquis par Jésus-Christ, de posséder dans son sein la chaire de Pierre et de jouir, pendant un long cours de siècles, des bienfaits incomparables et divins dont la religion catholique est la source naturelle. Elle devrait donc grandement redouter pour elle-même ce que l'apôtre Paul annonçait avec menace à des peuples ingrats :

« La terre, qui, abreuvée des fréquentes eaux du ciel, donne des fruits utiles à ceux qui la cultivent, reçoit la bénédiction de Dieu ; celle, au contraire, qui ne porte que des ronces et des épines, celle-là est réprouvée, et proche de la malédiction qui se consume dans le feu (1). »

Que Dieu écarte un si épouvantable malheur! Que tous donnent une attention sérieuse aux périls qui en partie Nous affligent, et en partie Nous menacent du côté de ceux qui, servant les intérêts des sectes, et non pas l'intérêt public, ont voué à l'Eglise une guerre à mort.

Certes, s'ils étaient sages, s'ils portaient à leur patrie un véritable amour, loin de tenir l'Eglise en défiance et de s'efforcer, sous l'empire d'injurieux soupçons, de lui ravir sa liberté nécessaire, mieux inspirés ils s'emploieraient de tout leur pouvoir à la défendre, à la protéger, et pourvoiraient d'abord à remettre le Pontife romain en possession de ses droits.

En effet, plus la lutte engagée contre le Siège apostolique nuit à l'Eglise, plus elle est funeste à la cause de l'Italie. Là-dessus, d'ailleurs, Nous avons déjà publié Notre pensée en ces termes :

« Dites que la chose publique en Italie ne saura prospérer, ni prendre une consistance assurée et tranquille, si l'on ne pourvoit à la dignité du Siège romain et à la liberté du Pontife suprême, ainsi que tous les droits le réclament. »

C'est pourquoi, comme Nous n'avons rien plus à cœur que le salut des intérêts chrétiens, et comme Nous sommes ému du péril où se trouvent à l'heure présente les peuples d'Italie, Nous vous exhortons, vénérables Frères, plus ardemment que jamais, à unir aux Nôtres vos soins et votre amour pour trouver le remède à tant de maux.

Et d'abord, efforcez-vous de faire comprendre à vos peuples de quel

---

(1) *Hébr.* VI, 7-8.

catholicam possidere, et quam magna ejusdem tuendæ necessitas. — Quoniam vero hostes et oppugnatores catholici nominis, quo facilius male cautos decipiant, multis in rebus aliud simulant, valde interest occulta eorum consilia patefieri in lucemque proferri, ut scilicet, comperto quid reapse velint et qua caussa contendant, excitetur in catholicis hominibus ardor animi, et Ecclesiam, Romanum Pontificem, hoc est salutem suam, viriliter aperteque defendant.

Multorum ad hanc diem virtus, quæ plurimum potuisset, visa est aliquantum in agendo lenta et in labore remissa, sive quod insueti rerum essent animi, sive quod periculorum non satis fuerit magnitudo perspecta. Nunc vero, cognitis experiendo temporibus, nihil esset perniciosius, quam perferre oscitanter longinquam improborum malitiam, expeditumque ipsis locum relinquere rei christianæ ad libidinem suam diutius vexandæ. Ii quidem prudentiores quam filii lucis multa jam ausi : inferiores numero, calliditate et opibus validiores, haud longo tempore magna apud nos malorum incendia excitaverunt. Intelligant igitur quicumque amant catholicum nomen, tempus jam esse conari aliquid, et nullo pacto languori desidiæque se dedere ; cum nemo celerius opprimatur, quam qui vecordi securitate quiescunt. Videant quam nihil reformidarit veterum illorum nobilis et operosa virtus : quorum et laboribus et sanguine fides catholica adolevit. Vos autem, Venerabiles Fratres, excitate cessantes, cunctantes impellite : exemplo et auctoritate Vestra universos confirmate ad exercenda constanter et fortiter officia, quibus actio vitæ christianæ continetur. — Ad hanc alendam augendamque experrectam virtutem, curare ac providere opus est, ut numero, consensu, efficiendis rebus, floreant lateque amplificentur *societates* quibus maxime propositum sit fidei christianæ virtutumque ceterarum retinere et incitare studia. Tales sunt consociationes juvenum, opificum ; quæque constitutæ sunt aut cœtibus catholicorum hominum in tempora certa agendis, aut inopiæ miserorum levandæ, et tuendæ dierum festorum religioni, et pueris ex infima plebe erudiendis ; aliæque ex eodem genere complures. — Et cum rei christianæ quam maxime intersit Pontificem Romanum in gubernanda Ecclesia et esse et videri ab omni periculo, molestia, difficultate liberum, quantum lege possunt, agendo, rogando, contendendo, tantum Pontificis caussa, enitantur et efficiant; neque ante quiescant, quam sit Nobis, reapse non specie, libertas restituta, quacum non modo Ecclesiæ bonum, sed et secundus rerum italicarum cursus, et christianarum gentium tranquillitas necessario quodam vinculo conjungitur.

Deinde vero permagni refert publicari et longe lateque fluere

prix est pour eux la foi catholique et, combien chèrement il la faut défendre. Mais comme les ennemis et les assaillants du nom catholique usent de mille pratiques et de mille feintes pour séduire plus aisément ceux qui ne sont pas sur leurs gardes, il importe souverainement de démasquer, de traduire au grand jour leurs secrets conseils, afin qu'après avoir ouvert les yeux sur leurs desseins, les catholiques sentent se réveiller l'ardeur de leurs âmes, et se décident à défendre ouvertement et intrépidement l'Eglise, le Pontife romain, c'est-à-dire leur salut.

Jusqu'à présent, soit par inexpérience du nouvel état de choses, soit faute de s'être suffisamment rendu compte de l'étendue du péril, le courage de plusieurs, dont on pouvait beaucoup attendre, n'a pas paru se déployer avec toute l'activité et toute la vigueur que demandait le soutien d'une si grande cause.

Mais, maintenant que nous avons appris par expérience en quels temps nous sommes, rien ne serait plus funeste que de supporter avec une lâche inertie la malice des méchants qui jamais ne se lasse, et de leur laisser le champ libre pour persécuter l'Eglise jusqu'à pleine satisfaction de leur haine.

Plus prudents que les fils de la lumière, ils ont déjà beaucoup osé; inférieurs en nombre, plus puissants par la ruse et la richesse, ils ont eu vite fait d'allumer au milieu de nous un vaste incendie de malheurs. Que tous les amis du nom catholique comprennent donc enfin qu'il est temps d'oser quelques efforts et de s'arracher à tout prix à une languissante insouciance, car on n'est pas plus promptement opprimé qu'en dormant dans une lâche sécurité. Qu'ils voient comment le noble courage de leurs ancêtres n'a connu aucune crainte ni aucun repos; comment, par leurs infatigables travaux et au prix de leur sang, la foi catholique a grandi dans le monde.

Pour vous, vénérables Frères, réveillez les endormis, stimulez les hésitants; par vos exemples et votre autorité, formez-les tous à remplir avec constance et courage les devoirs qui sont l'action de la vie chrétienne. Afin d'entretenir et de développer ce courage ressuscité, il faut pourvoir à faire fleurir, croître en nombre, en harmonie et en fécondité les *associations*, dont la fin principale doit être de conserver et d'exciter le zèle de la foi chrétienne et des autres vertus. Telles sont les associations de jeunes gens, d'ouvriers; tels les comités organisés par les catholiques avec réunions périodiques; telles les institutions destinées à soulager l'indigence, à protéger la sanctification des jours de fête, à instruire les enfants du peuple, et plusieurs autres du même genre. Et comme il est d'intérêt suprême, pour la question chrétienne, que le Pontife romain soit et paraisse bien, dans le gouvernement de l'Eglise, libre de tout péril, de toute vexation, de toute entrave, il faut, pour procurer ce résultat, employer l'action, les pétitions, mettre tout en œuvre, autant que possible, dans les limites de la loi, et ne se donner nul repos qu'on ne Nous ait rendu en réalité et point en apparence cette liberté à laquelle non seulement le bien de l'Eglise, mais la prospérité de l'Italie et la paix des nations chrétiennes se rattachent par des liens nécessaires.

Il importe ensuite souverainement de publier et de répandre partout

salubriter scriptis. — Qui capitali odio ab Ecclesia dissident, scriptis editis decertare, iisque tamquam aptissimis ad nocendum armis uti consueverunt. Hinc teterrima librorum colluvies, hinc turbulentæ et iniquæ ephemerides, quarum vesanos impetus nec leges frenant, nec verecundia continet! Quidquid est proximis his annis per seditionem et turba gestum, jure gestum esse defendunt ; dissimulant aut adulterant verum : Ecclesiam et Pontificem maximum quotidianis maledictis falsisque criminationibus hostiliter petunt : nec ullæ sunt tam absurdæ pestiferæque opiniones, quas non disseminare passim aggrediantur. Hujus igitur tanti mali, quod serpit quotidie latius, sedulo prohibenda vis est : nimirum oportet severe et graviter adducere multitudinem, ut intento animo sibi caveat, et prudentem in legendo delectum religiosissime servare velit. Præterea scripta scriptis opponenda, ut ars quæ potest plurimum ad perniciem eadem ad hominum salutem et beneficium transferatur atque inde remedia suppetant, unde mala venena quæruntur. — Quam ad rem optabile est, ut saltem in singulis provinciis ratio aliqua instituatur demonstrandi publice, quæ et quanta sint singulorum christianorum in Ecclesiam officia, vulgatis ad id scriptionibus crebris, et quoad fierit potest, quotidianis. In primis autem sint in conspectu posita religionis catholicæ in omnes gentes præclara merita : explicetur oratione virtus ejus privatis publicisque rebus maxime prospera et salutaris ; statuatur quanti sit, celeriter Ecclesiam ad illum dignitatis locum in civitate revocari, quem et divina ejus magnitudo, et publica gentium utilitas vehementer postulat. — Harum rerum caussa necesse est, ut qui animum ad scribendum appulerint, plura teneant : videlicet idem omnes in scribendo spectent : quod maxime expedit, id constituant judicio certo et efficiant : nihil ex iis rebus prætermittant, quarum utilis atque expetenda cognitio videatur : gravitate et moderatione dicendi retenta, errores et vitia reprehendant, sic tamen ut careat acerbitate reprehensio, personisque parcatur : deinde orationem adhibeant planam atque evidentem, quam facile queat multitudo percipere. — Reliqui autem omnes, qui vere et ex animo cupiunt, florere res et sacras et civiles ingenio hominum litterisque defensas, hos litterarum ingenîique fructus tueri liberalitate sua studeant ; et ut quisque ditior est, ita potissimum re fortunaque sustineat. Iis enim qui scribendo dant operam, omnino afferenda sunt hujus generis adjumenta : sine quibus aut nullos ipsorum industria habitura est exitus, aut incertos et perexiguos. — In quibus rebus omnibus si quid nostris hominibus incommodi impendet, si qua est dimicatio subeunda, audeant tamen sese obvios ferre, cum homini christiano nulla sit adeundi vel incom-

de bons écrits. Ceux qu'une haine mortelle sépare de l'Eglise savent combattre avec la plume et s'en faire une arme redoutable pour le mal. De là, ce déluge de mauvais livres; de là, ces journaux de désordre et d'iniquité dont les lois sont impuissantes à refréner les excès, et la pudeur à contenir les tristes débordements. Tout ce que ces dernières années ont vu de troubles et de séditions, ils entreprennent de le justifier : ils dissimulent ou ils corrompent la vérité; ils poursuivent avec hostilité l'Eglise et le Pontife suprême de malédictions quotidiennes et d'accusations calomnieuses; et il n'est pas d'opinions si absurdes et si nuisibles qu'ils ne s'efforcent de propager. Ce mal immense gagne tous les jours du terrain; il faut en arrêter la violence. Vous devez, par de graves et sévères avertissements, amener les fidèles à se tenir sur leurs gardes et à mettre une religieuse prudence dans le choix de leurs lectures. De plus, aux écrits il faut opposer les écrits; que cet instrument si puissant pour la ruine devienne puissant pour le salut des hommes, et que le remède découle de la source même du poison. Dans ce but, il est à désirer qu'au moins dans chaque province on crée quelque organe d'enseignement pour instruire publiquement le peuple des graves devoirs qui incombent à tous les chrétiens à l'égard de l'Eglise, et cela par le moyen de publications fréquentes et, s'il est possible, quotidiennes.

Que l'on y mette surtout en lumière les mérites que la religion catholique s'est acquis auprès de tous les peuples; que l'on montre combien son influence est heureuse et salutaire pour les intérêts privés et publics; que l'on établisse combien il importe de replacer promptement l'Eglise dans la société au poste d'honneur que réclament sa divine grandeur et l'intérêt des nations. Pour cela, il est nécessaire que ceux qui se dévoueront à écrire observent plusieurs points : que tous aient le même but devant les yeux; qu'ils déterminent avec une sage précision les mesures opportunes et qu'ils les exécutent; qu'ils ne passent sous silence rien de ce qui peut être utile ou avantageux à connaître; dans un langage grave et modéré, qu'ils reprennent les erreurs et les vices, sans aigreur dans le reproche, avec indulgence pour les personnes; puis, qu'ils usent d'une manière de dire claire et facile, à la portée de tout le monde.

Quant à tous ceux qui vraiment et de tout cœur veulent voir fleurir la religion et la société, défendues par le génie et par la presse, que ceux-là protègent de leurs libéralités la fécondité de la presse et du génie, chacun proportionnant ses largesses à sa fortune. Les soldats de la presse ont un absolu besoin de ces secours sans lesquels leurs travaux n'auraient pas de fruits, ou n'auraient que des fruits incertains ou chétifs. Dans cette œuvre, si quelques vexations attendent Nos fils dévoués, s'il leur faut soutenir le combat, qu'ils osent descendre dans l'arène; un

moda vel labores caussa justior, quam ne lacerari ab improbis religionem patiatur. Neque enim hac filios lege Ecclesia aut genuit aut educavit, ut cum tempus et necessitas cogeret, nullam ab iis opem expectaret, sed ut singuli eorum otio privatisque utilitatibus salutem animarum et incolumitatem rei christianæ anteponerent.

Præcipue autem curæ cogitationesque Vestræ, Venerabiles Fratres, in eo evigilare debent, ut ministros Dei idoneos rite instituatis. Quod si Episcoporum est plurimum operæ et studii in fingenda probe omni juventute ponere, longe plus ipsos elaborare in clericis verum est, qui in Ecclesiæ spem adolescunt, et participes adjutoresque munerum sanctissimorum sunt aliquando futuri. — Caussæ profecto graves et omnium ætatum communes decora virtutum multa et magna in sacerdotibus postulant : verumtamen nostra hæc ætas plura quoque et majora admodum flagitat. Revera fidei catholicæ defensio, in qua laborare maxime sacerdotum debet industria, et quæ est tantopere his temporibus necessaria, doctrinam desiderat non vulgarem neque mediocrem, sed exquisitam et variam ; quæ non modo sacras, sed etiam philosophicas disciplinas complectatur, et physicorum sit atque historicorum tractatione locuples. Eripiendus est enim error hominum multiplex, singula christianæ sapientiæ fundamenta convellentium : luctandumque persæpe cum adversariis apparatissimis, in disputando pertinacibus, qui subsidia sibi ex omni scientiarum genere astute conquirunt. — Similiter cum hodie magna sit et ad plures diffusa corruptela morum, singularem prorsus oportet in sacerdotibus esse virtutis constantiæque præstantiam. Fugere quippe consuetudinem hominum minime possunt : immo applicare se propius ad multitudinem ipsis officii sui muneribus jubentur : idque in mediis civitatibus, ubi nulla jam fere libido est, quin permissam habeat et solutam licentiam. Ex quo intelligitur, virtutem in Clero tantum habere virium hoc tempore debere, ut possit se ipsa tueri firmiter, et omnia cum blandimenta cupiditatum vincere, tum exemplorum pericula sospes superare. — Præterea conditas in Ecclesiæ perniciem leges consecuta passim clericorum paucitas est : ita plane ut eos, qui in sacros ordines Dei munere leguntur, duplicare operam suam necesse sit, et excellenti sedulitate, studio, devotione exiguam copiam compensare. Quod quidem utiliter facere non possunt, nisi animum gerant tenacem propositi, abstinentem, incorruptum, caritate flagrantem, in laboribus pro salute hominum sempiterna suscipiendis promptum semper atque alacrem. Atqui ad hujusmodi munera est adhibenda præparatio diuturna et diligens : non enim tantis rebus facile et cele-

chrétien ne saurait souffrir pour une plus juste cause que pour préserver la religion d'être déchirée par les méchants. Car si l'Eglise a engendré et élevé des fils, ce n'est pas pour qu'aux heures difficiles elle ne pût en attendre aucun secours, mais bien pour qu'à son repos et à d'égoïstes intérêts chacun préférât le salut des âmes et l'intégrité de la cause chrétienne.

Mais vos sollicitudes principales, vénérables Frères, doivent avoir pour objet de former de dignes ministres de Dieu. Si les évêques doivent mettre tous leurs soins et leur zèle à former la jeunesse, ils les doivent multiplier en faveur des clercs qui grandissent pour l'espoir de l'Eglise, et seront un jour associés aux plus saints ministères.

De graves raisons, qui sont de tous les temps, demandent que les prêtres soient ornés de grandes et fortes vertus; toutefois, les temps où nous vivons exigent plus encore. En effet, la défense de la foi catholique, qui revient surtout aux prêtres et qui est aujourd'hui si nécessaire, réclame une doctrine qui ne soit point vulgaire ni médiocre, mais éminente et variée; une doctrine qui n'embrasse pas seulement la science sacrée, mais aussi la science philosophique: riche enfin de toutes les découvertes physiques et historiques. Il faut déraciner les multiples erreurs de ceux qui s'attachent à saper chacun des fondements de la sagesse chrétienne. Souvent il faut lutter avec des adversaires très préparés, opiniâtres dans la controverse, qui empruntent perfidement des armes à toutes les branches de la science. De même aujourd'hui, vu la profondeur et l'étendue de la corruption qui règne, les prêtres ont besoin d'un surcroît particulier de constance et de vertu. Ils ne peuvent éviter le commerce des hommes; les devoirs de leur charge les mettent en relations intimes avec les peuples, et cela au milieu des villes où il n'est presque pas de passion qui ne puisse se donner libre carrière jusqu'en ses excès les plus effrénés. D'où il suit que la vertu du clergé doit avoir en ce temps une trempe assez forte pour rester elle-même inébranlable, pour vaincre les séductions du plaisir et dominer, sans en recevoir aucune atteinte, la contagion des exemples. De plus, les lois que l'on a portées au détriment de l'Eglise ont çà et là diminué les vocations cléricales; de sorte que les élus de la grâce divine pour les Ordres sacrés doivent doubler leur tâche et compenser le petit nombre par l'excellence du dévouement, du zèle et de la piété. Ils n'y sauraient suffire s'ils n'acquièrent une âme résolue, mortifiée, incorruptible, ardente de charité, prête à porter avec joie toutes les souffrances pour le salut éternel des hommes.

Or, une pareille tâche demande une longue et diligente préparation;

riter assuescitur. Atque illi sane in sacerdotio integre sancteque versabuntur, qui sese in hoc genere ab adolescentia excoluerint, et tantum disciplina profecerint, ut ad eas virtutes, quæ commemoratæ sunt, non tam instituti quam nati videantur.

His de caussis, Venerabiles Fratres, jure Seminaria clericorum sibi vindicant plurimas et maximas animi, consilii, vigilantiæ Vestræ partes. Quod ad virtutem et mores, minime fugit sapientiam Vestram, quibus abundare præceptis et institutis adolescentem clericorum ætatem oporteat. — In gravioribus autem disciplinis, Litteræ Nostræ Encyclicæ — *Æterni Patris* — viam rationemque studiorum optimam indicaverunt. Sed quoniam in tanto ingeniorum cursu plura sunt sapienter et utiliter inventa, quæ minus decet non habere perspecta, præsertim cum homines impii quidquid incrementi affert dies in hoc genere, tamquam nova tela in veritates divinitus traditas intorquere consueverint, date operam, Venerabiles Fratres, quantum potestis, ut alumna sacrorum juventus non modo sit ab investigatione naturæ instructior, sed etiam iis artibus apprime erudita, quæ cum sacrarum Litterarum vel interpretatione vel auctoritate cognationem habeant. — Illud certe non ignoramus, ad elegantiam studiorum optimorum multas res esse necessarias : quarum tamen sacris Seminariis italicis adimunt aut minuunt importunæ leges facultatem. — Sed hac etiam in re tempus postulat, ut largitate et munificentia bene de religione catholica promereri nostrates studeant. Voluntas majorum pia et benefica egregie ejusmodi necessitatibus providerat : atque illud Ecclesia assequi prudentia et parsimonia potuerat, ut tutelam et conservationem rerum sacrarum nequaquam haberet necesse caritati filiorum suorum commendare. Sed patrimonium ejus legitimum æque ac sacrosanctum, cui superiorum ætatum injuria pepercerat, nostrorum temporum procella dissipavit : quare caussa renascitur, cur qui diligunt catholicum nomen, animum inducant majorum liberalitatem renovare. Profecto Gallorum, Belgarum, aliorumque in caussa haud multum dissimili illustria sunt munificentiæ documenta, non modo æqualium, sed etiam posterorum admiratione dignissima. Neque dubitamus, quin italica gens communium rerum consideratione permota, id pro viribus actura sit, ut et se patribus suis dignam impertiat, et ex fraternis exemplis capiat quod imitetur.

In his rebus, quas diximus, profecto haud minimam habemus spem solatii incolumitatisque repositam. — Verum cum in omnibus consiliis, tum maxime in iis quæ salutis publicæ caussa suscipiuntur, omnino ad humana præsidia accedere necesse est opem omnipotentis Dei, cujus in potestate sunt non minus sin-

de si grandes choses ne s'improvisent pas. Ceux-là auront un sacerdoce saint et fécond qui s'y seront exercés dès leur jeunesse, à qui la discipline aura fait faire de tels progrès que les vertus dont Nous avons parlé paraîtront en eux moins une conquête qu'une seconde nature.

C'est pourquoi, vénérables Frères, les Séminaires réclament à juste titre la meilleure part de votre cœur, de votre zèle et de votre vigilance. Quant aux mœurs et à la vertu, votre sagesse n'ignore pas de quels préceptes et de quels enseignements la jeunesse des clercs veut être entourée. Pour les hautes sciences, Nos Lettres encycliques *Æterni Patris* en ont tracé la voie et la meilleure méthode. Mais comme un grand nombre d'esprits distingués ont réalisé plusieurs inventions sages et utiles, qu'il conviendrait d'autant moins d'ignorer que les impies ont coutume de se saisir avidement de tous les progrès que chaque jour apporte pour s'en faire des armes nouvelles et les tourner contre les vérités révélées, donnez, vénérables Frères, tous vos soins à ce que la jeunesse cléricale, non seulement s'applique plus que par le passé à l'étude des sciences naturelles, mais soit aussi pleinement instruite dans les matières qui touchent à l'interprétation ou à l'autorité des Ecritures sacrées. Nous n'ignorons pas, certainement, que bien des choses doivent concourir à la perfection de bonnes études, dont pourtant les Séminaires d'Italie, par suite de lois fâcheuses, sont privés en tout ou en partie. Aussi, pour sauvegarder cet intérêt, faut-il aujourd'hui que, par leur sagesse et leur munificence, Nos fidèles s'étudient à bien mériter de la religion catholique.

La pieuse générosité de Nos ancêtres avait admirablement pourvu à tous ces besoins. L'Eglise, à force de prudence et d'économie, avait pu se dispenser de recommander à la charité de ses enfants la tutelle et l'entretien des choses sacrées. Mais son patrimoine légitime et sacro-saint, que les injures des siècles passés avaient épargné, la tempête de nos jours l'a dissipé. C'est pourquoi les circonstances présentes invitent les amis du nom catholique à continuer les libéralités de leurs ancêtres. La France, la Belgique, d'autres nations encore, dans une cause à peu près semblable, Nous offrent d'illustres exemples de générosité, auxquels la postérité payera le même tribut d'admiration que les contemporains. Nous ne doutons pas que les peuples d'Italie, émus par la considération des mêmes nécessités, ne se montrent, dans la mesure de leurs ressources, dignes de leurs pères, émules des exemples de leurs frères.

Nous fondons, vénérables Frères, dans les œuvres que Nous venons de signaler, les meilleures espérances de consolation et de salut. Toutefois, en tous conseils, en ceux surtout qui ont pour objet le salut public, les forces humaines ont besoin d'être soutenues par le secours du Dieu tout-puissant, qui tient dans sa main les volontés des individus comme

gulorum hominum voluntates quam cursus et fortuna imperiorum. Quapropter invocandus summis precibus Deus, orandusque, ut tot ejus beneficiis ornatam atque auctam respiciat Italiam ; in eaque fidem catholicam, quod est maximum bonum, cunctis periculorum suspicionibus depulsis, perpetuo tueatur. Hanc ipsam ob caussam imploranda suppliciter est Immaculata Virgo Maria, magna Dei parens fautrix et adjutrix consiliorum optimorum, una cum sanctissimo Sponso ejus Josepho, custode et patrono gentium christianarum. Ac pari studio obsecrare opus est Petrum et Paulum, magnos apostolos, ut in italicis gentibus fructum laborum suorum incolumem custodiant, nomenque catholicum, quod majoribus nostris suo ipsi sanguine pepererunt, apud seros posteros sanctum inviolatumque conservent.

Horum omnium coelesti patrocinio freti, auspicem divinorum, et præcipuæ benevolentiæ Nostræ testem, Apostolicam benedictionem Vobis universis, Venerabiles Fratres, et populis fidei Vestræ commissis peramanter in Domino impertimus.

Datum Romæ, apud S. Petrum, die XV februarii anno MDCCCLXXXII, Pontificatus Nostri anno quarto.

LEO PP. XIII.

le cours et la fortune des empires. Il faut donc l'invoquer par d'ardentes prières, le supplier de jeter les yeux sur cette terre d'Italie enrichie par lui de bienfaits déjà si nombreux, d'y garder toujours le bien suprême, la foi catholique, après avoir dissipé toutes les menaces de périls. Pour la même fin, il faut implorer l'Immaculée Vierge Marie, l'auguste Mère de Dieu, aide et protectrice des bons conseils, avec son très saint époux, Joseph, gardien et patron des nations catholiques.

Dans les mêmes sentiments, conjurons les grands apôtres Pierre et Paul de conserver intacts, au milieu des peuples d'Italie, les fruits de leurs travaux, et de transmettre saint et sans tache, à la dernière postérité, le nom catholique dans lequel ils engendrèrent nos pères au prix de leur sang.

Confiant en ces célestes patronages, Nous vous accordons de grand cœur, dans le Seigneur, vénérables Frères, à vous et aux peuples confiés à votre garde, la bénédiction apostolique comme gage des bénédictions divines et témoignage de Notre particulière bienveillance.

Donné à Rome, auprès de Saint-Pierre, le 15 février de l'année 1882, quatrième année de Notre pontificat (1).

LÉON XIII, PAPE.

(1) Sauf quelques corrections de détail, cette traduction est empruntée au *Journal de Rome*.

EPISTOLA ENCYCLICA

De animorum conjunctione et fidelium erga pastores submissione

Venerabilibus Fratribus
Archiepiscopis, Episcopis et aliis Ordinariis Hispaniæ,

LEO PP. XIII

Venerabiles Fratres, Salutem et apostolicam Benedictionem.

CUM MULTA sint, in quibus excellit generosa ac nobilis Hispanorum natio, tum illud est in prima commendatione ponendum, quod, post varios rerum et hominum interitus, pristinum illud ac prope hæreditarium retineat fidei catholicæ studium, quocum semper visa est Hispani generis salus et magnitudo conjuncta. — Quod quidem studium plura argumenta declarant: præcipue vero eximia in hanc Sedem Apostolicam pietas, quam omni significationum genere, litteris, liberalitate, susceptis religionis caussa peregrinationibus Hispani homines sæpe et præclare testantur. Neque interitura est paulo superioris temporis memoria, quo tempore ipsorum animum fortem æque ac pium Europa spectavit, cum Sedem Apostolicam adversorum eventuum calamitas attigisset. — In his rebus omnibus, præter singulare quoddam Dei beneficium, agnoscimus, Dilecti Filii Nostri, Venerabiles Fratres, vigilantiæ vestræ fructum : itemque laudabile ipsius populi propositum, qui per hæc tam infensa catholico nomini tempora religioni avitæ studiose adhærescit, neque dubitat magnitudini periculorum parem constantiæ magnitudinem opponere. Profecto nihil est, quin de Hispania sperari jure queat, si modo talem animorum affectionem caritas aluerit, et stabilis voluntatum concordia roboraverit. — Verum quod ad hanc partem, non enim dissimulabimus id quod est, cum cogitamus agendi rationem, quam aliquot ex Hispania catholici homines ineundam putant, dolor quidam objicitur animo cum nonnulla similitudine anxiæ sollicitudinis, quam Paulus Apostolus olim, Corinthiorum caussa, susceperat. Tuta et tranquilla catholicorum cum inter se tum maxime cum Episcopis suis istic concordia permanserat: eoque nomine Gregorius XVI Decessor Noster jure laudavit His-

LETTRE ENCYCLIQUE

A L'ÉPISCOPAT ESPAGNOL

A nos vénérables Frères les Archevêques, Évêques et autres Ordinaires de l'Espagne.

LÉON XIII, PAPE

VÉNÉRABLES FRÈRES, SALUT ET BÉNÉDICTION APOSTOLIQUE

La généreuse et noble nation d'Espagne excelle en beaucoup de choses; mais ce qu'il faut signaler au premier rang, c'est surtout qu'après les bouleversements divers d'hommes et de choses, elle garde intact ce zèle ancien et comme héréditaire pour la foi catholique auquel le salut et la grandeur de l'Espagne ont toujours paru attachés. De ce zèle il y a des preuves en grand nombre, mais la principale est cette piété insigne envers le Siège apostolique, dont les Espagnols témoignent souvent d'une façon éclatante et de toutes manières, par leurs lettres, par leurs libéralités, par les pèlerinages entrepris en l'honneur de la religion. En outre, le souvenir ne périra pas du temps, qui n'est pas éloigné, où le Siège apostolique subissant l'atteinte d'événements funestes, les Espagnols donnèrent à l'Europe le spectacle de la force tout ensemble et de la piété de leurs cœurs.

Dans tout cela, chers Fils et Vénérables Frères, après le bienfait particulier de Dieu, Nous reconnaissons le fruit de votre vigilance, et aussi la louable résolution du peuple lui-même qui, par ces temps si hostiles au nom catholique, adhère avec zèle à la religion de ses ancêtres et n'hésite pas à égaler la grandeur des périls par la grandeur de la constance qu'il y oppose. Aussi n'est-il rien qu'on ne puisse, à bon droit, espérer de l'Espagne, pourvu que cette affection des cœurs soit entretenue par la charité et fortifiée par un ferme accord des volontés.

Mais, à ce sujet — car Nous ne dissimulerons pas l'état des choses, — lorsque Nous songeons à l'attitude que certains catholiques d'Espagne croient devoir prendre, Notre esprit est douloureusement affecté d'une sollicitude anxieuse, assez semblable à celle que les Corinthiens jadis causaient à l'apôtre saint Paul. La concorde non seulement des catholiques entre eux, mais surtout des catholiques avec les évêques, était restée jusqu'ici paisible et assurée; aussi Notre prédécesseur Grégoire XVI louait à bon droit la nation espagnole de ce qu'en sa très

panam gentem quod ejus pars *longe maxima in veteri sua erga Episcopos et inferiores pastores canonice constitutos reverentia* perseveraret (1). Nunc tamen, interjectis partium studiis, vestigia apparent dissensionum, quæ in varias velut acies distrahunt animos, ipsasque societates, religionis gratia constitutas, non parum perturbant. Incidit sæpe, ut apud disquirentes, qua potissimum ratione expediat rem catholicam tueri, minus quam æquum est, Episcoporum valeat auctoritas. Quin immo interdum si quid Episcopus suaserit, si quid etiam pro potestate decreverit, non desunt qui moleste ferant, aut aperte reprehendant, sic accipientes, ut voluisse illum existiment alteris gratificari, alteros offendere. — Jamvero plane perspicitur quanti referat, incolumem esse animorum conjunctionem, eo vel magis quod in tanta ubique pravarum opinionum licentia, in tam acri insidiosaque Ecclesiæ catholicæ oppugnatione, omnino necesse est, christianos universos, collatis in unum viribus, maximaque voluntatum conspiratione resistere, ne calliditate atque impetu adversariorum separatim oppressi succumbant. Igitur hujusmodi incommodorum cogitatione permoti, Vos, his litteris, Dilecti Filii Nostri, Venerabiles Fratres, appellamus, vehementerque petimus, ut salutarium monitorum Nostrorum interpretes in firmanda concordia prudentiam auctoritatemque vestram adhibeatis.

Erit autem opportunum primo loco rei sacræ reique civilis meminisse rationes mutuas, qua multi contrario errore falluntur. Solent enim nonnulli rem politicam a religione non distinguere solum, sed penitus sejungere ac separare, nihil ut esse utrique commune velint, nec quicquam ad alteram ab altera influere putent oportere. Hi profecto non multum ab iis distant, qui civitatem constitui administrarique malunt, amoto cunctarum procreatore dominoque rerum Deo: ac tanto deterius errant, quod rempublicam uberrimo utilitatum fonte temere prohibent. Nam ubi religio tollatur, vacillare necesse est illorum stabilitatem principiorum in quibus salus publica maxime nititur quæque vim a religione capiunt plurimam, cujusmodi potissimum sunt, juste moderateque imperare, propter conscientiam officii subesse, domitas habere virtute cupiditates, suum cuique reddere, aliena non tangere.

Verum sicut iste tam impius declinandus est error, sic etiam fugienda illorum opinio præpostera, qui religionem cum aliqua parte civili permiscent ac velut in unum confundunt, usque adeo, ut eos, qui sint ex altera parte, prope descivisse a catholico

(1) Alloc. *Afflictas*, Kal. Mart. 1841.

grande majorité elle persévérait dans son antique respect envers les évêques et les pasteurs inférieurs institués canoniquement (1).

Aujourd'hui, cependant, par suite des rivalités de partis, on aperçoit des traces de dissensions qui partagent les esprits comme en divers camps et troublent même les associations instituées en vue de la religion. Souvent il arrive que l'autorité des évêques a moins de crédit qu'il ne faudrait auprès de ceux qui discutent sur les meilleurs moyens qu'il convient d'adopter pour la défense des intérêts catholiques. Bien plus, si parfois un évêque donne un conseil, s'il a, selon son pouvoir, ordonné quelque chose, il ne manque pas de personnes qui le supportent mal ou le blâment ouvertement, l'interprétant de telle sorte qu'ils estiment que l'évêque a voulu favoriser les uns et molester les autres.

Or, on voit clairement combien il importe de maintenir intacte l'union des esprits, d'autant plus que, dans cette licence des mauvaises opinions si répandues partout, dans cette guerre si violente et si perfide faite à l'Eglise catholique, il est absolument nécessaire que tous les chrétiens mettent en commun leurs forces et fassent aussi conspirer leurs volontés pour la résistance, de peur que la ruse de leurs adversaires ne les amène à tomber séparément sous leurs coups. C'est pourquoi, frappé par la considération de ces dangers, Nous vous faisons appel par ces lettres, chers Fils et Vénérables Frères, demandant avec ardeur que, vous faisant les interprètes de Nos salutaires avis, vous appliquiez à raffermir la concorde votre prudence et votre autorité.

Or, il sera opportun tout d'abord de rappeler quels sont les rapports mutuels de la religion et de la politique, parce que beaucoup se laissent tromper en ce point par des erreurs contraires. En effet, il en est qui ont coutume non seulement de distinguer la politique et la religion, mais de les désunir complètement et de les séparer, de telle sorte qu'ils ne veulent entre elles rien de commun et qu'ils ne pensent pas qu'il faille en rien tolérer l'influence de l'une sur l'autre. Ceux-là, en vérité, ne diffèrent pas beaucoup de ceux qui souhaitent que l'Etat soit constitué et administré en dehors de Dieu créateur et maître de toutes choses, et leur erreur est d'autant plus déplorable qu'ils écartent ainsi témérairement la société de la source d'avantages la plus féconde. Car, quand la religion est supprimée, il arrive nécessairement qu'on voit chanceler la stabilité des principes sur lesquels se fonde surtout la sécurité publique, qui tirent de la religion leur principale force, et au moyen desquels on peut, par exemple : commander avec justice et modération, se soumettre par conscience du devoir qu'on en a, dompter ses passions par la vertu, rendre à chacun ce qui lui appartient, ne pas toucher au bien d'autrui.

Mais de même qu'il faut éviter cette erreur impie, il faut fuir aussi l'opinion contraire de ceux qui mêlent et confondent, pour ainsi dire, la religion avec l'un ou l'autre parti politique, au point qu'ils déclarent avoir presque abandonné le nom de catholiques ceux qui seraient d'un

---

(1) Alloc. *Afflictas*, Kal. mart., 1841.

nomine decernant. Hoc quidem est factiones politicas in augustum religionis campum perperam compellere: fraternam concordiam velle dirimere, funestæque incommodorum multitudini aditum januamque patefacere. — Igitur oportet rem sacram remque civilem, quæ sunt genere naturaque distincta, etiam opinione judicioque secernere. Nam hoc genus de rebus civilibus, quamtumvis honestum et grave, si spectetur in se, vitæ hujus, quæ in terris degitur, fines nequaquam prætergreditur. Contra vero religio, nata Deo et ad Deum referens omnia, altius se pandit cœlumque contingit. Hoc enim illa vult, hoc petit, animum, quæ pars est hominis præstantissima, notitia et amore Dei imbuere, totumque genus humanum ad futuram civitatem, quam inquirimus, tuto perducere. Quapropter religionem, et quidquid est singulari quodam vinculo cum religione colligatum, rectum est superioris ordinis esse ducere. Ex quo consequitur, eam, ut est summum bonum, in varietate rerum humanarum atque in ipsis commutationibus civitatum debere integram permanere : omnia enim et temporum et locorum intervalla complectitur. Fautoresque contrariarum partium, cetera dissentientes, in hoc oportet universi conveniant, rem catholicam in civitate salvam esse oportere. Et ad istud nobile necessariumque propositum, quotquot amant catholicum nomen debent velut fœdere icto studiose incumbere, silere paulisper jussis diversis de caussa politica sententiis, quas tamen suo loco honeste legitimeque tueri licet. Hujus enim generis studia, modo ne religioni vel justitiæ repugnent, Ecclesia minime damnat; sed procul omni concertationum strepitu, pergit operam suam in communem afferre utilitatem, hominesque cunctos materna caritate diligere, eos tamen præcipue, quorum fides pietasque constiterit major.

Concordiæ vero quam diximus, idem est in re christiana, atque in omni bene constituta republica fundamentum; nimirum obtemperatio legitimæ potestati, quæ jubendo, vetando, regendo, varios hominum animos concordes et congruentes efficit. Quam ad rem nota omnibus atque explorata commemoramus : verumtamen talia, ut non cogitatione solum tenenda, sed moribus et usu quotidiano, tamquam officii regula, servanda sint: — Scilicet sicut Pontifex Romanus totius est Ecclesiæ magister et princeps, ita Episcopi rectores et capita sunt Ecclesiarum, quas rite singuli ad gerendum acceperunt. Eos in sua quemque ditione jus est præesse, corrigere, generatimque de iis, quæ e re christiana esse videantur, decernere. Participes enim sunt sacræ potestatis, quam Christus Dominus a Patre acceptam Ecclesiæ suæ reliquit; eamque ob causam Gregorius IX Decessor Noster : *Episcopos, inquit, « in partem sollicitudinis vocatos vices Dei gerere minime*

autre parti. Cela, c'est faire entrer à tort les factions politiques dans le champ auguste de la religion; c'est vouloir supprimer la concorde fraternelle, et ouvrir la porte à une multitude funeste d'inconvénients. Il importe donc que la religion et la politique, qui sont distinctes par genre et par nature, soient dans l'opinion et le jugement l'objet de la même distinction; car cet ordre de choses civiles, pour honnête et important qu'il soit, si on le considère en lui-même, ne dépasse pas les fins de la vie qu'on passe sur cette terre. Au contraire, la religion, née de Dieu et rapportant à Dieu toutes choses, s'élève plus haut et atteint le ciel. Ce qu'elle veut, en effet, ce qu'elle demande, c'est d'inculquer à l'âme, qui est la partie de l'homme la plus excellente, la connaissance et l'amour de Dieu, et de conduire sûrement le genre humain tout entier à la cité future que nous cherchons. C'est pourquoi il est juste de considérer comme étant d'un ordre supérieur la religion et tout ce qui lui est attaché par quelque lien particulier. D'où il suit que la religion étant le bien suprême, elle doit demeurer intacte au milieu de la variété des choses humaines, et jusque dans les changements des Etats, car elle embrasse tous les intervalles de temps et de lieux. Il faut donc que les hommes de partis contraires, divisés sur le reste, s'accordent tous à convenir que la religion doit être sauve dans l'Etat.

Tous ceux qui aiment le nom catholique doivent s'unir comme par un pacte en vue de poursuivre avec zèle ce dessein, aussi noble que nécessaire, et faire taire un peu les opinions diverses relatives à la politique, bien qu'il soit très permis de défendre ces opinions en leur lieu, honnêtement et légitimement. L'Eglise, en effet, ne condamne pas des préoccupations de ce genre, pourvu qu'elles ne répugnent ni à la religion ni à la justice; mais, loin de tout fracas de contestations, elle continue d'apporter ses soins à l'utilité commune, d'aimer tous les hommes avec une charité maternelle, réservant toutefois ses prédilections pour ceux dont la foi et la piété sont plus grandes.

Or, le fondement de la concorde dont Nous avons parlé est le même dans l'Eglise que dans toute société bien constituée : c'est l'obéissance au pouvoir légitime qui, par ses ordres, par ses interdictions, par sa direction, procure la concorde et l'harmonie dans la variété des esprits. A cet effet, Nous allons rappeler des choses bien connues de tous; Nous les rappelons néanmoins, afin qu'elles soient l'objet non seulement des réflexions de l'esprit, mais de la pratique et des usages quotidiens et comme la règle du devoir.

De même donc que le Pontife romain est le maître et le chef de toute l'Eglise, de même les évêques sont les directeurs et les chefs des Eglises qu'ils ont reçues canoniquement pour les gouverner. C'est à eux qu'il appartient, chacun dans sa juridiction, de présider, d'ordonner, de corriger et généralement de décider des choses qui paraissent se rapporter à l'Eglise. En effet, ils sont participants du pouvoir sacré que Notre-Seigneur Jésus-Christ laissa à son Eglise après l'avoir reçu de son Père. C'est pourquoi Grégoire IX, Notre prédécesseur, a dit : « Nous ne doutons pas que ceux qui sont appelés à une part de Notre

dubitamus. » (1) Atque hujusmodi potestas Episcopis est summa cum utilitate eorum, in quos exercetur, data : spectat enim natura sua ad *ædificationem corporis Christi,* perficitque ut Episcopus quisque, cujusdam instar vinculi, christianos, quibus præest, et inter se et cum Pontifice maximo, tamquam cum capite membra, fidei caritatisque communione consociet. In quo genere gravis est ea sancti Cypriani sententia : « *Illi sunt Ecclesia, plebs sacerdoti adunata, et Pastori suo grex adhærens,* » (2) et gravior altera : « *Scire debes, Episcopum in Ecclesia esse, et Ecclesiam in Episcopo, et si quis cum Episcopo non sit, in Ecclesia non esse.* » (3) Talis est christianæ reipublicæ constitutio, eaque immutabilis, ac perpetua : quæ nisi sancte servetur summa jurium et officiorum perturbatio consequatur necesse est, discissa compositione membrorum apte cohærentium in corpore Ecclesiæ, « *quod per nexus et conjunctiones subministratum et constructum crescit in augmentum Dei* (4). » Ex quibus apparet, adhibendam esse adversus Episcopos reverentiam præstantiæ muneris consentaneam, in iisque rebus, quæ ipsorum potestatis sunt, obtemperari oportere.

Perspectis autem studiis, quibus multorum animi istic hoc tempore permoventur, Hispanos omnes non hortamur solum, sed plane obsecramus, ut sese hujus tanti officii memores impertiant.
— Ac nominatim vehementer studeant modestiam atque obedientiam tenere qui sunt ex ordine Cleri, quorum dicta factaque utique ad exemplum in omnes partes valent plurimum. Quod in muneribus suis insumunt operæ, tum sciant maxime fructuosum sibi, proximisque salubre futurum, si se ad imperium ejus nutumque finxerint, qui diœcesis gubernacula tenet. Profecto sacerdotes tradere se penitus partium studiis, ut plus humana, quam cœlestia curare videantur, non est secundum officium. Cavendum igitur sibi esse intelligant, ne prodeant extra gravitatem et modum. Hac adhibita vigilantia, pro certo habemus, Clerum Hispanum non minus animorum saluti quam rei publicæ incremento virtute, doctrina, laboribus, magis magisque in dies profuturum.

Ad ejus adjuvandam operam eas societates non parum judicamus opportunas, quæ sunt tamquam auxiliariæ cohortes catholico nomini protegendo. Itaque illarum probamus institutum et industriam, ac valde cupimus, ut aucto et numero et studio majores edant quotidie fructus. — Verum cum sibi proposita sit rei catholicæ tutela et amplificatio, resque catholica in Diœcesibus

(1) *Epist. 198, lib.* XIII.
(2) *Epist. 69, ad Papianum.*
(3) *Ibid.*
(4) *Coloss.* II, 19.

sollicitude tiennent la place de Dieu. » (1) Ce pouvoir des évêques leur a d'ailleurs été donné pour la plus grande utilité de ceux sur qui il s'exerce, car, par sa nature, il vise à *l'édification du corps de Jésus-Christ*, et il fait que chaque évêque est comme le lien qui rattache entre eux et avec le Souverain Pontife, par la communion de la foi et de la charité, les chrétiens dont il est le chef, comme sont unis la tête et les membres.

Sur ce sujet, voici la grave sentence de saint Cyprien : « Le peuple uni au prêtre et le troupeau adhérant à son pasteur, voilà l'Eglise, » (2) et cette autre plus grave encore : « Vous devez savoir que l'évêque est dans l'Eglise et l'Eglise dans l'évêque, en sorte que si quelqu'un n'est pas avec l'évêque, il n'est pas dans l'Eglise. » (3) Telle est la constitution de l'Eglise, et elle est immuable et perpétuelle. Que si on ne la gardait pas saintement, il s'ensuivrait nécessairement une profonde perturbation des droits et des devoirs, par la disjonction des membres bien adaptés du corps de l'Eglise, « lequel, soutenu et construit à l'aide de nœuds et de jointures, grandit pour la gloire de Dieu. » (4) D'où il appert qu'il faut accorder aux évêques un respect égal à l'excellence de leur charge, et leur obéir absolument dans les choses qui relèvent de leur pouvoir.

En considérant les dissentiments qui agitent en ce temps-ci beaucoup d'esprits, non seulement Nous exhortons tous les Espagnols, mais Nous les adjurons instamment de se montrer pénétrés de ce grand devoir. Qu'ils s'appliquent avec un soin tout particulier, comme exemple, à garder la modération et à pratiquer l'obéissance, ceux qui appartiennent au clergé et dont les paroles et les actes ont le plus d'autorité auprès de tous les partis. Les œuvres de leur ministère, qu'ils le sachent bien, leur deviendront surtout fructueuses en même temps qu'elles seront salutaires au prochain, s'ils s'attachent à l'autorité et à la volonté de celui qui gouverne le diocèse. Il n'est pas dans l'ordre que les prêtres se livrent aux rivalités de partis de manière à paraître avoir plus à cœur les choses humaines que les divines. Qu'ils comprennent donc qu'il leur faut prendre garde de sortir de la sagesse et de la mesure. Grâce à ce soin, Nous sommes persuadé que le clergé espagnol contribuera de plus en plus par sa vertu, sa doctrine et ses œuvres, non seulement au salut des âmes, mais au bien de l'Etat.

Pour l'aider dans cette tâche, Nous faisons grand cas du concours de ces associations, qui sont comme des troupes auxiliaires pour la propagation du nom chrétien. Aussi approuvons-Nous leur existence et leurs œuvres, et Nous souhaitons vivement qu'en croissant en nombre et en zèle, elles produisent des fruits toujours plus abondants. Mais comme elles se proposent la défense et le progrès de la cause catholique, et que cette cause est confiée dans chaque diocèse à l'évêque, il

(1) *Epist.* 198, lib. XIII.
(2) *Epist.* 69, ad Papianum.
(3) *Ibid.*
(4) *Col.* XI, 19.

singulis ab Episcopo geratur, sponte consequitur, eas Episcopis subesse et ipsorum auctoritati auspiciisque tribuere plurimum oportere. — Neque minus elaborandum ipsis est in conjunctione animorum retinenda : primo enim hoc est cuivis hominum cœtui commune, ut omnis eorum vis et efficientia a voluntatum conspiratione proficiscatur : deinde maxime decet in hujusmodi sodalitatibus elucere caritatem mutuam, quæ debet esse ad omnia recte facta comes, disciplinæque christianæ alumnos velut signum et nota distinguere. Quapropter cum sodales facile possint de re publica diversi diversa sentire, idcirco ne concordia animorum contrariis partium studiis dirimatur, meminisse oportet, quorsum spectent societates, quæ a re catholica nominantur, et in consiliis capiendis ita habere animos in uno illo proposito defixos, ut nullius partis esse videantur, memores divinæ Pauli Apostoli sententiæ : « *Quicumque in Christo baptizati estis, Christum induistis. Non est Iudæus neque Græcus, non est servus neque liber..... omnes enim vos unum estis in Christo.* » (1) — Qua ratione illud capietur commodi, ut non modo socii singuli, sed variæ etiam ejusdem generis societates, quod est diligentissime providendum, amice ac benevole consentiant. Sepositis quippe, ut diximus, partium studiis, infensarum æmulationum præcipuæ erunt occasiones sublatæ ; eritque consequens, ut ad se una omnes caussa convertat, eademque maxima et nobilissima, de qua inter catholicos hoc nomine dignos nullus potest esse dissensus.

Denique magni refert, sese ad hanc ipsam disciplinam accommodare, qui scriptis, præsertim quotidianis, pro religionis incolumitate dimicant. — Compertum quidem Nobis est, quid student, qua voluntate contendant ; neque facere possumus, quin de catholico nomine meritos justa laude prosequamur. Verum suscepta ipsis caussa tam excellens est tamque præstans, ut multa requirat, in quibus labi justitiæ veritatisque patronos minime decet : neque enim debent, dum unam partem officii curant, reliquas deserere. Quod igitur societates monuimus, idem scriptores monemus, ut amotis lenitate et mansuetudine dissidiis, conjunctionem animorum cum ipsi inter se, tum in multitudine tueantur : quia multum pollet scriptorum opera in utramque partem. Concordiæ vero cum nihil tam sit contrarium, quam dictorum acerbitas, suspicionum temeritas, insimulationum iniquitas, quidquid est hujusmodi summa animi provisione fugere et odisse necesse est. Pro sacris Ecclesiæ juribus ; pro catholicis doctrinis non litigiosa disputatio sit, sed moderata et temperans, quæ potius rationum pondere quam stilo nimis vehementi et

(1) *Galat.* III, 27-28.

va de soi qu'elles doivent être soumises aux évêques, se placer sous leur autorité et leur patronage et s'efforcer de maintenir dans leur sein la concorde des esprits. C'est, en effet, la première loi de toute société d'hommes que toute leur force et leur efficacité viennent de l'accord des volontés ; il faut ensuite que ces sortes d'associations fassent briller la charité mutuelle, qui doit être la compagne de toutes les bonnes œuvres, et comme le signe et la marque de tous les disciples de la philosophie chrétienne.

C'est pourquoi, comme il peut arriver aux associés d'avoir des opinions politiques différentes, pour que la bonne harmonie ne soit pas troublée par les divergences des partis, il faut se rappeler le but de ces associations, qui tiennent du catholicisme même leur nom, et se proposer uniquement dans la conduite de ne paraitre appartenir à aucun parti, en se souvenant de cette divine parole de l'apôtre saint Paul : « Vous tous qui avez été baptisés dans le Christ, vous avez revêtu la livrée du Christ. Il n'y a plus de Juif ni de Grec, plus d'esclave ni d'homme libre..... car vous êtes tous un dans le Christ (1). » Il en résultera cet avantage que non seulement tous les associés entre eux, mais aussi que les diverses associations du même genre réaliseront ce qui doit être le but principal de leurs efforts, l'entente et la bonne harmonie. En mettant de côté, comme Nous l'avons dit, les questions de partis, on supprimera les principales causes de querelles, et ainsi une même cause réunira en elle tout le monde, cette cause la plus grande et la plus noble, sur laquelle il ne peut exister de dissentiment entre les catholiques dignes de ce nom.

Enfin, il est très important que ceux qui combattent par leurs écrits, surtout dans les journaux, pour la défense de la religion, observent cette règle (l'union). Leur zèle et leurs bonnes intentions Nous sont connus, et Nous ne pouvons manquer de leur accorder de justes éloges pour leurs mérites à l'égard du catholicisme. Mais la cause qu'ils ont embrassée est si bonne et si haute, qu'elle exige de nombreuses conditions auxquelles ne doivent pas faillir les défenseurs de la justice et de la vérité : car en remplissant un devoir, ils ne peuvent manquer aux autres. Les avis que Nous avons donnés aux associations, Nous les donnons de même aux écrivains, afin qu'écartant dans un esprit de douceur et de mansuétude les sujets de disputes, ils maintiennent entre eux et dans le public l'union des esprits ; car les écrivains peuvent beaucoup en bien et en mal. Comme il n'y a rien de plus contraire à la concorde que la violence du langage, les jugements téméraires, les calomnies, il faut éviter et détester tout ce qui y ressemble. Pour la défense des droits sacrés de l'Eglise et de la doctrine catholique, ce n'est pas des débats acrimonieux qu'il faut, mais une discussion mo-

(1) *Galat.* III, 27-28.

aspero victorem certaminis scriptorem efficiat. — Istas igitur agendi normas plurimum arbitramur posse ad eas causas, quæ perfectam animorum concordiam impediunt, prohibendas. Vestrum erit, Dilecti Filii Nostri, Venerabiles Fratres, mentem nostram populo interpretari, et quantum potestis contendere, ut ad ea, quæ diximus, vitam quotidianam universi exigant. — Quod sane Hispanos homines ultro effecturos confidimus, cum ob spectatam erga hanc Apostolicam sedem volontatem, tum ob speranda concordiæ beneficia. Domesticorum exemplorum memoriam renovent : cogitent, majores suos, si multa fortiter, multa præclare domi forisque gesserunt, plane non dissipatis dissentiendo viribus, sed una velut mente, unoque animo gerere potuisse. Etenim fraterna caritate animati et *id ipsum invicem sentientes*, de præpotenti Maurorum dominatu, de hæresi, de schismate triompharunt. Igitur quorum accepere fidem et gloriam, eorum vestigiis insistant, imitandoque perficiant, ut illi non solum nominis, sed etiam virtutum suarum superstites reliquisse videantur. — Ceterum expedire vobis, Dilecti Filii Nostri, Venerabiles Fratres, ad conjunctionem animorum similitudinemque disciplinæ existimamus, qui in eadem estis provincia et inter vos et cum Archiepiscopo consilia identidem conferre, de rebus communibus una consulturos : ubi vero res postulaverit, hanc adire Sedem Apostolicam, unde fidei integritas et disciplinæ virtus cum veritatis lumine proficiscitur. — Cujus rei percommodam allaturæ sunt opportunitatem peregrinationes, quæ passim ex Hispania suscipiuntur. Nam ad componenda dissidia dirimendasque controversias nihil est aptius, quam Ejus vox, quem Christus Dominus princeps pacis vicariam constituit potestatis suæ : itemque cœlestium charismatum copia, quæ ex Apostolorum sepulcris large dimanat. — Verumtamen quoniam *omnis sufficientia nostra ex Deo est*, Deum enixe Nobiscum una adprecamini, ut monitis Nostris virtutem efficiendi impertiat, animosque populorum promptos ad parendum efficiat. — Communibus adnuat cœptis augusta Dei parens Maria Virgo Immaculata, Hispaniarum patrona : adsit Jacobus Apostolus, adsit Theresia a Jesu, virgo legifera, magnum Hispaniarum lumen, in qua concordiæ amor, patriæ caritas, obedientia christiana mirabiliter in exemplum eluxere.

Interim cœlestium munerum auspicem et paternæ benevolentiæ Nostræ testem vobis omnibus, Dilecti Filii Nostri, Venerabiles Fratres, cunctæque genti Hispanorum Apostolicam benedictionem peramanter in Domino impertimus.

Datum Romæ, Apud S. Petrum, die VIII decembris anno MDCCCLXXXII, Pontificatus Nostri anno quinto.

LEO PP. XIII.

dérée et mesurée, où le poids des arguments plutôt que la violence et l'âpreté du style donne raison à l'écrivain.

Telles sont donc les règles de conduite que Nous estimons les plus propres à faire disparaître les causes qui empêchent la parfaite union des esprits. Ce sera à vous, chers Fils et vénérables Frères, d'être les interprètes de Notre pensée auprès du peuple et de veiller, autant que vous le pourrez, à ce que tous conforment leur conduite à Nos avis. Nous avons toute confiance que les Espagnols, tant par l'effet de leur attachement éprouvé envers ce Siège apostolique, qu'en considération des avantages de la concorde, le feront d'eux-mêmes. Qu'ils reproduisent les exemples de leur nation; qu'ils considèrent que si leurs ancêtres ont pu accomplir chez eux et au dehors de si hauts faits, ce n'est pas assurément en gaspillant leurs forces dans des divisions, mais en agissant comme avec une seule âme et un seul esprit. Car, c'est animés par une fraternelle affection et par un même sentiment qu'ils ont triomphé de la redoutable domination des Maures, de l'hérésie et du schisme. Qu'ils suivent donc les traces de ceux dont ils ont reçu la foi et la gloire, afin de se montrer les héritiers non seulement de leur nom, mais aussi de leurs vertus.

Pour le reste, Nous croyons, chers Fils et vénérables Frères, qu'il importe, pour l'union des esprits et la conformité de conduite, que ceux de vous qui sont dans la même province se concertent entre eux et avec leur archevêque sur les résolutions à prendre en commun, et, s'il en était besoin, qu'ils recourent à ce Siège apostolique, d'où procède, avec la lumière de la vérité, l'intégrité de la foi et la force de la discipline. Les pèlerinages entrepris des divers points de l'Espagne seront particulièrement favorables à cet effet. Car il n'y a rien de plus propre à apaiser les dissentiments et à écarter les disputes que la voix de Celui que le Seigneur Jésus-Christ, prince de la paix, a établi comme vicaire de son autorité, et aussi l'abondance des grâces célestes qui découle à pleins bords du tombeau des apôtres.

Cependant, comme « tout Notre pouvoir vient de Dieu », priez Dieu ardemment avec Nous qu'il donne à Nos conseils une vertu efficace et qu'il dispose l'esprit des peuples à l'obéissance. Que l'auguste Mère de Dieu, la Vierge Marie Immaculée, patronne des Espagnes, favorise notre commune entreprise; que l'apôtre saint Jacques Nous soit en aide, ainsi que Thérèse de Jésus, la vierge législatrice, la grande lumière des Espagnes, en qui le zèle de l'union, l'amour de la patrie et l'obéissance chrétienne ont été d'un si éclatant exemple.

Et maintenant, comme gage des célestes faveurs et en témoignage de Notre paternelle bienveillance pour vous, Nous vous donnons affectueusement dans le Seigneur, à vous tous, nos chers Fils et vénérables Frères, et à toute la nation espagnole, la bénédiction apostolique.

Donné à Rome, près Saint-Pierre, le 8 décembre de l'an 1882, de Notre Pontificat la cinquième année.

LÉON XIII, PAPE.

LITTERÆ

AD CARDINALEM VICARIUM PAROCCHI

DE STUDIIS LITTERARUM PROVEHENDIS

LEO PP. XIII

Dilecte Fili, Salutem et apostolicam Benedictionem.

Plane quidem intelligis, quod sæpe Nos et non sine caussa diximus, summa esse contentione et assiduitate enitendum, ut Clericorum ordo quotidie magis doctrinarum cognitione floreat. Cujus necessitatem rei majorem efficit natura temporum : propterea quod in tanto ingeniorum cursu tamque inflammato studio discendi, nequaquam posset Clerus in muneribus officiisque suis cum ea, qua par est, dignitate atque utilitate versari, si quæ ingenii laudes tanto opere expetuntur a ceteris, eas ipse neglexerit. — Hac Nos de caussa ad disciplinam eruditionis, præsertim in alumnis sacri ordinis, animum adjunximus : et a scientia rerum graviorum exorsi, philosophiæ theologiæque studia ad veterum rationem, auctore Thoma Aquinate, revocanda curavimus: cujus quidem opportunitatem consilii is ipse, qui jam consecutus est, exitus declaravit. — Verum quoniam permagna doctrinæ pars, et ad cognitionem jucunda et ad usum urbanitatemque longe fructuosa, humanioribus litteris continetur, idcirco nunc ad illarum incrementa nonnihil constituere decrevimus.

Quod primo loco illuc pertinet, ut suum Clerus teneat decus ; est enim litterarum laus multo nobilissima : quam qui adepti sint, magnum aliquod existimantur adepti ; qui careant, præcipua quadam apud homines commendatione carent. — Ex quo intelligitur, quale esset illud Juliani imperatoris callidissimum et plenum sceleris consilium, qui ne liberalia studia exercerent christianis interdixerat. Futurum enim sentiebat, ut facile despicerentur expertes litterarum : nec diu florere christianum posse nomen, si ab humanitatis artibus alienum vulgo putaretur. Deinde vero quoniam ita sumus natura facti, ut ex iis rebus quæ sensibus percipiuntur ad eas assurgamus quæ sunt supra sensus, nihil est fere ad juvandam intelligentiam majus, quam scribendi virtus et urbanitas. Nativo quippe et eleganti genere dicendi mire

LETTRE
AU CARDINAL PAROCCHI
SUR L'IMPULSION A IMPRIMER AUX ÉTUDES LITTÉRAIRES
dans le Séminaire romain.

LÉON XIII, PAPE

CHER FILS, SALUT ET BÉNÉDICTION APOSTOLIQUE

Vous comprenez certainement qu'il faut, comme Nous l'avons dit souvent, et non sans raison, s'efforcer, avec le plus grand zèle et la plus grande assiduité, de faire fleurir tous les jours davantage dans le clergé les connaissances de la science. Ce besoin se fait plus sentir encore dans les temps que nous traversons. Au milieu d'un si grand mouvement des esprits, et devant une telle ardeur d'apprendre, le clergé ne pourrait jamais s'acquitter de sa charge et de ses fonctions avec la dignité et le fruit nécessaires, s'il négligeait le premier les avantages de l'esprit que d'autres recherchent si avidement. — Aussi Nous sommes-Nous appliqué à développer les études, principalement parmi les jeunes aspirants aux saints Ordres et, commençant par l'ordre de science le plus important, Nous sommes-Nous efforcé de restaurer l'ancienne discipline de la philosophie et de la théologie, selon saint Thomas d'Aquin. Les résultats déjà obtenus font voir l'opportunité de cette mesure. Mais comme une grande part de l'instruction, dans ce qu'elle a d'agréable pour l'esprit et de très utile pour l'usage de la vie et le commerce des hommes, se rapporte aux belles-lettres, Nous avons résolu de prendre quelques dispositions pour en hâter le progrès.

Ce que Nous Nous proposons ici avant tout, c'est de maintenir l'honneur du clergé, car il n'y a rien de plus noble que la gloire littéraire. On regarde ceux qui en sont revêtus comme doués d'un grand avantage, ceux qui en sont dépourvus manquent du principal titre à la considération des hommes. Par là il est facile de comprendre combien était perfide et criminel le dessein de l'empereur Julien, en interdisant aux chrétiens la pratique des études libérales. Il sentait que le mépris envelopperait aisément des hommes sans lettres, et que le christianisme ne serait pas longtemps en honneur si on pouvait le présenter comme étranger aux arts de l'esprit. Puisque, d'ailleurs, Nous sommes ainsi faits, que, par la connaissance des choses sensibles, nous nous élevons à celles qui sont supérieures aux sens, rien ne semble plus propre à aider en cela l'intelligence que le talent et la perfection dans l'art d'écrire.

invitantur homines ad audiendum, ad legendum : itaque fit ut animos et facilius pervadat et vehementius teneat verborum sententiarumque luminibus illustrata veritas. Quod habet quamdam cum cultu Dei externo similitudinem : in quo scilicet magna illa inest utilitas, quod ex rerum corporearum splendore ad numen ipsum mens et cogitatio perducitur. Isti quidem eruditionis fructus nominatim sunt a Basilio et Augustino collaudati : sapientissimeque Paulus III Decessor Noster scriptores catholicos jubebat stili elegantiam assumere, ut hæretici refellerentur, qui doctrinæ laudem cum litterarum prudentia conjunctam sibi solis arrogarent.

Quod autem litteras dicimus excoli a Clero diligenter oportere, non modo nostrates intelligimus, sed etiam græcas et latinas. Immo apud nos plus est priscorum Romanorum litteris tribuendum, tum quod est latinus sermo religionis catholicæ Occidente toto comes et administer, tum etiam quia in hoc genere aut minus multi aut non nimis studiose ingenia exercent, ita ut laus illa latine cum dignitate et venustate scribendi passim consenuisse videatur. — Est etiam in scriptoribus græcis accurate elaborandum : ita enim excellunt et præstant in omni genere exemplaria græca, nihil ut possit politius perfectiusque cogitari. Huc accedit quod penes Orientales græcæ litteræ vivunt et spirant in Ecclesiæ monumentis usuque quotidiano : neque minimi illud faciendum, quod eruditi græcis litteris, hoc ipso quod græce sciunt, plus habent ad latinitatem Quiritium facultatis.

Quarum rerum utilitate perspecta, Ecclesia catholica, quemadmodum cetera quæ honesta sunt, quæ pulchra, quæ laudabilia, ita etiam humanarum litterarum studia tanti semper facere consuevit, quanti debuit, in eisque provehendis curarum suarum partem non mediocrem perpetuo collocavit. — Revera sancti Ecclesiæ Patres, quantum sua cuique tempora siverunt, exculti litteris omnes : nec in eis desunt, qui tantum ingenio et arte valuerunt, ut veterum romanorum græcorumque præstantissimis non multum cedere videantur. — Similiter hoc summum beneficium Ecclesiæ debetur, quod libros veteres poetarum, oratorum, historicorum latinos græcosque magnam partem ab interitu vindicavit. Et, quod nemo unus ignorat, quibus temporibus bonæ litteræ vel per incultum et negligentiam jacerent, vel inter armorum strepitus Europa tota conticescerent, in communibus monachorum ac presbyterorum domiciliis unum nactæ sunt ex tanta illa turba barbariaque perfugium. — Neque prætereundum, quod ex romanis Pontificibus, decessoribus Nostris, plures numerantur clari scientia harum ingenuarum artium, quas qui tenent eruditi vocantur. Quo nomine permansura profecto memoria

Un style châtié et élégant invite, en effet, les hommes à écouter et à lire, et ainsi il en est un peu de cela comme du culte extérieur de Dieu, qui présente cette grande utilité d'amener l'esprit, par la splendeur des choses corporelles, jusqu'à la pensée de la divinité elle-même. Saint Basile et saint Augustin, pour ne nommer qu'eux, ont vanté ces fruits de la culture intellectuelle, et Notre prédécesseur Paul III fit œuvre de haute sagesse en ordonnant aux écrivains catholiques d'employer un style élégant pour réfuter les hérétiques, qui prétendaient être les seuls à savoir unir la science au mérite littéraire. Quand Nous disons que le clergé doit étudier avec soin la littérature, Nous n'entendons pas seulement la nôtre, mais encore celle des Grecs et des Latins. Il faut même faire chez nous la part plus grande aux lettres romaines, parce que la langue latine accompagne dans tout l'Occident la religion catholique et sert à ses usages, et que les esprits s'y exercent en trop petit nombre ou trop négligemment, en sorte que le don d'écrire en latin avec dignité et élégance semble partout se perdre. — Les auteurs grecs doivent être eux-mêmes exactement étudiés : car les modèles de la Grèce brillent et l'emportent tellement en tous les genres, qu'on ne saurait rien imaginer de plus achevé et de plus parfait. Chez les Orientaux, les lettres grecques continuent à vivre dans les monuments de l'Eglise et dans la pratique quotidienne. Ceux qui savent la littérature grecque, et cette considération est importante, entrent plus avant, grâce à cette science même, dans les secrets de la latinité.

Pénétrée de ces raisons et portée vers tout ce qui est honnête, beau et louable, l'Eglise catholique a toujours estimé les études littéraires à leur juste prix, et s'est montrée en tout temps extrêmement soucieuse d'en procurer l'avancement. — Effectivement, tous les saints Pères ont cultivé les lettres dans la mesure où leur époque le permettait. On en voit parmi eux d'un génie et d'un art si remarquables qu'ils ne le cèdent guère aux plus célèbres d'entre les Romains et les Grecs. — C'est l'Eglise qui a donné au monde ce grand bienfait d'arracher à la destruction une grande partie des anciens ouvrages grecs et latins de poésie, d'éloquence et d'histoire. Personne n'ignore qu'à une époque où la littérature était négligée ou abandonnée, et où le bruit des armes l'empêchait de se faire entendre en Europe, parmi ces troubles et cette barbarie, un seul refuge leur resta : ce furent les communautés de moines et de prêtres.

Des Pontifes romains, Nos prédécesseurs, plusieurs se sont distingués par cette habileté dans les belles-lettres qui assure le renom du savoir.

est Damasi, Leonis Gregoriique magnorum, Zachariæ, Silvestri II, Gregorii IX, Eugenii IV, Nicolai V, Leonis X. Et in tam longo Pontificum ordine vix reperiatur, cui non debeant litteræ plurimum. Providentia enim munificentiaque illorum, cupidæ litterarum juventuti passim scholæ et collegia constituta : bibliothecæ alendis ingeniis paratæ : jussi Episcopi ludos aperire in Diœcesibus litterarios : eruditi viri beneficiis ornati, maximisque propositis præmiis ad excellentiam incitati. Quæ quidem tam vera sunt, tamque illustria, ut ipsi sæpe Apostolicæ Sedis vituperatores præclare romanos Pontifices de studiis optimis meritos assentiantur.

Quamobrem et explorata utilitate et exemplo decessorum Nostrorum adducti, curare diligenterque providere decrevimus, ut hujus etiam generis studia apud Clericos vigeant et in spem gloriæ veteris revirescant. Sapientia autem operaque tua, dilecte fili Noster, plurimum confisi, quod exposuimus, consilium in sacro Seminario Nostro Romano exordiemur : nimirum volumus, ut in eo certæ destinatæque scholæ adolescentibus aperiantur acrioris ingenii diligentiæque : qui emenso, ut assolet, italicarum, latinarum, græcarumque curriculo litterarum, possint sub idoneis magistris limatius quiddam in illo triplici genere perfectiusque contingere. Quod ut ex sententia succedat, tibi mandamus ut viros idoneos deligas, quorum consilium atque opera, Nobis auctoribus, ad id quod propositum est adhibeatur.

Auspicem divinorum munerum, benevolentiæque Nostræ testem tibi, dilecte fili Noster, Apostolicam Benedictionem peramanter in Domino impertimus.

Datum Romæ, apud S. Petrum, die XX Maii anno MDCCCLXXXV, Pontificatus Nostri octavo.

LEO PP. XIII.

A ce titre, le souvenir de Damase, des grands Léon et Grégoire, de Zacharie, de Sylvestre II, de Grégoire IX, d'Eugène IV, de Nicolas V et de Léon X ne périra pas. Dans la longue suite de Papes, on n'en trouverait peut-être pas un à qui les lettres ne soient très redevables. Leur prévoyance et leur générosité ouvrirent de toute part des écoles et des collèges à la jeunesse avide d'instruction et formèrent des bibliothèques pour la culture intellectuelle. Les évêques reçurent l'ordre de fonder dans leurs diocèses des écoles de littérature; les savants furent comblés de bienfaits, et l'attrait de récompenses brillantes les excita à se surpasser. Tout cela est si vrai, si connu, que les détracteurs mêmes du Siège apostolique ont convenu souvent que les Pontifes romains ont bien mérité des bonnes études.

L'expérience de ces avantages et l'exemple de Nos prédécesseurs Nous ont inspiré la résolution de veiller et de pourvoir activement à ce que ce genre d'études soit en honneur parmi les clercs et retrouve son ancien éclat. Votre sagesse et votre concours, Notre cher Fils, Nous inspirent la plus grande confiance, et, dans l'exécution du dessein que Nous venons d'exposer, Nous commencerons par Notre Séminaire sacré de Rome. Nous voulons donc que l'on y ouvre des cours particuliers et appropriés aux jeunes gens les plus intelligents et les plus appliqués, qui, après avoir parcouru le cycle ordinaire des études littéraires italiennes, latines et grecques, pourront, sous la direction de maîtres capables, s'élever dans ces trois branches à une plus haute perfection. Pour réaliser cela au gré de Nos souhaits, Nous vous chargeons de choisir des hommes dont la prudence et le zèle puissent être, sous Notre autorité, convenablement employés à ce dessein.

Comme gage des divines faveurs, et en témoignage de Notre bienveillance, Notre cher fils, Nous vous accordons affectueusement dans le Seigneur la bénédiction apostolique.

Donné à Rome, auprès de Saint-Pierre, le 20 mai 1885, la huitième année de Notre pontificat.

LÉON XIII, PAPE.

EPISTOLA

AD ARCHIEPISCOPUM PARISIENSEM

DE OMNIUM ERGA PONTIFICEM DEBITA OBEDIENTIA

LEO PP. XIII

Dilecte Fili, Salutem et apostolicam Benedictionem.

EPISTOLA TUA peramanter scripta, devotæque Nobis voluntatis tuæ nuncia et testis, leniit recentem quamdam eamque non minimam animi Nostri ægritudinem. — Facile intelligis, nihil Nobis fieri posse ad perferendum molestius, quam si minuatur inter catholicos concordiæ studium, vel perturbetur pacata animorum tranquilitas et secura fiducia, quæ propria est liberorum in paterna, qua reguntur, potestate libenter conquiescentium. Quorum incommodorum ipsa significatione non possumus quin valde commoveamur, et periculum prævertere maturemus. — Itaque emissæ nuper litteræ a quo minime debuissent, quod et tu factum nolles, pariterque excitatus ab iis clamor, variæque earum excogitatæ interpretationes non patiuntur silere Nos de argumento, quod potest esse injucundum, sed non idcirco minus est in Gallia atque alibi ad edisserendum opportunum.

Ex certis quibusdam indiciis haud difficulter colligitur, in catholicis hominibus, fortasse temporum vitio, non deesse, qui haud satis contenti subesse, quod est ipsorum proprium, se posse arbitrentur partem aliquam in gerenda christiana republica attingere, aut saltem existiment, de rebus, quas qui præsunt gesserint, licere sibi quærere et pro arbitrio suo judicare. — Præpostera sane ratio quæ si valeret, summum inde detrimentum caperet Ecclesia Dei, quam divinus auctor sic temperavit, ut personarum discrimine constituto, omnino jusserit alteros docere, alteros discere oportere: gregem esse et pastores: atque in ipsis pastoribus unum esse omnium principem, ac pastorem maximum. Solis pastoribus data omnis docendi, judicandi, regendi potestas: populo autem imperatum, ut eorum et præcepta sequatur, et judicio pareat, seseque gubernari, corrigi, ad salutem duci patiatur. Ita prorsus necesse est, singulos e plebe christiana pastoribus suis animo et voluntate subesse; hos autem una cum

AFFAIRE DOM PITRA

LETTRE

AU CARDINAL GUIBERT, ARCHEVÊQUE DE PARIS

LEON XIII, PAPE

CHER FILS, SALUT ET BÉNÉDICTION APOSTOLIQUE

Votre lettre, remplie des sentiments du plus filial attachement et de la plus sincère dévotion envers Notre personne, a procuré un doux soulagement à Notre âme, contristée par une récente et grave amertume.

Vous comprenez que rien ne pourrait Nous être plus profondément pénible que de voir troublé parmi les catholiques l'esprit de concorde, que de voir ébranlé ce tranquille repos, cet abandon plein de confiance et de soumission, qui est propre à des fils, pour la paternelle autorité qui les gouverne. Aussi, à la seule manifestation qui se fait de quelque symptôme de ce genre, ne pouvons-Nous ne pas en être grandement ému et ne pas songer aussitôt à prévenir le péril. C'est pourquoi la publication récente d'un écrit, venu d'où on aurait dû le moins l'attendre et que vous déplorez, le bruit qui s'est fait à l'entour, et les commentaires auxquels il a donné lieu, Nous conseillent de ne pas Nous taire sur cette question qui, pour être ingrate, n'en est pas moins opportune, soit en France, soit ailleurs.

Par certains indices qu'on observe, il n'est pas difficile de constater que, parmi les catholiques, en raison sans doute du malheur des temps, il en est qui, peu contents de la situation de sujets qu'ils ont dans l'Eglise, croient pouvoir prendre quelque part dans son gouvernement ou tout au moins qui estiment qu'il leur est permis d'examiner et de juger à leur manière les actes de l'autorité. Si cela prévalait, ce serait un très grave dommage dans l'Eglise de Dieu, en laquelle, par la volonté manifeste de son divin Fondateur, on distingue, de la façon la plus absolue, deux parts : l'enseignée et l'enseignante, le troupeau et les pasteurs, parmi lesquels il y en a un qui est le chef et le pasteur suprême de tous.

Aux seuls pasteurs il a été donné tout pouvoir d'enseigner, de juger, de diriger ; aux fidèles il a été imposé le devoir de suivre les enseignements, de se soumettre avec docilité au jugement et de se laisser gouverner, corriger, conduire au salut. Ainsi il est de nécessité absolue que les simples fidèles se soumettent d'esprit et de cœur à leurs propres

ipsis Principi ac Pastori maximo; atque in ejusmodi obsequio obedientiaque voluntaria ordo et vita Ecclesiæ consistit, itemque conditio necessaria agendi recte et ad finem accommodate. Contra si auctoritatem sibi tribuant, qui jure habent nullam, si iidem magistri et judices esse velint, si inferiores in administranda re christiana aliam rationem quam quæ legitimæ potestati probatur, probent et tueri nitantur, profecto ordo pervertitur, multorum judicia perturbantur, a via deflectitur.

Qua in re violatur officium non solum abjiciendo palam aperteque obedientiam Episcopis summoque Ecclesiæ Principi debitam, sed etiam resistendo per obliquum perque ambages tanto periculosiores, quanto magis simulatione tectas. — In eodem genere peccant, qui potestati juribusque favent Pontificis romani, Episcopos tamen cum eo conjunctos non verentur, eorumque vel auctoritatem minoris faciunt, quam par est, vel acta et consilia, præoccupato Sedis Apostolicæ judicio, in deteriorem partem interpretantur. — Similiter animi est minus sincere in obsequio permanentis, alterum Pontificem cum altero committere. Ex diversis duabus agendi rationibus, qui præsentem despiciunt ut præteritæ assentiantur, ii parum se obnoxios potestati impertiunt, cujus imperio ipsos regi jus et officium est : iidemque aliquam habent cum iis similitudinem, qui, sua caussa damnata, ad futurum Concilium vellent, vel ad Pontificem, cui melius de caussa liqueat, provocare. — Quam ad rem hoc fixum persuasumque sit, in Ecclesiæ gubernatione, salvis officiis maximis, quibus Pontifices omnes apostolicum munus adstringit, unicuique eorum integrum esse eam rationem sequi, quæ, spectatis temporibus ceterisque rerum adjunctis, optima videatur. Idque ad solius Pontificis judicium pertinet : propterea quod is ad eam rem non solum singulari quodam donatur consilii lumine, sed etiam perspecta habet totius christianæ reipublicæ tempora, quibus apostolicam providentiam suam convenienter respondere necesse est. Is curam gerit de communi Ecclesiæ bono, cui singularum partium servit utilitas : ceteri vero, quotquot hoc ordine comprehenduntur, debent summi rectoris coepta adjuvare, et quo ille spectat, obedienter sequi. Sicut una est Ecclesia, et unus qui Ecclesiæ præest, eodem modo una est rectio, cui oportet subesse universos.

Ejusmodi doctrinæ si semel animo effluxerint, continuo in catholicis non eadem manet erga ducem sibi divinitus datum verecundia, non idem obsequium, neque fiducia : relaxatur amoris atque obedientiæ vinculum, quo christianos omnes cum Episcopis suis, eosdemque et Episcopos ipsos cum supremo omnium Pastore conjunctos esse necesse est : quod quidem vin-

pasteurs, et ceux-ci avec eux au Chef et Pasteur suprême; c'est dans cette subordination et dépendance que gît l'ordre et la vie de l'Eglise; c'est en elle que se fonde la condition indispensable du bien-faire et de tout mener à bon port. Au contraire, s'il arrive que les simples fidèles s'attribuent l'autorité, s'ils y prétendent comme juges et maîtres; si les inférieurs, dans le gouvernement de l'Eglise universelle, préfèrent ou tentent de faire prévaloir une direction différente de celle de l'autorité suprême, c'est un renversement de l'ordre; l'on porte ainsi en beaucoup d'esprits la confusion et l'on sort de la voie.

Et il n'est pas nécessaire, pour manquer à un devoir si saint, de faire acte d'opposition manifeste, soit aux évêques, soit au chef de l'Eglise, il suffit que cette opposition se fasse par des moyens indirects, d'autant plus dangereux qu'on se préoccupe de les mieux cacher par des apparences contraires. Ainsi on manque à ce devoir sacré lorsque, dans le même temps qu'on se montre jaloux du pouvoir et des prérogatives du Souverain Pontife, on ne respecte pas les évêques qui lui sont unis, ou l'on ne tient pas suffisamment compte de leur autorité, ou l'on interprète fâcheusement leurs actes et leurs intentions sans attendre le jugement du Siège apostolique.

Semblablement, c'est faire preuve d'une soumission peu sincère d'établir comme une opposition entre un Pontife et un autre. Ceux qui, entre deux directions diverses, repoussent le présent pour se tenir au passé, ne donnent pas une preuve d'obéissance envers l'autorité qui a le droit et le devoir de les guider : et sous quelque rapport ils ressemblent à ceux qui, condamnés, voudraient en appeler au Concile futur ou à un Pape mieux informé.

A cet égard, ce qu'il faut retenir, c'est que, dans le gouvernement de l'Eglise, sauf les devoirs essentiels imposés à tous les Pontifes par leur charge apostolique, chacun d'eux peut adopter l'attitude qu'il juge la meilleure, selon les temps et les autres circonstances. De cela il est le seul juge; attendu qu'il a pour cela non seulement les lumières spéciales, mais encore la connaissance des conditions et des besoins de toute la catholicité auxquels il convient que condescende sa prévoyance apostolique. Il a le souci du bien universel de l'Eglise, auquel est subordonné le bien particulier, et tous les autres qui sont soumis à cet ordre doivent seconder l'action du directeur suprême et servir au but qu'il veut atteindre. Comme l'Eglise est une et un son chef, ainsi est un le gouvernement auquel tous doivent se conformer.

Par l'oubli de ces principes, il advient qu'on voit s'amoindrir parmi les catholiques le respect, la vénération et la confiance envers qui leur a été donné pour guide, et qu'on voit se relâcher ce lien d'amour et de soumission qui doit river tous les fidèles à leurs pasteurs, les fidèles et les pasteurs au Pasteur suprême, lien dans lequel résident principalement la sécurité et le salut commun.

eulum incolumitatem et salutem publicam maxime continet. — Pari modo late fit aditus ad catholicorum dissidia, intereunte concordia, quæ habenda est velut nota sectatorum Jesu Christi, quæque omni quidem tempore, sed nunc potissimum, tot coeuntibus in fœdera inimicis, suprema omnium lex esse deberet, cui quamlibet privatorum rationem utilitatemque omnino cedere oporteret.

Quod officium si generatim ad omnes, multo magis ad ephemeridum spectat auctores : qui nisi hoc animo affecti sint ad obtemperandum prompto, et ad disciplinam docili, in catholicis singulis tantopere necessario, facile illuc evasuri sunt, ut mala, de quibus conquerimur, ipsimet spargant atque adaugeant. In omnibus rebus, quæ religionem actionemque Ecclesiæ in societate attingant, illorum est, non secus ac ceterorum christianorum, mente ac voluntate Episcopis suis romanoque Pontifici prorsus subesse; horum imperata facere et nuntiare : incoeptis toto pectore adhærescere, decretis parere, et ut ceteri pareant curare. Si qui secus faceret eorum adjuturus consilia et voluntatem, quorum propositum et studia his litteris improbavimus, laberetur in munere nobili, et hac se ratione nequicquam speraret Ecclesiæ servire, perinde ac qui veritatem catholicam aut diminutam dimidiatamve mallet, aut timidius adamaret.

De his rebus ut tecum ageremus, dilecte fili Noster, præter spem opportunitatis in Gallia, impulit Nos cognitio animi tui, ratioque agendi, quam vel difficillimis temporibus secutus es. Pro constantia et fortitudine tua religionis rationes et sacra Ecclesiæ jura nuper etiam instituisti viriliter tueri, orationisque lumine et vi publice defendere. Sed pacatam tranquillitatem judicii, dignam nobilitate caussæ pro qua propugnas, cum fortitudine conjunxisti : semperque visus es animum gerere omni perturbatione vacuum, eumdemque Apostolicæ Sedi in primis obsequentem, et personæ Nostræ maxime studiosum. Perlibenter his ipsis litteris probationem præcipuamque benevolentiam Nostram testamur tibi : de quo id tantum dolenter ferimus, non talem esse valetudinem tuam, qualem Nos maxime vellemus. Magno studio et assiduitate precum a Deo petimus, ut eam tibi restituat, diuque tueatur restitutam. — Auspicem vero cœlestium beneficiorum, quorum tibi imploramus permagnam copiam, tibi ipsi, dilecte fili Noster, cunctoque Clero et populo tuo Benedictionem Apostolicam peramanter impertimus.

Datum Romæ, apud S. Petrum, die XVII junii MDCCCLXXXV, Pontificatus Nostri anno octavo.

LEO PP. XIII.

De même, par l'oubli ou par la négligence de ces mêmes principes, la voie la plus large reste ouverte aux divisions et aux dissensions entre catholiques, au grave détriment de l'union, qui est la marque distinctive des fidèles de Jésus-Christ, et qui, de tout temps, mais plus particulièrement aujourd'hui, en raison de la puissance coalisée de tous les ennemis, devrait être l'intérêt suprême et universel, devant lequel il conviendrait de faire taire tout sentiment de satisfaction personnelle ou d'avantage privé.

Ce devoir, s'il incombe généralement à tous, incombe d'une manière plus rigoureuse aux journalistes qui, s'ils n'étaient pas animés de cet esprit de docilité et de soumission, si nécessaire à tout catholique, contribueraient à répandre et à aggraver l'inconvénient que nous déplorons. La tâche qui leur appartient, c'est, dans tout ce qui touche aux intérêts religieux et à l'action de l'Eglise dans la société, de se soumettre pleinement, d'intelligence et de volonté, comme tous les autres fidèles, à leurs propres évêques et au Souverain Pontife; d'en suivre et d'en reproduire les enseignements; d'en suivre l'impulsion avec un entier bon vouloir; d'en respecter et d'en faire respecter les décisions. Quiconque ferait autrement, en vue de servir les intentions et les intérêts de ceux dont Nous avons, dans cette lettre, repoussé l'esprit et les tendances, faillirait à sa noble mission; et en vain se ferait-il l'illusion de croire qu'il sert ainsi le bien de la cause de l'Eglise, non moins que celui qui chercherait à atténuer ou à scinder la vérité catholique ou qui s'en ferait trop timidement l'ami.

Ce qui Nous a conseillé de discourir avec vous de ces choses, Notre cher fils, c'est, outre l'opportunité qu'elles peuvent avoir en France, la connaissance que Nous avons de vos sentiments et la manière dont vous avez su vous conduire, même dans les moments et les conditions les plus difficiles. Toujours ferme et courageux dans la défense des intérêts religieux et des droits sacrés de l'Eglise, vous les avez, dans une récente occasion encore, virilement soutenus, les défendant publiquement par votre parole lumineuse et puissante. Mais à la fermeté, vous avez su toujours joindre cette manière sereine et tranquille, digne de la noble cause que vous défendez; et vous avez montré constamment un esprit libre de passion, pleinement soumis aux décisions du Siège apostolique et entièrement dévoué à Notre personne.

C'est pourquoi il Nous est agréable de pouvoir vous donner un nouveau témoignage de Notre satisfaction et de Notre très particulière bienveillance, Nous affligeant seulement de savoir que votre santé n'est pas telle que Nous l'aurions ardemment souhaité.

Nous faisons des vœux fervents et de continuelles prières au ciel pour qu'il vous la rende bonne et que vous la conserviez longtemps. Et comme gage des divines faveurs, que Nous appelons abondamment sur vous, Nous vous donnons, du plus profond du cœur, Notre bénédiction apostolique à vous, Notre cher fils, à tout votre clergé et à tout votre peuple.

Donné à Rome, près Saint-Pierre, le 17 juin 1885, huitième année de Notre Pontificat.

LÉON XIII, PAPE.

Voici les lettres qui ont précédé et suivi celle de Léon XIII :

LETTRE DU CARDINAL PITRA
A M. l'abbé Ch. W. Brouwers, directeur de l' « Amstelbode »

Cher et vaillant abbé,

Je vous sais bon gré de me rappeler le souvenir de 1866 : je ne l'avais pas oublié, car rien n'est plus tenace pour moi que les souvenirs de la Hollande. Je vous ai suivi de loin avec le regret de ne vous avoir pas revu depuis bientôt vingt ans. Mais vous étiez sur la brèche, avec votre légion de zouaves néerlandais, combattant avec eux le bon combat.

Aujourd'hui, seriez-vous découragé? Votre lettre porte l'empreinte de la tristesse qui de plus en plus s'exhale des rangs catholiques, et surtout dans notre meilleure presse. N'est-ce pas forcer la note lugubre?

Vous vous étonnez des calomnies qui poursuivent notre *Journal de Rome*. Laissez-moi vous demander si c'est un spéculateur, celui qui joue avec le *carcere duro*, avec un fisc impitoyable, avec sept procès en trois mois ; avec l'exil et l'expulsion pendante ; si c'est un hypocrite, celui qui a le tort d'une franchise implacable : si c'est un faux frère, celui qui démasque les sectaires, déjoue les complots et saisit les faux apôtres avec le denier de Judas dans la main?

Mais il est accablé d'outrages. N'est-ce pas la noble part de tous nos plus vaillants champions? J'ai vu dom Guéranger blanchi à trente ans dans sa lutte pour la liturgie romaine. J'ai partagé les chagrins qui ont accablé Louis Veuillot, au point d'éteindre ce flambeau deux ans avant le souffle de la mort. Vous avez dû consoler l'agonie si longue et si prématurée de William Cramer. Vous n'êtes pas sans connaître les épreuves de David Albertario et de Ramon Nocédal.

Peut-être devrais-je citer William Brouwers? Nul ne sait mieux que lui que, si le journaliste catholique est de nos jours un apôtre, il lui faut dire comme saint Paul : « En tout nous souffrons tribulation, sans être déconcertés ; nous sommes troublés, mais non désespérés ; persécutés sans être délaissés, abattus sans périr. » Et encore : « Nous combattons avec le verbe de vérité, avec les armes de la justice, à droite et à gauche, par la gloire et le déshonneur, par l'infamie et le bon renom, réputés séducteurs, et pourtant véridiques ; rebutés comme inconnus, bien que très connus. Nous semblons mourir, et nous vivons ; nous sommes châtiés, mais non mortifiés ; on nous croit tristes, et nous sommes enthousiastes ; pauvres, et beaucoup sont enrichis par nous ; n'ayant rien, et possédant tout. »

Ce serait d'ailleurs un jeu que d'avoir à souffrir des ennemis déclarés ; souffrir des siens, de ceux qui nous connaissent, qui ne peuvent pas se méprendre sur nos intentions, il faut encore s'y résigner. Et, pour revenir aux journaux catholiques, si les feuilles frivoles, impies, hostiles de parti pris, poursuivaient nos défenseurs, ce serait leur rôle; mais qu'au sortir de la prison, à la veille de sept procès, un champion de la bonne cause soit vilipendé jusque dans les graves journaux de la Hollande et de l'Allemagne, peut-être dans le *Tijd*, et certainement dans la *Germania* qui, hélas! n'a plus son abbé Majuncke, cela vraiment est le signe d'un temps de confusion. Au reste, saint Paul adressait ces graves paroles, humainement tristes, non pas aux Juifs de Jérusalem, non pas aux sophistes d'Athènes, non pas aux païens, mais à ses fils, ses frères, ses convertis de Corinthe.

Comme nous sommes loin, Monsieur l'abbé, du vœu que vous exprimiez en 1867, et que j'ai salué, de Rome, avec les acclamations de votre auditoire! Vous disiez:

« J'ai entendu à Rome, sous la coupole de Saint-Pierre, sur le tombeau des apôtres, le jour de la Résurrection du Christ, retentir la voix majestueuse de Pie IX. Il chantait: Gloire à Dieu et paix sur la terre. Et l'écho de la vaste basilique répétait ces paroles d'amour et de vie, de gratitude et d'espérance; la coupole les redisait à la nef, et la nef les répétait à l'autel. Puisse ainsi chaque pays catholique ressembler à une coupole, à une nef, à un autel de Saint-Pierre de Rome. Puisse, à la gloire de Dieu et pour la paix du monde, la voix du Saint-Père trouver partout des échos vivants et fidèles. »

Vous dirai-je, Monsieur l'abbé, que, plus de vingt ans avant vous, votre vœu était mon rêve? J'avais pu, de 1830 à 1840, mesurer degré par degré une sorte d'ascension catholique comparable à la marée de votre Océan. Pour ne citer qu'un point, Solesmes voyait, durant des mois entiers, se succéder sous ses cloîtres les célébrités catholiques: Montalembert, Louis Veuillot, Lacordaire, de Falloux, Charles Sainte-Foi, une foule d'autres, tous dans un parfait accord, et jusqu'à l'enthousiasme. Il en sortit *Sainte Elisabeth*, *les Frères Prêcheurs*, *Saint Pie V*, *la Mystique* de Gœrres, *les Institutions liturgiques*, les premières brochures sur la liberté de l'enseignement. L'élan rayonnait au loin et grandissait à distance. Je le constatais, de 1845 à 1855, par de nombreux voyages; et jusque dans votre chère et froide Néerlande, je retrouvais ce rayonnement universel et vraiment électrique.

Il semble que ce siècle, condamné à l'avortement, aurait pu être privilégié; Dieu lui a prodigué ses dons à pleines mains, il lui a donné des génies incontestés, des écrivains maîtres, des orateurs antiques, des polémistes sans égaux, des savants hors ligne. Même nos poètes pouvaient monter aussi haut qu'ils sont tombés bas. Et comme couronnement des dons divins, ce siècle plus que d'autres présente, jusqu'à nos jours, une suite non interrompue de grands Papes.

Dites-moi, dites-moi, vaillant et clairvoyant abbé, ce qu'on pouvait rêver, ce qu'on devait espérer, ce qui serait arrivé, si toutes les forces catholiques avaient convergé constamment vers Rome; si tous ces princes de l'éloquence, de la presse, de la polémique, de la science, avaient marché partout à notre tête; si tous les enthousiasmes s'étaient enflammés avec l'héroïsme des zouaves du Pape-Roi, si toutes les grandes voix catholiques s'étaient unies pendant trente-quatre ans à « la voix majestueuse de Pie IX »; si cet incomparable concert avait duré jusqu'au Concile du Vatican, votre vœu, mon rêve était accompli.

Non pas chaque pays, comme vous le disiez à Malines, mais le monde catholique entier eût été, serait peut-être encore « une coupole, une nef, un autel de Saint-Pierre, où la voix pontificale trouverait partout des échos vivants et fidèles. »

Hélas! où en sommes-nous! et qui osera compter les défaillances, les missions trahies, les plus belles vocations avortées? L'un, destiné à être le chef, meurt après vingt ans d'apostasie; un autre veut mourir en libéral impénitent; un autre est mort peut-être l'imagination hantée par l'idole du Vatican; celui-ci n'emporte du Séminaire que des blasphèmes bibliques; celui-là sort du cloître par la porte de Luther; un apôtre de la *Pacification*, même après sa mort, sème dans nos rangs la discorde. Enfin, Pie IX abandonné est mort prisonnier, et au sommet de Rome, ce qu'on nomme encore l'*Autel du ciel, Ara cœli*, s'efface devant un trophée du paganisme galvanisé.

Serait-ce, Monsieur l'abbé, que Dieu se joue de nos rêves, et qu'il n'a que faire de nos combinaisons humaines? Serait-ce qu'à toute époque il veut prouver que son Eglise est divine par la seule force de Dieu, sans aucun appui mondain, et en dépit de nos trahisons et de nos défaillances? Serait-ce qu'à chacun des vingt siècles recommence la démonstration de cette mission divine par l'impossible et l'absurde, comme disait déjà Tertullien? Serait-ce que même notre triste époque ne tombera pas dans sa fosse séculaire sans qu'un réveil soudain, un chant de résurrection comme celui que vous entendiez à Rome, une aurore inattendue se lève sur la tombe du siècle de Pie IX?

Ce qui est certain, c'est qu'aux derniers jours du monde, au règne de l'Antéchrist, quand tout sera désespéré, le triomphe du Christ éclatera soudain, et les hommes de bonne volonté chanteront à jamais : « Gloire à Dieu au plus haut des cieux. »

Votre longue et bonne lettre, Monsieur l'abbé, m'a entraîné jusqu'à ce dernier mot qui termine cette trop prolixe réponse.

Veuillez bien croire à la profonde estime de votre dévoué en Notre Seigneur.

† J.-B. card. PITRA,
évêque de Porto.

LETTRE DU CARDINAL GUIBERT
A LÉON XIII

Très Saint Père,

Pendant la grave maladie au danger de laquelle j'ai échappé, grâce, je le crois, à la bénédiction de Votre Sainteté, je n'ai pu me tenir au courant des affaires de l'Eglise. Au moment où je fus atteint, il me semblait que les avertissements si sages donnés par Votre Sainteté avaient ramené l'union complète parmi les catholiques et écarté les discussions fâcheuses qui s'étaient produites précédemment.

A mesure que mes forces me reviennent dans ma convalescence et qu'il m'est permis de prendre connaissance des écrits qui se publient journellement, je vois avec une vive peine que cette union si nécessaire, commandée par les périls du moment, n'est pas aussi réelle et aussi assurée que je l'avais espéré. Il me semble, d'après certaines polémiques plus ou moins voilées, qu'il reste des germes de division et d'opposition très regrettables, et je regarde comme un devoir filial d'en exprimer tout mon chagrin à Votre Sainteté.

Dans la situation faite à l'Eglise en ce moment, en présence des hostilités redoutables auxquelles elle est en butte, tous les bons chrétiens, les membres du clergé, les évêques surtout et les dignitaires de l'Eglise doivent se grouper auprès de la personne sacrée du Vicaire de Jésus-Christ, et, sous son inspiration et sa direction, soutenir le bon combat avec une persévérante fidélité.

Le mal des divisions vient toujours d'un fond d'amour-propre et de trop grande confiance en soi-même qu'on ne sait pas réprimer. Pendant ma longue carrière de quarante-quatre ans d'épiscopat, à travers bien des agitations et des événements divers, plus d'une fois la pensée s'est présentée à mon esprit que le Chef de l'Eglise devrait prendre telle mesure ou éviter telle autre. Mais Dieu, par sa grâce, m'a toujours fait comprendre que je n'avais pas reçu de Jésus-Christ l'assistance personnelle qui a été promise à Pierre et à ses successeurs; et l'expérience m'a prouvé que les Papes sous lesquels j'ai vécu ont gouverné sagement l'Eglise comme l'avaient fait pendant dix-huit siècles tous ceux qui les ont précédés.

Je fais des vœux, Très Saint-Père, pour que tous, dans ces temps mauvais, se pénètrent de ces sentiments de respect, d'amour de l'Eglise, de modestie personnelle que l'Evangile nous enseigne, et pour que cette union intime des membres avec le Chef vienne soutenir votre sainte autorité et vous apporte les consolations dont Votre Sainteté est si digne.

Veuillez bien agréer, Très Saint-Père, l'hommage du profond respect et de l'entier dévouement avec lequel je suis, de Votre Sainteté, le très humble et très obéissant serviteur et fils.

Paris, le 4 juin 1885.

† J. Hipp. cardinal Guibert,
archevêque de Paris.

LETTRE DU CARDINAL PITRA
A LÉON XIII

Très Saint Père,

Prosterné aux pieds de Votre Sainteté, je reste courbé sous Votre main, devant la douleur du Vicaire du Christ. Cette peine est si haute que je ne puis penser à ce qui me concerne, si ce n'est pour protester devant Dieu qu'au fond de mon cœur je ne trouve que la soumission la plus entière aux reproches, aux avis, à toutes les paroles de Votre lettre à S. Em. le cardinal archevêque de Paris.

Je déplore ce que Votre Sainteté déplore, je désire ce qu'Elle désire, je condamne ce qu'Elle condamne.

J'ose remercier Votre Sainteté d'avoir bien voulu exprimer l'un de mes plus vifs sentiments de répulsion contre les commentaires qui ont calomnié mes intentions. Parmi ces commentaires, le plus intolérable, que je repousse avec le plus d'énergie, est de m'attribuer une hostilité contre Votre personne sacrée, un esprit d'opposition contre lequel ma vie proteste depuis sept ans. Dans mon isolement toujours profond, dans mes habitudes constamment claustrales, je n'ai jamais eu d'autre parti que la Sainte Eglise Romaine, d'autre père que son Chef, d'autre passion que de servir l'une et l'autre dans la mesure de mes forces, d'autre intérêt que de vivre et de mourir pour Dieu seul.

TRÈS SAINT PÈRE,

Je me sens impuissant à mieux exprimer ma soumission à tous les ordres et à toutes les volontés de Votre Sainteté, qui voudra bien oublier ce qui n'a pas entièrement dépendu de moi, ce qui ne peut, j'ose l'espérer, effacer toutes les preuves de dévouement que je me suis efforcé de donner et que je m'efforcerai toujours, Dieu aidant, de donner sans réserve.

Que Votre Sainteté ne me refuse pas une bénédiction paternelle, qui me soutienne dans cette douleur et me permette, aux pieds de Votre Sainteté, de déposer l'hommage de la plus profonde et filiale vénération que je puisse humblement exprimer.

De Votre Sainteté, le plus respectueux, obéissant et dévoué serviteur et fils.

† J.-B., cardinal PITRA,
évêque de Porto.

Saint-Calixte, 20 juin 1885.

LETTRE

DE S. S. LÉON XIII

AU CARDINAL MARIANO RAMPOLLA, SECRÉTAIRE D'ÉTAT (1)

~~~~~~~~

Monsieur le Cardinal,

Bien que les desseins qui Nous guident dans le gouvernement de l'Eglise universelle vous soient suffisamment connus, Nous croyons pourtant opportun de les résumer brièvement et de mieux les indiquer à vous qui, à raison de la nouvelle charge à laquelle Notre confiance vous a appelé, devez Nous prêter de plus près votre concours et développer votre action conformément à Notre pensée.

Au milieu des préoccupations très graves que Nous a données et que Nous donne toujours le poids formidable du gouvernement de l'Eglise, la persuasion, profondément enracinée dans Notre esprit, de la grande vertu dont sont enrichis l'Eglise et le Pontificat, non seulement pour le salut éternel des âmes, qui en est le but vrai et propre, mais aussi pour le salut de toute la société humaine, n'a pas peu servi à Nous réconforter. Dès le début, Nous Nous sommes proposé de travailler constamment à réparer les dommages faits à l'Eglise par la Révolution et l'impiété, et, en même temps, à faire sentir à toute la famille humaine, qui en a extrêmement besoin, l'appui supérieur de cette vertu divine. Et comme les ennemis s'ingénient depuis longtemps à enlever, par tous les moyens, toute influence sociale à l'Eglise, et à en éloigner peuples et gouvernements, auxquels ils se sont efforcés, par tous les artifices, de la rendre suspecte et de la faire passer pour ennemie, Nous, de Notre part, Nous l'avons toujours fait voir, telle qu'elle est en réalité, comme la meilleure amie et bienfaitrice des princes et des peuples; et Nous Nous sommes ingénié à les réconcilier avec elle, en renouant et en resserrant plus étroitement les rapports amicaux entre le Saint-Siège et les diverses nations et en rétablissant partout la paix religieuse.

Tout Nous conseille, Monsieur le Cardinal, de demeurer constamment dans cette voie; et il n'est pas nécessaire ici d'en signaler particulièrement les motifs. Nous indiquerons seulement le besoin extrême qu'a la société de revenir aux vrais principes d'ordre, si imprudemment abandonnés et négligés. Par cet abandon, cette harmonie pacifique dans laquelle résident la tranquillité et le bien-être

(1) Traduction du *Moniteur de Rome*.

public a été rompue entre les peuples et les souverains, et entre les diverses classes sociales le sentiment religieux et le frein du devoir se sont affaiblis; de là, l'esprit de licence et de révolte, qui va jusqu'à l'anarchie et à la destruction de la cohabitation sociale elle-même, est sorti vigoureux et s'est largement répandu. — Le mal grandit démesurément et préoccupe sérieusement beaucoup d'hommes de gouvernement, qui cherchent de toute manière à arrêter la société sur la pente fatale et à la faire revenir au salut. Et c'est bien; car il faut avec toutes les forces opposer des digues à un torrent qui a accumulé tant de ruines. Mais le salut ne viendra pas sans l'Eglise; sans son influence salutaire, qui sait diriger avec sécurité les esprits vers la vérité et forme les âmes à la vertu et au sacrifice, ni la sévérité des lois, ni les rigueurs de la justice humaine, ni la force armée ne suffiront à conjurer le péril actuel, et beaucoup moins à replacer la société sur ses fondements naturels et inébranlables.

Persuadé de cette vérité, Nous croyons que Notre tâche consiste à continuer cette œuvre de salut, soit en propageant les saintes doctrines de l'Evangile, soit en réconciliant tous les esprits avec l'Eglise et la Papauté, soit en procurant à celle-ci et à celle-là une plus grande liberté, afin de les mettre en état de remplir avec des fruits abondants leur mission bienfaisante dans le monde.

Il Nous a plu, Monsieur le Cardinal, de vous associer à cette œuvre, Nous promettant beaucoup de votre expérience des affaires, de votre activité et de votre dévouement éprouvé au Saint-Siège, et de votre attachement à Notre personne. Pour l'accomplissement de ce très noble but, vous voudrez, de concert avec Nous, disposer partout l'action du Saint-Siège, en l'appliquant néanmoins aux différentes nations, selon les besoins et les conditions spéciales de chacune.

En Autriche-Hongrie, la piété insigne de l'auguste empereur et roi apostolique et son dévouement au Saint-Siège, dévouement où les autres membres de l'illustre et royale famille se retrouvent avec lui, font que les meilleures relations existent entre le Saint-Siège et cet empire. Grâce à elles, et à l'intelligence des hommes qui possèdent la confiance de leur auguste souverain, il sera possible de favoriser en Autriche-Hongrie les intérêts religieux, d'en écarter les obstacles, et de régler d'un plein accord les difficultés qui pourraient se présenter.

De là Notre pensée se tourne avec un intérêt spécial vers la France, nation noble et généreuse, féconde en œuvres et en institutions catholiques, toujours chère aux Pontifes, qui l'ont regardée comme la fille aînée de l'Eglise. Comme preuve, Nous savons le dévouement que professent pour le Siège apostolique ses fils, dont Nous avons eu plus d'une fois des motifs de la consolation la plus intime. Ce même sentiment d'affection spéciale que Nous avons pour elle Nous fait éprouver une amertume plus vive à la vue de tout ce qui y arrive au détriment de la religion et de l'Eglise. Nous faisons les vœux les plus ardents afin que le mal s'arrête, et les défiances ayant cessé, que l'harmonie désirée puisse toujours régner entre le Saint-Siège et la France, dans l'observation selon la lettre et selon l'esprit des pactes solennellement stipulés.

Nous n'avons pas moins à cœur l'Espagne qui, par sa foi inébranlable, a mérité le titre glorieux de nation catholique, et qui retire de sa foi une si large part de sa grandeur. Vous, Monsieur le Cardinal, vous en avez connu de près le prix et vous en avez connu aussi les besoins particuliers, parmi lesquels le premier est celui de l'union entre catholiques dans la défense généreuse et désintéressée de la religion, dans le dévouement sincère au Saint-Siège, dans la charité réciproque, afin qu'ils ne se laissent entraîner ni par des visées personnelles, ni par l'esprit de parti. Les rapports intimes que cette nation fidèle et généreuse a avec Nous, la piété de la veuve reine-régente et son obéissance filiale au Vicaire de Jésus-Christ nous donnent la certitude que Notre sollicitude paternelle pour les intérêts catholiques et la prospérité de ce royaume sera efficacement favorisée et secondée.

Les liens étroits d'origine, de langue et de religion, de même que la fermeté égale dans la foi des aïeux, qui unissent les populations de l'Amérique du Sud à la population espagnole, Nous engagent à ne pas les séparer dans les soins particuliers que Nous aurons à vouer d'une manière égale à leur avantage commun.

Nous ne pouvons passer sous silence la nation portugaise, qui a tant contribué à la propagation de la foi catholique dans les pays lointains et qui est si étroitement unie au Saint-Siège, par des liens réciproques d'obéissance dévouée d'une part, et de réciprocité paternelle de l'autre. Nous avons pu récemment régler avec elle, d'un commun accord et à la satisfaction réciproque, le très grave démêlé relatif au patriarchat des Indes orientales; Nous Nous promettons de trouver aussi à l'avenir chez ceux qui en régissent les destinées les mêmes dispositions favorables, qui nous mettent en mesure de donner un accroissement de plus en plus grand à la religion catholique et dans ce royaume et dans ses colonies.

A ces nations catholiques Nous associons aussi la Belgique, où le sentiment religieux est toujours si vif et si actif et où, grâce à la sympathie très spéciale que Nous nourrissons pour elle, Nous voudrions que l'action bienfaisante de l'Eglise se répandît toujours plus largement dans la vie publique et privée.

Il est nécessaire, en outre, de continuer en Prusse l'œuvre de la pacification religieuse pour qu'elle soit conduite à sa fin. — Le bien considérable qui a été obtenu jusqu'ici, l'esprit bien disposé de S. M. l'empereur et la bonne volonté dont Nous voyons toujours animés ceux qui y détiennent le gouvernement suprême des choses, Nous font espérer dans l'utilité de Nos soins pour améliorer encore plus les conditions de l'Eglise catholique dans ce royaume, et satisfaire ainsi les justes désirs de ces populations catholiques, si méritantes de la religion par leur fermeté et leur constance. Et Nous voulons étendre également les mêmes soins aux différents Etats de l'Allemagne, afin que les lois qui ne laissent pas à l'Eglise la liberté nécessaire à l'exercice de son pouvoir spirituel soient écartées ou modifiées. Veuille le ciel que tous se décident à se mettre sur cette voie ! Mais nous faisons un vœu particulier pour le royaume catholique de Bavière, avec lequel le Saint-Siège a des liens spéciaux, et où Nous désirons ardemment que la religion jouisse d'une vie toujours plus prospère et plus féconde.

Nous serions heureux, si Nous pouvions de même faire pénétrer dans les autres Etats non catholiques les bonnes et salutaires influences de l'Eglise et y apporter Notre concours à la cause de l'ordre, de la paix et du bien-être public : spécialement là où il y a, comme dans les vastes possessions de l'Angleterre, des sujets catholiques en grand nombre, auxquels Nous devons d'office toute la sollicitude de l'apostolat suprême; là où, comme dans les contrées de la Russie, les conditions difficiles dans lesquelles se trouvent l'Eglise et les sujets catholiques rendraient Nos soins plus nécessaires et plus opportuns. Et comme le pouvoir dont Nous sommes investi embrasse de sa nature tous les temps et tous les lieux, c'est Notre devoir de prendre soin de l'accroissement de la religion là où elle est déjà largement établie, comme dans les Etats de l'Amérique ; de favoriser les missions dans les pays encore barbares et infidèles. Il appartient également à Notre sollicitude de ramener à l'unité les peuples qui malheureusement s'en sont séparés. Parmi ceux-ci, Nous aimons à rappeler d'une manière spéciale ceux de l'Orient, si féconds pendant quelque temps en œuvres de foi et si glorieux ; et, avant tous, les peuples de la Grèce que, à l'exemple de beaucoup de Nos prédécesseurs, Nous désirons ardemment voir rattachés au centre de l'unité catholique et ressusciter à l'antique splendeur.

Mais il est un autre point qui réclame constamment Notre attention, ce qui est pour Nous et Notre autorité apostolique du plus haut intérêt : Nous voulons parler de Notre condition actuelle dans Rome, à cause du funeste dissentiment entre l'Italie, telle qu'elle est à présent officiellement constituée, et le Pontificat romain. — Dans une matière si grave, Nous voulons vous ouvrir plus pleinement Notre pensée.

Plus d'une fois, Nous avons exprimé le désir de voir la fin de ce dissentiment; et récemment encore, dans l'allocution consistoriale du 23 mai passé, Nous avons témoigné de Notre intention disposée à étendre ainsi d'une manière spéciale, comme aux autres nations, l'œuvre de la pacification à l'Italie, chère et étroitement unie à Nous par tant de titres. Ici cependant, pour arriver à cette concorde, il ne suffit pas, comme ailleurs, de pourvoir à quelque intérêt religieux en particulier, de modifier ou d'abroger des lois hostiles, d'empêcher les dispositions contraires dont Nous sommes menacés ; mais il faut en outre et principalement régler comme il convient la condition du Chef suprême de l'Eglise, devenue indigne de lui, depuis beaucoup d'années, par les violences et les injures, et incompatible avec la liberté du ministère apostolique. A cette fin, Nous avons eu soin, dans l'allocution précitée, de mettre à la base de cette pacification la justice et la dignité du Siège Apostolique et de réclamer pour Nous un état de choses dans lequel le Pontife romain ne doive être soumis à personne, et puisse jouir d'une liberté pleine et non illusoire. Il n'y avait pas lieu de mal comprendre Nos paroles et beaucoup moins de les dénaturer, en les pliant à un sens absolument contraire à Notre pensée. Il en ressortait clairement le sens voulu par Nous, à savoir que la condition indispensable de la pacification en Italie était la restitution d'une vraie souveraineté au Pontife romain. Car dans l'état actuel des choses, il est manifeste que Nous sommes plus qu'en Notre pouvoir dans le pouvoir d'autres de la volonté desquels il dépend de modifier, quand et comme il leur plaît, selon les changements des hommes et des circonstances, les conditions mêmes de Notre existence : *Verius in aliena potestate sumus quam Nostra*, comme Nous l'avons répété plus d'une fois. C'est pourquoi Nous avons toujours dans le cours de Notre Pontificat, conformément à Notre devoir, revendiqué une souveraineté effective pour le Pontife romain, non par ambition, ni dans le but d'une grandeur terrestre, mais comme une garantie vraie et efficace de son indépendance et de sa liberté.

En effet, l'autorité du Pontificat suprême, instituée par Jésus-Christ et conférée à saint Pierre et par lui à ses successeurs légitimes, les Pontifes romains, destinés à constituer dans le monde, jusqu'à la consommation des siècles, la mission réparatrice du Fils de Dieu, enrichie des plus nobles prérogatives, dotée des pouvoirs les plus sublimes, propres et juridiques, tels que les exige le gouvernement d'une vraie et très parfaite société, ne peut, de sa nature même et par la volonté expresse de son divin fondateur, être soumise à aucune puissance terrestre, mais elle doit jouir de la liberté la plus entière dans l'exercice de ses hautes fonctions.

Et comme c'est de ce pouvoir suprême et de son libre exercice que dépend le bien de l'Eglise tout entière, il était de la plus haute importance que son indépendance et sa liberté natives fussent assurées, garanties, défendues à travers les siècles, dans la personne de celui qui en était investi, avec ces moyens que la Providence divine aurait reconnus aptes et efficaces au but.

Ainsi, lorsque l'Eglise fut sortie victorieuse des longues et dures persécutions des premiers siècles qui ont été comme le sceau manifeste de sa divinité ; lorsque ce que l'on peut appeler l'ère d'enfance fut passée, et qu'arriva pour elle le temps de se montrer dans le plein épanouissement de sa vie, une situation particulière qui, peu à peu, par le concours de circonstances providentielles, finit avec l'établissement de leur Principat civil, commença pour les Pontifes de Rome. Celui-ci s'est conservé, sous une forme et avec une extension diverses, à travers les vicissitudes infinies d'un long cours de siècles jusqu'à nos jours, rendant à l'Italie et à toute l'Europe, même dans l'ordre politique et civil, les avantages les plus signalés : — Les barbares repoussés ou civilisés ; le despotisme combattu et dompté ; les lettres, les arts, les sciences favorisées ; les libertés des communes, les entreprises contre les musulmans, quand ils étaient, eux, les ennemis les plus redoutés non seulement de la religion mais de la civilisation chrétienne et de la tranquillité de l'Europe : ce sont là des gloires des Papes et de leur Principat. Une institution née par des voies si légitimes et spontanées, qui a pour elle une possession pacifique et incontestée de douze siècles, qui a contribué puissamment à la propagation de la foi et de la civilisation, qui s'est acquis tant de titres à la reconnaissance des peuples, a plus que tout autre le droit d'être respectée et maintenue; ce n'est pas parce qu'une série de violences et d'injustices est parvenue à l'opprimer que les desseins de la Providence sur elle peuvent être regardés comme changés. — Même si l'on considère que la guerre faite au Principat civil des Papes fut toujours l'œuvre des ennemis de l'Eglise et de la religion, et, dans cette dernière période, l'œuvre principale des sectes, qui, en abattant le pouvoir temporel, ont voulu s'aplanir la voie pour prendre d'assaut et combattre le pouvoir spirituel des Pontifes lui-même, cela même confirme clairement qu'aujourd'hui encore, dans les desseins de la Providence, la souveraineté civile des Papes est ordonnée comme moyen vers l'exercice régulier de leur pouvoir apostolique, comme étant celle qui en sauvegarde efficacement la liberté et l'indépendance.

Ce qu'on dit en général du Principat civil des Papes vaut à plus forte raison et d'une manière spéciale pour Rome. Ses destinées se lisent clairement dans toute son histoire : à savoir que, dans les conseils de la Providence, tous les événements humains ont été ordonnés vers le Christ et son Eglise, ainsi la Rome antique et son empire ont été établis pour la Rome chrétienne; et que ce n'est pas sans une disposition spéciale que le Prince des Apôtres, saint Pierre, a dirigé ses pas vers cette métropole du monde païen, pour en devenir le Pasteur et lui transmettre à perpétuité l'autorité de l'Apostolat suprême. C'est ainsi que le sort de Rome a été lié, d'une manière sacrée et indissoluble, à celui du Vicaire de Jésus-Christ; et quand, à l'aurore de temps meilleurs, Constantin le Grand résolut de transporter en Orient le siège de l'empire romain, on peut admettre avec un fondement de vérité que la main de la Providence l'a guidé, afin que les nouvelles destinées sur la Rome des Papes s'accomplissent mieux. Il est certain qu'après cette époque, grâce aux temps et aux circonstances, spontanément, sans offense et sans opposition de personne, par les voies les plus légitimes, les Pontifes en sont devenus les maîtres même politiquement; et, comme tels, ils l'ont gardée jusqu'à nos jours. — Il n'est pas nécessaire de rappeler ici les immenses bienfaits et les gloires que les Pontifes ont procurés à leur ville de prédilection, gloires et bienfaits qui sont écrits, du reste, en lettres ineffaçables, sur les monuments et dans l'histoire de tous les siècles. Il est superflu aussi d'indiquer que cette Rome porte la marque pontificale profondément gravée dans toutes ses parties et qu'elle appartient aux Pontifes par des titres tels et si nombreux, qu'aucun prince n'en a jamais eu de pareils sur n'importe quelle ville de son royaume. Néanmoins, il importe grandement d'observer que la raison de l'indépendance et de la liberté pontificales dans l'exercice du ministère apostolique revêt une force plus grande et toute spéciale quand elle s'applique à Rome, siège naturel des Souverains Pontifes, centre de la vie de l'Eglise, capitale du monde catholique. Ici, où le Pontife demeure habituellement, où il dirige, administre, commande, afin que les fidèles de tout l'univers puissent, en toute confiance et sécurité, lui prêter l'hommage, la fidélité, l'obéissance qu'ils lui doivent en conscience ; ici, de préférence, il est nécessaire qu'il soit placé dans une telle condition d'indépendance dans laquelle non seulement sa liberté ne soit en rien entravée par qui que ce soit, mais qu'il soit évident à tous qu'elle ne l'est pas : et cela non par une condition transitoire et changeante à tout événement, mais stable et durable de sa nature. Ici, plus qu'ailleurs, le déploiement de la vie catholique, la solennité du culte, le respect et l'observation publique des lois de l'Eglise, l'existence tranquille et légale de toutes les institutions catholiques, doivent être possibles et sans crainte d'entraves.

De tout cela il est facile de comprendre comme s'impose aux Pontifes romains et combien est sacré pour eux le devoir de défendre et de maintenir la souveraineté civile et sa légitimité ; devoir rendu encore plus sacré par la religion du serment. Ce serait folie de prétendre qu'ils consentiraient eux-mêmes à sacrifier avec la souveraineté civile ce qu'ils ont de plus cher et de plus précieux : Nous voulons parler de leur liberté elle-même dans le gouvernement de l'Eglise, pour laquelle leurs prédécesseurs ont, en toute occasion, si glorieusement combattu.

Nous, certes, avec l'aide de Dieu, Nous ne faillirons pas à Notre devoir, et sans le retour à une souveraineté véritable et effective telle que la requièrent Notre indépendance et la dignité du Siège apostolique, Nous ne voyons d'autre accès ouvert à des accords et à la paix. Toute la catholicité elle-même, très jalouse de la liberté de son Chef, ne se tranquillisera jamais jusqu'à ce qu'il soit fait droit à ses plus justes revendications.

Nous savons que des hommes politiques, contraints par l'évidence des choses de reconnaître que la condition présente n'est pas telle qu'elle convient au Pontificat romain, méditent d'autres projets et expédients pour l'améliorer. Mais ce sont là de vaines et inutiles tentatives ; et telles seront toutes celles de semblable nature qui, sous de spécieuses apparences, laissent de fait le Pontife dans un état de vraie et réelle dépendance. Le vice gît dans la nature même des choses, telles qu'elles sont présentement établies, et aucun tempérament ou égard extérieur dont on se servirait ne peut jamais suffire à l'écarter. Il est naturel au contraire de prévoir des cas où la condition du Pontife devienne même pire, soit par la prépondérance d'éléments subversifs et d'hommes qui ne dissimulent pas leurs desseins contre la personne et l'autorité du Vicaire du Christ, soit par des guerres et des complications multiples qui pourraient en naître à son détriment. Jusqu'ici, l'unique moyen dont la Providence s'est servie pour défendre il convenait la liberté des Papes a été leur souveraineté temporelle ; et quand ce moyen a manqué, les Pontifes ont toujours été ou persécutés, ou prisonniers, ou exilés, ou certes soumis au pouvoir d'un autre ; et, par conséquent, dans la condition de se voir rejetés à chaque événement sur l'une ou l'autre de ces voies. C'est l'histoire de toute l'Eglise qui l'atteste.

On espère néanmoins dans le temps et on s'en remet à lui comme si, en se prolongeant, la condition présente pouvait devenir acceptable. Mais la cause de leur liberté est pour les Pontifes et pour la catholicité tout entière d'un intérêt primordial et vital; et, par conséquent, on peut être certain qu'ils la voudront toujours garantie et dans le mode le plus sûr. Ceux qui la comprennent différemment ne connaissent ou feignent de ne pas connaître la nature de l'Eglise, la nature et la force de sa puissance religieuse, morale et sociale, que ni les injures du temps, ni la prépotence des hommes ne parviendront jamais à abattre. S'ils s'en rendaient compte et s'ils avaient vraiment du sens politique, ils ne songeraient pas seulement au présent, ni ne se confieraient dans des espérances trompeuses pour l'avenir : mais, en donnant eux-mêmes au Pontife romain ce qu'il réclame à bon droit, ils mettraient fin à une situation pleine d'incertitudes et de périls, en assurant de cette manière les grands intérêts et les destinées mêmes de l'Italie.

Il n'y a pas à espérer que Notre parole sera comprise par ces hommes qui ont grandi dans la haine de l'Eglise et du Pontificat : à dire vrai, de même que ceux-ci détestent la religion, de même ils ne veulent pas le véritable bien de leur terre natale. Mais ceux-là, qui, non imbus de vieux préjugés ni animés d'un esprit irréligieux, apprécient justement les enseignements de l'histoire et les traditions italiennes, et, ne séparant pas l'amour de l'Eglise de l'amour de la patrie, voient avec Nous que, dans l'union avec la Papauté réside précisément pour l'Italie le principe le plus fécond de sa prospérité et de sa grandeur.

L'état actuel des choses en est la confirmation. Déjà il est hors de doute, et les hommes politiques italiens eux-mêmes l'avouent, que le dissentiment avec le Saint-Siège n'est pas utile mais nuit à l'Italie, en lui créant ni peu ni de légères difficultés intérieures et extérieures. A l'intérieur, le dégoût des catholiques, en voyant que les revendications du Vicaire de Jésus-Christ ne sont prises en aucune considération et sont méprisées, — le trouble des consciences, — l'accroissement de l'irréligion et de l'immoralité, éléments grandement nuisibles au bien public. A l'extérieur, le mécontentement des catholiques, en voyant les intérêts les plus vitaux de la chrétienté compromis avec la liberté du Pontife : — difficultés et périls qui, même dans l'ordre politique, peuvent en découler pour l'Italie, et dont Nous désirons de toute Notre âme que Notre patrie soit préservée. Qu'on fasse cesser le conflit par celui qui le peut et le doit, en restituant au Pape la position qui lui convient, et toutes ces difficultés cesseront du coup. Bien plus, l'Italie en bénéficierait grandement en tout ce qui constitue la vraie gloire et le bonheur d'un peuple, ou qui mérite le nom de civilisation ; car, de même qu'elle a reçu en partage de la Providence d'être la nation la plus voisine de la Papauté, ainsi elle est destinée à en recevoir plus abondamment, si elle ne la combat ou ne s'y oppose, les influences bienfaisantes.

On objecte que, pour rétablir la souveraineté pontificale, il faudrait renoncer à de grands avantages déjà obtenus, ne tenir aucun compte des progrès modernes, revenir en arrière jusqu'au moyen âge. Mais ce ne sont pas là des motifs valables.

A quel bien vrai et réel s'opposerait, en effet, la souveraineté pontificale? Il est indubitable que les villes et les régions déjà soumises au Principat civil des Pontifes ont été, par cela même, préservées plus d'une fois de l'asservissement à la domination étrangère, et ont toujours gardé le caractère et les habitudes purement italiennes. Aujourd'hui encore, il ne pourrait en être autrement : car si, par sa haute mission, universelle et perpétuelle, le Pontificat appartient à toutes les nations, il est une gloire spécialement italienne, à cause du Siège que la Providence lui a assigné. — Que si l'unité de l'Etat venait ainsi à faire défaut, sans entrer dans des considérations qui touchent au mérite intrinsèque de la chose, et Nous plaçant uniquement un instant sur le terrain même des adversaires, Nous demandons si cette condition d'unité constitue pour les nations un bien si absolu, que sans lui il n'y a pour elles ni prospérité, ni grandeur; ou si supérieur, qu'il doit prévaloir sur tout autre. Le fait de nations très florissantes, puissantes et glorieuses, qui n'ont pas eu et qui n'ont pas cette forme de l'unité que l'on désire, répond pour Nous, et cette réponse se trouve aussi dans la raison naturelle qui, dans un conflit, reconnaît que le bien de la justice, premier fondement du bonheur et de la stabilité des Etats, doit prévaloir; et spécialement quand il est lié, comme c'est le cas ici, à l'intérêt supérieur de la religion et de l'Eglise tout entière. Devant celui-ci il n'y a pas à hésiter; que si de la part de la Providence ç'a été un effet de prédilection spéciale envers l'Italie d'avoir placé dans son sein la grande institution du Pontificat, dont chaque nation se sentirait hautement honorée, il est juste et nécessaire que les Italiens ne regardent pas à des difficultés pour la mettre dans une condition qui lui convienne. D'autant plus que, sans exclure de fait d'autres tempéraments utiles et opportuns, sans parler d'autres biens précieux, l'Italie, en vivant en paix avec le Pontificat, verrait l'unité religieuse, fondement de toute autre et source d'immenses avantages même sociaux, puissamment cimentée.

Les ennemis de la souveraineté pontificale font appel aussi à la civilisation et au progrès. Mais pour bien s'entendre dès le principe, ceci seul qui conduit au perfectionnement intellectuel et moral, ou au moins qui ne s'y oppose pas, peut constituer pour l'homme le véritable progrès : et il n'y a pas de source plus féconde de ce genre de civilisation que l'Eglise, qui a la mission de conduire toujours l'homme à la vérité et à la rectitude de la vie. En dehors de cette sphère, tout genre de progrès n'est en vérité que recul et ne saurait que dégrader l'homme et le refouler vers la barbarie : et ni l'Eglise, ni les Pontifes, soit comme princes civils, ne pourraient, pour le bonheur de l'humanité, s'en faire jamais les fauteurs. Mais tout ce que les sciences, les arts et l'industrie humaine ont trouvé de nouveau pour l'utilité et les besoins de la vie; tout ce qui favorise le commerce honnête et la prospérité des fortunes publiques et privées; tout ce qui n'est pas licence, mais liberté vraie et digne de l'homme, tout cela est béni par l'Église et peut avoir une part très large dans le Principat civil des Papes. Et les Papes, quand ils en seraient de nouveau en possession, ne manqueraient pas de l'enrichir de tous les perfectionnements dont il est capable, en faisant droit aux exigences des temps et aux nouveaux besoins de la société. La même sollicitude paternelle, dont ils ont toujours été animés envers leurs sujets, leur conseillerait encore dans le présent à rendre douces les charges publiques; à favoriser avec la plus large générosité les œuvres de charité et les instituts de bienfaisance; à prendre un soin spécial des classes nécessiteuses et ouvrières en en améliorant le sort; à faire, en un mot, de leur Principat civil, aussi dans le présent, une des institutions les mieux aptes à former la prospérité des sujets.

Il serait inutile de produire contre lui l'accusation d'être né du moyen âge — car il aurait les formes et les améliorations utiles exigées par les temps modernes : et si, dans la substance, il était ce qu'il a été dans les temps du moyen âge, à savoir une souveraineté disposée pour sauvegarder la liberté et l'indépendance des Pontifes romains dans l'exercice de leur autorité suprême, qu'est-ce à dire? Le but très important auquel il sert, les avantages multiples qui en découlent pour la tranquillité du monde catholique et la tranquillité des Etats; la manière douce avec laquelle il s'exerce; l'impulsion puissante qu'il a toujours donnée à tous les genres de sciences et de culture civile, sont des éléments qui conviennent admirablement à tous les temps, qu'ils soient civilisés et tranquilles, ou qu'ils soient barbares et troublés. Ce serait démence de vouloir le supprimer pour cela seul qu'il florissait aux siècles du moyen âge. — Du reste, si ceux-ci, comme toutes les époques, ont eu des vices et des habitudes blâmables, ils ont eu pourtant des avantages si particuliers que ce serait une véritable injustice de les méconnaître. Et l'Italie, qui, précisément dans le cours de ces siècles, dans les sciences, les lettres, les arts, dans les entreprises militaires et navales, dans le commerce, dans les organisations municipales, a atteint tant de grandeur et de célébrité, qu'elles ne pourront jamais ni être détruites, ni obscurcies, devrait, plus que tout autre, savoir les apprécier.

Nous voudrions, Monsieur le Cardinal, que ces idées, découlant de considérations si hautes et qui tiennent compte de tous les intérêts légitimes, pénètrent toujours plus dans tous les esprits, et que non seulement tous les vrais catholiques, mais aussi ceux qui aiment l'Italie d'un amour sincère entrent ouvertement dans Nos vues et les secondent. — De toute manière, en favorisant la réconciliation avec le Pontificat, et en en indiquant les conditions fondamentales, Nous sentons que Nous avons satisfait à un de Nos devoirs devant Dieu et les hommes, quels que soient les événements qui suivront.

Quant à vous, Nous sommes certain que vous voudrez toujours employer toute votre activité intelligente à l'exécution des desseins que Nous vous avons manifestés dans cette Lettre. Et afin que votre œuvre tourne au grand avantage de l'Eglise et à l'honneur du Saint-Siège, Nous implorons sur vous en abondance les lumières et les secours du ciel. Comme gage de ceux-ci, et en témoignage d'affection très spéciale, Nous vous donnons de cœur la bénédiction apostolique.

Du Vatican, le 15 juin 1887.

LÉON XIII, PAPE.

LETTRE

AUX ARCHEVÊQUES ET ÉVÊQUES D'ITALIE

VÉNÉRABLES FRÈRES,

Vous connaissez la confiance que Nous avons placée, en présence des calamités actuelles, dans la glorieuse Vierge du Rosaire, pour lui demander le salut et la prospérité du peuple chrétien et la paix et la tranquillité pour son Eglise.

Déjà, à plusieurs reprises, en recommandant la pieuse pratique du mois d'octobre en l'honneur de la Sainte Vierge, Nous en avons indiqué les motifs, les sujets d'espérance et le mode ; toute l'Eglise, docile à Notre voix, a toujours répondu à Notre invitation par des manifestations d'une singulière piété, et maintenant on s'apprête de nouveau à offrir à la Très Sainte Vierge, pendant un mois entier, le tribut quotidien d'une dévotion qui lui est particulièrement agréable.

Dans cette sainte et noble circonstance, l'Italie n'est pas restée en arrière, et nous ne doutons pas que cette année-ci l'Italie ne donne une nouvelle preuve encore de son amour envers la Mère de Dieu ; elle Nous procurera ainsi de nouvelles consolations et un nouveau soulagement.

Nous ne pouvons néanmoins Nous dispenser de vous adresser, vénérables frères, une parole d'exhortation spéciale, afin que dans tous les diocèses d'Italie le mois consacré à Notre-Dame du Rosaire soit sanctifié avec une nouvelle et particulière solennité.

Il est facile de deviner les raisons spéciales qui Nous font agir ainsi. Depuis que Dieu Nous a appelé à diriger sur la terre son Eglise, Nous Nous sommes efforcé de mettre en œuvre tous les moyens dont Nous disposons et que Nous croyons propres à la sanctification des âmes et à l'extension du règne de Jésus-Christ.

Aucune nation n'a été exclue de Notre constante sollicitude, sachant que le Rédempteur a pour tous versé sur la croix son sang si précieux et ouvert à tous le royaume de la grâce et de la gloire. Personne pourtant ne s'étonnera que Nous ayons une prédilection particulière pour le peuple italien ; même le divin Maître Jésus-Christ entre toutes les parties du monde a choisi l'Italie comme siège de son Vicaire sur la terre, et dans les conseils de sa Providence il a disposé que Rome devienne la capitale du monde catholique.

Ainsi le peuple italien est appelé à vivre dans un étroit voisinage avec le Père de la famille chrétienne et à partager ses joies et ses douleurs. Et pourtant dans Notre Italie ne manquent pas pour Notre cœur des causes d'amertume.

La foi et la morale chrétiennes, précieux héritage transmis par nos aïeux, et qui de tout temps a fait la gloire de notre patrie, sont ouvertement et secrètement, et avec un cynisme repoussant, attaquées par une poignée d'hommes qui s'efforcent d'arracher aux autres la foi et la morale qu'eux-mêmes ont perdues depuis longtemps. Ici, à Rome, où le Vicaire du Christ a son siège, se concentrent de préférence les efforts de ces hommes et se manifestent dans toute leur férocité opiniâtre leurs desseins sataniques. Nous n'avons pas besoin de vous dire, vénérables frères, de quelle tristesse Notre cœur est rempli en voyant exposées à de si graves périls les âmes de tant de Nos chers fils. Et cette amertume ne fait qu'augmenter en Nous voyant Nous-même dans l'impossibilité de Nous opposer à ces maux avec la salutaire efficacité que Nous souhaiterions et à laquelle Nous avons le droit de prétendre. Vous aussi, vénérables frères, et le monde entier connaissez les conditions d'existence auxquelles Nous sommes réduit.

Pour ces raisons, Nous sentons un besoin majeur d'invoquer l'aide de Dieu et la protection de la Vierge Marie. Que les bons Italiens prient donc avec ferveur pour leurs frères perdus et corrompus, qu'ils prient pour le Père commun de tous, pour le Pontife romain, afin que Dieu, dans son infinie miséricorde, accepte et exauce les vœux communs des fils et du Père.

Le Saint-Père expose ensuite les causes pour lesquelles il a fait élever, pour l'Eglise universelle, la solennité du Rosaire au rite double de seconde classe.

Puis Sa Sainteté ajoute :

Il n'y a pas à douter que la Reine des cieux, implorée par tant de fils et dans de si heureuses dispositions, ne réponde à leur voix, ne console Notre affliction et ne couronne Nos efforts pour l'Eglise et l'Italie, en rendant à l'une et à l'autre des jours meilleurs.

Dans ces sentiments, Nous vous accordons à vous, vénérables frères, au clergé et au peuple commis à vos soins, Notre bénédiction apostolique, comme gage des grâces et des faveurs les plus choisies du Ciel.

Du Vatican, le 20 septembre 1887.

LÉON XIII, PAPE.

EPISTOLA

EPISCOPIS HIBERNIÆ

DE URGENDO DECRETO NUPER LATO

LEO XIII

Venerabiles Fratres, Salutem et apostolicam Benedictionem.

Sæpe nos ex hoc Apostolici muneris fastigio curas et cogitationes ad catholicos cives vestros contulimus; animusque Noster haud semel est publicis consignatus litteris, e quibus, quemadmodum sumus erga Hiberniam affecti, cuivis sine dubitatione appareat. — Præter ea, quæ superioribus annis sacrum Consilium Christiano nomini propagando, auctoritate Nostra, de Hibernia providit, satis epistolæ loquuntur, quas ad Venerabilem Fratrem Cardinalem Mac-Cabe Archiepiscopum Dublinensem semel atque iterum dedimus; itemque oratio, quam nuperrime ad catholicos e gente vestra non paucos habuimus: a quibus quidem non modo gratulationes et vota pro incolumitate Nostra, verum etiam grati animi significationem accepimus ob perspectam in Hibernos Nostram voluntatem. — His ipsis proximis mensibus, cum templum in hac alma Urbe exædificari in honorem Patritii, magni Hibernorum Apostoli, placuerit, consilium quidem maxima animi propensione adjuvimus, reque pro viribus adjuturi sumus.

Nunc vero paterna ista caritas cum in Nobis eadem perseveret, dissimulare non possumus, gravia Nobis ac permolesta accidere, quæ novissimo tempore istinc afferuntur. Inopinatam concitationem animorum, intelligimus, inde repente coortam, quod ea dimicandi ratione, quam *plan of campaign* et *boycotting* nominant, pluribus usurpari coepta, sacrum Consilium perduellibus Ecclesiæ vindicandis uti decrevit non licere. — Atque illud dolendum magis, non paucos numerari, qui populum ad conciones turbulentas vocare insistant: quibus in concionibus inconsideratæ jactantur periculosæque opiniones, nec auctoritati decreti parcitur: quod ipsum longe alio, quam quo revera spectat, commentitiis interpretationibus detorquetur. Immo vero obediendi officium gigni ex illo negant, perinde ac verum propriumque Ecclesiæ munus nequaquam sit de honestate et

LETTRE AUX ÉVÊQUES D'IRLANDE

LÉON XIII, PAPE

VÉNÉRABLES FRÈRES, SALUT ET BÉNÉDICTION APOSTOLIQUE

Du faite de Notre charge apostolique, Nous avons souvent tourné Nos préoccupations et Nos pensées vers vos concitoyens catholiques; et plus d'une fois, Nous avons manifesté Nos sentiments dans des lettres publiques, où tout le monde a pu voir clairement de quelles dispositions Nous sommes animé envers l'Irlande. Outre les décrets rendus en Notre nom les années précédentes par la S. Congrégation de la Propagande chrétienne, au sujet des affaires irlandaises, les lettres que Nous avons adressées à plusieurs reprises à Notre vénérable frère le cardinal Mac-Cabe, archevêque de Dublin, parlent assez haut; il en est de même du discours que Nous avons récemment adressé à un assez grand nombre de catholiques de votre nation de qui Nous avons reçu non seulement des félicitations et des souhaits de salut, mais encore des remerciements pour l'affection que Nous avions témoignée aux Irlandais. Dans ces derniers mois même, lorsqu'il a paru bon d'élever dans cette Ville maîtresse un temple en l'honneur de saint Patrice, le grand apôtre de l'Irlande, Nous avons encouragé ce projet de toute l'ardeur de Notre âme et Nous en favoriserons l'exécution dans la mesure de nos forces.

Et maintenant, avec cette même tendresse paternelle que Nous ne cessons d'avoir pour vous, Nous ne pouvons dissimuler les soucis et les peines que Nous ont causés les derniers événements de votre pays Nous voulons parler de cette surexcitation inattendue des esprits, née tout à coup à la suite du décret du Saint-Office interdisant d'user dans les représailles contre les ennemis de l'Église de ce moyen de lutte qu'on appelle *plan de campagne* ou *boycottage* et dont plusieurs avaient commencé à se servir. Il est surtout à déplorer qu'il y ait tant de meneurs pour provoquer le peuple à des assemblées tumultueuses, où des idées inconsidérées et dangereuses sont lancées, sans respect même pour l'autorité du décret, qu'on détourne, par des interprétations fallacieuses, bien loin du but auquel il tend en réalité. On va même jusqu'à nier qu'il oblige à l'obéissance, comme si la fonction propre et véritable de l'Église n'était pas de juger de la bonté ou de la malice des actions

turpitudine actionum humanarum judicare. — Ista quidem agendi ratio distat plurimum a professione christiani nominis, cujus profecto illæ sunt virtutes comites, moderatio, verecundia, potestati legitimæ obtemperatio. Nec præterea decet in caussa bona, videri quodammodo eos homines imitari, qui, quod non jure petunt, tumultuose adipisci contendant. — Et hæc quidem eo sunt graviora, quia Nos omnia diligenter circumspeximus, ut liceret rerum vestrarum statum ac popularium querelarum caussas penitus et sine errore cognoscere. Auctores habemus, quibus jure credatur: vosmetipsos coram percontati sumus: prætereaque superiore anno Legatum ad vos misimus virum probatum et gravem, qui veritatem summa cura exquireret, et ad Nos ex fide referret. — Nominatimque de hac providentia populus Hibernus gratias Nobis publice agendas curavit. Num igitur non in eo temeritas inest, quod ajunt, de caussa Nos judicavisse non satis cognita? præsertim cum res improbaverimus, in quibus improbandis consentiunt æqui viri, quotquot, ista dimicatione vestra non impliciti, pacatiore judicio de rebus existimant.

Illud pariter non vacat injuria suspicari, parum Nos Hiberniæ caussâ moveri, et quæ sit apud vos fortuna populi, non admodum laborare. Contra sic afficit Nos Hibernorum conditio, ùt neminem magis: nihilque tam vehementer cupimus, quam ut tranquillitatem adepti prosperitatemque meritam ac debitam, aliquando respirent. Nullo tempore recusavimus, quominus pro melioribus rebus suis contenderent: sed illudne ferendum videatur, aditum in contentione ad maleficia patefieri? Quin immo ob id ipsum, quod, interjectis cupiditatibus politicarumque partium studiis, permixtum fas atque nefas una atque eadem caussa complectitur, Nos quidem constanter studuimus id quod honestum esset ab eo secernere, quod non esset honestum, catholicosque ab omni re deterrere, quam christiana morum disciplina non probaret. — Quamobrem consiliis tempestivis Hibernos monuimus, meminissent professionis catholicæ, nihil unquam naturali repugnans honestati, nihil divina lege non concessum susciperent. — Recens igitur decretum non iis debet præter opinionem accidisse: eo vel magis quod vosmetipsi, Venerabiles Fratres, anno MDCCCLXXXI, Dublinum congregati, Clerum et populum cavere jussistis, quæcumque essent ordini publico caritative contraria, cujusmodi illa sunt, nolle quod jure debeatur reddere, nolle reddi: personam, vel bona cujusquam violare: legibus, vel etiam iis, qui fungantur munere publico, vim opponere: in clandestina fœdera coire, et cetera generis ejusdem. Quæ quidem præcepta, plena æquitatis maximeque opportuna, laudata Nobis ac probata sunt.

humaines. Cette manière d'agir s'éloigne considérablement de la profession du nom chrétien, qui ne va pas sans être accompagnée des vertus de modération, de respect et de déférence à l'autorité légitime. En outre, il ne convient pas, dans une cause bonne, de paraître imiter en quelque manière ces hommes qui prétendent obtenir tumultuairement ce qu'ils demandent sans droit. Et cela est d'autant plus grave que Nous avons tout examiné soigneusement par Nous-même, pour pouvoir connaître à fond et sans erreur l'état de vos affaires et les motifs des griefs populaires. Nous avons pour garants des hommes dignes de foi; Nous vous avons interrogés vous-mêmes directement; et, de plus, l'an dernier, Nous vous avons envoyé comme légat un personnage recommandable et grave, chargé de s'enquérir avec le plus grand soin de la vérité et de Nous en faire un rapport fidèle; tellement que le peuple irlandais a voulu Nous rendre de publiques actions de grâces pour Notre sollicitude. N'y a-t-il donc pas de témérité à dire que Nous n'avons pas suffisamment jugé en connaissance de cause ; surtout lorsque Nous avons réprouvé des choses que s'accordent à condamner les hommes justes quels qu'ils soient, qui, n'étant pas mêlés à vos litiges, peuvent juger de la question avec plus d'impartialité?

Ce n'est pas non plus une moindre injustice d'insinuer que la cause de l'Irlande Nous touche peu et que Nous Nous mettons peu en peine de la condition de votre peuple. Au contraire, l'état de l'Irlande Nous affecte plus que personne, et Nous ne désirons rien plus vivement que de voir les Irlandais respirer enfin, après avoir acquis la paix et la juste prospérité qu'ils ont méritées. Nous ne leur avons jamais contesté le droit de chercher à améliorer leur condition : mais peut-on permettre qu'on recoure comme moyen au crime? Bien loin de là, par cela même qu'avec l'irruption des passions et des intérêts politiques de parti, le bien et le mal se trouvent mêlés dans la même cause, Nous Nous sommes constamment appliqué à distinguer ce qui était honnête de ce qui ne l'était pas, et à détourner les catholiques de toute chose que la règle de la morale chrétienne n'approuverait pas. C'est pourquoi, par des conseils opportuns, Nous avons averti les Irlandais de se souvenir de leur foi catholique, de ne rien faire qui fût contraire à la loi naturelle, rien qui ne fût permis par la loi divine. Le récent décret ne doit donc pas les avoir surpris, d'autant plus que vous-mêmes, vénérables Frères, réunis à Dublin en 1881, vous avez recommandé au clergé et au peuple de s'abstenir de tout ce qui serait contraire à l'ordre public et à la charité, comme de ne pas vouloir rendre ce qui est dû et de ne pas permettre qu'on le rende; de léser la personne et les biens du prochain; d'opposer la force aux lois ou à ceux qui remplissent une charge publique; de former des associations clandestines, et autres choses du même genre. Or, ces recommandations, pleines d'équité et tout à fait opportunes, ont eu tous Nos éloges et toute Notre approbation.

RELIURE SERREE
Absence de marges intérieures

Contraste insuffisant
NF Z 43-120-14

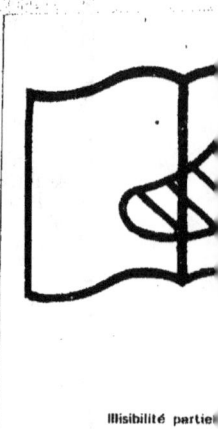

Illisibilité partielle

Nihilominus cum populus inveterato cupiditatum fervore transversus raperetur, nec deessent qui novas quotidie faces admoverent, intelleximus, præcepta requiri magis definita, quam quæ generatim de justitia et caritate retinenda antea dederamus. Pati Nos prohibebat officium, tot catholicos homines, quorum Nobis est in primis commissa salus, viam insistere præcipitem et lubricam, quæ ad evertendas res potius duceret, quam ad miserias sublevandas. — Rem igitur ex veritate æstimari oportet : animumque illum Nostrum in eo ipso decreto Hibernia recognoscat amantem sui, optatæque prosperitati congruentem, quia caussæ quantumvis justæ nihil tam obest, quam vi et injuriis esse defensam.

Hæc quæ scribimus ad vos, Venerabiles Fratres, magisterio vestro Hibernia cognoscat. Concordia sententiarum et voluntatum, ut oportet, conjunctos, nec vestrâ tantum, sed et Nostrâ auctoritate fultos, multum vos confidimus assequuturos : illud præcipue, ut cupiditatum tenebræ ne diutius tollant judicium veri, maximeque concitatores populi temere se fecisse pœniteat. Cum multi sint, qui ad deserenda officia vel certissima aucupari caussas videantur, date operam, ut de vi ejus decreti nullus relinquatur ambiguitati locus. Intelligant universi, eam omnem rationem, quæ ne adhiberetur interdiximus, adhiberi omnino non licere. — Honestas utilitates honeste quærant, potissimumque, ut christiano, decet, incolumi justitia atque obedientia Sedis Apostolicæ : quibus in virtutibus Hibernia quidem omni tempore solatium simul et animi robur invenit.

Interea cœlestium munerum auspicem et benevolentiæ Nostræ testem vobis, Venerabiles Fratres, et Clero populoque Hiberno Apostolicam benedictionem peramanter in Domino impertimus.

Datum Romæ, apud S. Petrum, die XXIV junii MDCCCLXXXVIII, Pontificatus Nostri anno undecimo.

LEO PP. XIII.

Néanmoins, comme le peuple se trouvait entraîné par l'ardeur invétérée des passions dont il était pénétré, et comme il ne manquait pas de gens pour attiser quotidiennement le feu, Nous avons compris qu'il fallait des prescriptions plus définies que les principes généraux sur la justice et la charité que Nous avions rappelés précédemment. Notre charge nous interdisait de souffrir que tant de catholiques, dont le salut Nous est principalement confié, continuassent à suivre la voie périlleuse et glissante qui menait plutôt à un bouleversement des choses qu'au soulagement des misères. Il faut donc juger l'affaire selon la vérité : il faut que l'Irlande, dans ce décret même, reconnaisse ce sentiment d'affection dont Nous sommes animé pour elle, et qui tend à la prospérité si désirée de ce pays, parce qu'une cause, si juste qu'elle soit, ne rencontre jamais tant d'obstacles que quand elle est défendue par la violence et l'injustice.

Ce que Nous vous écrivons ainsi, vénérables Frères, que l'Irlande le connaisse par votre ministère. Nous avons la confiance que, unis comme il le faut par la communauté d'idées et de volontés, et appuyés non seulement sur votre autorité, mais aussi sur la Nôtre, vous obtiendrez beaucoup et, en particulier, que les ténèbres des passions n'enlèvent plus le vrai jugement des choses, et surtout aussi que les excitateurs du peuple se repentent d'avoir agi témérairement.

Comme il en est beaucoup qui semblent rechercher des prétextes pour déserter leurs devoirs, même les plus certains, ayez soin de ne laisser place à aucune ambiguïté sur la valeur de ce décret. Que tous comprennent qu'il n'est aucunement permis d'user d'aucun des moyens dont Nous avons interdit l'emploi. Qu'ils cherchent honnêtement un bien honnête, et toujours, comme il convient à des chrétiens, en gardant intactes la justice et l'obéissance au Siège apostolique; car c'est dans la pratique de ces vertus que l'Irlande a trouvé de tout temps la force d'âme avec la consolation.

En attendant, comme gage des dons célestes et en témoignage de Notre bienveillance, Nous vous donnons très tendrement du fond du cœur la bénédiction apostolique, à vous, Vénérables Frères, à votre clergé et au peuple irlandais.

Donné à Rome, près de Saint-Pierre, le 24 juin de l'année 1888, la onzième de Notre Pontificat.

LÉON XIII, PAPE.

EPISTOLA

AD ARCHIEPISCOPUM MEDIOLANENSEM

DE OBEDIENTIA DEBITA DECRETO « POST OBITUM »

propositiones rosminianas damnanti.

LEO PP. XIII

Salutem et apostolicam Benedictionem.

LITTERIS AD TE, Venerabilis Frater, et ad Archiepiscopos Taurinensem et Vercellensem itemque ad Episcopos provinciarum istarum, datis die XXV januarii an. MDCCCLXXXII, officii Nostri duximus vobiscum agere de quibusdam dissensionum initiis deque periculis, quæ imminere videbamus ob graves istis ipsis in provinciis exortas, præsertim inter ephemeridum auctores, de philosophico-theologicis Antonii Rosmini doctrinis disceptationes. — Providentiæ curæque vestræ esse diximus nihil quod omittere ad modum aliquem animorum ardori imponendum magis aptum videretur ne veritatis inquirendæ studium in detrimentum evaderet caritatis et justitiæ. — Illud etiam addebamus, satius esse ut catholici præsertim ephemeridum scriptores ab hujusmodi quæstionibus tractandis abstinerent: et hanc Sedem Apostolicam de gravioribus negotiis, potissimum quæ ad sanctitatem atque integritatem catholicæ veritatis pertinent, pro sui officii ratione sollicitam evigilare, ea adhibita consilii maturitate in qua quemlibet catholicum virum par est conquiescere.

Propositum quidem Nobis erat, iteratis quamplurium doctorum virorum, etiam ex ordine Episcoporum, votis satisfacere, qui nempe enixis precibus postularant, ut placeret Nobis de Antonii Rosmini scriptis cognoscere ac decernere. — Enimvero Nos istiusmodi curam demandavimus consilio Venerabilium Fratrum Nostrorum Cardinalium S. R. et U. Inquisitioni præpositorum: norunt autem omnes hujus Præfecturam Consilii ab ipso geri Pontifice maximo. Illi autem voluntati præceptisque Nostris obsequuti sunt, eâ, quam negotii gravitas desiderabat, prudentiâ et judicii maturitate adhibita: nimirum pluribus conventibus habitis, sententias omnes, quotquot ipsis erant ad examinandum propositæ, cura fuit cognoscere penitus et multa

LETTRE A L'ARCHEVÊQUE DE MILAN

SUR LA SECTE ROSMINIENNE

LÉON XIII, PAPE

VÉNÉRABLE FRÈRE, SALUT ET BÉNÉDICTION APOSTOLIQUE

Par Notre lettre du 25 janvier 1882 à vous adressée, Vénérable Frère, ainsi qu'aux archevêques de Turin et de Verceil et aux évêques de ces provinces, Nous avons cru de Notre devoir de traiter avec vous des commencements de certaines dissensions et des périls qui Nous paraissaient menaçants en raison des graves querelles soulevées en ces provinces, principalement entre les journalistes, au sujet des doctrines philosophico-théologiques d'Antoine Rosmini. Faisant appel à votre prévoyance et à votre sollicitude, Nous disions qu'il ne fallait rien omettre de ce qui paraîtrait le plus propre à modérer l'ardeur des esprits, afin que le zèle pour la recherche de la vérité ne tournât pas au détriment de la justice et de la charité. Nous ajoutions qu'il serait bon surtout que les journalistes catholiques s'abstinssent de traiter ces questions, et qu'en raison de son office, le Siège apostolique veillait avec sollicitude sur les affaires importantes, principalement sur celles qui se rapportent à la sainteté et à l'intégrité de la vérité catholique, et qu'il le faisait avec cette maturité de conseil dans laquelle il est bon que se repose tout catholique.

Nous avions le dessein de satisfaire aux vœux qui Nous avaient été manifestés plusieurs fois par de savants hommes, même de l'ordre des évêques, lesquels Nous avaient instamment prié d'examiner et de juger les écrits d'Antoine Rosmini. Et en effet, Nous avons confié ce soin au conseil de Nos Vénérables Frères les cardinaux préposés à la S. Inquisition R. et U. Or, tout le monde sait que la présidence de ce conseil est tenue par le Souverain Pontife lui-même.

Ces cardinaux se sont conformés à Notre volonté et à Nos ordres avec la prudence et la maturité de jugement que réclamait la gravité de l'affaire; en effet, ils tinrent plusieurs séances dans lesquelles ils eurent soin d'examiner à fond et de soumettre à une longue délibération toutes les propositions qui avaient été déférées à leur examen. Après chaque

deliberatione perpendere. De iis vero quæ singulis conventibus
acta ac deliberata, continuo Nos, uti jusseramus, ejusdem sacri
Consilii Assessor accurate fidelissimeque edocebat. Demum die
XIV decembris anni MDCCCLXXXVII fieri placuit decretum « Post
obitum » quo nimirum « propositiones » quadraginta ex Antonii
Rosmini operibus posthumis magnam partem depromptæ, eidemque decreto adjectæ, damnantur. — Hoc decretum, profecto ad
doctrinam pertinens, prout est una cum « propositionibus »
supradictis editum, plane approbavimus et Nostra confirmavimus auctorirate : illud tamen, certis de caussis, non ante
evulgari jussimus, quam quo evulgatum est die, scilicet VII martii
an. MDCCCLXXXVIII.

Hæc tibi, Venerabilis Frater, per has litteras significanda censuimus: neque enim desunt qui tueri ac persuadere verbo scrip-
tove contendant, quum de decreto « Post obitum » agitur, de
decreto agi cui refragari impune liceat; illud prope inscientibus
Nobis factum itemque latum promulgatumque sine approbatione
Nostra esse.

Præterea hac ipsa in re sacrum Inquisitionis Consilium a Pontifice maximo sejungunt ac separant; in quo sane apparet calidior
quædam tergiversatio cum suspicionibus non æquis temere
conjuncta. — Nos quidem propensi ad clementiam natura et
officio sumus : consuevimus etiam benevole atque amanter com-
plecti quotquot esse prompta ad obediendum voluntate vidimus;
nec facile patiemur talem in Nobis consuetudinem lenitatis exso-
lescere; sed tamen eam, quam diximus, nonnullorum agendi
rationem Nobismetipsis et Apostolicæ Sedi injuriosam, non possumus non improbare vehementer. — Probe cognitum Nobis est,
Venerabilis Frater, haud exiguas a te curas susceptas, ut decretum
illud sincero ac prompto, uti catholicæ Ecclesiæ filios decet, mentis
et voluntatis obsequio ab omnibus e Clero populoque tuo exci-
peretur : dolendum tamen, hisce curis tuis non eum, quem
velimus, respondisse exitum. — Majorem itaque in modum te
hortamur, ut cœptis alacriter insistas, ac modis omnibus studeas
quamlibet in hoc genere caussam offensionis removère. Divini
autem favoris auspicem, paternæque benevolentiæ Nostræ tamquam pignus, Apostolicam benedictionem, tibi, Venerabilis
Frater, universæque archidiœcesi tuæ peramanter impertimus.

Datum Romæ, apud S. Petrum, die I^a junii MDCCCLXXXIX,
Pontificatus Nostri anno duodecimo.

LEO PP. XIII.

tance, l'assesseur de ce saint conseil Nous rendait soigneusement et très fidèlement compte, selon Nos ordres, de ce qui s'y était fait et délibéré. Enfin, le 14 décembre 1887, il plut de rendre le décret *Post obitum* qui condamne quarante *propositions* extraites, en grande partie, des œuvres posthumes d'Antoine Rosmini et qui furent jointes au décret. Ce décret, qui appartient certainement à la doctrine, et qui fut publié en un même corps avec les *propositions* susdites, Nous l'avons pleinement approuvé et confirmé par Notre autorité. Toutefois, pour certains motifs, Nous ne l'avons fait publier que le jour de sa promulgation, à savoir le 7 mars 1888.

Nous avons cru devoir, Vénérable Frère, vous informer de ces choses par la présente lettre; car il en est qui s'efforcent, verbalement ou par écrit, d'établir et de persuader, à propos du décret *Post obitum*, qu'il s'agit d'un décret auquel on peut impunément se soustraire, comme ayant été fait à Notre insu, puis porté et promulgué sans Notre approbation.

En outre, ces mêmes personnes, en cette affaire, distinguent et séparent le saint conseil de l'Inquisition d'avec le Souverain Pontife, en quoi elles font apparaître une tergiversation perfide jointe à d'injustes suspicions. Or, Nous sommes, par caractère et par devoir, enclin à la clémence; Nous avons même coutume de traiter avec bienveillance et affection tous ceux qui marquent à Nos yeux une volonté prompte à l'obéissance, et Nous ne Nous départirons pas facilement de ces habitudes de douceur; mais cette attitude dont Nous avons parlé comme tenue par quelques-uns, cette attitude injurieuse pour Nous et pour le Siège apostolique, Nous ne pouvons ne pas la réprouver sévèrement.

Nous savons pertinemment, Vénérable Frère, que vous n'avez pas eu peu de soucis pour faire accepter ce décret, d'un esprit et d'un cœur sincères et prompts à l'obéissance, comme il convient aux fils de l'Eglise catholique, par tous vos prêtres et tous vos fidèles; mais il est à regretter que le résultat voulu par Nous n'ait pas répondu à ces soins. C'est pourquoi Nous vous exhortons plus fortement encore à insister vaillamment dans votre entreprise et à vous étudier par tous les moyens à écarter tout motif d'offense en cette affaire.

En attendant, comme présage de la faveur divine et comme gage de Notre paternelle bienveillance, Nous vous donnons la Bénédiction apostolique à vous, Vénérable Frère, et à tout votre diocèse.

Donné à Rome, près de Saint-Pierre, le 1er juin de l'année 1889, la douzième de Notre pontificat.

LÉON XIII, PAPE.

LETTRE ENCYCLIQUE

AUX ÉVÊQUES, AU CLERGÉ ET AU PEUPLE D'ITALIE

LÉON XIII, PAPE

VÉNÉRABLES FRÈRES, CHERS FILS, SALUT ET BÉNÉDICTION APOSTOLIQUE

Des hauteurs de ce Siège apostolique, où la divine Providence Nous a placé pour veiller au salut de tous les peuples, Notre regard s'arrête souvent sur l'Italie, au milieu de laquelle Dieu, par un acte de singulière prédilection, a fixé la chaire de son Vicaire, et de laquelle néanmoins Nous arrivent présentement de nombreuses et très sensibles amertumes. Ce ne sont pas les offenses personnelles qui Nous attristent, ni les privations et les sacrifices que Nous impose la condition actuelle des choses, non plus que les injures et le mépris qu'une presse insolente a toute licence de déverser sur Nous chaque jour. S'il s'agissait de Notre seule personne et non point de la ruine vers laquelle Nous voyons se précipiter l'Italie menacée dans sa foi, Nous supporterions les outrages en silence, heureux de pouvoir dire à Notre tour ce que disait de lui-même un de Nos illustres prédécesseurs : « Si ma captivité sur cette terre ne s'aggravait du poids des sollicitudes quotidiennes, je garderais volontiers le silence sur le mépris et les moqueries dont je suis l'objet (1). » Mais sans parler de l'indépendance et de la dignité du Saint-Siège, il s'agit encore de la religion et du salut de toute une nation, et, disons-le, d'une nation qui, dès les premiers temps, ouvrit son cœur à la foi catholique et la conserva toujours depuis avec un soin jaloux. Cela semble incroyable et pourtant, cela est vrai : Nous en sommes venus à ce point, en Italie, d'avoir à y redouter la perte même de la foi. A plusieurs reprises, Nous avons donné l'alarme, afin qu'on avisât au danger, et cependant Nous ne croyons pas avoir encore assez fait.

En présence d'attaques incessantes et de plus en plus vives, Nous entendons retentir plus puissante la voix du devoir qui Nous presse de Vous parler de nouveau à Vous, Vénérables Frères, au clergé et au peuple italien. Puisque l'ennemi ne se donne aucun relâche, le silence et l'inaction ne sauraient non plus Nous convenir, ni à Nous, ni à Vous, qui par la divine miséricorde avons été constitués les gardiens et les vengeurs de la religion des peuples confiés à Nos soins, les pasteurs et les sentinelles vigilantes du troupeau du Christ, pour lequel Nous devons être prêts, s'il le faut, à sacrifier tout, même la vie.

---

(1) *Si terræ meæ captivitas per quotidiana momenta non excresceret, de despectione mea atque irrisione lætus tacerem.* Saint Grégoire le Grand à l'empereur Maurice.

Nous ne dirons point de choses nouvelles, car les faits tels qu'ils se sont produits sont toujours les mêmes, et déjà, du reste, Nous avons dû en parler d'autres fois à mesure que l'occasion s'en présentait. Mais ici, Nous Nous proposons de récapituler ces faits, de les réunir comme en seul tableau, et d'en tirer pour l'instruction commune les conséquences qui en dérivent. Ce sont des faits incontestables, qui se sont produits en plein soleil : faits non isolés, mais connexes entre eux, de manière que, dans leur ensemble, ils révèlent avec évidence tout un système, dont ils ne sont que l'application et le développement. Le système n'est point nouveau, mais ce qui est nouveau, c'est l'audace, l'acharnement, la rapidité avec laquelle maintenant on l'applique. C'est le plan même des sectes qui se déroule actuellement en Italie, spécialement en ce qui touche de plus près l'Eglise et la religion catholique, plan dont le but final et notoire est de réduire, si cela était possible, la religion même à néant. Il serait superflu de faire le procès des sectes dites maçonniques; la cause est jugée : leur but, leurs moyens, leur doctrine et leurs actes sont connus avec une indiscutable certitude.

Animées de l'esprit de Satan dont elles sont l'instrument, elles s'inspirent d'une haine mortelle, implacable, contre Jésus-Christ et contre son œuvre, qu'elles s'efforcent par tous les moyens de détruire et d'enchaîner. Cette guerre, en ce moment, se livre plus que partout ailleurs en Italie, où la religion catholique a jeté de plus profondes racines, et surtout à Rome, où est le centre de l'unité catholique et le Siège du pasteur et docteur universel de l'Eglise. Il convient de retracer dès l'origine les diverses phases de cette guerre.

On commença, sous prétexte de politique, par renverser le principat civil des Papes; mais, dans la pensée des véritables chefs — pensée tenue d'abord secrète et déclarée ouvertement depuis, — ce renversement devait servir de moyen pour arriver à détruire ou du moins enchaîner le suprême pouvoir spirituel des Pontifes Romains. Et pour qu'il ne restât aucun doute sur le but réel qu'on visait, on en vint aussitôt à la suppression des Ordres religieux; ce qui réduisait de beaucoup le nombre des ouvriers évangéliques, tant pour l'assistance des fidèles et le saint ministère que pour la propagation de la foi chez les nations infidèles. Plus tard, on ajouta l'obligation du service militaire pour les clercs, ce qui entraînait nécessairement, comme conséquence, de graves et nombreux obstacles au recrutement, à la formation convenable du clergé, même séculier. Puis on mit la main sur le patrimoine ecclésiastique, soit en le confisquant absolument, soit en le grevant d'impôts énormes, afin d'appauvrir le clergé et l'Eglise, et de lui arracher des mains les moyens nécessaires en ce monde pour subsister et pour promouvoir les institutions et les œuvres qui secondent son apostolat divin.

Les sectaires l'ont eux-mêmes déclaré ouvertement : « Pour diminuer l'influence du clergé et des associations cléricales, il n'y a qu'un moyen efficace à employer : les dépouiller de tous leurs biens et les réduire à une pauvreté complète. »

D'autre part, l'action de l'Etat est de soi tout entière dirigée à faire disparaître de la nation tout cachet religieux et chrétien. Dès lors et de tout ce qui constitue la vie officielle, on exclut systématiquement toute inspiration et toute idée religieuse, quand on n'en vient pas aux attaques directes; les manifestations publiques de la foi et de la piété catholiques ou sont prohibées, ou sont entravées sous de vains prétextes par des obstacles sans nombre; à la famille on a enlevé sa base et sa constitution religieuse en proclamant ce que l'on appelle le mariage civil; et, grâce à l'instruction que l'on veut exclusivement laïque depuis les premiers éléments jusqu'à l'enseignement supérieur des Universités, les nouvelles générations, autant que cela dépend de l'Etat, sont comme contraintes de grandir en dehors de toute idée religieuse, et dans une ignorance complète des premières et des plus essentielles notions de leurs devoirs envers Dieu. C'est là mettre la cognée à la racine de l'arbre, et l'on ne saurait imaginer un moyen plus universel et plus efficace pour soustraire à l'influence de l'Eglise et de la foi la société, la famille et les individus. « Saper par tous les moyens le cléricalisme dans ses fondements et aux sources mêmes de la vie, c'est-à-dire, à l'école et dans la famille, » tel est le mot d'ordre des écrivains francs-maçons.

On répondra que cela ne se passe point seulement en Italie, mais que c'est un système de gouvernement auquel les Etats se conforment d'une manière générale.

Cette observation ne contredit pas, mais confirme tout ce que Nous disons des projets et de l'action de la Franc-Maçonnerie en Italie. Oui, ce système est adopté et mis en pratique partout où la Franc-Maçonnerie exerce son action impie, et comme cette secte est très répandue, de là vient que le système antichrétien, lui aussi, est très largement appliqué.

Mais cette application est plus rapide et plus générale, elle est poussée beaucoup plus loin dans les pays où les gouvernements sont plus soumis à l'action de la secte et savent mieux en favoriser les intérêts. Or, par malheur, au nombre de ces pays, il faut placer présentement la nouvelle Italie. Ce n'est pas d'aujourd'hui qu'elle est sujette à l'influence impie, malfaisante, des Sociétés secrètes; mais depuis quelque temps, celles-ci, devenues toutes-puissantes et absolument dominatrices, la tyrannisent à plaisir. En Italie, la direction de la chose publique, en ce qui concerne la religion, est totalement en harmonie avec les aspirations des sectes, qui trouvent, pour mettre leurs idées à exécution, dans les dépositaires du pouvoir public des fauteurs déclarés et de dociles instruments.

Les lois contraires à l'Eglise, les mesures directement agressives sont tout d'abord proposées, résolues, décrétées dans les réunions des sectes. Il suffit qu'une chose paraisse, de près ou de loin, devoir causer à l'Eglise quelque affront ou quelque dommage, pour qu'elle soit incontinent favorisée et encouragée. Parmi les faits les plus récents, nous rappellerons l'approbation donnée au nouveau code pénal, dans lequel ce qu'on a voulu, avec le plus de ténacité et en dépit de toutes les raisons contraires, c'était d'adopter les articles dirigés contre le clergé, articles qui sont comme une loi d'exception et tendent à considérer comme délictueux certains actes qui sont des devoirs sacrés du ministère ecclésiastique.

La loi sur les *Œuvres Pies*, qui soustrait à toute action et toute ingérence de l'Eglise le patrimoine accumulé par la piété et la religion des aïeux, à l'ombre et sous la tutelle de l'Eglise, cette loi avait été depuis bien des années résolue dans les assemblées de la secte, précisément parce qu'elle devait infliger à l'Eglise une offense nouvelle, diminuer son influence sociale et supprimer d'un trait une grande quantité de legs destinés au culte divin. Il faut joindre à cela une œuvre éminemment maçonnique, l'érection du monument au fameux apostat de Nola, résolue, décrétée, exécutée avec l'aide et la faveur des gouvernants, par la Franc-Maçonnerie, qui, par la bouche des interprètes les plus autorisés de sa pensée, n'a pas craint d'avouer le but de son œuvre, et d'en déclarer la signification : le but, c'était d'outrager la Papauté ; la signification, c'était qu'on entend désormais substituer à la foi catholique la liberté d'examen la plus absolue, la liberté de critique et de pensée, la liberté de conscience ; or, on sait ce que signifie un tel langage dans la bouche des sectaires. Et, comme pour mettre le sceau à toute cette entreprise, sont venues ensuite les déclarations les plus explicites, faites par celui-là même qui est à la tête du gouvernement.

Elles ont le sens que voici : La lutte vraie et réelle, que le gouvernement a le mérite d'avoir comprise, c'est la lutte entre la foi et l'Eglise d'une part, le libre examen et la raison de l'autre. Que l'Eglise cherche à réagir, à enchaîner de nouveau la raison et la liberté de penser et de vaincre. Quant au gouvernement, il se déclare, dans cette lutte, ouvertement en faveur de la raison contre la foi, et se donne la mission de faire en sorte que l'Etat italien soit l'expression évidente de cette raison et de cette liberté, triste mission que Nous avons récemment, dans une occasion analogue, entendu de nouveau affirmer avec audace.

A la lumière de tels faits et de telles déclarations, il est plus que jamais évident que l'idée maîtresse qui préside à la marche de la chose publique en Italie est, en ce qui concerne la religion, la mise à exécution du programme maçonnique. On voit quelle partie du programme a déjà été réalisée; on sait ce qui reste à exécuter, et l'on peut prévoir avec certitude que tant que l'Italie sera aux mains des gouvernements sectaires ou dépendant des sectes, on en poursuivra la réalisation, plus ou moins rapidement selon les circonstances, jusqu'à son plus complet développement. L'action des Sociétés secrètes tend actuellement à réaliser les desseins suivants, conformément aux vœux et aux résolutions pris dans leurs assemblées les plus autorisées, vœux et résolutions tous inspirés par une haine à mort contre l'Eglise :

« Abolition dans les écoles de toute instruction religieuse; fondation d'établissements dans lesquels la jeunesse féminine elle-même ne soit soumise à aucune influence cléricale, quelle qu'elle soit, puisque l'Etat, qui doit être absolument athée, a le droit et le devoir inaliénable de former le cœur et l'esprit des citoyens, et qu'aucune école ne doit être soustraite à son inspiration ni à sa surveillance; application rigoureuse de toutes les lois en vigueur qui ont pour but d'assurer l'indépendance absolue de la société vis-à-vis des influences cléricales ; observation stricte des lois qui suppriment les corporations religieuses, emploi de tous les moyens capables d'assurer leur efficacité; remaniement de tout le patrimoine ecclésiastique, en partant du principe que la propriété appartient d'elle-même à l'Etat, l'administration des biens aux pouvoirs civils ; exclusion de tout élément catholique ou clérical de toutes les administrations publiques, des œuvres pies, des hôpitaux, des écoles, des conseils où se préparent les destinées de la patrie, des académies, des cercles, des associations, des comités, des familles, exclusion en tout, partout, toujours. Au contraire, l'influence maçonnique doit se faire sentir dans toutes les circonstances de la vie sociale et devenir maitresse et arbitre de tout. C'est ainsi qu'on aplanira la voie à l'abolition de la Papauté, ainsi que l'Italie sera délivrée de son implacable et mortelle ennemie : et Rome, qui fut dans le passé le centre de la théocratie universelle, sera à l'avenir le centre de la sécularisation universelle, où doit être proclamée à la face du monde entier la grande charte de la liberté humaine. »

Ce sont là autant de déclarations, de vœux et de résolutions authentiques des francs-maçons ou de leurs assemblées.

Sans rien exagérer, tel est bien aussi l'état actuel de la religion en Italie et tel l'avenir qu'on peut prévoir pour elle. Dissimuler la gravité de la situation serait une erreur funeste ; la reconnaître telle qu'elle est, et lui faire face avec la prudence et la force évangéliques, en déduire les devoirs qu'elle impose à tous les catholiques et à Nous spécialement, qui, comme pasteurs, devons veiller sur les fidèles et les conduire au salut, c'est entrer dans les vues de la Providence, c'est faire œuvre de sagesse et de zèle pastoral. En ce qui Nous concerne, Notre devoir apostolique Nous impose de protester hautement de nouveau contre tout ce qui s'est fait, qui continue à se faire et se trame en Italie contre la religion. Défenseur et protecteur des droits sacrés de l'Eglise et du Pontificat, Nous repoussons ouvertement et Nous dénonçons au monde les outrages que l'Eglise et la Papauté ne cessent de recevoir, spécialement à Rome, qui rendent le gouvernement de la catholicité plus difficile et Nous font une condition plus grave et plus indigne.

C'est pourquoi, Vénérables Frères, Nous faisons appel à votre zèle et à votre amour des âmes, afin que, pénétrés de la gravité du danger où elles sont de se perdre à jamais, vous avisiez aux remèdes, vous vous employiez tout entiers à conjurer le péril. Aucun moyen en votre pouvoir ne doit être négligé ; toutes les ressources de la parole, toutes les industries de l'action, tout l'immense trésor de secours et de grâces que l'Eglise place entre nos mains, sont à employer pour la formation d'un clergé instruit et pleinement animé de l'esprit de Jésus-Christ, pour l'éducation chrétienne de la jeunesse, l'extirpation des mauvaises doctrines, la défense des vérités catholiques, la conservation du caractère et de l'esprit chrétiens dans les familles.

Quant au peuple catholique, il est nécessaire avant tout qu'il soit instruit de l'état vrai des choses en Italie, au sujet de la religion, du caractère essentiellement religieux qu'a pris la lutte contre le Souverain Pontife, et du but véritable auquel on tend constamment, afin qu'il voie à la lumière des faits de combien de manières on lui tend des embûches au point de vue religieux et qu'il se persuade des dangers qu'il court d'être dépouillé du trésor inestimable de la foi. L'esprit convaincu de cette vérité, et sûrs d'ailleurs que sans la foi il est impossible de plaire à Dieu et de se sauver, les fidèles comprendront qu'il s'agit du plus grand, pour ne pas dire de l'unique intérêt que chacun a le devoir ici-bas de garantir, de mettre avant tout en sûreté, au prix de n'importe quel sacrifice, sous peine d'encourir un malheur éternel. Ils comprendront en outre facilement que, puisque ce temps est un temps de lutte acharnée et à ciel ouvert, ce serait une honte de déserter le champ de bataille et de se cacher.

Le devoir est de rester au poste et de s'y montrer à visage découvert, par la foi et par les œuvres de véritables catholiques, et cela, tant pour honorer la foi qu'ils professent et glorifier Celui dont ils suivent l'étendard que pour ne pas encourir la souveraine disgrâce d'être désavoués au dernier jour et de n'être pas reconnus pour siens par le Juge suprême, qui a déclaré que qui n'est pas avec lui est contre lui. Sans ostentation, comme sans timidité, qu'ils donnent des preuves de ce vrai courage qui naît de la conscience qu'on remplit un devoir sacré devant Dieu et devant les hommes. A cette franche profession de foi, les catholiques doivent unir la plus grande docilité et l'amour le plus filial pour l'Eglise, la soumission la plus sincère aux évêques, un dévouement et une obéissance absolus au Pontife romain. Enfin, qu'ils reconnaissent combien il est indispensable qu'ils s'éloignent de tout ce qui est l'œuvre des sectes ou reçoit d'elles protection et impulsion, comme étant souillé par le souffle antichrétien qui les anime ; qu'ils s'adonnent au contraire avec activité, courage et constance aux œuvres, catholiques, aux associations et institutions bénies par l'Eglise, encouragées et soutenues par les évêques et le Pontife romain.

Et comme le principal instrument dont se servent les ennemis est la presse, en grande partie inspirée et soutenue par eux, il faut que les catholiques opposent la bonne presse à la mauvaise pour la défense de la vérité et de la religion et pour le soutien des droits de l'Eglise. Et de même que c'est la tâche de la presse catholique de mettre à nu les perfides desseins des sectes, d'aider et de seconder l'action des Pasteurs, de défendre et de favoriser les œuvres catholiques, ainsi c'est le devoir des fidèles de soutenir la bonne presse, soit en refusant ou en retirant toute faveur à la mauvaise, soit en concourant directement, chacun dans la mesure de ses moyens, à la faire vivre et prospérer : en quoi Nous croyons que jusqu'à présent, en Italie, on n'a pas fait assez. Enfin, les enseignements par Nous adressés à tous les catholiques, et spécialement ceux qui sont contenus dans l'Encyclique *Humanum genus* et dans l'Encyclique *Sapientiæ Christianæ*, doivent être particulièrement appliqués et inculqués aux catholiques d'Italie.

Que si, pour rester fidèles à ces devoirs, ils ont quelque chose à souffrir, quelque sacrifice à faire, ils se rappelleront que le royaume des cieux souffre violence et qu'on ne le peut conquérir qu'en se faisant violence ; ils se rappelleront que celui qui s'aime lui-même ou qui aime ses biens plus que Jésus-Christ n'est pas digne de lui. L'exemple de tant d'invincibles héros, qui, dans tous les temps, ont tout sacrifié généreusement pour la foi, l'assistance singulière de la grâce qui rend doux le joug de Jésus-Christ et léger son fardeau, leur seront d'un puissant secours pour retremper leur courage et les soutenir dans ce glorieux combat.

Nous n'avons considéré jusqu'ici, dans l'état présent des choses en Italie, que le côté religieux, comme étant celui qui, pour Nous, est le principal et qui Nous concerne en propre, en raison de Notre charge apostolique. Mais il est à propos de considérer aussi le côté social et politique, afin que les Italiens voient que ce n'est pas seulement l'amour de la religion, mais bien encore le plus sincère et le plus noble amour de la patrie qui doit les déterminer à s'opposer aux efforts impies des sectes. Il suffit, pour s'en convaincre, de considérer quel avenir préparent à l'Italie, dans l'ordre social et politique, des gens qui ont pour but — ils ne le cachent pas — de faire une guerre sans trêve au catholicisme et à la Papauté.

Le passé Nous en a déjà donné des preuves bien éloquentes par elles-mêmes. Ce qu'est devenue l'Italie dans cette première période de sa vie nouvelle, sous le rapport de la moralité publique et privée, de la sécurité, de l'ordre et de la tranquillité intérieure, de la prospérité et de la richesse nationale, les faits l'ont mieux démontré que ne le sauraient faire Nos paroles. Ceux-là mêmes qui auraient intérêt à le cacher sont contraints par la vérité d'en faire l'aveu. Nous dirons seulement que dans les conditions actuelles, par une triste mais véritable nécessité, les choses ne sauraient aller autrement. La secte maçonnique, bien qu'elle fasse parade d'un certain esprit de bienfaisance et de philanthropie, ne peut exercer qu'une influence funeste, et cela précisément parce qu'elle combat et tente de détruire la religion de Jésus-Christ, la véritable bienfaitrice de l'humanité.

Tous savent avec quelle force et par combien de moyens la religion exerce sur la société son influence salutaire. Il est incontestable que la saine morale, tant publique que privée, fait l'honneur et la force des Etats. Mais il est incontestable également que sans religion il n'y a point de bonne morale ni publique ni privée.

De la famille solidement établie sur ses bases naturelles, la société tire sa vie, son accroissement et sa force. Or, sans religion et sans moralité, la société domestique n'a aucune stabilité, et les liens de famille eux-mêmes s'affaiblissent et se dissolvent.

La prospérité des peuples et des nations vient de Dieu et de sa bénédiction. Si un peuple, loin de reconnaître cette vérité, va jusqu'à se soulever contre Dieu, et dans l'orgueil de son esprit lui dit tacitement qu'il n'a plus besoin de lui, la prospérité de ce peuple n'est qu'un fantôme, destiné à s'évanouir sitôt qu'il plaira au Seigneur de confondre l'orgueilleuse audace de ses ennemis. C'est la religion qui, pénétrant jusqu'au fond de la conscience de chaque individu, lui fait sentir la force du devoir et l'anime à le remplir. De même aussi c'est la religion qui donne aux princes les sentiments de justice et d'amour à l'égard de leurs sujets, qui fait les sujets, à leur tour, fidèles et sincèrement dévoués à leurs princes, les législateurs droits et honnêtes, les magistrats justes et incorruptibles, les soldats valeureux jusqu'à l'héroïsme, les administrateurs consciencieux et diligents ; c'est la religion qui fait régner la concorde et l'affection entre les époux, l'amour et le respect entre parents et enfants ; c'est la religion qui inspire aux pauvres le respect pour la propriété d'autrui, aux riches le bon usage de leurs richesses. De cette fidélité aux devoirs et de ce respect des droits d'autrui naissent l'ordre, la tranquillité, la paix, qui occupent une si large place dans la prospérité d'un peuple et d'un Etat.

Otez la religion et avec elle disparaîtront de la société tous ces biens infiniment précieux. Pour l'Italie, la perte en sera encore plus sensible. Ses gloires et ses grandeurs les plus insignes, qui lui donnèrent durant longtemps le premier rang parmi les nations les plus cultivées, sont inséparables de la religion qui les a produites ou inspirées ou, à tout le moins, favorisées, secondées, développées. Qu'il en soit ainsi, quant aux libertés publiques, les annales des communes le témoignent ; quant aux gloires militaires, tant d'entreprises mémorables contre les ennemis déclarés du nom chrétien ; quant aux sciences, les universités, qui, fondées, favorisées, enrichies de privilèges par l'Eglise, en furent l'asile et le théâtre ; quant aux beaux-arts, les innombrables monuments de tout genre semés à profusion sur tout le sol de l'Italie ; quant aux œuvres de bienfaisance en faveur des malheureux, des déshérités, des ouvriers, tant de fondations inspirées par la charité chrétienne, tant d'asiles ouverts à toute sorte de misères et d'infortunes, les associations et les corporations qui se sont développées sous l'égide de la religion. La vertu et la force de la religion sont immortelles, parce qu'elles viennent de Dieu, elle a des trésors de secours, elle possède les remèdes les plus efficaces pour les besoins de tous les temps, de toutes les époques, auxquelles elle sait admirablement les adapter. Ce qu'elle a su et pu faire en d'autres temps, elle peut le faire encore aujourd'hui, grâce à la vertu toujours nouvelle et toujours puissante qu'elle possède. Au contraire, enlever à l'Italie sa religion, c'est tarir d'un seul coup la source la plus féconde de trésors et de secours inestimables.

En outre, un des plus grands et des plus formidables périls que court la société actuelle, ce sont les agitations des socialistes, qui menacent de l'ébranler. L'Italie n'est pas exempte d'un aussi grand danger ; et bien que d'autres nations soient plus qu'elle infestées de cet esprit de subversion et de désordre, il n'en est pas moins vrai que sur son sol aussi cet esprit se répand de plus en plus, prend chaque jour de nouvelles forces. Et telle est la perversité de sa nature, telle la puissance de son organisation, l'audace de ses projets, qu'il est nécessaire de réunir toutes les forces conservatrices pour en arrêter les progrès, en empêcher efficacement le triomphe. Or, entre ces forces, la première, la principale de toutes, c'est celle que peut donner la religion et l'Eglise ; sans elle, les lois les plus sévères, les rigueurs des tribunaux, la force armée elle-même resteront vaines et insuffisantes.

De même que dans le passé, contre les hordes barbares, nulle force matérielle n'a pu prévaloir, mais bien au contraire la vertu de la religion chrétienne, qui, en pénétrant leurs esprits, fit disparaître leur férocité, adoucit leurs mœurs et les rendit dociles à la voix de la vérité et de la foi évangélique ; ainsi, contre la fureur de multitudes effrénées, il ne saurait y avoir de rempart assuré sans la vertu salutaire de la religion, laquelle, répandant dans les esprits la lumière de la vérité, insinuant dans les cœurs les préceptes de la morale de Jésus-Christ, leur fera entendre la voix de la conscience et du devoir et mettra un frein aux convoitises avant même que d'en mettre à l'action, et amortira l'impétuosité des passions mauvaises. Au contraire, attaquer la religion, c'est priver l'Italie de l'auxiliaire le plus puissant pour combattre un ennemi qui devient de jour en jour plus formidable et plus menaçant.

Mais ce n'est pas tout. De même que dans l'ordre social la guerre faite à la religion est très funeste et souverainement meurtrière pour l'Italie, ainsi dans l'ordre politique l'hostilité avec le Saint-Siège et le Pontife romain est pour l'Italie une source de très grands malheurs. Ici, encore, la démonstration n'est plus à faire; il suffit, pour compléter notre pensée, d'en résumer en quelques mots les conclusions. La guerre faite au Pape veut dire pour l'Italie, à l'intérieur, division profonde entre l'Italie officielle et la grande partie des Italiens vraiment catholiques; — or, toute division est faiblesse; — cela veut dire encore privation pour le pays de la faveur et du concours de la portion la plus franchement conservatrice; cela veut dire enfin prolongation indéfinie, au sein même de la nation, d'un conflit religieux, qui jamais ne profite au bien public, mais porte toujours en lui les germes funestes des malheurs et des châtiments les plus graves. A l'extérieur, le conflit avec le Saint-Siège, outre qu'il prive l'Italie du prestige et de l'éclat qui lui viendraient infailliblement de rapports pacifiques avec le Pontificat, lui aliène les catholiques du monde entier, est pour elle une cause d'immenses sacrifices, et peut, à chaque instant, fournir à ses ennemis une arme contre elle.

Voilà donc la prospérité et la grandeur que préparent à l'Italie ceux qui, ayant son sort entre les mains, font tout ce qu'ils peuvent pour détruire, conformément aux aspirations des sectes, la religion catholique et la Papauté.

Supposons au contraire que, rompant toute solidarité et toute connivence avec les sectes, on laisse à la religion et à l'Eglise, comme à la plus grande des forces sociales, une vraie liberté et le plein exercice de ses droits; quels heureux changements ne s'ensuivraient pas pour les destinées de l'Italie! Les calamités et les dangers que nous déplorions tout à l'heure comme le fruit de la guerre à la religion et à l'Eglise, cesseraient avec la lutte; bien plus, sur le sol privilégié de l'Italie catholique, on verrait fleurir encore les grandeurs et les gloires dont la religion et l'Eglise furent toujours les sources fécondes. Sous l'influence de leur vertu divine germerait naturellement la réforme des mœurs publiques et privées; les biens de la famille reprendraient leur vigueur; les citoyens de tous les ordres, grâce à l'action religieuse, sentiraient s'éveiller plus vives en eux les inspirations du devoir et de la fidélité à l'accomplir.

Les questions sociales, qui à cette heure préoccupent tous les esprits, s'achemineraient vers la meilleure et la plus complète des solutions, grâce à l'application pratique des préceptes de charité et de justice évangélique; les libertés publiques, préservées de tout danger de dégénérer en licence, serviraient uniquement au bien et deviendraient vraiment dignes de l'homme; les sciences, par cette vérité dont l'Eglise a le magistère; les arts, par cette inspiration puissante que la religion tient d'en haut et qu'elle a le secret de communiquer aux âmes, prendraient rapidement un nouvel essor. La paix faite avec l'Eglise, l'unité religieuse, la concorde civile en seraient bien plus fortement cimentées; on verrait cesser la division entre les catholiques fidèles à l'Eglise et l'Italie, laquelle acquerrait ainsi un élément puissant d'ordre et de conservation.

Une fois satisfaction donnée aux justes demandes du Pontife romain, ses droits reconnus, et lui-même replacé dans une condition de vraie et effective indépendance, les catholiques des autres pays, qui, aujourd'hui, mus non point par une impulsion étrangère, ou sans se rendre compte de ce qu'ils veulent, mais bien par un sentiment de foi et par la conviction d'un devoir à remplir, élèvent ensemble la voix pour faire entendre leurs revendications en faveur de la dignité et de la liberté du Pasteur suprême de leurs âmes; ces mêmes catholiques n'auraient plus de motif pour considérer l'Italie comme l'ennemie de leur Père commun. Alors, tout au contraire, l'Italie verrait son prestige et sa considération grandir auprès des autres peuples, à raison de la bonne harmonie qu'elle entretiendrait avec ce Siège apostolique.

De même, en effet, que ce Siège a fait expérimenter tout particulièrement aux Italiens le bienfait de sa présence au milieu d'eux, ainsi, grâce aux trésors de foi qui se sont toujours répandus de ce centre de bénédiction et de salut, il a propagé le nom italien chez toutes les nations et lui a conquis leur estime et leur respect. L'Italie réconciliée avec le Pape, fidèle à sa religion, serait en état de rivaliser de grandeur avec les meilleurs temps de son histoire, et tout ce qui appartient au véritable progrès de notre époque ne pourrait que l'aider puissamment à poursuivre sa glorieuse carrière. Rome, cité catholique par excellence, prédestinée de Dieu pour être le centre de la religion du Christ et le siège de son Vicaire, et pour cela même toujours stable et toujours grande à travers tant de périodes et de vicissitudes, Rome, replacée sous l'autorité pacifique et le sceptre paternel du Pontife romain, redeviendrait ce que l'avaient faite la Providence et les siècles, non plus rapetissée au rôle de capitale d'un royaume particulier, non pas divisée entre deux pouvoirs divers et souverains — dualisme contraire à toute son histoire, — mais capitale digne du monde catholique, grande de toute la majesté de la religion et du sacerdoce, maîtresse et modèle de moralité et de civilisation pour les peuples.

Ce ne sont pas là, vénérables Frères, de vaines illusions, mais bien des espérances appuyées sur un vrai et solide fondement. L'assertion sans cesse renouvelée que les catholiques et le Souverain Pontife sont les ennemis de l'Italie et comme des alliés des partis subversifs, n'est qu'une injure gratuite et une calomnie éhontée répandue à dessein par les sectes pour couvrir leurs desseins criminels et écarter tout obstacle à leur entreprise exécrable de décatholiciser l'Italie. La vérité qui ressort clairement de ce que Nous avons dit jusqu'à présent, c'est que les catholiques sont, en réalité, les meilleurs amis de leur pays et qu'ils donnent une preuve de vrai et solide amour, non seulement envers la religion de leurs ancêtres, mais encore envers leur patrie, quand ils s'écartent entièrement des sectes, en abordant leurs esprits et leurs œuvres, en faisant tous leurs efforts pour que l'Italie, loin de perdre la foi, la conserve toujours vigoureuse, pour qu'elle évite de combattre l'Eglise et lui soit toujours fidèle, pour qu'elle ne se montre point hostile à la Papauté, mais se réconcilie avec elle.

Employez-vous tout entiers, vénérables Frères, à ce grand but, afin que la lumière de la vérité se fasse jour au milieu des multitudes, et que celles-ci enfin comprennent où se trouvent leur bien, leur véritable intérêt, afin qu'elles se persuadent que c'est de la fidélité à la religion, de la paix avec l'Eglise et le Pontife romain que l'on peut seul espérer pour l'Italie un avenir digne de son glorieux passé.

A ces grandes choses, Nous voudrions que réfléchissent, Nous ne dirons pas les affiliés des sectes, qui, de propos délibéré, ne songent qu'à fonder sur les ruines de la religion le nouveau régime de la péninsule, mais ceux qui, sans donner accès à ces infâmes projets, en favorisent l'exécution en soutenant la politique : plus particulièrement Nous adressons Notre invitation aux jeunes gens que leur inexpérience et la prédominance du sentiment rend si faciles à se laisser induire en erreur.

Nous voudrions que chacun se persuade que la voie où l'on se trouve engagé ne peut qu'être fatale à l'Italie : et si une fois de plus Nous signalons le péril, Nous ne sommes mû que par la conscience de Notre devoir et l'amour de Notre patrie.

Cependant, pour éclairer les esprits et rendre Nos efforts efficaces, il est besoin par-dessus tout d'invoquer le secours du Très-Haut. C'est pourquoi, vénérables Frères, que notre action commune soit accompagnée de la prière, et que cette prière soit générale, constante, fervente, telle qu'il la faut pour faire une douce violence au cœur de Dieu et le rendre propice à Notre Italie, et qu'elle en éloigne tout malheur, notamment le plus terrible de tous, qui serait la perte de la foi. — Interposons comme médiatrice auprès de Dieu la très glorieuse Vierge Marie, la Reine victorieuse du Rosaire, qui a tant d'empire sur les puissances infernales, et qui, en tant de circonstances, a fait sentir à l'Italie les effets de ses maternelles dilections. — Ayons enfin avec confiance recours aux saints apôtres Pierre et Paul, qui ont conquis à la foi cette terre bénie et l'ont sanctifiée par leurs fatigues et arrosée de leur sang.

En attendant, comme gage des secours que Nous demandons au Ciel, et en témoignage de Notre très particulière affection, recevez la Bénédiction apostolique que Nous vous accordons du plus profond de Notre cœur, à vous, vénérables Frères, à votre clergé et au peuple italien.

Donné à Rome, près Saint-Pierre, le 15 octobre 1890, la treizième année de Notre Pontificat.

LÉON XIII, PAPE.

LETTRE

A S. EXC. Mgr SATOLLI, DÉLÉGUÉ APOSTOLIQUE AUX ÉTATS-UNIS, QUI AVAIT TRANSMIS UNE ADRESSE DES DIRECTEURS DES JOURNAUX CATHOLIQUES DES ÉTATS-UNIS

LÉON XIII, PAPE

VÉNÉRABLE FRÈRE, SALUT ET BÉNÉDICTION APOSTOLIQUE

Ce fut toujours Notre plus ardent désir dans ces temps de liberté illimitée de la presse, où le monde est inondé de publications pernicieuses, de voir des hommes travailler au bien public par la diffusion d'une saine littérature. Que cette œuvre importante ait été poursuivie avec le plus grand zèle par Nos fidèles enfants de l'Amérique du Nord, Nous le savions déjà, lorsqu'une adresse signée de plusieurs d'entre eux pour Nous être transmise est venue Nous confirmer dans l'appréciation de leur zèle.

Assurément, puisque c'est l'esprit du temps que le peuple de presque toute condition et de tout rang recherche le plaisir de la lecture, rien n'est plus désirable que de voir publier et largement distribuer dans le peuple des écrits tels qu'ils puissent non seulement être lus sans préjudice, mais encore produire les meilleurs fruits.

Aussi sommes-Nous porté à donner Nos cordiales félicitations à tous ceux qui travaillent pour une cause à la fois si honorable et si fructueuse et à leur accorder le tribut d'éloges bien mérités, les exhortant en même temps à continuer à défendre les lois de l'Eglise comme tout ce qui est vrai, tout ce qui est juste, avec la concorde et la prudence nécessaires. Mais Nous espérons traiter de cette matière un autre jour, et bientôt.

En attendant, vous leur donnerez l'expression de Nos sentiments de reconnaissance et d'affection à leur égard, et vous leur annoncerez la bénédiction apostolique, que Nous donnons avec tendresse à chacun d'eux, et aussi à vous-même, comme le gage de récompense céleste.

Donné à Rome, près Saint-Pierre, le 12 décembre 1894, la dix-septième année de Notre Pontificat.

LÉON XIII, PAPE.

EPISTOLA

AD CARD. LANGENIEUX

DE CONVENTU EUCHAR. HIEROSOLYMITANO

LEO PP. XIII

Dilecte Fili, Salutem et apostolicam Benedictionem.

Quæ a te Nobis oblata est diligens et concinna explicatio rerum gestarum in Eucharistico conventu Hierosolymitano, cui præfuisti, haud mediocri solatio Nobis et voluptati fuit. Ac licet studia omnium, qui cœtum illum celebrarunt probatissima Nobis extiterint, præprimis tamen se Nobis commendavit pietas et prudentia tua, qua creditum tibi ministerium obiisti. Quare firma Nos tenet fiducia, numquam remissum iri studium, quo hactenus incensum te novimus in iis curandis, quæ ad bonum pertinere intelligis Ecclesiarum, quæ in Oriente sunt, quo majore in dies prosperitate floreant arctiusque jungantur huic Apostolicæ Sedi. Quæ quidem fiducia ab ea secerni non potest, quæ Nos erigit ad bene sperandum, lætam ex acto conventu obventuram salutarium fructuum ubertatem. Nobis sane propositum est partem illam insignem Dominici gregis omni sollicitudine ac diligentia constanter prosequi, velut hactenus prosequuti sumus; curasque Nostras ad eam juvandam ornandamque collatas, neque inanes neque steriles fore confidimus. Divini interea favoris auspicem, Apostolicam benedictionem tibi, dilecte fili Noster, Comitatui lectorum virorum qui ad prædictum conventum agendum præcipuam navarunt operam, itemque clero et fidelibus tuæ vigilantiæ commissis, peramanter in Domino impertimus.

Datum Romæ, apud S. Petrum, die X Decembris MDCCCXCIII, Pontificatus Nostri anno decimo sexto.

LEO PP. XIII.

BREF

A SON ÉM. LE CARDINAL LANGÉNIEUX, ARCHEVÊQUE DE REIMS

LÉON XIII, PAPE

CHER FILS, SALUT ET BÉNÉDICTION APOSTOLIQUE

La relation consciencieuse et précise des actes du Congrès eucharistique de Jérusalem, que vous avez présidé, Nous a réjoui et grandement consolé.

Assurément, Nous donnons les plus grands éloges au zèle de tous ceux qui ont pris part à cette assemblée ; mais c'est la sagesse et la piété avec lesquelles vous avez rempli la mission qui vous était confiée que Nous avons surtout appréciées.

Aussi, gardons-Nous la ferme confiance que votre dévouement, dont Nous avons eu la preuve, ne se ralentira pas, et que vous travaillerez à procurer le bien des Églises d'Orient, tel que vous le comprenez, pour que leur prospérité s'accroisse de jour en jour, et que les liens qui les unissent au Saint-Siège deviennent plus étroits.

Cette confiance se confond, dans Notre cœur, avec l'espoir qui Nous réjouit, de voir sortir des actes du Congrès des fruits de salut en abondance.

Nous sommes donc bien résolu à entourer de Notre constante sollicitude cette portion illustre du troupeau de Jésus-Christ, et à lui prodiguer Nos soins comme Nous l'avons fait jusqu'ici, dans la conviction où Nous sommes que Nos efforts persévérants pour lui venir en aide et relever ses gloires ne seront ni vains, ni stériles.

En attendant, comme gage des faveurs divines, Nous vous accordons avec amour dans le Seigneur la Bénédiction apostolique, à vous, Cher Fils, aux hommes d'élite qui se sont employés au succès du Congrès, et aussi au clergé et aux fidèles confiés à votre vigilance.

Donné à Rome, près Saint-Pierre, le 10 décembre 1893, la seizième année de Notre Pontificat.

LÉON XIII, PAPE.

LITTERÆ

AD EPISCOPUM NAMURCENSEM

LEO PP. XIII

Venerabilis Frater, Salutem et apostolicam Benedictionem.

Ea disciplinæ ratio quæ adolescentes, in sacris præsertim Seminariis, sic vult ad litteras institui ut, præter exemplaria veterum græca et latina diligenter versanda, etiam clariores e christianis scriptoribus cognoscant et quanti dignum est faciant, non caret profecto sua laude; quod ipsum alias Sedes apostolica per occasionem significavit. Tali quidem adductum esse consilio virum ex ista diœcesi egregium, L. Guillaume canonicum, epistola Nos tua certiores fecit, eumque jamdin sollertiæ et laboris multum, adscitis sociis, impendere in conficienda evulgandaque librorum serie, quæ scriptores nostros cum ethnicis suo quemque genere collatos exhibeat. Hanc dono ab iis missam libenter accepimus; ac de pietatis officio habemus gratiam : de ipsa vero opera, illud eisdem optamus quod tam studiose spectant, ut nimirum juventuti ad culturam ingenii maximeque animi proficiat. In quo tamen moderatoris ducisque opus est prudentia; neque ea certe defutura est, tuis evigilantibus curis. Tunc enim certius uberiusque res proficiet, quum alumni jam sibi facultatem scribendi et judicii elegantiam satis paraverint, ex eorum scilicet præceptis atque exemplis qui, probe nosti, ipso testimonio usuque Sanctorum Patrum explorataque fructuum perpetua copia, omnis humanitatis jure habentur magistri optimi. Cauto igitur studio fiet ut ea quæ alumni sacrorum, dicendo vel scribendo, de religione efferant, utraque optabili laude commendentur, et pie permoventis animos veritatis et aptæ tantis rebus dignitatis. Jamvero cœlestium auspex bonorum, eademque benevolentiæ Nostræ testis sit tibi, Venerabilis Frater, Apostolica benedictio, quam singulis etiam commemorati propositi sociis, itemque clero ac populo tuo peramanter in Domino impertimus.

Datum Romæ, apud S. Petrum, die XXIX Maii MDCCCCI, Pontificatus Nostri anno vicesimo quarto.

LEO PP. XIII.

LETTRE A L'ÉVÊQUE DE NAMUR

LÉON XIII, PAPE

VÉNÉRABLE FRÈRE, SALUT ET BÉNÉDICTION APOSTOLIQUE

Elle n'est pas sans avoir son mérite cette méthode d'enseignement qui, pour la formation littéraire des jeunes gens, surtout dans les Séminaires ecclésiastiques, veut ajouter à l'étude assidue des modèles anciens grecs et latins, la connaissance et la juste estime des plus célèbres écrivains chrétiens.

C'est ce que, à l'occasion, le Siège apostolique a déjà déclaré. Votre lettre Nous apprend qu'un homme distingué de votre diocèse, le chanoine L. Guillaume, a été mû par ce dessein, et qu'avec des collaborateurs qu'il s'est adjoints, il consacre depuis longtemps beaucoup d'industrie et de labeur à la préparation et à la publication d'une série de volumes présentant, pour chaque genre littéraire, nos écrivains en regard des auteurs païens.

Ils Nous ont envoyé cette collection : Nous l'avons reçue avec plaisir et Nous leur savons gré de l'hommage de leur piété. Quant à l'entreprise elle-même, Nous souhaitons — et c'est bien là le but qu'ils visent avec tant d'ardeur — qu'elle profite à la culture intellectuelle et surtout à la culture morale de la jeunesse.

Ici cependant la prudence d'un modérateur et d'un guide est nécessaire, prudence qui certes ne manquera point, grâce à vos soins vigilants. C'est en effet lorsque les élèves auront déjà acquis, à un degré suffisant, l'art d'écrire et le bon goût, c'est alors, disons-Nous, que la chose se fera avec un succès plus assuré et plus grand. Or, ces résultats, ils les obtiendront en se pénétrant des leçons et des exemples de ceux qui, vous le savez bien, au témoignage et d'après la pratique des Saints Pères eux-mêmes, ainsi que pour les fruits reconnus qu'ils ont toujours produits, sont regardés à juste titre comme les meilleurs maîtres de la vraie culture intellectuelle.

Ainsi, par une application circonspecte, les élèves du sanctuaire s'assureront dans l'exposé, soit écrit, soit oral, des matières religieuses, le double mérite, en tout point désirable, de la vérité pieusement persuasive et de la dignité qui convient à de si grands sujets. Et maintenant, Vénérable Frère, qu'elle vous soit un présage des biens célestes et un témoignage de Notre affection, la bénédiction Apostolique que Nous donnons aussi, avec beaucoup d'affection dans le Seigneur, à chacun des membres associés pour l'œuvre dont Nous venons de parler, ainsi qu'à votre clergé et à votre peuple.

Donné à Rome, près Saint-Pierre, le 29 mai 1904, la vingt-quatrième année de Notre Pontificat.

LÉON XIII, PAPE

EPISTOLA

Venerabilibus fratribus Theodoro, Archiepiscopo Olomucensi, ceterisque Archiepiscopis Bohemiæ et Moraviæ,

LEO PP. XIII

Venerabiles Fratres, Salutem et apostolicam Benedictionem.

Reputantibus sæpe animo, quæ sit conditio Ecclesiarum vestrarum, occurrunt Nobis, quod nunc fere ubique, plena omnia metus, plena curarum. Illud tamen gravius apud vos incidit, quod, cum res catholica hostium externorum invidiæ atque astui pateat, domesticas etiam causas habet quibus in discrimen trahatur. Dum enim hæreticorum hominum opera palam obscureque id agitur, ut error pervadat fidelium animos; crebrescunt quotidie inter ipsos catholicos semina discordiarum : quæ nihil sane aptius ad incidendas vires constantiamque frangendam. Potior autem dissensionis ratio, in Bohemis præsertim, repetenda est ex sermone, quo incolæ, pro sua quisque origine, utuntur. Insitum enim natura est acceptam a proavis linguam amare tuerique velle, Nobis quidem a dirimendis de re hac controversiis abstinere decretum est. Profecto sermonis patrii tuitio si certos intra fines consistit, reprehensionem non habet : quod tamen de ceteris privatorum juribus valet, valere hic etiam tenendum est; ne quid ex eorum prosecutione communis rei publicæ utilitas patiatur. Est igitur eorum, qui publicam rem administrant, sic, æquitate incolumi, velle integra singulorum jura, ut commune tamen civitatis bonum stet atque vigeat. Quod ad Nos attinet, monet officium cavere sedulo, ne ex ejusmodi controversiis periclitetur religio, quæ princeps est animorum bonum ceterorumque bonorum origo.

Itaque, Venerabiles Fratres, vehementer cupimus atque hortamur, ut fideles, cuique vestrum crediti, etsi ortu varii ac sermone sunt, eam tamen necessitudinem animorum retineant longe nobilissimam, quæ ex communione fidei eorumdemque sacrorum gignitur. Quotquot enim in Christo baptizati sint, unum habent Dominum unamque fidem; atque adeo unum sunt corpus

LETTRE

AUX ÉVÊQUES DE BOHÊME ET DE MORAVIE

A nos vénérables frères Théodore, archevêque d'Olmütz, et autres archevêques de Bohême et de Moravie,

LÉON XIII, PAPE

VÉNÉRABLES FRÈRES, SALUT ET BÉNÉDICTION APOSTOLIQUE

Quand, ce qui Nous arrive souvent, Nous considérons quelles sont les conditions dans lesquelles se trouvent vos Eglises, Nous Nous disons que maintenant et presque partout on ne voit que sujets de crainte et de soucis. Cependant la situation dans laquelle vous êtes a en plus ce caractère de gravité que la cause catholique, tout en étant en butte à l'envie et aux perfidies des ennemis extérieurs, renferme dans son sein même les germes de la crise qu'elle traverse. Tandis que les hérétiques opèrent au grand jour et dans les ténèbres pour répandre l'erreur dans l'esprit des fidèles, les semences de discordes éclatent chaque jour parmi les catholiques eux-mêmes : assurément, il n'est rien de plus propre à abattre les forces et à briser la constance. La principale cause de discorde en Bohême se trouve dans la langue dont chacun se sert en raison de son origine. C'est la nature elle-même qui grave la volonté d'aimer et de défendre la langue que l'on tient de ses ancêtres, et Nous avons décidé de nous abstenir de trancher les controverses qui se sont élevées sur ce point. Assurément la défense de la langue maternelle, quand elle se tient dans de justes limites, ne mérite aucun blâme ; cependant il ne faut pas oublier que ce qui vaut dans la question des autres droits privés, vaut aussi dans celle-ci : c'est qu'en cherchant à les faire prévaloir il ne faut pas porter atteinte au bien public. C'est donc à ceux qui dirigent les affaires publiques de vouloir de telle façon, sans blesser l'équité, l'intégrité des droits de chacun, que le bien commun de l'Etat se maintienne dans toute sa vigueur. En ce qui Nous concerne, Notre devoir Nous avertit de veiller avec soin à ce que ces controverses ne mettent pas en péril la religion qui est le premier de tous les biens de l'âme et la source des autres biens.

C'est pourquoi, Vénérables Frères, Nous vous faisons parvenir l'expression la plus vive de nos désirs et de nos exhortations, afin que les fidèles dont chacun de vous a la charge conservent cet empire sur soi-même dont la noblesse est si grande et qui naît de la communion de la même foi et des mêmes sacrements. Tous ceux en effet qui sont baptisés dans le Christ ont un seul Seigneur et une seule foi ; et il est si vrai qu'ils n'ont qu'un seul corps et qu'un seul esprit qu'ils

unusque spiritus, sicut vocati sunt in una spe vocationis. Dedecet vero, qui tot sanctissimis vinculis conjunguntur eamdemque in cœlis civitatem inquirunt, eos terrenis rationibus distrahi, invicem, ut inquit Apostolus, provocantes, invicem invidentes. Hæc ergo, quæ ex Christo est, animorum cognatio, assidue fidelibus est inculcanda omnique studio extollenda. Major est siquidem fraternitas Christi quam sanguinis : sanguinis enim fraternitas similitudinem tantum corporis refert, Christi autem fraternitas unanimitatem cordis animæque demonstrat, sicut scriptum est : Multitudinis credentium erat cor unum et anima una (S. Maxim. inter S. Aug. Op.).

Qua in re, homines sacri cleri exemplo ceteros anteire oportet. Præterquam enim quod ab eorum officio dissidet ejusmodi se dissensionibus immiscere; si in locis versantur, quæ ab hominibus incoluntur, varii generis variæque linguæ, facile, ni ab omni contentionis specie abstinent, in odium offensionemque alterutrius partis incurrent; quo nihil sacri muneris exercitationi infestius. Debent sane fideles re usuque cognoscere Ecclesiæ ministros non nisi æternas æstimare animorum rationes nec prorsus quæ sua sunt studere, sed unice quæ Jesu Christi. Quod si omnibus universe hæc nota est, qua Christi discipuli dignoscantur, ut dilectionem habent ad invicem, id de hominibus sacri cleri mutuo inter se multo magis tenendum est. Neque ideo solum, quod Christi charitatem hausisse largius merito censendi sunt, verum etiam quod quisque eorum, fideles alloquens, debet Apostoli verbis posse uti : Imitatores mei estote, sicut ego Christi (Philip. III, 17). Facile quidem damus id esse factu perarduum, nisi elementa discordiarum mature ex animis eradantur; tunc videlicet cum ii, qui in cleri spem adolescunt, in sacris seminariis formantur. Quamobrem, Venerabiles Fratres, hoc studiose curetis, ut seminariorum alumni tempestive discant in fraternitatis amore simplici ex corde invicem diligere, utpote renati non ex semine corruptibili, sed incorruptibili per verbum Dei vivi (Petr. I, 22 s.). Erumpentes autem animorum perturbationes cohibete fortiter, nec pacto ullo vigere patiamini; ita, ut qui clero destinantur, si labii unius, ob originis discrimen, esse nequeunt, at certe cor unum sint atque anima una. Ex hac porro voluntatum concordia, quæ in cleri ordine eluceat, illud ut jam innuimus, præter cetera, commodum sequetur, quod sacrorum ministri efficacius monebunt fideles ne in tuendis vindicandisque juribus, suæ cujusque gentis propriis, præterant modum nimiove studio abrepti justitiam et communes reipublicæ utilitates posthabeant.

Hoc namque, ob regionum vestrarum adjuncta, præcipuum

sont appelés en une seule vocation. Il ne convient pas que ceux qu'unissent des liens aussi sacrés, qui veulent entrer dans la même cité céleste, se laissent entraîner par des motifs terrestres en se livrant, comme dit l'Apôtre, à des provocations mutuelles et à une envie réciproque. C'est donc cette parenté des esprits qui vient du Christ qu'il ne faut pas cesser d'inculquer aux fidèles et qu'il faut exalter avec tout le zèle possible. La fraternité du Christ est assurément plus grande que celle du sang : la fraternité du sang n'implique pas autre chose qu'une similitude du corps, celle du Christ atteste l'unanimité du cœur et de l'âme, comme il a été écrit : La multitude des fidèles n'avait qu'un cœur et qu'une âme. (*S. Maxim. int. S. Aug. Op.*)

En cette affaire, c'est aux membres du clergé qu'il appartient de donner l'exemple. Outre que leur devoir leur défend de s'immiscer dans des dissensions de ce genre; s'ils se trouvent dans des régions habitées par des hommes de langues et de races diverses, ils sont facilement en butte, quand ils ne s'abstiennent pas de toute espèce de discussion, à la haine et aux attaques de l'un ou l'autre parti : il n'est rien de plus funeste à l'exercice du ministère sacré. Il faut sans aucun doute que les fidèles sachent par la pratique de la chose que les ministres de l'Eglise n'ont de soucis que pour les intérêts éternels des âmes, qu'ils ne recherchent pas ce qui est leur, mais uniquement ce qui est de Jésus-Christ. Si tout le monde sait que les disciples du Christ se reconnaissent à la charité qu'ils ont l'un pour l'autre, à plus forte raison les membres sacrés du clergé doivent-ils tenir à se porter cette affection mutuelle. Ce n'est pas seulement parce que suivant la juste opinion que l'on a d'eux ils doivent avoir puisé plus abondamment la charité du Christ, mais aussi parce que chacun d'eux, en parlant aux fidèles, doit pouvoir se servir des expressions de l'Apôtre: Soyez mes imitateurs comme je suis celui du Christ. (*Philip.* III, 17.) Nous reconnaissons sans peine que ce résultat sera très ardu à obtenir; pour arracher des esprits ces éléments de discorde, on ne s'y prend pas à temps, c'est-à-dire au moment où les jeunes gens qui grandissent dans l'espoir d'entrer dans le clergé reçoivent leur formation dans les Séminaires sacrés. C'est pourquoi, Vénérables Frères, veillez avec soin à ce que les élèves des Séminaires apprennent à temps à se donner mutuellement dans la simplicité de leur cœur, l'amour de la fraternité comme renaissant à la vie, non d'un germe corruptible, mais par la parole incorruptible du Dieu vivant. (*Pet.* I, 22 s.) Aussi comprimez fortement les passions déchaînées des esprits, ne souffrez pas qu'elles conservent quelque moyen de subsister. Pour cela, que ceux qui se destinent au clergé, et que leur naissance empêche d'avoir une seule langue, ne soient qu'un cœur et qu'une âme. Cet accord des volontés qui brillera dans le clergé, entre autres avantages aura pour conséquence, comme Nous l'avons fait remarquer, de rendre plus efficaces les avertissements que les ministres sacrés adresseront aux fidèles pour les empêcher de dépasser la mesure dans la défense et la revendication des droits de leur nation particulière, si, emportés par un excès de zèle, ils mettent au second rang la justice et les intérêts généraux de l'Etat.

Nous pensons que, étant donné l'état de nos régions, le principal devoir

modo esse officium sacerdotum putamus opportune importune
fideles hortari, ut alterutrum diligant; monereque assidue,
christiano nomine dignum non esse, qui animo et re mandatum
novum a Christo datum non impleat, ut diligamus invicem
sicut ipse dilexit nos. Non autem is implet, qui caritatem ad eos
tantum pertinere putet, qui lingua vel genere conjuncti sunt. Si
enim, inquit Christus, diligitis eos, qui vos diligunt, nonne et
publicani hoc faciunt? (Math. v, 46 s.). Nimirum charitatis
christianæ hoc proprium est, ut ad omnes æque se porrigat, non
enim, ut monet Apostolus, est distinctio judæi ac græci : nam
idem Dominus omnium, dives in omnes, qui invocant illum
(Rom. x, 12). Deus autem qui charitas est, impertiat benigne,
ut idem omnes sapiant, unanimes, idipsum sentientes, nihil per
contentionem; sed in humilitate superiores sibi invicem arbi-
trantes; non quæ sua sunt singuli considerantes, sed ea quæ
aliorum (Philip. ii, 2).

Horum vero sit auspex Nostræque simul benevolentiæ testis
apostolica benedictio, quam vobis, Venerabiles Fratres, fidelibus
cuique Vestrum commissis amantissime in Domino elargimur.

Datum Romæ, apud S. Petrum, die XX Augusti, anno MCMI,
Pontificatus Nostri vicesimo quarto.

LEO PP. XIII.

qui incombe maintenant aux prêtres est d'exhorter les fidèles, à temps, à contre-temps, à s'aimer les uns les autres; à les avertir sans cesse que ce n'est pas se rendre digne du nom de chrétien que de ne pas accomplir d'esprit et de fait le commandement nouveau donné par le Christ, qui est de nous aimer mutuellement comme il nous a aimés. Celui-là ne l'accomplit pas qui pense ne devoir la charité qu'à ceux avec lesquels il est uni par le sang et par la race. En effet, si vous aimez, dit le Christ, ceux qui vous aiment, est-ce que les publicains n'en font pas autant? (*Math.* v, 46 s.) Le propre de la charité chrétienne est de s'étendre à tous, car, comme dit l'Apôtre, il n'est pas de distinction de Juif et de Grec: nous avons tous le même Seigneur, riche envers tous ceux qui l'invoquent. (*Rom.* x, 12). Dieu, qui est charité, accorde bénignement à tous de goûter la même chose, unis dans une seule et même volonté, une seule et même pensée, sans aucun sentiment de discorde; cherchant à se dépasser seulement en humilité; considérant chacun non ses propres intérêts mais ceux des autres. (*Philip.* ii, 2.)

En présage de cette union, et en même temps, comme preuve de Notre bienveillance, Nous vous envoyons la bénédiction apostolique que Nous accordons d'un cœur très aimant dans le Seigneur, tant à vous, Vénérables Frères, qu'aux fidèles confiés aux soins de chacun de vous.

Donné à Rome, près Saint-Pierre, le 20 août de l'an 1901, de Notre Pontificat le vingt-quatrième.

LÉON XIII, PAPE.

EPISTOLA

AD EPISCOPOS IN GRÆCIA
DE SEMINARIO CATHOLICORUM ATHENIS INSTITUENDO

*Venerabilibus Fratribus Archiepiscopis
et Episcopis Ecclesiæ latinæ in Græcia*

LEO PP. XIII

Venerabiles Fratres, Salutem et apostolicam Benedictionem.

URBANITATIS veteris Græcia lumen atque omnium mater artium, post tot rerum casus ac tantas varietates fortunæ, nihil tamen consenuit in memoria atque admiratione hominum; immo potius nemo adeo agrestis est, quin ejus magnitudine gloriaque cogitanda moveatur. Nobis profecto graii generis insidet in animo non memoria solum cum admiratione conjuncta, sed plane caritas, eaque vetus. Mirari ab adolescentia assuevimus ionias atticasque litteras, maximeque illam veri investigandi scientiam, in qua valuerunt principes philosophorum vestrorum usque adeo, ut mens humana longius progredi solo naturæ lumine nequaquam potuisse videatur. Ista quanti sit apud Nos sapientia græcorum, satis declarat cura diligens et multiplex, quam in restituenda celebrandaque Doctoris angelici philosophia ex hoc Pontificatus fastigio posuimus. Nam si de gloria sapientum virorum magnam partem, nec sane injuria, capiunt ii, quorum secuti disciplinam magisteriumque sint in adipiscenda sapientia, certe honorem Aristoteli vestro indicabimur habuisse hoc ipso, quod honore affecimus beatum Thomam Aquinatem, e discipulis magnisque sectatoribus Aristotelis facile præstantissimum. — Quod si de re christiana loquimur, numquam non probata Nobis græca disciplina sacrorum : in ceremoniis ritibusque religiosis, quos a majoribus acceptos caste curat Græcia custodiendos, Nos quidem effigiem moris antiqui et junctam varietati majestatem vereri semper consuevimus. Cumque ritus istos et æquum sit et expediat, uti sunt, ita manere integros, idcirco urbanum Collegium alumnorum ritu græco, a magno Athanasio nuncupatum, ad institutum revocavimus formamque pristinam. Similique ratione, quotquot græca Ecclesia

LETTRE APOSTOLIQUE

POUR INSTITUER A ATHÈNES UN SÉMINAIRE DE CLERCS CATHOLIQUES

A Nos Vénérables Frères de l'Eglise latine en Grèce

LÉON XIII, PAPE

VÉNÉRABLES FRÈRES, SALUT ET BÉNÉDICTION APOSTOLIQUE

La Grèce, phare de la civilisation antique et mère de tous les arts, après tant de revers et de si étranges vicissitudes de la fortune, n'a point vieilli dans la mémoire et l'admiration des hommes; il n'est, au contraire, homme si inculte que n'émeuve le souvenir de sa grandeur et de ses gloires. En Notre âme certes, la race grecque trouve ce souvenir mêlé d'admiration, mais aussi une affection véritable, déjà ancienne. Dès l'adolescence, Nous avons appris à admirer les lettres ioniennes et attiques, et surtout cette recherche du vrai, où les princes de vos philosophes allèrent si loin qu'il ne semble pas que l'esprit humain eût pu, avec ses seules lumières, s'y porter plus avant. L'estime où Nous tenons la philosophie grecque ressort assez de Notre zèle et de la multiplicité de Nos efforts pour restaurer et mettre en honneur, du haut de cette chaire pontificale, la philosophie du Docteur angélique. Car, et ce n'est que justice, il revient bonne part de la gloire des hommes doctes aux maîtres qui guidèrent leurs pas vers la science : aussi conviendra-t-on que ç'a été du même coup honorer votre Aristote que de glorifier, comme Nous l'avons fait, saint Thomas d'Aquin, entre les plus grands de ses disciples, on peut le dire sans témérité, le plus illustre. — Que si Nous venons à parler des choses chrétiennes, les formes que le culte a revêtues en Grèce n'ont jamais fait que Nous agréer : dans ces cérémonies et ces rites religieux, que la Grèce conserve jalousement comme un héritage des ancêtres, Nous avons toujours aimé à vénérer un reflet des coutumes antiques et une heureuse alliance de variété et de grandeur. Et parce qu'il est juste et expédient que ces rites soient inviolablement et intégralement maintenus, à cet effet, Nous avons ramené à son institution et à sa forme primitives le collège urbain des séminaristes de rite grec, placé sous le vocable du grand Athanase. Dans le même esprit, tous les Pères et Docteurs que la Grèce a produits — et

Patres Doctoresque tulit, tulit autem Dei beneficio complures et magnos, eorum in Nobis omnium reverentiam debitam cum ætate adolevisse putatote. Quid est quod Cyrillum et Methodium in majore lumine atque in amplioris honoris gradu collocari, vix prope inito Pontificatu, placuit? Voluimus, pietate ducti, virtutes utriusque eorum recteque facta ab oriente ad occidentem notiora fieri, ut qui de catholico nomine universe meruissent, ab universitate catholicorum augustius colerentur. — E decessoribus autem Nostris ne putetis parum Nos eorum memoria delectari, quibus ortum et genus Græcia dederit. Imo vere miro afficimur erga illos nec raro Nobiscum revolvimus quam sapienter christianam rempublicam per adversa atque aspera, ut temporibus illis, gradientem juverint, auxerint : quam fortiter, magna pars ut Anacletus, ut Telesphorus, ut Hyginus, post gloriosos labores defuncti martyrio. Quamquam, ut vera fateamur, vix unquam contingit græcos origine Pontifices recordari, quin mœrens et cupiens anquirat animus magnum quiddam sequioris ævi calamitate deperditum : priscam illam dicimus intactam a dissidio conjunctionem, qua continebantur salutariter græci latinique inter se tum, cum, quæ pars terrarum Socratem et Platonem genuisset, ab ea ipsa sæpe arcesserentur qui Pontifices maximi fierent. Mansisset plurimorum magnorumque communio bonorum si concordia mansisset.

Utcumque sit, nullo modo despondere animum veteris recordatione memoriæ, sed potius excitari necesse est ad salutarem vigilantiam, ad fructuosos labores. Vos quidem pergite, Venerabiles Fratres, episcopale munus fungi sollerter, ut facitis: date operam ut quotquot sacræ potestati vestræ parent, sentiant quotidie magis quid ab ipsis postulet catholica professio, vestroque discant exemplo debitam patriæ caritatem cum fidei sanctæ amore studioque conjungere. Ad Nos quod attinet, rem apud vos catholicam tueri, conservare, munire firmiter, quantum opera et contentione possumus, studebimus. Hoc animo consilioque, quia probe intelligimus plurimum præsidii ad mores, ad disciplinam civilem, ad ipsum catholici nominis decus in institutione animorum esse ingeniique artibus positum, conferre aliquid conati jam sumus in eruditionem adolescentis ætatis, condito Athenis aliquot ante annos Lyceo, in quo juventuti catholicæ copia esset dare operam litteris, in primisque linguam percipere, quæ Homero Demosthenique pertractata tantum habuit ab utroque luminis. Modo communes litteræ vestræ, die IX Septembris datæ, aliud quippiam suadent non absimili genere ibidem inducere, quo adolescentium clericorum eruditioni consulatur. Nostram habetis consentientem sententiam : nimirum

combien Dieu lui en fait produire, et de grands! — ont toujours eu de Notre part une vénération méritée qui n'a cessé, n'en doutez pas, de croître avec l'âge. Pourquoi Nous a-t-il plu, à peine élevé, on peut dire, au Pontificat, de placer Cyrille et Méthode dans une plus vive lumière et à un plus haut faîte? Nous avons voulu, guidé par Notre piété, que plus de clarté sur leurs vertus et leurs bienfaits rayonnât d'Orient en Occident et que des hommes qui avaient si bien mérité de tout le nom catholique reçussent de la catholicité entière un culte plus auguste.

Et ne pensez pas que le souvenir Nous soit moins agréable de ceux, entre Nos prédécesseurs, qui furent de votre pays et de votre race, Au contraire, Nous Nous sentons merveilleusement incliné vers eux; et il n'est pas rare que Nous Nous redisions avec quelle sagesse ils ont soutenu et développé l'Eglise, en des temps où, parmi des traverses sans nombre, sa route était si âpre; avec quel courage la plupart d'entre eux, tels qu'Anaclet, Télesphore, Hygin, couronnèrent la gloire de leurs travaux par celle du martyre. Quoique, il faut bien le confesser, il ne Nous arrive guère de Nous remémorer ces Pontifes d'origine grecque sans que Notre cœur ne soupire, attristé et plein de désir, après une chose bien précieuse qui périt misérablement par les faiblesses d'un autre âge : Nous voulons dire cette union qui embrassait, sans ombre de dissidence, Grecs et Latins, alors qu'on allait, dans la patrie de Socrate et de Platon, chercher des hommes pour le Pontificat. L'on eût gardé une participation commune à de grands et de nombreux bienfaits, si l'on eût gardé la concorde.

Quoi qu'il en soit, il ne faut pas se laisser abattre par le souvenir du passé, mais s'exciter à une salutaire vigilance et à de fructueux labeurs. Vous, Vénérables Frères, continuez de remplir votre charge, comme vous le faites, avec une sainte industrie : que, par votre œuvre, quiconque obéit à votre juridiction ait un sentiment chaque jour plus intime de ce que la profession catholique exige de lui, et apprenne à votre exemple à unir avec l'affection due à la patrie l'amour et le zèle pour notre foi sainte. Quant à Nous, Nous mettrons à défendre, à soutenir, à affermir chez vous les intérêts catholiques toute l'activité et tout le zèle dont Nous sommes capable. Dans ces sentiments et sous cette inspiration, convaincu que les mœurs, la civilisation et le nom catholique lui-même n'ont qu'à gagner aux progrès de l'esprit et à la culture des lettres, Nous Nous sommes efforcé de contribuer dans une certaine mesure à la formation intellectuelle de votre jeunesse: témoin ce collège fondé à Athènes, il y a quelques années, où toute facilité est offerte aux jeunes gens catholiques de s'appliquer à l'étude des lettres, et surtout de s'initier à cette langue, qui, maniée par Homère et Démosthène, en a reçu tant d'éclat. Et voici que vos lettres collectives du 9 septembre suggèrent l'établissement d'une institution analogue en faveur des jeunes clercs. Nous

perutile perque opportunum judicamus, domicilium istud litterarum Atheniense, quod diximus, sacrorum quoque alumnis patere, qui scilicet tradant ibi se politiori humanitati colendos: nec theologiam, neu philosophiam prius attingat, quam sermonem patrium patriasque litteras in ipsa civitate principe penitus arripuerint. Qua ope et tuebuntur profecto melius dignitatem ordinis sui, et in muneribus sacris multo versabuntur utilius. Quamobrem consilium libentes cepimus, in ipsis Lycei supra dicti ædibus, uti vobis videtur, Seminarium constituere adolescentibus clericis ritu latino, genere græco, nec exceptis ceteris græco sermone orientalibus. Totius rationem operis temperationemque instituti, Nostrum erit, dandis in eam rem litteris, alias describere.

Ceterum, respicientes paulisper animo, in Pontificibus superioribus eamdem, quam in Nobis, voluntatem reperietis fuisse, nec eos officium ullum, quod genti vestræ profuturum videretur in eorumque potestate esset, prætermisisse. Sic Pium V historia testatur ex eo fœdere principum christianorum, quod ad Echinadas insulas tam magnifice triumphavit, hunc fructum capere voluisse, ut non modo Italiam tueretur, sed etiam ut Græciam universam liberaret. Usque adeo de re publica deque salute græcorum Pontifex sanctissimus laborarat. Quod si spes hominem et conata sua fefellerunt, at certe magnum illud consilium fuit et plenum caritatis, nec stetit per eum quominus eveniret. Multo autem recentiore memoria, cum dominatum externum depellere et suum vindicare jus patres vestri contenderent, quot ea tempestate vertere solum coactis perfugium totum romanæ civitates præbuere! Nec ii poterant accipi a Pio VII liberalius, quippe qui et patere fines principatus sui extorribus jussit; et studuit præterea omni, qua posset, ope et ratione succurrere.

Ista quidem non aliam ob caussam commemorantur hoc loco, nisi quo ex hac ipsa consuetudinem benevolentiæ germana indoles romani pontificatus consiliaque vera cernantur. Præjudicatæ opiniones, quas olim flebilium casuum vis quædam inseverit, quidni, auxiliante Deo, sensim cedant veritati? Res æquo animo judicioque integro æstimantibus facile appareat, nihil esse gentibus orientalibus redintegranda cum romana Ecclesia concordia metuendum: nihil omnino de dignitate, de nomine, de omnibus ornamentis suis decessurum Græciæ quin etiam non parum et præsidii accessurum et gloriæ. Ad florentem rei publicæ statum quid ætati Constantinianæ defuit? Quid tempora Athanasii aut Chrysostomi desideravere? Quibus temporibus sancta apud omnes romani Pontificis potestas erat, eidemque ut beati Petri successori legitimo et, quod consequitur, rec-

adoptons vos vues : Nous estimons en effet très utile et très opportun que cette école littéraire d'Athènes, dont Nous avons parlé, accueille aussi les élèves du sanctuaire, avec le but de s'y livrer à l'étude des hautes humanités, et sous la loi de n'aborder ni théologie, ni philosophie qu'ils ne soient auparavant profondément pénétrés de la langue et de la littérature de leur pays, dans sa capitale même. De là dériveront, on n'en peut douter, et plus de lustre à leur profession, et plus d'efficacité à leur ministère. Nous avons donc embrassé volontiers le projet, présenté par vous, d'établir dans l'édifice même du collège susdit un Séminaire pour les jeunes clercs de rite latin et de race grecque, sans en exclure d'ailleurs les autres Orientaux parlant le grec. Nous Nous réservons de tracer dans des Lettres spéciales toute l'organisation et toute l'économie de cet Institut.

Au surplus, si vous regardez quelque peu en arrière, vous trouverez les mêmes sentiments chez les Pontifes antérieurs, et vous constaterez qu'il n'est sorte de bons offices qu'ils ne vous aient rendus, dès qu'ils les jugeaient de quelque profit à votre nation et dans les limites de leur pouvoir. L'histoire atteste, par exemple, que dans cette alliance des princes chrétiens que couronnèrent les magnifiques triomphes de Lépante, Pie V avait en vue, non seulement la défense de l'Italie, mais encore la délivrance de toute la Grèce. Tant les intérêts publics et le salut de votre pays étaient à cœur à ce saint Pontife ! Ses espérances et ses efforts furent trompés, il est vrai : mais il avait conçu là un dessein magnanime, respirant la plus ardente charité, et il ne tint pas à lui qu'il n'aboutit. A une époque beaucoup plus récente, quand vos pères luttaient contre la domination étrangère, quand ils poursuivaient les armes à la main la revendication de leurs droits, à combien d'émigrés, fugitifs de leur patrie, les cités romaines ne prêtèrent pas un asile assuré ! Impossible de les accueillir plus libéralement que ne fit Pie VII : non content d'ordonner que la frontière de ses Etats leur restât ouverte, il mit à leur service toute la mesure de secours et de ressources qui lui était permise.

Nous n'avons d'autre motif d'évoquer ici ces souvenirs, que de mettre en relief le vrai caractère et les vraies visées du Pontificat romain. Ces préjugés, que de regrettables conjonctures ont eu autrefois le triste pouvoir d'enraciner dans les esprits, pourquoi donc, avec le secours de Dieu, ne céderaient-ils pas insensiblement devant la vérité? Quiconque regardera les choses équitablement et d'un œil serein comprendra sans peine que les nations d'Orient n'ont rien à appréhender d'une réconciliation avec l'Eglise romaine ; que la Grèce, en particulier, loin d'y rien perdre, ni de sa dignité, ni de son nom, ni de ses titres de gloire, y puiserait plutôt un regain de force et un nouveau lustre. Qu'a-t-il manqué à la prospérité publique pendant la période Constantinienne? Qu'ont laissé à désirer les temps d'Athanase et de Chrysostome? Temps heureux où le pouvoir du Pontife romain était sacré à tous, où l'Orient aussi bien que l'Occident, unis dans les mêmes sentiments et la même profession, lui obéissaient comme au légitime successeur de saint Pierre, et, conséquence nécessaire,

tori christianæ reipublicæ gubernatorique summo oriens perinde atque occidens parebat, idem utrimque sentientibus ac profitentibus animis.

Nos interim, quod et possumus et debemus, commendare gentem vestram universam perseverabimus communi omnium liberatori Jesu Christo, haud frustra, uti confidimus, advocata Virgine Deipara, quam et honorare græci cultu præcipuo et *usquequaque sanctam* appellare venusto nomine verissimaque sententia consuevere.

Divinorum munerum auspicem et benevolentiæ Nostræ testem vobis, venerabiles fratres, Clero populoque vestro apostolicam benedictionem peramanter in Domino impertimus.

Datum Romæ, apud Sanctum Petrum, die XX Novembris, Anno MDCCCCI, Pontificatus Nostri vicesimo quarto.

LEO PP. XIII.

comme au chef souverain et au législateur suprême de la chrétienté.

En attendant, et c'est tout ce que Nous pouvons et devons faire, Nous continuerons de recommander votre nation au commun Sauveur des hommes, Jésus-Christ, et non vainement, Nous en avons la confiance, grâce à l'intercession de la Vierge Mère de Dieu, que les Grecs honorent d'un culte particulier et qu'ils ont coutume d'invoquer sous ce nom si gracieux et si vrai de Toute Sainte.

Comme gage des faveurs divines et en témoignage de Notre bienveillance, Vénérables Frères, Nous vous accordons très affectueusement, ainsi qu'à votre clergé et à votre peuple, la bénédiction dans le Seigneur.

Donné à Rome, près de Saint-Pierre, le 20 novembre de l'année 1901, de Notre Pontificat la vingt-quatrième.

LÉON XIII, PAPE.

EPISTOLA

AD CARDINALES AUSTRIÆ

Dilectis Filiis Nostris, Antonio Josepho tit. S. Mariæ Angel. in Thermis S. R. E. Presb. Card. Gruscha Archiep. Vindobonensium; Georgio Tit. S. Agnetis extra mænia S. R. E. Presb. Card. Kopp Episcopo Vratislaviensium; Jacobo Tit. S. Stephani in Cœlio Monte S. R. E. Presb. Card. Missia Archiep. Goritiensium; Leoni S. R. E. Presb. Card. de Skrbensky Archiep. Pragentium; Joanni S. R. E. Presb. Card. Puzyna Episcopo Cracoviensium; ceterisque Archiepiscopis et Episcopis Austriacæ ditionis.

LEO PP. XIII

Dilecti Filii Nostri
et Venerabiles Fratres, Salutem et apostolicam Benedictionem.

Multis quidem incommodis atque illis profecto non modicis, quibus hoc maxime tempore Ecclesia apud vos agitatur, vestra sollertia divino beneficio repugnavit opportuneque prospexit. Haec vestris e litteris cum jucunditate Nos et gaudio cognovimus probeque inde sensimus quantum ad cavenda catholico nomini detrimenta valeant conjuncta Episcoporum studia sociataeque voluntates. Rem enim vestrum omnium opera sic esse constitutam laetamur ut sperare liceat eorum impetum iri repressum, qui animorum cum Petri cathedra conjunctionem dirimere conantur, atque etiam bona sit spes ab impietate posse adolescentium ingenia vindicari, quos et domi et litterariis in ludis christianae fidei praeceptis instituendos curatis. Illud etiam sollicitos vos tenet inopem libertatis esse Romanum Pontificem: quod quidem nimium quantum obest et Sedis apostolicae dignitati et progredienti religionis bono. Ad has autem levandas calamitates pergite, Dilecti Filii Nostri et Venerabiles Fratres, incumbere magna animorum contentione; augeat vero alacritatem vestram divinisque gratiis permuniat Apostolica benedictio, quam vobis omnibus ac populis vigilantiae vestrae creditis amantissime in Domno impertimus.

Datum Romae, apud S. Petrum, die IV decembris MCMI, Pontificatus Nostri anno vicesimo quarto.

LEO PP. XIII.

LETTRE

AUX CARDINAUX ET ÉVÊQUES AUTRICHIENS

LÉON XIII, PAPE

CHERS FILS ET VÉNÉRABLES FRÈRES, SALUT ET BÉNÉDICTION APOSTOLIQUE

Les si nombreuses et graves difficultés dont souffre actuellement l'Eglise de votre pays ont éveillé votre sollicitude et vous vous êtes efforcés d'y porter remède autant que possible.

Votre lettre Nous l'apprend à Notre satisfaction et grande joie, et Nous voyons combien l'union et l'énergie de l'épiscopat autrichien ont été mises en œuvre pour empêcher tout dommage au nom catholique.

A Notre grande joie, la situation s'est améliorée, grâce à vos soins, et l'on peut espérer que l'assaut donné par ceux qui s'efforcent de détacher de la chaire de saint Pierre les esprits sera victorieusement repoussé. D'autre part, Nous avons l'espoir que l'on conservera dans le cœur de la jeunesse l'amour de Dieu et de la religion, en lui enseignant au foyer et à l'école les doctrines de la foi chrétienne.

Nous savons aussi que le fait de voir le Pape romain privé de liberté vous cause un souci permanent, privation qui porte atteinte au progrès de la religion et à la dignité du Saint-Siège.

Continuez, Chers Fils et Vénérables Frères, de porter votre zèle à la cessation de ce triste état de choses, et que Dieu veuille vous donner la persévérance nécessaire et la raffermisse par les grâces célestes de Notre bénédiction Apostolique que Nous donnons à vous et aux peuples confiés à votre vigilance.

Donné à Rome, près de Saint-Pierre, le 4 décembre 1901, dans la vingt-quatrième année de Notre Pontificat.

LÉON XIII, PAPE.

LETTRE

A S. Exc. M. le président de la République des États-Unis

Monsieur le Président,

Je vous suis très reconnaissant des compliments que vous m'avez adressés dans votre lettre du 9 mai. Depuis, en outre des compliments qui m'ont été également exprimés par le gouverneur des Philippines, vous m'avez envoyé un exemplaire de vos œuvres littéraires dont je vous suis très reconnaissant.

Rien ne peut m'être plus agréable que de vous donner l'assurance des meilleurs souhaits que je fais pour votre santé, surtout au moment où les négociations entamées au sujet des Philippines avec le gouverneur Taft se sont terminées d'une façon satisfaisante pour ceux qui y étaient intéressés. Elles ont prouvé et fortifié les excellentes relations qui existaient déjà entre l'Eglise romaine et le gouvernement des États-Unis.

Pour vous prouver ma satisfaction, j'ai chargé Mgr O'Gorman de vous remettre une mosaïque faite au Vatican et représentant nos jardins.

Je vous prie de l'accepter en souvenir et comme l'expression des sentiments de la meilleure amitié qui règne entre nous.

Rome, du Vatican, le 18 juillet 1902.

LEON XIII.

JUBILÉ PONTIFICAL DE S. S. LÉON XIII

ADRESSE DES ÉVÊQUES DE FRANCE

Très Saint-Père,

L'Eglise de France est trop fière de son titre de Fille première-née de l'Eglise pour ne pas saisir avec empressement toutes les occasions de témoigner au Siège apostolique et à Votre Personne sacrée ses sentiments d'amour, de fidélité et de dévouement.

C'eût été pour nous, assurément, une grande joie que de nous retrouver groupés autour de Votre Sainteté en ces solennités si imposantes du 20 février et du 4 mars, qui célébraient l'aurore de la vingt-cinquième année de Votre pontificat. Si nous n'y étions pas tous, Très Saint-Père, l'épiscopat français y était dignement représenté, et tous, dans une même pensée de filiale affection, nous Vous avons exprimé, dès la première heure, nos félicitations et nos vœux.

Mais voilà qu'aujourd'hui, impatient de déposer aux pieds du Vicaire de Jésus-Christ le tribut de sa reconnaissance et de son admiration, le monde catholique, dans un élan magnifique de foi et de piété, devance les dates officielles, et que les gouvernements eux-mêmes s'empressent de rendre hommage au Pontife providentiel, dont l'énergie et la sagesse, en affirmant les droits du Saint-Siège, en poursuivant sa mission, en développant son influence, ont porté si haut le prestige de la Papauté.

Les évêques de France, eux non plus, ne veulent pas attendre pour s'associer, de nouveau et par un acte public, à cette manifestation universelle, si consolante et très significative.

Ils tiennent à Vous redire une fois de plus, Très Saint-Père, ce qu'ils Vous ont dit maintes fois déjà : qu'ils sont les fils soumis, dévoués, aimants, de Votre Paternité; qu'ils protestent contre les entraves mises par l'impiété à l'action apostolique de l'Eglise; qu'ils souffrent de vos épreuves; qu'ils partagent vos préoccupations, vos soucis, vos peines; qu'ils reçoivent avec respect tous vos enseignements; qu'ils entrent pleinement dans les voies que Vous leur avez tracées et qu'ils sont prêts à tous les sacrifices pour seconder Vos desseins.

Nous sommes heureux aussi, Très Saint-Père, de renouveler ici, au nom de l'Eglise de France tout entière, l'expression de notre vive et profonde gratitude pour les marques incessantes d'affection que Votre Sainteté a prodiguées à notre pays; car rien ne nous console autant, au milieu des tribulations de l'heure présente, rien ne nous soutient davantage que de sentir, toujours vigilante, toujours paternelle, Votre sollicitude pour la France, et nous voudrions pouvoir Vous donner l'assurance que, demain, ayant repris conscience du rôle glorieux que la Providence lui a assigné dans le monde, la France saura répondre aux avances du Saint-Siège et faire encore les œuvres de Dieu parmi les nations.

Enfin, Très Saint-Père, ce désir de pacification, cet espoir d'un relèvement prochain et d'un avenir fécond pour notre pays nous pressent de confier à Votre cœur, en la circonstance solennelle de Votre Jubilé pontifical, le vœu qui est la prière instante de l'Eglise de France, de voir bientôt sur les autels notre Jeanne d'Arc, cette *Fille de Dieu*, comme disaient ses voix, en qui s'incarna, au xve siècle, l'âme de la patrie française, et qui a passé dans notre histoire comme une radieuse apparition de l'amour du Christ pour les Francs. Que du moins cette année jubilaire ne s'achève point sans que la cause ait fait le pas décisif si impatiemment attendu !

Et nous ne craignons pas, Très Saint-Père, que ces instances de l'épiscopat français paraissent à Votre Sainteté ni téméraires ni indiscrètes, car, pour en avoir recueilli si souvent l'aveu sur Vos lèvres, nous savons qu'elles sont l'écho de Votre propre sentiment, à tel point qu'il nous semble, au contraire, entrer dans Vos vues en sollicitant cette insigne faveur.

(*Suivent les signatures.*)

19 juillet 1902.

RÉPONSE DE SA SAINTETÉ

LÉON XIII, PAPE

Chers Fils, Vénérables Frères, salut et bénédiction apostolique.

En ce temps où, de toutes parts, se multiplient pour Nous les causes d'affliction, alors que Notre âme est plus douloureusement affectée des tristesses qui Nous viennent de France, la lettre que, d'un commun accord, vous Nous avez envoyée pour Nous exprimer, à l'occasion de Notre Jubilé pontifical, vos vœux unanimes, a été une consolation pour Notre cœur.

Dans votre empressement à Nous féliciter si éloquemment et à Nous offrir des souhaits de bonheur à l'occasion de cet heureux événement et de la durée de Notre Pontificat, prolongée au delà de toute attente, Nous avons reconnu l'urbanité et la piété filiale des évêques de France, et c'est de grand cœur que Nous vous offrons, à Notre tour, Nos vœux les meilleurs avec l'expression de Notre gratitude. Mais il semble hors de doute que ce témoignage éclatant de respectueuse soumission renferme et exprime, surtout dans les circonstances que traverse présentement l'Eglise, une plus haute signification. Nous y voyons, en effet, un témoignage évident et public de votre union : non seulement de votre concorde mutuelle, mais aussi de votre étroite union au Siège apostolique. Or, Nous sommes convaincu que cette concorde des évêques doit être au plus haut point féconde et salutaire. Elle sera d'un grand exemple pour la nation française, et il en résultera, entre vous et votre clergé, puis entre le clergé et les fidèles, une entente plus cordiale encore qu'auparavant. Cet accord des esprits et des volontés, que, plus d'une fois, Nous avons instamment recommandé, les maux de l'Eglise qui s'aggravent de plus en plus à l'heure présente Nous portent à le recommander plus fortement encore. Qui ne se sentirait, en effet, profondément ému en face des machinations auxquelles sont en butte aujourd'hui les lois chrétiennes ? Quel évêque vraiment vigilant peut ignorer qu'une influence funeste, partout répandue, inculque à la multitude les erreurs les plus pernicieuses, arrache à l'enfance toute religion, livre au mépris les institutions de l'Eglise, s'efforce enfin de ruiner cette Eglise elle-même, fondée par le Christ ? Et pourtant, dans toutes les branches de l'activité humaine, les nations ont ressenti les heureux effets de la foi divine ; il est évident aussi que le progrès des Etats naît du respect de la religion, et que les plus florissantes républiques ont été ruinées par l'impiété. Seule, l'union des bons peut empêcher que la haine des méchants ne triomphe ; c'est pourquoi, conscient de la volonté divine qui a fait de la chaire de Pierre le plus ferme appui de la religion, Nous avons tout tenté pour susciter dans le clergé et dans le peuple des résolutions proportionnées aux maux qui affligent l'Eglise. Aussi, lorsque Nous considérons ceux qui exercent l'autorité dans l'Eglise, sommes-Nous pénétré d'une joie profonde en voyant les évêques obéir avec un zèle ardent à Nos exhortations et donner des témoignages éclatants de leur sollicitude pastorale. Les évêques français, principalement, méritent cet éloge, car, bien qu'ils aient eu à souffrir davantage du malheur des temps, et de la difficulté des circonstances, ils n'ont pas cessé d'entourer de la plus profonde vénération le siège de Pierre et de Nous aider par leur travail à porter le poids de Notre charge.

Votre lettre Nous est un témoignage de ces dispositions filiales à Notre égard ; vous y consolez Notre tristesse au milieu des maux qui Nous assiègent et vous y montrez des cœurs non seulement disposés à l'obéissance, mais encore prêts à aller, s'il en était besoin, au-devant de Nos prescriptions. Nous vous félicitons donc, et de votre zèle à défendre la foi des ancêtres, et du bel exemple de concorde que vous donnez à votre troupeau. Vous gardez vraiment avec une sainte et inviolable fidélité la mémoire des premiers évêques de France, mémoire illustre et digne des louanges les plus hautes. C'est à eux que la France doit d'avoir pu ajouter à ses autres titres de gloire le nom de catholique ; c'est par les évêques encore que la religion y sera maintenue, à notre époque, dans tout son éclat. Il faut vous attacher fortement à ces traditions si vous voulez être assurés de préserver de toute atteinte la gloire de la France très fidèle et de repousser efficacement les efforts des impies. Comptant sur votre vertu que Nous connaissons par expérience, Nous ne doutons pas que pour obtenir ces heureux résultats vous ne combattiez avec la constance de vos prédécesseurs. Et Notre confiance dans cette fermeté ne fait que s'accroître, lorsque Nous considérons tous les bons Français qui gardent dans leur cœur cette noblesse que votre illustre nation s'est acquise par l'accomplissement des œuvres de Dieu. L'épreuve qui les accable n'est pas une raison, en effet, d'attendre moins de vos fils, et la mauvaise fortune ne peut les dépouiller du nom si honorable de catholiques. Nous mettons aussi Notre espoir dans les prières que vous adressez à la vénérable Jeanne d'Arc, et Nous avons la confiance que cette vierge si bonne vous sera d'un puissant secours. Saisissant l'occasion de ces solennités jubilaires, vous Nous priez instamment de mettre Jeanne, toujours invaincue, au nombre des bienheureuses : ce serait pour Notre amour paternel une véritable satisfaction que d'accorder à la France catholique, comme une nouvelle marque de bienveillance, cette grâce tant désirée. Mais vous n'ignorez pas que, dans l'affaire si grave que vous Nous proposez, on doit religieusement observer les lois qui règlent la procédure de la Sacrée Congrégation des Rites. C'est pourquoi Nous ne pouvons maintenant que demander à Dieu de faire aboutir cette cause au gré de vos désirs.

Cependant, en témoignage de Notre bienveillance, et comme gage des faveurs célestes, Nous vous accordons de tout cœur dans le Seigneur, à vous et à vos fidèles, la bénédiction apostolique.

Donné à Rome, près Saint-Pierre, le 15 août de l'année 1902, de Notre Pontificat la vingt-cinquième.   LÉON XIII, PAPE.

SANCTISSIMI DOMINI NOSTRI

LEONIS DIVINA PROVIDENTIA PAPÆ XIII
LITTERÆ APOSTOLICÆ
*QUIBUS CONSILIUM INSTITUITUR
STUDIIS SACRÆ SCRIPTURÆ PROVEHENDIS*

LEO PP. XIII

AD PERPETUAM REI MEMORIAM

Vigilantiæ studiique memores, quo *depositum fidei* Nos quidem longe ante alios sartum tectumque præstare pro officio debemus, litteras encyclicas *Providentissimus Deus* anno MDCCCXCIII dedimus, quibus complura de studiis Scripturæ sacræ data opera complectebamur. Postulabat enim excellens rei magnitudo atque utilitas, ut istarum disciplinarum rationibus optime, quoad esset in potestate Nostra, consuleremus, præsertim cum horum temporum eruditio progrediens quæstionibus quotidie novis, aliquandoque etiam temerariis, aditum januamque patefaciat. Itaque universitatem catholicorum, maxime qui sacri essent ordinis, commonefecimus quæ cujusque pro facultate sua partes in hac caussa forent; accurateque persequuti sumus qua ratione et via hæc ipsa studia provehi congruenter temporibus oporteret. Neque in irritum hujusmodi documenta Nostra cecidere. Jucunda memoratu sunt quæ subinde sacrorum Antistites aliique præstantes doctrina viri magno numero obsequii sui testimonia deferre ad Nos maturaverint; cum et earum rerum, quas perscripseramus, opportunitatem gravitatemque efferrent, et diligenter se mandata effecturos confirmarent. Nec minus grate ea recordamur, quæ in hoc genere catholici homines re deinceps præstitere, excitata passim horum studiorum alacritate. — Verumtamen insidere vel potius ingravescere caussas videmus easdem, quamobrem eas Nos Litteras dandas censuimus. Necesse est igitur illa ipsa jam impensius urgeri præscripta: id quod Venerabilium Fratrum Episcoporum diligentiæ etiam atque etiam volumus commendatum.

LETTRE APOSTOLIQUE

DE S. S. LÉON XIII

PAPE PAR LA DIVINE PROVIDENCE

SUR L'INSTITUTION D'UNE COMMISSION DES ÉTUDES BIBLIQUES

LÉON XIII

POUR PERPÉTUELLE MÉMOIRE

Nous rappelant la vigilance et le zèle avec lesquels Nous devons, en raison de Notre charge, et bien plus que les autres, garder intact le *dépôt de la foi*, Nous avons, en l'année 1893, publié Notre Lettre Encyclique *Providentissimus Deus*, où Nous embrassions plusieurs questions relatives aux études sur l'Écriture Sainte.

L'extrême importance et l'utilité du sujet Nous demandaient, en effet, de régler de notre mieux l'étude de cette science, surtout en ces temps où l'érudition, sans cesse en progrès, ouvre chaque jour la voie et la porte à des questions nouvelles, parfois même téméraires.

C'est pourquoi Nous avons rappelé à tous les catholiques, surtout à ceux qui font partie du clergé, la part que chacun, selon ses facultés, doit prendre en cette matière ; Nous avons aussi soigneusement recherché la méthode et la marche d'après lesquelles ces mêmes études doivent être poursuivies conformément aux besoins de notre époque. Nos enseignements à cet égard n'ont pas été inutiles. Nous Nous le rappelons avec joie, les évêques et un grand nombre d'autres personnages éminents en science se sont empressés de Nous adresser les témoignages de leur soumission, proclamant ainsi l'opportunité et l'importance de ce que Nous avions écrit, et Nous promettant d'exécuter avec soin Nos ordres. Il ne Nous est pas moins doux de Nous souvenir de ce que, dans cet ordre de choses, les catholiques ont accompli depuis, leur ardeur pour ces études s'étant réveillée en divers lieux. Néanmoins, Nous voyons persister ou plutôt s'aggraver les causes pour lesquelles Nous avons jugé bon de publier Notre Lettre Il est donc nécessaire d'insister davantage sur les règles que Nous avons déjà données, et Nous voulons de plus en plus les recommander à la vigilance de Nos Vénérables Frères les Évêques.

Sed quo facilius uberiusque res e sententia eveniat, novum quoddam auctoritatis Nostræ subsidium nunc addere decrevimus. Etenim cum divinos hodie explicare tuerique Libros, ut oportet, in tanta scientiæ varietate tamque multiplici errorum forma, majus quiddam sit, quam ut id catholici interpretes recte efficere usquequaque possint singuli, expedit communia ipsorum adjuvari studia ac temperari auspicio ductuque Sedis Apostolicæ. Id autem commode videmur posse consequi si, quo providentiæ genere in aliis promovendis disciplinis usi sumus, eodem in hac, de qua sermo nunc est, utamur. His de caussis placet certum quoddam Consilium sive, uti loquuntur, *Commissionem* gravium virorum institui : qui eam sibi habeant provinciam, omni ope curare et efficere, ut divina eloquia et exquisitiorem illam, quam tempora postulant, tractationem passim apud nostros inveniant, et incolumia sint non modo a quovis errorum afflatu, sed etiam ab omni opinionum temeritate. Hujus Consilii præcipuam sedem esse addecet Romæ, sub ipsis oculis Pontificis maximi : ut quæ Urbs magistra et custos est christianæ sapientiæ, ex eadem in universum christianæ reipublicæ corpus sana et incorrupta hujus quoque tam necessariæ doctrinæ præceptio influat. Viri autem ex quibus id Consilium coalescet, ut suo muneri, gravi in primis et honestissimo, cumulate satisfaciant, hæc proprie habebunt suæ navitati proposita.

Primum omnium probe perspecto qui sint in his disciplinis hodie ingeniorum cursus, nihil ducant instituto suo alienum, quod recentiorum industria repererit novi : quin imo excubent animo, si quid dies afferat utile in exegesim Biblicam, ut id sine mora assumant communemque in usum scribendo convertant. Quamobrem ii multum operæ in excolenda philologia doctrinisque finitimis, earumque persequendis progressionibus collocent. Cum enim inde fere consueverit Scripturarum oppugnatio existere, inde etiam nobis quærenda sunt arma, ne veritatis impar sit cum errore concertatio. — Similiter danda est opera, ut minori in pretio ne sit apud nos, quam apud externos, linguarum veterum orientalium scientia, aut codicum maxime primigeniorum peritia : magna enim in his studiis est utriusque opportunitas facultatis.

Deinde quod spectat ad Scripturarum auctoritatem integre asserendam, in eo quidem acrem curam diligentiamque adhibeant. Idque præsertim laborandum ipsis est, ut nequando inter catholicos invalescat illa sentiendi agendique ratio, sane non probanda, qua scilicet plus nimio tribuitur heterodoxorum sententiis, perinde quasi germana Scripturæ intelligentia ab externæ eruditionis apparatu sit in primis quærenda. Neque enim cui-

Mais, pour que l'effet désiré soit obtenu avec plus de facilité et d'abondance, Nous avons résolu d'ajouter à Notre autorité un nouvel appui. Expliquer et défendre les Livres Saints, ainsi qu'il le faut, est, de nos jours, à cause de ces manifestations si variées de la science et des formes si multiples de l'erreur, devenu chose trop difficile pour que les exégètes catholiques puissent en toute occasion s'en bien acquitter isolément : il convient donc que des études communes soient aidées et réglées sous les auspices et la direction du Siège apostolique. Ce résultat Nous paraît pouvoir être commodément obtenu si Nous employons, dans le sujet dont il est présentement question, le moyen dont Nous avons usé pour promouvoir d'autres études.

Pour ces motifs, il Nous plaît d'instituer un Conseil ou une *Commission* d'hommes compétents; ils auront comme fonction de diriger tous leurs soins et tous leurs efforts à ce que les divines Ecritures trouvent çà et là, chez nos exégètes, même cette interprétation plus critique que notre temps réclame et qu'elles soient préservées non seulement de tout souffle d'erreur, mais même de toute témérité d'opinions. Il convient que le principal siège de ce Conseil soit à Rome, sous les yeux du Souverain Pontife, afin que cette Ville, maîtresse et gardienne de la sagesse chrétienne, soit aussi la source d'où découle dans tout le corps de la république chrétienne les sains et purs enseignements d'une science si nécessaire.

Les membres de cette Commission devront, pour s'acquitter pleinement de leur charge, grave entre toutes et des plus honorables, prendre pour règle de leur zèle les points suivants :

Premièrement, après avoir très attentivement observé quelle est actuellement, au sujet de ces sciences, la marche des esprits, ils devront penser que rien de ce qu'a découvert l'ingéniosité des modernes n'est étranger à l'objet de leur travail. Bien au contraire, si un jour apporte quelque chose d'utile à l'exégèse biblique, qu'ils veillent à s'en emparer sans retard et à le faire passer par leurs écrits dans l'usage commun. Aussi devront-ils cultiver activement l'étude de la philologie et des sciences connexes, et s'occuper de leurs continuels progrès. Puisque, en effet, c'est par ces sciences que viennent généralement les attaques contre les Saintes Ecritures, c'est en elles aussi que nous devons chercher les armes, afin que ne soit pas inégale la lutte entre la vérité et l'erreur. De même, il faut travailler à ce que la science des anciennes langues orientales et surtout la connaissance des manuscrits primitifs ne soient pas moins en honneur chez nous que chez nos adversaires, car l'un et l'autre de ces deux genres de travaux sont d'un précieux secours pour les études bibliques.

Secondement, qu'ils déploient un grand soin et un zèle ardent à maintenir intacte l'autorité des Saintes Ecritures: qu'ils s'efforcent surtout de ne jamais laisser prévaloir parmi les catholiques l'opinion et la méthode, assurément blâmables, qui consistent à beaucoup trop accorder aux opinions des hétérodoxes, comme si le vrai sens des Ecritures devait être cherché en premier lieu dans l'appareil de l'érudition étrangère. Aucun catholique ne peut, en effet, regarder comme douteux ce que Nous avons ailleurs rappelé plus au long : Dieu n'a pas livré les Saintes Ecritures au jugement privé des savants, mais il en a confié

quam catholico illa possunt esse dubia, quæ fusius alias Ipsi revocavimus : Deum non privato doctorum judicio permisisse Scripturas, sed magisterio Ecclesiæ interpretandas tradidisse; « in rebus fidei et morum, ad ædificationem doctrinæ christianæ pertinentium, eum pro vero sensu sacræ Scripturæ habendum esse, quem tenuit ac tenet sancta Mater Ecclesia, cujus est judicare de vero sensu et interpretatione Scripturarum sanctarum; atque ideo nemini licere contra hunc sensum aut etiam contra unanimem consensum Patrum ipsam Scripturam sacram interpretari » (1); eam esse divinorum naturam Librorum, ut ad religiosam illam, qua involvuntur, obscuritatem illustrandam subinde non valeant hermeneuticæ leges, verum dux et magistra divinitus data opus sit, Ecclesia; demum legitimum divinæ Scripturæ sensum extra Ecclesiam neutiquam reperiri, neque ab eis tradi posse qui magisterium ipsius auctoritatemque repudiaverint. — Ergo viris qui de Consilio fuerint, curandum sedulo, ut horum diligentior quotidie sit custodia principiorum : adducanturque persuadendo, si qui forte heterodoxos admirantur præter modum, ut magistram studiosius observent audiantque Ecclesiam. Quanquam usu quidem venit catholico interpreti, ut aliquid ex alienis auctoribus, maxime in re critica, capiat adjumenti : sed cautione opus ac delectu est. Artis criticæ disciplinam, quippe percipiendæ penitus hagiographorum sententiæ perutilem, Nobis vehementer probantibus, nostri excolant. Hanc ipsam facultatem, adhibita loco ope heterodoxorum, Nobis non repugnantibus, iidem exacuant. Videant tamen ne ex hac consuetudine intemperantiam judicii imbibant : siquidem in hanc sæpe recidit artificium illud criticæ, ut aiunt, sublimioris; cujus periculosam temeritatem plus semel Ipsi denuntiavimus.

Tertio loco, in eam studiorum horum partem quæ proprie est de exponendis Scripturis, cum latissime fidelium utilitati pateat, singulares quasdam curas Consilium insumat. Ac de iis quidem testimoniis, quorum sensus aut per sacros auctores aut per Ecclesiam authentice declaratus sit, vix attinet dicere, convincendum esse, eam interpretationem solam ad sanæ hermeneuticæ leges posse probari. Sunt autem non pauca, de quibus cum nulla extiterit adhuc certa et definita expositio Ecclesiæ, liceat privatis doctoribus eam, quam quisque probarit, sequi tuerique sententiam : quibus tamen in locis cognitum est analogiam fidei catholicamque doctrinam servari tanquam normam oportere. Jamvero in hoc genere magnopere providendum est, ut ne acrior disputandi contentio transgrediatur mutuæ caritatis terminos;

---

(1) Conc. Vatic., sess. III, cap. II, *De Revel.*

l'interprétation au magistère de l'Eglise : « dans les choses de la foi et des mœurs se rattachant au corps de la doctrine chrétienne, doit être regardé comme vrai sens des Saintes Ecritures celui qu'a adopté et que maintient Notre Mère la Sainte Eglise, à qui il appartient de juger du vrai sens et de l'interprétation des Saintes Ecritures; par suite, il n'est permis à personne d'interpréter l'Ecriture Sainte contrairement à ce sens, ni à l'encontre du sentiment unanime des Pères. » (1)

Telle est, d'ailleurs, la nature des Livres divins que, pour dissiper cette religieuse obscurité qui les enveloppe, les lois de l'herméneutique sont parfois insuffisantes et que l'Eglise doit être regardée comme la conductrice et la maîtresse donnée par Dieu; enfin, le sens légitime de la divine Ecriture ne peut être trouvé nulle part en dehors de l'Eglise, ni être donné par ceux qui ont rejeté son magistère et son autorité.

Ceux qui feront partie de la Commission devront donc avoir soin de veiller à ce que ces principes soient chaque jour plus attentivement respectés, et si, par hasard, il se rencontre certains esprits professant une admiration excessive pour les hétérodoxes, ils les amèneront, par la persuasion, à suivre et écouter fidèlement l'enseignement de l'Eglise.

Sans doute il arrive à l'interprète catholique de trouver quelque aide chez des auteurs dissidents, surtout en matière de critique; toutefois la prudence et le discernement sont nécessaires. Que la science de la critique, assurément très utile pour la parfaite intelligence des écrivains sacrés, devienne l'objet des études des catholiques: ils ont notre vive approbation. Qu'ils se perfectionnent dans cette science, en s'aidant au besoin des hétérodoxes, Nous ne Nous y opposons pas. Mais qu'ils prennent garde de puiser dans la fréquentation habituelle de ces écrivains la témérité du jugement. C'est, en effet, à cet écueil qu'aboutit souvent cette méthode de critique, dite supérieure, et dont Nous avons Nous-même plus d'une fois dénoncé la périlleuse témérité.

En troisième lieu, la Commission devra tout spécialement s'occuper de la partie de ces études dont le but spécial est l'exposition des Ecritures, qui importe grandement à l'utilité des fidèles.

Quant aux textes dont le sens a été authentiquement déterminé, soit par les auteurs sacrés, soit par l'Eglise, il faut se convaincre, à peine est-il besoin de le dire, que seule cette interprétation peut être admise comme conforme aux règles d'une saine herméneutique. Il existe, il est vrai, nombre de passages dont l'Eglise n'a pas encore définitivement précisé et fixé le sens et au sujet desquels chaque docteur privé peut suivre et défendre l'opinion qu'il croit juste : même dans ces cas, il faut, on le sait, garder comme règles l'analogie de la foi et la doctrine catholique.

De plus, il faut, en cette matière, veiller avec soin à ce qu'une ardeur trop violente dans la discussion ne dépasse point les bornes de la charité mutuelle; il importe aussi, dans la controverse, de ne jamais faire

---

(1) Conc. Vatic., sess. III, cap. II: *De Revelatione.*

neve inter disputandum ipsæ revelatæ veritates divinæque traditiones vocari in disceptationem videantur. Nisi enim salva consensione animorum collocatisque in tuto principiis, non licebit ex variis multorum studiis magnos expectare hujus disciplinæ progressus. — Quare hoc etiam in mandatis Consilio sit, præcipuas inter doctores catholicos rite et pro dignitate moderari quæstiones; ad easque finiendas qua lumen judicii sui, qua pondus auctoritatis afferre. Atque hinc illud etiam consequetur commodi, ut maturitas offeratur Apostolicæ Sedi declarandi quid a catholicis inviolate tenendum, quid investigationi altiori reservandum, quid singulorum judicio relinquendum sit.

Quod igitur christianæ veritati conservandæ bene vertat, studiis Scripturæ sanctæ promovendis ad eas leges, quæ supra statutæ sunt, Consilium sive *Commissionem* in hac alma Urbe per has litteras instituimus. Id autem Consilium constare volumus ex aliquot S. R. E. Cardinalibus auctoritate Nostra deligendis: iisque in communionem studiorum laborumque mens est adjungere cum Consultorum officio ac nomine, ut in sacris urbanis Consiliis mos est, claros nonnullos, alios ex alia gente, viros quorum a doctrina sacra, præsertim biblica, sit commendatio. Consilii autem erit et statis conventibus habendis, et scriptis vel in dies certos vel pro re nata vulgandis, et si rogatum sententiam fuerit, respondendo consulentibus, denique omnibus modis, horum studiorum, quæ dicta sunt, tuitioni et incremento prodesse. Quæcumque vero res consultæ communiter fuerint, de iis rebus referri ad Summum Pontificem volumus; per illum autem ex Consultoribus referri, cui Pontifex ut sit ab actis Consilii mandaverit. — Atque ut communibus juvandis laboribus supellex opportuna suppetat, jam nunc certam Bibliothecæ Nostræ Vaticanæ ei rei addicimus partem; ibique digerendam mox curabimus codicum voluminumque de re Biblica collectam ex omni ætate copiam, quæ Consilii viris in promptu sit. In quorum instructum ornatumque præsidiorum valde optandum est locupletiores catholici Nobis suppetias veniant vel utilibus mittendis libris; atque ita peropportuno genere officii Deo, Scripturarum Auctori, itemque Ecclesiæ navare operam velint.

Ceterum confidimus fore, ut his cœptis Nostris, utpote quæ christianæ fidei incolumitatem sempiternamque animarum salutem recta spectent, divina benignitas abunde faveat; ejusque munere, Apostolicæ Sedis in hac re præscriptionibus catholici, qui sacris Litteris sunt dediti, cum absoluto numeris omnibus obsequio respondeant.

Quæ vero in hac caussa statuere ac decernere visum est, ea

porter le débat sur les vérités révélées ni sur les traditions divines. Car, si l'on ne sauvegarde pas l'union des esprits et le respect des principes, il n'y aura pas à espérer qu'une multitude de travaux variés fasse réaliser à cette science de notables progrès.

C'est pourquoi l'un des devoirs de la Commission sera de régler d'une façon légitime et digne les principales questions pendantes entre les docteurs catholiques : elle apportera, pour les résoudre, tantôt les lumières de ses jugements, tantôt le poids de son autorité.

Il en résultera cet autre avantage de fournir au Saint-Siège une occasion favorable de déclarer ce que les catholiques doivent inviolablement tenir, ce qu'il faut réserver à un examen plus approfondi, et ce qui doit être laissé au jugement de chacun.

Donc, voulant assurer le maintien intégral de la vérité chrétienne et promouvoir les études sur l'Ecriture Sainte conformément aux règles établies plus haut, Nous instituons par les présentes lettres, en cette Ville Eternelle, un Conseil ou une *Commission*. Nous voulons que ce Conseil se compose de quelques cardinaux de la sainte Eglise romaine, choisis par Notre autorité. Notre intention est de leur adjoindre comme devant prendre part aux mêmes études et aux mêmes travaux, avec les fonctions et le titre de Consulteurs, ainsi qu'il est d'usage dans les Sacrées Congrégations romaines, quelques hommes éminents, choisis dans différentes nations et se recommandant par leur science sacrée, spécialement par leur science biblique.

Il appartiendra à la Commission d'avoir des réunions régulières, de publier des écrits qui paraîtront soit périodiquement, soit selon les besoins, de répondre à ceux qui la consulteront et lui demanderont son avis ; enfin de travailler de toutes manières au maintien et au progrès de ces études.

Nous voulons que, sur toutes les questions traitées en commun, un rapport soit fait et présenté au Souverain Pontife par celui des Consulteurs qu'Il aura nommé secrétaire de la Commission.

Afin de fournir pour ces études communes de précieux instruments de travail, Nous affectons dès maintenant à cet objet une partie de Notre Bibliothèque Vaticane. Nous Nous occuperons dans un bref délai d'y faire installer une abondante collection de manuscrits et de volumes de toute époque, traitant des questions bibliques, et que Nous mettrons à la disposition des membres de la Commission. Pour constituer et enrichir cette bibliothèque spéciale, Nous désirons vivement que les catholiques plus fortunés Nous viennent en aide, même par l'envoi de livres utiles, et que, de cette manière tout à fait opportune, ils daignent servir Dieu, l'auteur des Saintes Ecritures, et aussi l'Eglise.

Au surplus, nous espérons que Notre œuvre, entreprise en vue de la sauvegarde de la foi chrétienne et du salut éternel des âmes, recevra de la divine Bonté d'abondantes bénédictions, et que, avec la grâce de Dieu, les catholiques adonnés à l'étude des Livres Saints correspondront avec une soumission pleine et entière aux prescriptions du Saint-Siège en cette matière.

Nous voulons et ordonnons que toutes et chacune des décisions que

omnia et singula uti statuta et decreta sunt, ita rata et firma esse ac manere volumus et jubemus; contrariis non obstantibus quibuscumque.

Datum Romæ apud S. Petrum sub annulo Piscatoris die xxx octobris anno MDCCCCII, Pontificatus Nostri vicesimo quinto.

A. Card. Macchi.

Nous avons, en cette matière, jugé à propos de prendre et de formuler, soient et demeurent ratifiées et confirmées telles que Nous les avons établies et décrétées, nonobstant toute clause contraire.

Donné à Rome, près de Saint-Pierre, sous l'anneau du pêcheur, le 30 octobre de l'année 1902, de Notre Pontificat la vingt-cinquième.

A. Card. Macchi.

LETTRE ENCYCLIQUE

AUX ÉVÊQUES D'ITALIE

SUR L'EDUCATION DES CLERCS ET L'EXERCICE DU SAINT MINISTÈRE

LÉON XIII, PAPE

VÉNÉRABLES FRÈRES, SALUT ET BÉNÉDICTION APOSTOLIQUE

Dès le début de Notre pontificat, fixant Notre attention sur la grave situation de la société, Nous n'avons pas tardé à reconnaître que l'un des devoirs les plus urgents de Notre charge apostolique est de veiller d'une façon toute spéciale sur l'éducation du clergé.

Nous Nous rendions compte, en effet, que tous nos efforts pour restaurer dans le peuple la vie chrétienne seraient vains si l'esprit sacerdotal ne demeurait intact et vigoureux dans le corps ecclésiastique. Aussi n'avons-Nous jamais cessé d'y pourvoir, selon Nos forces, soit par des fondations opportunes, soit par des instructions tendant à ce but. Aujourd'hui même, une sollicitude particulière pour le clergé d'Italie Nous amène, Vénérables Frères, à traiter encore une fois un sujet d'une si grande importance.

Certes, ce clergé donne constamment d'éclatantes preuves de sa doctrine, de sa piété et de son zèle; il Nous plaît de signaler avec éloge son ardeur à coopérer, en secondant l'impulsion et la direction des évêques, au mouvement catholique qui nous tient souverainement à cœur.

Nous ne pouvons toutefois dissimuler la préoccupation qu'éprouve Notre esprit, en voyant comment, depuis quelque temps, s'insinue çà et là un violent désir d'innovations inconsidérées concernant soit la formation, soit l'action si complexe des ministres sacrés. Dès maintenant il est aisé d'apercevoir les graves conséquences qu'on aurait à déplorer si l'on n'apportait à ces tendances novatrices un prompt remède.

C'est donc pour préserver le clergé italien des pernicieuses influences des temps que Nous estimons opportun, Vénérables Frères, de rappeler en cette Lettre les vrais et invariables principes qui doivent régler l'éducation ecclésiastique et tout le ministère sacré.

Divin dans son origine, surnaturel dans son essence, immuable dans son caractère, le sacerdoce catholique n'est point une institution qui puisse s'accommoder à l'inconstance des opinions et des systèmes humains. Participation de l'éternel sacerdoce de Jésus-Christ, il doit perpétuer jusqu'à la consommation des siècles la mission même confiée par Dieu le Père à son Verbe incarné : *Sicut misit me Pater et ego mitto vos* (1). Opérer le salut éternel des âmes sera toujours le grand mandat auquel il ne pourra jamais se soustraire, de même que, pour le remplir fidèlement, il ne devra jamais cesser de recourir à ces secours surnaturels, et à ces règles divines de pensée et d'action que lui donna Jésus-Christ quand il envoyait ses Apôtres à travers le monde entier pour convertir les peuples à l'Evangile.

Aussi, dans ses lettres, saint Paul rappelle-t-il que le prêtre n'est que *l'ambassadeur*, le *ministre du Christ*, le *dispensateur de ses mystères* (2), et il nous le représente comme placé en un lieu élevé (3), intermédiaire entre le ciel et la terre, pour traiter avec Dieu des suprêmes intérêts du genre humain, qui sont ceux de la vie éternelle.

Telle est la conception que les Livres Saints donnent du sacerdoce chrétien, c'est-à-dire une institution surnaturelle, supérieure à toutes les institutions de la terre et entièrement séparée d'elles comme le divin l'est de l'humain.

C'est la même haute idée qui ressort clairement des œuvres des Pères, de la doctrine des Pontifes romains et des évêques, des décrets conciliaires et de l'enseignement unanime des Docteurs et des Ecoles catholiques. Toute la tradition de l'Eglise proclame d'une seule voix que le prêtre est un *autre Christ*, et que le sacerdoce, *bien qu'il s'exerce sur la terre, est placé à bon droit dans la hiérarchie céleste* (4), *puisqu'il a l'administration de choses toutes célestes et qu'il lui a été conféré un pouvoir que Dieu n'a pas donné même aux anges* (5), pouvoir et ministère qui concernent le gouvernement des âmes, c'est-à-dire *l'art des arts* (6).

En conséquence, l'éducation, les études, les habitudes, en un mot tout ce qui appartient à la discipline sacerdotale a toujours été considéré par l'Eglise comme un tout non pas seulement distinct, mais encore séparé des règles ordinaires de la vie laïque.

Cette distinction et cette séparation doivent donc demeurer inaltérables, même en notre temps; et toute tendance à unifier ou confondre l'éducation et la vie ecclésiastiques avec l'éducation et la vie laïques doit être tenue pour réprouvée, et par la tradition des siècles chrétiens, et par la doctrine apostolique elle-même, et par les prescriptions de Jésus-Christ.

Assurément, la raison exige que dans la formation du clergé et dans le ministère sacerdotal on tienne compte de la diversité des temps. Nous

(1) *Joan.* xx, 21. — (2) *II Cor.* v, 20; vi, 4; *I Cor.* iv, 1. — (3) *Hebr.* v, 1.
(4) *Sacerdotium enim in terra peragitur, sed cœlestium ordinum classem obtinet : et jure quidem merito.* (S. Jean Chrysostome, *Du Sacerdoce*, liv. III, nº 4.)
(5) *Etenim qui terram incolunt in eaque commorantur, ad ea quæ in cœlis sunt dispensando commissi sunt, potestatemque acceperunt quam neque Angelis, neque Archangelis, dedit Deus.* (*Ibid.*, nº 5.)
(6) *Ars est artium regimen animarum* (S. Grégoire le Grand, *Regul. past.* I, c. I.)

sommes donc bien loin de songer à rejeter les changements qui rendent l'œuvre du clergé toujours plus efficace dans la société au milieu de laquelle il vit; c'est même pour ce motif qu'il Nous a paru utile de promouvoir dans le clergé une culture plus solide et plus choisie, comme d'ouvrir à son ministère un champ plus étendu. Mais il faudrait absolument blâmer toute autre innovation qui pourrait porter préjudice au caractère essentiel du prêtre.

Le prêtre est, par-dessus tout, constitué maître, médecin et pasteur des âmes; il les dirige vers un but qui ne se renferme pas dans les limites de la vie présente; il ne pourra donc jamais correspondre entièrement à d'aussi nobles devoirs s'il n'est pas, autant qu'il le faut, versé dans la science des choses sacrées et divines, s'il n'est pas abondamment pourvu de cette piété qui fait de lui un homme de Dieu, s'il ne met pas tous ses soins à corroborer ses enseignements par l'efficacité de l'exemple, selon l'avertissement donné au Pasteur sacré par le Prince des apôtres : *Forma facti gregis ex animo* (1). Quelque changement qu'apportent les temps, quelles que soient les variations et les transformations sociales, ce sont là les qualités propres et supérieures, qui doivent resplendir dans le prêtre catholique, suivant les principes de la foi; toute autre ressource, naturelle et humaine, sera sans doute recommandable, mais n'aura, par rapport au ministère sacerdotal, qu'une importance secondaire et relative.

Si donc il est raisonnable et juste que, dans les limites permises, le clergé se plie aux besoins de notre époque, c'est aussi son devoir, et il est nécessaire que, loin de céder au mauvais courant du siècle, il y résiste avec vigueur. Cette conduite répond essentiellement au but élevé du sacerdoce en même temps qu'elle contribue à rendre plus fructueux son ministère par un accroissement de considération et de respect.

On ne sait que trop comment l'esprit naturaliste tente de corrompre toutes les parties, même les plus saines, du corps social ; c'est cet esprit qui enorgueillit les âmes et les soulève contre toute autorité, qui abaisse les cœurs et les porte à rechercher les biens périssables en négligeant les biens éternels. Il est fort à craindre que quelque chose de cet esprit, si nuisible et déjà si répandu, ne s'insinue même parmi les ecclésiastiques, surtout parmi les moins expérimentés. Les tristes effets en seraient l'abandon progressif de cette gravité de mœurs qui convient si bien au prêtre, la facilité à céder au charme de toute innovation, l'indocilité prétentieuse envers les supérieurs, l'oubli, dans les discussions, de la pondération et de la mesure si nécessaires surtout en matière de foi et de morale. Mais un effet bien plus déplorable encore, parce qu'il s'ensuivrait le malheur du peuple chrétien, est celui qui atteindrait le ministère sacré de la parole par l'introduction d'un langage incompatible avec le caractère de héraut de l'Evangile.

Mû par ces considérations, Nous sentons la nécessité de recommander à nouveau et avec la plus vive insistance que, avant tout, les Séminaires soient maintenus avec un soin jaloux dans leur esprit propre, aussi bien pour l'éducation de l'intelligence que pour celle du cœur,

---

(1) *Petr.* v, 3.

On ne doit jamais perdre de vue qu'ils sont exclusivement destinés à préparer les jeunes gens non à des fonctions humaines, si légitimes et honorables qu'elles soient, mais à la haute mission, indiquée ci-dessus, de *ministres du Christ et dispensateurs des mystères de Dieu* (1). De cette observation, toute surnaturelle, il sera toujours aisé (comme Nous l'avons déjà fait remarquer dans l'Encyclique du 8 septembre 1899 adressée au clergé de France) de tirer des règles précieuses non seulement pour la bonne formation des clercs, mais aussi pour écarter des établissements où ils sont élevés tout danger intérieur ou extérieur, d'ordre moral ou religieux.

Quant aux études, le clergé ne devant être étranger aux progrès d'aucun enseignement salutaire, on acceptera ce qui, dans les méthodes nouvelles, est reconnu vraiment bon et utile, car chaque époque contribue au progrès du savoir humain. Cependant, nous voulons qu'à ce sujet on se rappelle bien Nos prescriptions concernant les études des lettres classiques, et surtout de la philosophie, de la théologie et des sciences connexes, prescriptions que Nous avons données en plusieurs documents, principalement dans l'Encyclique au clergé français, dont Nous tenons, pour ce motif, à vous transmettre un exemplaire, joint à la présente Lettre.

Il serait certainement désirable que les jeunes clercs pussent tous, comme ils le doivent, faire toutes leurs études dans les Instituts ecclésiastiques. Mais puisque de graves raisons conseillent parfois, pour certains d'entre eux, de suivre les Universités publiques, qu'on n'oublie pas avec quelles nombreuses précautions les évêques doivent le leur permettre (2).

Nous voulons de même qu'on insiste sur la fidèle observation des règles contenues dans un autre document plus récent, spécialement pour ce qui concerne les lectures ou toute autre chose pouvant donner occasion aux jeunes gens de prendre une part quelconque aux agitations extérieures (3).

Ainsi, les élèves des Séminaires, mettant à profit un temps précieux dans une parfaite tranquillité d'âme, pourront se renfermer entièrement dans ces études qui les rendront mûrs pour les grands devoirs du sacerdoce, spécialement pour le ministère de la prédication et des confessions. Qu'on réfléchisse combien est grave la responsabilité des prêtres qui négligent de prêter leur concours personnel à l'exercice de ces saints ministères, alors que le peuple en a un tel besoin, et de ceux également qui n'y apportent pas une activité éclairée : les uns comme les autres correspondent mal à leur vocation spéciale dans une chose qui importe grandement au salut des âmes.

Et ici, Vénérables Frères, Nous devons appeler votre attention sur

---

(1) *I Cor.* IV, 1.
(2) Instruction *Perspectum est* de la Sacrée Congrégation des Evêques et Réguliers, adressée le 21 juillet 1896 aux évêques et aux supérieurs des communautés religieuses d'Italie. (Cf. *Questions actuelles*, t. XXXVIII, p. 97.)
(3) Instruction de la Sacrée Congrégation des Affaires ecclésiastiques extraordinaires sur l'Action populaire chrétienne ou démocratique chrétienne en Italie, 27 janvier 1902. (Cf. *Questions actuelles*, t. LXII, p. 290.)

Notre Instruction spéciale concernant le ministère de la prédication (1), et Nous désirons qu'on en tire les fruits les plus abondants. Au sujet du ministère des confessions, qu'on se rappelle avec quelle sévérité le plus célèbre et le plus doux des moralistes parle de ceux qui n'hésitent pas à siéger au tribunal de la pénitence sans la compétence nécessaire (2), et la plainte non moins sévère de l'illustre pontife Benoît XIV, qui rangeait parmi les plus grands malheurs de l'Eglise l'absence, chez les confesseurs, de la science théologique morale exigée par l'importance d'une fonction si sainte.

Mais pour atteindre ce noble but de préparer de dignes ministres du Seigneur, il est nécessaire, Vénérables Frères, d'apporter toujours plus de vigueur et de vigilance non seulement à la méthode scientifique, mais aussi à l'organisation disciplinaire et au système d'éducation de vos Séminaires. Qu'on n'y reçoive que des jeunes gens offrant des espérances fondées de vouloir se consacrer pour toujours au ministère ecclésiastique (3). Qu'on leur évite le contact et plus encore la cohabitation avec des jeunes gens n'aspirant pas au sacerdoce; cette vie commune pourra, pour des causes justes et graves, être tolérée, provisoirement et avec des précautions particulières, tant qu'il ne sera pas possible d'avoir une organisation complète, conformément à l'esprit de la discipline ecclésiastique. On renverra ceux qui, dans le cours de leur éducation, manifesteraient des tendances incompatibles avec la vocation sacerdotale, et l'on sera extrêmement attentif dans l'admission des clercs aux Ordres sacrés, selon le très grave avertissement de saint Paul à Timothée : *Manus cito nemini imposueris* (4).

En tout ceci, il convient de négliger toute autre considération, qui serait toujours inférieure à celle très élevée de la dignité du saint ministère. Puis, pour former dans les élèves du sanctuaire une vivante image de Jésus-Christ, en qui se résume toute l'éducation ecclésiastique, il importe grandement que les directeurs et les professeurs joignent, à l'activité et à la compétence dans leurs fonctions, l'exemple d'une vie de tous points sacerdotale. La conduite exemplaire du maître, surtout quand il s'adresse à des jeunes gens, est le langage le plus éloquent et le plus persuasif pour leur inspirer la conviction de leur propre devoir et l'amour du bien.

Une œuvre aussi importante exige principalement du directeur spirituel une prudence peu commune et des soins incessants; cette fonction, dont Nous désirons qu'aucun Séminaire ne soit dépourvu, doit être confiée à un ecclésiastique très expérimenté dans les voies de la perfection chrétienne. Jamais on ne saura lui recommander assez de susciter et de cultiver dans les élèves, de la manière la plus durable, cette piété qui est féconde pour tous, mais qui, spécialement pour le clergé, est d'une inestimable utilité (5). Qu'il soit donc soucieux de

(1) Instruction de la Sacrée Congrégation des Evêques et Réguliers, adressée, le 13 juillet 1894, à tous les Ordinaires et aux Supérieurs des Ordres religieux et des Communautés d'Italie.
(2) S. Alphonse de Liguori, *Pratica del Confessore*, c. 1, § 3, n° 18.
(3) *Conc. Trident.* Sess. XXIII, c. xviii, *de Reformat.*
(4) *I. Tim*, v, 22.
(5) *I Tim.* iv, 7-8.

les prémunir contre une erreur pernicieuse, assez fréquente chez les jeunes gens, qui est de se laisser tellement emporter par l'ardeur des études qu'on ne considère plus comme un devoir son propre avancement dans la science des Saints. Plus la piété aura jeté des racines profondes dans l'âme des clercs, mieux ils seront trempés dans ce puissant esprit de sacrifice qui est absolument nécessaire pour travailler avec zèle à la gloire de Dieu et au salut des âmes.

Grâce à Dieu, ils ne sont pas rares, dans le clergé italien, les prêtres qui donnent les plus nobles preuves de ce que peut un ministre du Seigneur pénétré de cet esprit; admirable est la générosité d'un grand nombre d'entre eux qui, pour étendre le règne de Jésus-Christ, courent avec empressement vers les terres lointaines au devant des fatigues, des privations, des souffrances de toutes sortes et même du martyre.

Ainsi entouré de soins tendres et prévoyants, dans la culture convenable de l'esprit et du talent, le jeune lévite deviendra graduellement ce que réclament la sainteté de sa vocation et les besoins du peuple chrétien. L'apprentissage est long, en vérité; néanmoins il devra se prolonger au delà du temps du Séminaire. Il convient, en effet, que les jeunes prêtres ne soient pas laissés sans guide dans leurs premiers travaux et qu'ils soient fortifiés par l'expérience de prêtres plus âgés qui mûrissent leur zèle, leur prudence et leur piété; il convient également que, tantôt par des exercices académiques, tantôt par des conférences périodiques, on développe l'habitude de les tenir constamment occupés des études sacrées.

Il est manifeste, Vénérables Frères, que tout ce que Nous avons recommandé jusqu'ici, loin d'avoir rien de nuisible, favorise au contraire singulièrement cette activité sociale du clergé, maintes fois encouragée par Nous comme un besoin de notre époque; car, en exigeant la fidèle observance des règles rappelées par Nous, on contribue à protéger ce qui doit être l'âme et la vie de cette activité.

Répétons-le donc encore ici, et plus haut: il faut que le clergé aille au peuple chrétien, qui est de toutes parts environné de pièges, et poussé par toutes sortes de fallacieuses promesses, spécialement par le socialisme, à l'apostasie de la foi héréditaire; mais tous les prêtres doivent subordonner leur action personnelle à l'autorité de ceux *que l'Esprit Saint a établis évêques pour gouverner l'Eglise de Dieu*, faute de quoi naîtraient la confusion et un très grave désordre, même au préjudice de la cause qu'ils ont à défendre et à promouvoir.

Aussi, dans ce but, Nous désirons que, vers la fin de leur éducation dans les Séminaires, les aspirants au sacerdoce soient instruits comme il convient des documents pontificaux concernant la question sociale et la démocratie chrétienne, en s'abstenant, comme Nous l'avons dit plus haut, de prendre aucune part au mouvement extérieur. Plus tard, devenus prêtres, qu'ils s'occupent avec un soin particulier du peuple, qui a été de tout temps l'objet des plus affectueuses sollicitudes de l'Eglise. Arracher les enfants du peuple à l'ignorance des choses spirituelles et éternelles; les acheminer, avec une ingénieuse tendresse, vers une existence honnête et vertueuse; raffermir les adultes dans la foi en dissipant les préjugés hostiles, et les exciter à la pratique de la vie chrétienne; promouvoir, parmi les laïques catholiques, les institutions reconnues vraiment efficaces pour l'amélioration morale et matérielle des foules; par-dessus tout, défendre les principes de justice et de charité évangélique, où tous les droits et tous les devoirs de la société civile trouvent un juste tempérament: telle est, dans ses parties principales, la noble tâche de leur action sociale. Mais qu'ils aient toujours présent à l'esprit que, même au milieu du peuple, le prêtre doit conserver intact son auguste caractère de ministre de Dieu, étant placé à la tête de ses frères principalement *animarum causa* (1). Toute manière de s'occuper du peuple qui ferait perdre la dignité sacerdotale serait un préjudice pour les devoirs et la discipline ecclésiastique, ne pourrait être que hautement réprouvée.

Telles sont, Vénérables Frères, les remarques que la conscience de la charge apostolique Nous prescrivait de faire, étant donnée la situation actuelle du clergé d'Italie. Nous ne doutons pas que, en un sujet si grave et si important, vous saurez joindre à Notre sollicitude les industries les plus empressées et les plus tendres de votre zèle, vous inspirant spécialement des lumineux exemples du grand archevêque saint Charles Borromée. Ainsi, pour assurer l'effet de Nos présentes prescriptions, vous aurez soin d'en faire le sujet de vos Conférences régionales et de vous concerter sur les mesures pratiques qui vous paraîtront plus opportunes, suivant les besoins de chaque diocèse. A vos exhortations et à vos décisions ne manquera pas, où il en sera besoin, l'appui de Notre autorité.

Et maintenant, avec les mots qui jaillissent spontanément du fond de Notre cœur paternel, Nous Nous tournons vers vous tous, prêtres d'Italie, recommandant à tous et à chacun d'employer tous vos efforts à correspondre toujours plus dignement à l'esprit propre de votre éminente vocation. A vous, ministres du Seigneur, Nous disons avec plus de raison que ne le disait saint Paul aux simples fidèles : *Obsecro itaque vos ego vinctus in Domino, ut dignè ambuletis vocatione qua vocati estis* (2). Que l'amour de l'Eglise, notre Mère commune, consolide et fortifie entre vous cette harmonie de pensée et d'action qui redouble les forces et rend les œuvres plus fécondes. En des temps si défavorables à la religion et à la société, quand le clergé de toute nation est appelé à se serrer étroitement pour la défense de la foi et de la morale chrétienne, il vous appartient à vous, Fils bien-aimés que des liens particuliers unissent à ce Siège apostolique, de donner l'exemple à tous les autres, et d'être les premiers dans l'obéissance illimitée à la voix et aux ordres du Vicaire de Jésus-Christ. Et les bénédictions de Dieu descendront aussi abondantes que Nous le demandons, pour maintenir le clergé d'Italie toujours digne de ses glorieuses traditions.

En attendant, comme gage des faveurs divines, recevez la bénédiction apostolique que Nous accordons avec l'effusion du cœur à vous, Vénérables Frères, et à tout le clergé confié à vos soins.

Donné à Rome, près de Saint-Pierre, en la fête de l'Immaculée Conception de Marie, le 8 décembre 1902, vingt-cinquième année de Notre pontificat.   LÉON XIII, PAPE.

---

(1) Saint Grégoire le Grand, *Regul. cast.* pars II, c. vii. — (2) *Eph.* iv, 1.

LETTRE

AUX CARDINAUX VINCENZO VANNUTELLI, MARIANO RAMPOLLA DEL TINDARO, DOMENICO FERRATA, GIUSEPPE CALASANZ VIVES I TUTO

A propos du cinquantième anniversaire de la définition dogmatique de l'Immaculée Conception.

MESSIEURS LES CARDINAUX,

De bien des endroits il Nous a été exprimé le vif désir des fidèles de célébrer, avec une solennité extraordinaire, le cinquantième anniversaire de la définition dogmatique de l'Immaculée Conception de la Vierge.

Il est aisé de concevoir à quel point Nous réjouit cet ardent désir. En effet, non seulement la piété envers la Mère de Dieu fut, dès l'enfance, une de Nos plus douces affections, mais elle est à Nos yeux un des secours les plus puissants accordés par la Providence à l'Eglise catholique. De tous temps et dans toutes les luttes et persécutions, l'Eglise eut recours à Marie, et toujours elle est consolée et protégée. Et puisque les temps actuels sont si orageux et pleins de menaces pour l'Eglise elle-même, Notre âme se réjouit et s'ouvre à l'espérance en voyant les fidèles saisir la favorable occasion du cinquantenaire indiqué pour se tourner, avec un élan unanime de foi et d'amour, vers Celle qui est appelée le secours des chrétiens.

En vue de Nous rendre plus chère la solennité désirée, on fait remarquer que Nous sommes l'unique survivant de tous ceux qui, évêques ou cardinaux, entouraient Notre prédécesseur dans l'acte de promulgation du décret dogmatique.

C'est Notre intention que les fêtes du cinquantenaire, empreintes de la grandeur qui convient à Notre ville de Rome, puissent exciter et régler la piété des catholiques du monde entier. Nous avons donc décidé de former une *commission cardinalice* chargée de les organiser et de les diriger. Et Nous vous désignons, Messieurs les cardinaux, comme membres de cette Commission. Dans l'assurance que, par vos soins et votre sagesse, Nos désirs et les désirs communs seront entièrement satisfaits, Nous vous accordons comme gage des célestes faveurs la Bénédiction Apostolique.

Au Vatican, 26 mai 1903.

LÉON XIII, PAPE.

EPISTOLA

AD ARCHIEP. ZAGABRIEN

Relate ad erectionem Collegii Hieronymiani Illyricorum.

LEO PP. XIII

Venerabilis Frater, Salutem et apostolicam Benedictionem.

Compertum tibi exploratumque est amplam ac nobilem Croatorum gentem jam inde a longinquis exordiis Nostri Pontificatus sollicitudinem nostram benevolentiamque vere præcipuam fuisse semper expertam, Nobisque vicissim vestros catholici nominis populos gratam amantemque voluntatem et habuisse constanter, et data opportunitate, probe etiam retulisse. Quam ad rem illud est memoratu jucundum, quod incredibili quadam lætitiæ significatione documenta Nostra exceperitis, quibus Sanctorum Cyrilli ac Methodii, in ornamentum et decus Ecclesiarum vestrarum prælucentium, excitare cultum ac longe lateque diffundere studuimus. At etsi tanta sunt lætarum recordationum argumenta, id tamen in præsentia nobis tristitiæ obvenit, commotos acerbius animos vestros cognovisse, quum id, quod statuendum de titulo Collegii Hieronymiani in Urbe censuerimus, haud æque ferendum existimetis. Quamobrem declaratum vobis optamus, consilium Nostrum Collegii hujus in novam eamdemque firmiorem formam restituendi multiplices hinc inde easque non unius generis invenisse difficultatum caussas, quibus recensendis non hunc esse locum arbitramur. Iis autem removendis, quæ contra objiciebantur, quæque anxios Nos ac dolentes multum temporis habuere, longa consultatione gravissimaque adducti, nullam esse aptiorem accommodatioremque viam perspeximus, quam si laudato Collegio eum redderemus titulum, quem repugnante nemine immotaque ac quieta consuetudine suffragante spatio sæculorum quatuor præ se tulit. Quod Nos Instituti nomen immutaverimus, non est profecto cur aliquis ullo modo queratur, quum jura, quæ Nationi vestræ in Collegium sunt, nullum inde ceperint detrimentum, nullaque sint ratione diminuta. Accedit quod, decreto Nostro, universa illa ac singula sarta esse ac tecta

LETTRE

A L'ARCHEVÊQUE D'AGRAM

Pour l'érection du Collège de saint Jérôme à Rome.

LÉON XIII, PAPE

VÉNÉRABLE FRÈRE, SALUT ET BÉNÉDICTION APOSTOLIQUE

Vous connaissez jusque dans ses moindres détails la sollicitude et la bienveillance vraiment particulière, que, dès les lointains commencements de Notre Pontificat, Nous avons porté à la grande et noble nation des Croates, la reconnaissance et l'amour qu'en retour vos peuples catholiques ont eu constamment pour Nous, et dont, au moment opportun, ils Nous ont aussi donné la preuve. A ce sujet il est doux de rappeler les incroyables signes de joie avec lesquels vous avez reçu de Nous les documents par lesquels Nous Nous efforcions d'exciter et de répandre au loin le culte des saints Cyrille et Méthode, dont l'éclat fait l'ornement et l'honneur de vos églises. Malgré la présence de tant de souvenirs joyeux, Nous rencontrons maintenant une cause de tristesse dans les sentiments d'amertume dont Nous savons vos esprits agités au sujet des décisions que Nous avons prises sur le Collège urbain de saint Jérôme, et que vous ne croyez pas devoir supporter avec calme. C'est pourquoi Nous tenons à vous déclarer que Notre dessein de rendre à Notre Collège une nouvelle force en conservant la même forme, a rencontré d'ici de là des causes multiples de difficultés de tout genre que Nous ne jugeons pas à propos d'énumérer. Nous avons longtemps, anxieux et affligés, cherché un remède à ces obstacles; et après une délibération prolongée et des plus sérieuses, Nous avons vu qu'il n'y avait pas de meilleur moyen de tout arranger que de rendre à un Collège si méritant le titre que, sans opposition et avec la force que donne une coutume incontestée et tranquille, il a porté l'espace de quatre siècles. En changeant le nom de l'Institut, Nous ne vous avons assurément donné aucun sujet de plainte, d'autant plus que les droits que votre nation a sur ce Collège n'ont reçu aucun dommage, et n'ont été diminués sous aucun rapport. Ajoutez à cela que Notre décret ordonne de mettre en œuvre et de parachever tout ce qui en général et en particulier était contenu sur le même Institut dans le bref

jubentur, quæ Brevi « Slavorum gentem » de eodem Instituto continentur. Ad illud impensiore animadversione dignum occurrit, memoratam commutationem non esse quidem civili publicoque aliquo consilio comparatam, honori ac præstantiæ croaticæ gentis inimico, sed Nationis unice vestræ sollicitudine partam, atque etiam in animorum bonum et in Ecclesiæ commodum statutam. Has ob causas spes est nobis eximia, fore ut catholici gentis vestræ viri, quorum ea semper amplissima extitit laus, ut et animo et mente cum Sede hac Apostolica mirifice cohærerent, secura cogitatione timorisque experta voluntate, jussa Nostra suscipiant, atque ea, qua par est pietate et obsequio prosequantur.

Quæ ut divina accedente gratia contingant, Benedictionem Apostolicam, benevolentiæ Nostræ testem tum tibi impertimus, tum omnibus tuæ regionis Episcopis atque universis fidelibus vigilantiæ vestræ concreditis.

Datum Romæ, apud S. Petrum, die X Aprilis, anno MCMII, Pontificatus Nostri vicesimo quinto.

LEO PP. XIII.

Slavorum gentem. Il est juste de considérer avec la plus grande attention que le susdit changement n'a pas été acheté par quelque conseil civil et public, ennemi de l'honneur et du renom de la nation croate, mais qu'il vient uniquement de la sollicitude que Nous portons à votre nation, et qu'il n'a d'autre but que le bien des âmes et l'avantage de l'Eglise. Pour ces motifs Nous avons grand sujet d'espérer que les catholiques de votre nation, dont l'attachement admirable au Siège Apostolique a toujours été digne des plus grands éloges, accueilleront Nos décisions en toute sécurité d'esprit et de cœur, et leur obéiront avec autant de piété que de respect.

Pour qu'avec la grâce de Dieu il en soit ainsi, Nous accordons la Bénédiction Apostolique en témoignage de Notre bienveillance, à vous, à tous les évêques de votre région, et à tous les fidèles confiés à votre vigilance.

Donné à Rome auprès de Saint-Pierre, le 10 avril de l'an 1902, de Notre Pontificat le vingt-cinquième.

LEON XIII, PAPE.

LITTERÆ APOSTOLICÆ

SUPER ORDINEM CISTERCIENSIUM REFORMATORUM

LEO PP. XIII

AD PERPETUAM REI MEMORIAM

Non mediocri sane animi Nostri solatio percipere licuit, unitatem communionemque vitæ, jam inde ab anno MDCCCXCII inter varia Cisterciensium Trappistarum Instituta feliciter initam, firmiorem temporis diuturnitate effici uberioresque in dies fructus usque eo proferre, ut vetustus ipse Cisterciensis Ordo ad pristina exempla virtutis alacrius renovanda excitatus propemodum videatur. Qui profecto Ordo, a Roberto, viro sanctissimo, Abbate Benedictino Molesmensi, anno christiano MXCVIII, auspicato eductus, mirum quantum, cura præsertim et studio Bernardi Doctoris, propagari potuerit. Memoratu autem, ne plura revocemus, digna occurrit potissimum animis præclaræ Congregationis Saviniacensis, quæ Trappensis Abbatiæ anno MCXCL erectæ præfecturam gerebat, ad Ordinem Cisterciensium accessio, ab Eugenio III Decessore Nostro, Litteris datis die XIX Septembris anno MCXLVII, plene cumulateque approbata. Omnibus vero in comperto est, quam aspera vitæ ratione, et quam eximia morum sanctimonia perillustris hujusce Ordinis Sodales in exemplum floruerint, quantaque Ecclesiæ Catholicæ reique ipsi civili tunc attulerint emolumenta. Verum, labentibus annis, temporum plane injuria et voluntatum remissione, a primæva regularis disciplinæ observantia paullatim deflectere et latiori vivendi formæ indulgere animi cœperunt. Quo factum, ut quæ antea præscripta et usitata essent, ea rursum in obsequium redigenda, et qualia in prima Ordinis ætate viguerant, religiosissime esse custodienda, ad unum fere omnes fateri cogeruntur. Hinc non pauca instaurandæ emendationis conamina et experimenta haud semel peracta, ex quibus plures illæ Cisterciensis Ordinis Congregationes originem duxisse noscuntur, quæ, ad vitæ rationem singulis accommodatam et noviter liberam enitentes, a Sede parente atque altrice, atque ab obedientia Abbati Generali olim præstita pedetentim discedere, suique fere juris effici sueverunt. Dum aliud aliis placeret, et interioris dissimilitudine communitatis ceteræ distarent, una religiosæ disciplinæ

LETTRE APOSTOLIQUE

SUR LES CISTERCIENS RÉFORMÉS OU TRAPPISTES

LÉON XIII, PAPE

POUR LA PERPÉTUELLE MÉMOIRE DE LA CHOSE

Ce n'est certes pas une petite consolation pour Notre âme de pouvoir constater que l'unité et la communauté de vie, heureusement commencée l'an 1892 entre les divers Instituts des Trappistes Cisterciens, s'est affermie avec le temps et a produit des fruits chaque jour plus abondants, au point que le vieil Ordre Cistercien semble avoir reçu un élan tout nouveau pour redonner les anciens exemples de vertus. Cet Ordre, né l'an de grâce 1098, sous les auspices de Robert, homme d'une éminente sainteté et Abbé Bénédictin de Molesme, dut surtout aux soins et au zèle du grand Docteur Bernard un développement qu'on ne saurait trop admirer. Sans rappeler trop de souvenirs, l'on peut principalement représenter aux esprits comme un fait digne de mémoire l'acte par lequel l'illustre Congrégation de Savigni, qui était préposée au gouvernement de l'abbaye de la Trappe érigée en 1140, accéda à l'Ordre de Citeaux, avec l'approbation pleine et entière d'Eugène III, Notre Prédécesseur, en des Lettres données le 19 septembre de l'an 1148. Tout le monde connaît l'austérité de vie et l'éminente sainteté de mœurs dont les membres de cet Ordre illustre donnèrent l'exemple, et les services qu'ils rendirent alors à l'Eglise catholique et à la société civile elle-même. Mais avec le cours des années, l'injure des temps et le relâchement des volontés firent fléchir peu à peu les esprits dans l'observance primitive de la discipline régulière, et les poussèrent à s'accorder une manière de vivre plus large. Si bien que l'on dut presque unanimement reconnaître la nécessité de revenir à la pratique des prescriptions et usages d'autrefois, et de les observer religieusement, tels qu'ils avaient été en vigueur dans le premier âge de l'Ordre. De là tant de tentatives de réforme et ces essais souvent renouvelés, auxquels l'on doit l'origine de ces nombreuses Congrégations de l'Ordre Cistercien, qui adoptant une règle de vie plus accommodée au goût de chacun et chaque fois plus libre, s'éloignaient peu à peu de la maison mère dont ils dépendaient et de l'obéissance qu'ils prêtaient auparavant à l'Abbé Général, pour se rendre à peu près indépendants. Pendant que les autres fondations, faites suivant le bon plaisir de chacun, éloignaient les communautés les unes des autres par la diversité de la vie intérieure, une seule, faite pour rétablir et réformer la discipline religieuse; qui, à cause de son genre

restitutio et emendatio, quæ, ob arctius vivendi genus, *Strictoris Observantiæ* nomine designatur, exeunte sæculo XVI, cogitatione et industria Dionysii Largentier Claræ Vallis Abbatis, Deo adspirante, in Gallias invecta, Cistercio semper unitam Abbatique Generali fidelem sese subjectamque continenter præbuit. Ipsam autem ab Alexandro VII Decessore Nostro, datis Litteris die XIX Aprilis anno MDCLXVI, rite probata, tam celeri temporis et eventuum faustitate increbuit, ut perbrevi vel plurima cœnobia numeraverit, quæ inter conspicuum procul dubio locum eumque præcipuum obtinuit Trappensis Abbatia, cui providentissimi Numinis consilium longe præstantiora constituerat. Ejus enim Sodalibus id usu venit, ut, commota Gallicæ seditionis vi e patria in exilium pulsi, disciplinæ suæ famam ultra Europæ limites circumferre, permultisque sensim cœnobiis in Congregationes postmodum coalescentibus, opportune et frugifere erectis, maximis Ecclesiæ et hominum societatis temporibus, utrique egregio præsidio et ornamento esse valuerint. Quæ quidem cœnobia, in Gallis primum, Gregorius XVI Decessor Noster in unam Congregationem, proprio Vicario Generali præditam, sub præside tamen Moderatore Generali Ordinis Cisterciensis, coegit; Pius vero IX, Noster item Decessor, in duas Congregationes, cum suo utrasque Vicario, dividenda censuit. Nos autem tueri cupientes regularum disciplinam, et, quæ Nostræ sunt partes, omni cura et officii sollicitudine incrementum et prosperitatem diversarum Congregationum Trappensium Ordinis Cisterciensis provehere, jam inde ab anno Domini MDCCCXCII, quod magnopere ad rem conduceret, perlibenter mandavimus, ut Generale earumdem Congregationum Capitulum in hac alma Urbe ad id celebraretur, quod inter alia, de ipsarum conjunctione et regimine, præsertim ac præcipue, agere posset. Cum autem vota Nostra sat impleverit exitus, et Capitularium qui Romam dicto audientes convenerant, consilia et exempla, uti par erat, ad spem cesserint, omniumque consensu decretum fuerit, ut tres Cisterciensium Trappistarum Observantiæ Westmallensis, Septemfontium et Mellearensis unum tantum Ordinem *Cisterciensium Reformatorum B. M. V. de Trappa*, sub unius Superioris regimine constituerent, Nos datis Litteris in forma Brevis die XII Martii MDCCCXCIII, non solum hanc optatam unitatem ratam habuimus et confirmavimus, sed etiam hunc ipsum Ordinem autonomum esse, sub unius Apostolicæ Sedis dependentia, salvis juribus Ordinariorum locorum juxta Constitutiones Apostolicas et Instituti, declaravimus, decernentes ut cetera capitulariter proposita insererentur Constitutionibus infra annum Sacræ Episcoporum et Regularium Congregationi exhibendis. Cum vero

de vie plus sévère, est désignée sous le nom de *Stricte Observance*, et qu'à la fin du xvie siècle, par sa prudence et son habileté, Denys Largentier, abbé de Clairvaux, sous l'inspiration de Dieu, établit en France, s'est toujours montrée fidèle et humblement soumise à l'Abbé général. Approuvée canoniquement par Alexandre VIII Notre Prédécesseur, en des Lettres données le 19 avril 1646, elle grandit avec tant de rapidité et de bonheur, qu'en très peu de temps elle compta plusieurs monastères, parmi lesquels il faut sans ancun doute assigner un rang plus en vue et prépondérant à l'abbaye de la Trappe, à laquelle la divine Providence avait réservé ses plus grandes faveurs.

Il arriva aux membres de cette abbaye, que, chassés et exilés de leur patrie ébranlée par la violence de la Révolution française, ils portèrent au delà des frontières de l'Europe la renommée de leur discipline, élevèrent à propos et avec fruit de nombreux monastères qui formèrent ensuite autant de Congrégations, et furent, à des époques capitales pour l'Eglise et la société, un des plus forts remparts et des plus beaux ornements de l'une et de l'autre.

Ce sont d'abord les monastères de France que Grégoire XVI Notre Prédécesseur a unis en une seule Congrégation en leur donnant un vicaire général particulier, tout en les laissant sous l'autorité du modérateur général de l'Ordre Cistercien; mais Pie IX, Notre Prédécesseur, jugea bon de les séparer en deux Congrégations ayant chacune leur vicaire.

Quant à Nous, désireux de protéger la discipline régulière, et consacrant à l'accroissement et à la prospérité des diverses Congrégations Trappistes de l'Ordre Cistercien tout le soin et toute la sollicitude que Nous avons partagés, Nous avons mandé de grand cœur, dès l'an du Seigneur 1892, comme une chose très favorable à ce but, de célébrer dans cette ville mère le Chapitre général de ces mêmes Congrégations, pour traiter entre autres choses et par dessus toutes choses de leur union et de leur gouvernement.

Lorsque l'événement eut réalisé nos vœux, lorsque les résolutions et les exemples des Capitulants, qui, à Notre parole s'étaient réunis à Rome, eurent justifié Notre espoir autant qu'il se pouvait, et lorsque d'un accord unanime il fut décidé que les trois Observances des Trappistes Cisterciens de Westmal, de Sept-Fonts et de Melleraye formeraient l'Ordre unique des Cisterciens réformés de Notre-Dame de la Trappe, Nous, en des Lettres en forme de Bref données le 12 mars 1893, non seulement Nous avons approuvé et confirmé cette unité tant souhaitée, mais même avons déclaré l'autonomie de cet Ordre, sous la seule dépendance du Siège Apostolique, sans toucher aux droits des Ordinaires, conformément aux Constitutions apostoliques, ni à ceux de l'Institut, et avons décidé que les autres décisions capitulaires seraient insérées dans les Constitutions qui seraient présentées dans l'année à la Sacrée Congrégation des Evêques et des Réguliers. Lorsque les Constitutions dont Nous avons parlé eurent été approuvées par cette

Constitutiones, quas memoravimus, ab eadem Sacra Congregatione ratæ habitæ sint, tempus autem adhuc usque exactum operis perfecti gravitatem confirmaverit, dilectus Filius Sebastianus Wyart, Abbas Generalis dicti Ordinis, Nobis demissas preces supplicationesque porrexit, ut ad majorem ejusdem Ordinis stabilitatem firmandam atque animorum utilitatem fovandam, non solum Constitutionibus ipsis Apostolicæ confirmationis robur adjicere, sed et de privilegiis ad eumdem Ordinem spectantibus decernere ac alia desuper opportune providere de benignitate Apostolica dignaremur. Nos, igitur Cisterciensium, Reformatorum quieti et prospero statui amplius consulere, eosque, ut ad Dei laudem et Christifidelium ædificationem felicioribus in dies proficere valeant incrementis, specialibus favoribus et gratiis prosequi volentes, necnon singulas Abbatis Generalis, aliorumque Abbatum et Monachorum prædictorum personas a quibusvis excommunicationis et interdictii, aliisque ecclesiasticis censuris sententiis et pœnis, quovis modo vel quavis de causa latis, si quas forte incurrerint, hujus tantum rei gratia absolventes et absolutas fore censentes, ad hujusmodi supplicationes benevole excipiendas inclinati, Constitutiones, quas jam diximus, omniaque et singulas quæ in eis continentur, Apostolica auctoritate, præsentium Litterarum vi, perpetuo approbamus et confirmamus, illisque perpetuæ et inviolabilis Apostolicæ firmitatis robur adjicimus. Præterea statutam Unionem inter Cisterciensium Trappistarum Observantias Westmallensem Septemfontium et Mellearensem, earumdemque in unum Ordinem sub unius Superioris regimine erectionem iterum approbantes et confirmantes, volumus ac statuimus, ut eidem Ordini postea hoc nomen sit *Ordo Cisterciensium Reformatorum* seu *Strictioris Observantiæ*, illiusque princeps et honore et auctoritate Domus, Sedesque Titularis in perpetuum cuilibet Abbati Generali ejusdem Ordinis sit Monasterium Cistercii vetus et clarum, unde Cisterciencis Familia initium duxit. Abbati insuper Generali aliisque Abbatibus et Sodalibus Reformatis seu Strictioris Observantiæ, utpote qui non obstante, quam memoravimus, unione et in unum Ordinem autonomum constitutione, non secus ac Abbas Generalis, aliique Abbates et Sodales Observantiæ Communis, sint et permaneant veri ejusdem Familiæ Cisterciensis alumni privilegia omnia, gratias, indulgentias, facultates, prærogativas, et indulta, prædictæ Cisterciensi Familiæ quomodolibet concessa fuerunt, dummodo in usu sint et non sint revocata neque sub ullis revocationibus comprehensa, ac Sacri Concilii Tridentini Decretis et Constitutionibus Apostolicis atque Instituti non adversentur, et quibus Abbas Generalis ceterique Abbates et Sodales

Sacrée Congrégation et que le temps écoulé jusqu'ici eut encore confirmé la parfaite solidité de l'OEuvre, Notre cher fils Sébastien Wyart, Abbé général dudit Ordre, Nous demanda dans les prières et les suppliques qu'il Nous adressa, de daigner, afin de donner à l'Ordre une plus grande stabilité et d'assurer le bien des âmes, non seulement ajouter aux Constitutions la force que donne la confirmation apostolique, mais encore de décider des privilèges dont pouvait jouir le même Ordre, et en outre de pourvoir d'une manière opportune à d'autres choses dans la mesure de la bienveillance apostolique. Nous, donc, dans le dessein de rendre plus assurées la tranquillité et la prospérité des Cisterciens réformés, et voulant les poursuivre de Nos faveurs et de Nos grâces afin de leur permettre de faire chaque jour des progrès plus heureux pour la gloire de Dieu et l'édification des fidèles du Christ, absolvant dans ce but et chacune en particulier les personnes de l'Abbé général, des autres abbés et moines susdits, et jugeant qu'elles doivent être absoutes de toute excommunication, interdit, et autres censures, sentences ou peines ecclésiastiques, si par hasard elles en ont encouru de quelque manière et pour quelque raison que ce soit, disposé à accueillir favorablement des suppliques de ce genre, Nous approuvons et confirmons à perpétuité, en vertu de l'autorité apostolique et par la force des présentes Lettres, les Constitutions dont Nous avons parlé, tout ce qu'elles contiennent en général et en particulier, et Nous leur donnons la force d'une confirmation apostolique perpétuelle et inviolable.

En outre, approuvant et confirmant de nouveau l'union établie entre les Observances des Trappistes Cisterciens de Westmal, de Sept-Fonds et de Melleraye et leur érection en un seul Ordre sous l'autorité d'un seul supérieur, Nous voulons et décidons que le même Ordre prenne à l'avenir le nom d'*Ordre des Cisterciens réformés ou de la Stricte Observance*, que la maison qui occupera le premier rang en honneur et en dignité, et sera pour toujours le Siège titulaire de l'Abbé général du même Ordre, sera l'ancien et célèbre monastère de Citeaux, d'où la famille cistercienne tire son origine.

En outre Nous statuons et déclarons en vertu de la même autorité et de la force des mêmes Lettres que l'Abbé général, les autres abbés et membres réformés ou de la Stricte Observance, nonobstant l'union que Nous avons rappelée, et leur constitution en un seul Ordre autonome, dont comme l'Abbé général, les autres abbés et membres de l'Observance commune, sont et restent les vrais enfants de la même famille cistercienne; que tous les privilèges, grâces, indulgences, facultés, prérogatives et indults, autrefois accordés à la susdite famille cistercienne de quelque manière que ce soit, pourvu qu'ils soient encore en usage, qu'ils n'aient pas été révoqués ni compris sous d'autres révocations, qu'ils ne soient pas contraires aux décrets du Sacré Concile de Trente, aux Constitutions apostoliques et à celles de l'Institut, et ceux dont l'Abbé général et les autres abbés et membres de l'Observance commune

Observantiæ Communis utuntur, potiuntur et gaudent, sine ulla prorsus differentia, auctoritate et vi prædictis competere statuimus et declaramus; illisque, si opus sit, ea omnia impertimur et extendimus, incluso etiam privilegio Abbatum conferendi, servatis servandis, regularibus suis subditis primam Tonsuram et quatuor Ordines minores tantummodo. Decernentes præsentes Litteras validas, firmas et efficaces esse et fore, suosque plenarios et integros effectus sortiri et obtinere, ac Ordini et Monachis prædictis in omnibus et per omnia plenissime suffragari : sicque ab omnibus censeri et judicari debere, ac irritum et inane, si secus super his a quoquam, quavis auctoritate, scienter vel ignoranter contigerit attentari. Non obstantibus Constitutionibus et Ordinationibus Apostolicis, ceterisque contrariis quibuscumque.

Datum Romæ, apud S. Petrum, sub annulo Piscatoris, die XXX Julii, anno MDCCCCII, Pontificatus Nostri anno XXV.

L. ✠ S.

A. Card. MACCHI.

usent, profitent et jouissent, leur appartiennent au même titre ; si besoin est, Nous leur accordons et étendons toutes ces faveurs, sans exclure le privilège concédé aux abbés de conférer, en observant toutes les règles qu'il faut observer, à leurs sujets réguliers, la première tonsure et les quatre Ordres Mineurs seulement. Nous décrétons que les présentes Lettres sont et resteront valides, fermes et efficaces, qu'elles doivent recevoir et obtenir leurs effets pleins et entiers : qu'ainsi tous doivent regarder comme nul et sans effet tout ce qui, n'importe qui, de quelque autorité que ce soit, sciemment ou par ignorance, pourrait attenter contre elles. Nonobstant les Constitutions et les ordinations apostoliques, et tout ce qui leur serait contraire.

Donné à Rome, auprès de Saint-Pierre, sous l'anneau du Pêcheur, le 20 juillet de l'an 1902, de Notre Pontificat le vingt-cinquième.

A. Card. MACCHI.

EPISTOLA

AD CARD. SANCHA

Dilecto filio nostro Cyriaco Mariæ, tit. S. Petri in Monte Aureo S. R. E. Presb. Card. Sancha y Hervas, Archiepiscopo Toletanorum.

LEO PP. XIII

Dilecte Fili noster, Salutem et apostolicam Benedictionem.

Quos nuper cœtus Episcopi aliquot Hispaniarum, te præside, Matriti celebrarunt ut opportunissima ad movendam apud vos catholicorum actionem præsidia animadverterent, de iis Nos certiores efficit dilectus Filius Noster a publicis negotiis. Has Nos congressiones libentiore quadam voluntate cognovimus, quippe professi sæpenumero publiceque sumus nihil Nobis magis esse curæ quam ut catholici in Hispania viri arctissima inter se concordia cohæreant. Illud enimvero laudati cœtus perspicue demonstrant Hispanos Præsules non modo de concordiæ necessitate Nobiscum consentire, verum etiam ad voluntatum conjunctionem in fidelibus instaurandam omni studio contendere. Quod sane complures Episcopi ad consilia conferenda convenerint, id esse fructus expers in christiana plebe non potest, eo præsertim ex capite quod suas cuique opiniones variasque de rebus minime necessariis sententias omnino abjiciendas esse suadeat, si prospicere Religionis rationibus, quæ multum in præsens periclitantur, cum efficacitate velimus. Quamobrem vehementer optamus ut Hispaniæ Episcopi constanti stabilique animo insistant denunciari palam ac publice servandam catholicis universis concordiam. Sequetur enim sine dubitatione ut pastoralia præscripta majori populum virtute percellant, atque ea, quæ animo spectatis, leviore negotio adipiscamini. — Supradictis autem in conventibus prolatum a quibusdam consilium comperimus peculiares cœtus in quaque diœcesi condendi, qui consociationi Matriti constitutæ, tamquam capiti, congruat. Jam ejusmodi sententiam sapienter opportuneque conceptam laude persequi placet : valere namque posse censemus ad creandum constabiliendumque catho-

LETTRE

AU CARDINAL SANCHA

A notre cher fils Cyriaque-Marie, du titre de Saint-Pierre in Montorio cardinal-prêtre de la Sainte Eglise Romaine Sancha y Hervas, archevêque de Tolède.

LÉON XIII, PAPE

A NOTRE CHER FILS, SALUT ET BÉNÉDICTION APOSTOLIQUE

Notre cher fils chargé des affaires publiques nous a fait connaître les assemblées que quelques évêques d'Espagne ont tenues à Madrid sous votre présidence dans le but de rechercher quels étaient les moyens les plus opportuns pour soutenir dans votre pays l'action des catholiques. Nous avons appris avec un plaisir d'autant plus grand la réunion de ces Congrès que plus d'une fois et publiquement nous avons Nous-même déclaré n'avoir rien tant à cœur que de voir les catholiques d'Espagne s'unir dans la concorde la plus étroite. Ces assemblées si recommandables montrent clairement que les évêques d'Espagne, non contents de partager notre sentiment au sujet de la nécessité de cette concorde, mettent tout leur zèle à établir l'entente parmi les fidèles. Assurément l'acte qu'ont accompli plusieurs évêques en se réunissant pour tenir conseil ne peut manquer de porter des fruits parmi le peuple chrétien, pour cette raison surtout qu'il engage chacun à abandonner les opinions variables que nous pouvons avoir sur des questions nullement nécessaires, si Nous voulons favoriser efficacement l'intérêt de la religion, qui, pour le moment présent, court le plus grand péril. C'est pourquoi Nous désirons vivement que les évêques d'Espagne persistent avec une constance inébranlable à prêcher ouvertement et en public l'entente qu'il faut conserver entre tous les catholiques. La conséquence en sera sans aucun doute que vos lettres pastorales exerceront sur le peuple une plus grande influence et que vous atteindrez avec moins de peine ce but que vous poursuivez avec énergie. Nous savons que dans les susdites réunions quelques-uns ont proposé de fonder dans chaque diocèse des assemblées particulières qui seraient unies à l'association établie à Madrid comme à leur tête. Il nous plaît de faire l'éloge d'une pensée si sage et si bien conçue : car nous la

licorum omnium in Hispania consensum. Quare plane confidimus universos istius gentis Episcopos eidem consilio et opinione et re fore adstipulaturos. Hujus tamen exequendi negotii, præscriptoremque decernendorum, quibus regendæ consociationes erunt, præcipuas partes deberi tibi volumus, qui summum dignitatis locum in Hispaniæ Episcopis obtines. Valde quidem Nobis et agendi studio, et rerum usu, et fideli conjunctione commendaris quo fit ut nullum ad hæc incitamentum desideres. Modestiam vero tuam attollendam impellendamque arbitramur, idque libenter præstamus, enixe cohortantes ut magno erectoque animo operi tam claro præsis, hoc nihil dubitans eos tibi omnes adjumentum laturos qui dignitatis exsistunt socii. Quod si humanæ conscius infirmitatis divinam requirendam opem ad laudatum facinus putas, Nos etiam adspirantem propitie Deum tibi deprecamur, auspicemque cœlestium gratiarum Apostolicam benedictionem tibi cæterisque Hispaniarum Episcopis ac fidelibus peramanter impertimur.

Datum Romæ, apud S. Petrum, die XXII Aprilis, anno MCMIII, Pontificatus Nostri vicesimo sexto.

LEO PP. XIII.

croyons propre à créer et à maintenir en Espagne l'accord entre tous les catholiques. Aussi Nous avons la pleine confiance que tous les évêques de la nation espagnole vont s'engager à suivre la même inspiration, la même manière de voir et d'agir. Cependant Nous voulons que dans la poursuite de cette affaire et dans le choix des règlements qui doivent régir ces associations vous ayez une part prépondérante, en raison du premier rang que votre dignité vous fait tenir parmi les évêques d'Espagne. Nous vous tenons en grande estime pour l'activité de votre zèle, votre expérience des affaires, et la fidélité de votre attachement, ce qui fait que sur ces points vous n'avez aucun besoin d'être excité. Mais Nous pensons devoir relever et encourager votre modestie, et Nous le faisons volontiers, vous exhortant vivement à montrer un esprit grand et élevé dans la direction d'une œuvre si belle, et ne doutant nullement du secours que vous apporteront vos collègues dans l'épiscopat. Si, conscient de la faiblesse humaine, vous croyez bon de rechercher le secours de Dieu, Nous aussi Nous prions Dieu de vous être propice, et, en présage des grâces célestes, Nous vous accordons de tout cœur la bénédiction apostolique à vous, aux autres évêques et aux fidèles d'Espagne.

Donné à Rome, près Saint-Pierre, le 22º jour d'avril, l'an 1903, de Notre Pontificat le vingt-sixième.

LÉON XIII, PAPE.

LES DERNIÈRES ALLOCUTIONS
DE LÉON XIII

ALLOCUTION

Prononcée le 23 décembre 1902

En réponse à l'adresse de S. Ém. le cardinal Oreglia, qui lui présentait les vœux du Sacré Collège, à l'occasion des fêtes de Noël.

Vénérables Frères, Nous n'emploierons pas d'abondantes paroles pour vous témoigner la joie que Nous causent les sentiments affectueux exprimés en votre nom par le vénéré cardinal doyen de votre collège. Cependant, Nous tenons à dire qu'aujourd'hui plus que jamais Nous Nous reposons avec confiance sur votre unanime dévouement. Coopérateurs dignes d'éloges pendant une si longue période, vous Nous accompagnerez encore avec la même affection active sur le chemin qui devient de plus en plus rude.

L'année jubilaire, objet de vos aimables félicitations et des continuels témoignages d'affection du monde catholique, s'écoule, comme vous le voyez, dans l'amertume, par suite de circonstances sociales trop douloureuses au cœur d'un Père. Violés déjà en cent manières, les droits de l'Eglise et du nom catholique subissent encore d'autres atteintes, jusqu'au renversement légal de saintes institutions chrétiennes. Mais ne sont-elles pas une portion, et la plus élevée, de l'héritage laissé par le Christ aux peuples rachetés, et destinées expressément à garder et à protéger les biens moraux supérieurs, première racine de tout autre bien pour la société humaine? Ah! ce n'est pas le sincère amour de la prospérité publique ni de l'accroissement de la puissance civile qui stimule les artisans de tels malheurs : ce que l'on veut et ce que l'on recherche, c'est la ruine de l'ordre chrétien sur les bases du naturalisme païen. S'il est écrit au ciel que cette suprême lueur de Notre journée mortelle doit s'éteindre parmi de telles amertumes, Nous fermerons, en bénissant le Seigneur, Nos yeux fatigués, mais ayant au cœur la plus ferme persuasion qu'à l'heure de la miséricorde, lui-même se lèvera pour le salut des nations assignées en partage au Fils unique de Dieu.

Vos dernières paroles, Monsieur le cardinal, font allusion à l'action démocratique chrétienne, qui est aujourd'hui, comme vous le comprenez bien, un fait d'une importance considérable. Cette action, toute conforme au caractère du temps et aux besoins qui l'ont suscitée, Nous l'avons sanctionnée et stimulée, en déterminant cependant avec grande netteté son but, son mode et ses limites ; en sorte que, si quelqu'un s'égarait à ce sujet, le fait ne pourrait être attribué à l'insuffisance de direction autorisée. Evidemment, en général, ceux qui se sont consacrés à cette œuvre, en Italie ou à l'étranger, y travaillent avec un zèle qui est bon et d'une manière remarquablement fructueuse : il faut mentionner l'utile concours apporté aussi à cette action par une foule de vaillants jeunes gens. Nous avons aussi encouragé le clergé à entrer, avec certaines précautions, dans ce même champ d'activité ; car toute judicieuse et profitable entreprise de sincère charité s'accorde avec la vocation du sacerdoce catholique. Or, n'est-ce pas charité véritable et très opportune de s'adonner avec empressement et désintéressement à l'amélioration de la situation spirituelle et du sort matériel des multitudes ? Le maternel amour de l'Église pour les hommes est universel, comme la paternité de Dieu ; mais toutefois, fidèle à ses origines et se souvenant des exemples divins, elle fut toujours accoutumée à s'approcher des humbles, des malheureux et des déshérités, avec un sentiment de prédilection. En se pénétrant sincèrement et constamment de l'esprit de cette mère universelle des peuples, la démocratie chrétienne peut avoir pleine confiance de ne pas manquer son but : et que personne ne prenne ombrage du mot, puisqu'on sait que la chose est bonne. Entendu comme l'entend l'Eglise, le concept démocratique non seulement s'accorde à merveille avec les principes révélés et avec les croyances religieuses, mais encore il est né et même s'est développé par le christianisme ; et c'est la prédication évangélique qui l'a répandu parmi les nations. Athènes et Rome ne l'ont pas connu, sinon lorsqu'elles eurent entendu la voix divine qui a dit aux hommes : « Vous êtes tous frères et votre Père commun est aux cieux. »

En dehors de cette démocratie qui se dénomme et qui est chrétienne le mouvement démocratique séditieux et athée s'avance vers un idéal tout autre et par d'autres voies. Aux sociétés civiles qui le flattent et qui s'abritent dans son sein, il prépare des jours amers. Maintenant l'action populaire chrétienne est, sur le même sujet, une force rivale, qui s'oppose au succès de l'autre et très souvent la prévient. Si elle ne réussissait qu'à disputer le terrain à la démocratie socialiste et à en circonscrire les pernicieuses influences, elle rendrait par cela seul un grand service à la société civile et à la civilisation chrétienne.

En échange affectueux de vos souhaits, Nous demandons au ciel les plus précieuses bénédictions pour le Sacré Collège. Qu'elle en soit le gage, celle que Nous accordons de tout cœur, l'étendant aux évêques, aux divers prélats et à tous les autres qui Nous font une douce couronne.

ALLOCUTION

AU PATRICIAT ET A LA NOBLESSE ROMAINE

En réponse à une adresse
lue par S. Exc. le prince Marc-Antoine Colonna

Le 24 janvier 1903.

Ce nous est une joie spéciale de voir chaque année rassemblées devant Nous les familles du patriciat et de la noblesse romaine, et d'entendre si dignement interpréter par vous, Monsieur le prince, leurs sentiments de dévouement inébranlable au Siège apostolique.

Mais vos paroles Nous apportent aussi vos souhaits et vos félicitations pour Notre jubilé pontifical. Elles Nous sont très agréables dans le concert unanime des vœux qui, de toutes parts, s'élèvent pour Nous vers Dieu, à qui seul Nous devons les consolations de cet heureux événement.

Ah! oui, à une époque si pleine de luttes sociales, il est vraiment consolant de voir dans la grande famille catholique une si belle émulation et harmonie de piété filiale et d'amour que, de toutes parts, les fidèles de tout rang et de toute condition se serrent autour du Souverain Pontife, partagent ses joies et ses douleurs, et reconnaissent en lui le Père commun et le maître de leurs âmes.

Et vraiment, chers fils, les Pontifes romains eurent toujours un égal souci de protéger et d'améliorer le sort des humbles comme de protéger et d'augmenter les conditions des classes élevées. Ils sont, en effet, les continuateurs de la mission de Jésus-Christ, non seulement dans l'ordre religieux mais aussi dans l'ordre social. Et Jésus-Christ, s'il voulut passer sa vie privée dans l'obscurité d'une humble habitation et passer pour le fils d'un artisan; si, dans sa vie publique, il aima de vivre au milieu du peuple, lui faisant du bien de toutes manières, pourtant il voulut naître de race royale en choisissant pour mère Marie, pour père putatif Joseph, tous deux rejetons choisis de la race de David. Hier, en la fête de leurs épousailles, nous pouvions répéter avec l'Eglise les belles paroles : « Marie nous apparaît brillante, issue d'une race royale. »

Aussi, l'Eglise, en prêchant aux hommes qu'ils sont tous les fils du même Père céleste, reconnaît comme une condition providentielle de la société humaine la distinction des classes; c'est pourquoi elle enseigne que seul le respect réciproque des droits et des devoirs, et la charité mutuelle donneront le secret du juste équilibre, du bien-être honnête, de la véritable paix et de la prospérité des peuples.

Pour nous aussi, déplorant les agitations qui troublent la société civile, plus d'une fois Nous avons tourné les regards vers les classes infimes qui sont plus perfidement assiégées par les sectes perverses : et

Nous leur avons offert les soins maternels de l'Eglise. Plus d'une fois Nous l'avons déclaré : le remède à ces maux ne sera jamais l'égalité subversive des ordres sociaux, mais cette fraternité qui, sans nuire en rien aux dignités de rang, unit les cœurs de tous dans les mêmes liens de l'amour chrétien.

Pour vous, chers fils qui avez reçu de vos aïeux, en héritage, avec la noblesse du sang, l'obéissance la plus illimitée aux enseignements de l'Eglise et aux directions de son Chef, vous ferez une œuvre de civilisation vraiment utile, et non moins à l'honneur de votre maison, si par tous les moyens que vous donnent l'autorité, l'instruction, la fortune, surtout par l'efficacité d'exemples vertueux, vous secondez Nos sollicitudes en vue de sauver les classes populaires, en les ramenant aux principes et à la pratique de la doctrine catholique.

Puisse l'année qui commence voir se réaliser Nos vœux ! En attendant, Nous vous adressons, en échange des vôtres, Nos souhaits les plus sincères, et Nous vous accordons à tous la bénédiction apostolique.

ALLOCUTION

A L'OCCASION DU XXVᵉ ANNIVERSAIRE
DE SON ÉLECTION

Le 20 février 1903.

VÉNÉRABLES FRÈRES, CHERS FILS,

Cette longue durée du ministère apostolique, dont l'histoire n'offre qu'un exemple depuis Pierre, et qui Nous est accordée sans aucun mérite de Notre part, c'est, reconnaissez-le avec Nous, un bienfait mémorable et singulier de la bonté divine.

A considérer le cours et les voies ordinaires de la nature, quelle espérance y avait-il de voir se lever pour Nous, au terme extrême de la vieillesse, le jour présent?

Le souverain Seigneur et modérateur de toutes choses, Dieu, fait apparaître sa Providence dans les heureux effets de cet événement tout personnel : car à cette occasion la piété s'est enflammée davantage encore sur tous les points du monde.

Des foules nombreuses, en cette circonstance, Nous adressent leurs félicitations et leurs vœux. Mais ce n'est pas à Nous individuellement, c'est au rôle que Nous remplissons que s'adressent les regards et le respect de ces multitudes.

Votre présence aujourd'hui rend le même témoignage. S'il vous a plu de vous réunir si nombreux dans cette salle pour Nous rendre vos devoirs, n'est-ce pas surtout la vue de Pierre qui vous attira ?

Ces présents, preuves insignes de la commune piété des peuples, cette tiare à la triple couronne, ces clés mystiques partent uniquement de la force et de la majesté du Pontificat romain. La même signification se retrouve et dans cette médaille, frappée en souvenir de ce grand jour, et dans cette collecte de l'univers en vue de restaurer la basilique du Latran.

La volonté de rendre honneur au Pontife a poussé à la libéralité.

Ces manifestations, surtout parce qu'elles tournent à la gloire de Notre Seigneur Dieu, nous causent une consolation opportune dans les amertumes de nos soucis.

C'est donc avec amour que Nous vous serrons sur Notre cœur, vous tous tant que vous êtes ici, vous en premier lieu, chers fils, qui avez eu l'initiative et la direction de ces solennités. Votre zèle et les soucis que vous avez ainsi assumés resteront dans Notre souvenir reconnaissant.

Voici Notre dernière leçon : recevez-la et gravez-la tous dans vos esprits : c'est l'ordre de Dieu qu'il ne faut chercher le salut que dans l'Église, qu'il ne faut chercher l'instrument du salut, vraiment fort et toujours utile, que dans le Pontificat romain.

ALLOCUTION

AU XVe PÈLERINAGE FRANÇAIS DE PÉNITENCE A SON RETOUR DE JÉRUSALEM, SOUS LA DIRECTION DES AUGUSTINS DE L'ASSOMPTION

Le 9 juin 1903.

Nous Nous réjouissons de vous voir en si grand nombre revenir des Lieux Saints. Ce Pèlerinage vous aura causé la plus douce satisfaction, aura raffermi votre piété et votre foi : le bonheur d'avoir visité les Lieux sanctifiés par Notre-Soigeur Jésus-Christ sera le plus doux souvenir de votre vie.

Pendant votre séjour en Palestine, vous aurez sans doute tourné vos regards et vos pensées vers la France et vous aurez prié pour elle. Rentrés dans votre pays, redoublez vos prières pour la France. Oui, à l'heure présente, elle en a grand besoin. Nous y unirons les Nôtres, et, en attendant, Nous accordons à vous tous ici présents et à vos familles la bénédiction apostolique.

DERNIÈRE POÉSIE DE LÉON XIII

Fatalis ruit hora, Leo; jam tempus abire est,
  Pro meritisque viam carpere perpetuam.
Quæ te sors maneat? Cœlum sperare jubebant
  Largus contulerat quæ tibi dona Deus;
At summæ claves, immenso pondere munus
  Tot tibi gestum annos, hæc meditare gemens:
Qui namque in populis excelso præstat honore,
  Hei misero, pœnas acrius inde luet.
Hæc inter trepido dulcis succurrit imago,
  Dulcior atque animo vox sonat alloquii:
Quid te tanta premit formido? Ævique peracti
  Quid seriem repetens, tristia corde foves?
Christus adest miserans: humili veniamque roganti
  Erratum, ah! fidas, eluet omne tibi.

[Ces derniers vers de Léon XIII ont été
publiés par son ordre dans le *Paese*, de Pérouse, le 10 juillet 1903.]

AVANT LA MORT

6 juillet 1903.

L'heure fatale approche, ô Léon; il est temps de partir
Pour la demeure éternelle que le Dieu juste destine à tes mérites.
Quel sort t'attend? Tu pouvais espérer le ciel,
À ne songer qu'aux grâces généreuses que Dieu t'accorda.
Mais les clés souveraines, mais le pontificat suprême, fardeau effrayant,
Que tu portas de si longues années! Rentre en toi-même et gémis:
Celui que des honneurs sublimes ont placé à la tête des peuples,
  Malheur à lui! Plus le coupable est élevé, plus seront terribles ses châtiments:
Tremble, Léon! Et, cependant voici paraître une douce vision,
Plus douce encore est la voix qui résonne en ton cœur:
  « Pourquoi te laisser envahir par la crainte? Pourquoi, au souvenir
de ta vie passée, nourris-tu dans ton âme de sombres appréhensions?
  »Voici le Christ, le Dieu de miséricorde; confiance! A ton cœur humble
et suppliant, il pardonnera toutes ses défaillances. »

LÉON XIII.

APPENDICES

I

BIOGRAPHIE DE LÉON XIII

Le Souverain Pontife Léon XIII s'est éteint doucement, le lundi 20 juillet 1903, à l'âge de quatre-vingt-treize ans, après un glorieux pontificat. Ce douloureux événement, qui a causé une profonde émotion dans le monde entier, a été notifié officiellement aux nonces apostoliques par cette laconique dépêche :

Rome, 20 juillet, 6 heures, soir.

Avec la plus grande douleur fais part mort du Saint-Père, arrivée aujourd'hui à 4 heures de l'après-midi, entouré du Sacré-Collège.

M., cardinal RAMPOLLA.

La place nous manque pour raconter en détail la vie si remplie du Pape qui est allé rejoindre Pie IX dans la tombe, et nous devons, à regret, nous contenter pour le moment d'esquisser les principaux traits de la grande figure dont la mort n'a pu altérer l'austère majesté.

Les premières années. — Délégat de Bénévent et de Pérouse.

Né le 2 mars 1810, à Carpineto, dans l'ancien pays des Valaques, sur la crête d'une montagne faisant partie de la chaîne des monts Lepini, Joachim Pecci, qui devait plus tard porter le nom vénéré de Léon XIII, était le sixième enfant de Ludovic Pecci et d'Anna Francesca Prosperi. Du côté paternel, sa famille était issue de la noble lignée des Pecci de Sienne. Voici en quels termes est inscrit sur un registre de la famille, à Carpineto, l'acte de naissance du futur Pape :

Deux mars dix-huit cent dix. — Vers les vingt-trois heures et demie (c'est-à-dire onze heures et demie du soir), est venu au monde un enfant du sexe masculin, auquel ont été donnés les prénoms de Vincent-Joachim-Raphaël-Louis. Il a été tenu sur les fonts baptismaux par le chanoine Don Giacinto Caporossi. La marraine fut Mme Candida Caldarossi. La cérémonie a été célébrée dans la chapelle de la maison, par le chanoine Cattoni.

Après de brillantes études au Collège romain et à l'Académie des nobles ecclésiastiques, Joachim Pecci était nommé, en 1837, référendaire au tribunal de la Signature et entrait bientôt, grâce à la protection des cardinaux Pacca et Sala, dans la Congrégation du « Buon Governo », chargée de l'administration des communes des Etats pontificaux. Ses qualités d'ordre et d'organisation et surtout son énergie ne tardèrent pas à attirer sur lui l'attention de Grégoire XVI qui chargea le jeune prêtre (il y avait à peine deux mois que Joachim Pecci avait été ordonné) de rétablir l'ordre dans la province de Bénévent.

Enclavé dans le royaume de Naples, ce duché, qui depuis le xɪᵉ siècle appartenait à la papauté, causait de graves embarras au gouvernement pontifical. Un ramassis de gens sans aveu à la solde de familles riches et influentes dont les membres occupaient parfois des postes officiels, rançonnaient impunément le pays (1).

Revêtu du titre de délégat, le jeune prélat quitta Rome en février 1838. Mais ce voyage, entrepris à la fin de l'hiver par des chemins souvent impraticables, altéra gravement sa santé. Presque aussitôt après son arrivée à Bénévent, il fut assailli par un violent accès de fièvre pernicieuse qui inspira des inquiétudes pour sa vie. On désespérait de le sauver, quand le recteur du collège de Bénévent, un Jésuite jouissant d'une grande réputation de sainteté, le P. Tessandori, fit toucher au mourant une relique de saint François de Hieronymo, l'apôtre de Naples. Aussitôt une amélioration se produisit. Quelque temps après, le délégat, rendu à la santé, pouvait s'occuper des mesures les plus propres à réprimer le brigandage.

Jugeant que la principale source du mal était la contrebande, qui fournissait aux fauteurs de désordres un personnel d'aventuriers toujours prêts aux mauvais coups, le prélat n'hésita pas à se rendre à Naples pour négocier avec le gouvernement royal une entente au sujet de la surveillance des frontières. Une fois ces dispositions prises, il réorganisa la gendarmerie, qui reçut un chef plus énergique et plus actif. Sûr de l'esprit des troupes, le délégat les lança, sous la conduite des guides en qui on avait confiance, à travers les forêts qui servaient de refuge aux bandits. Un des faits principaux de cette pénible campagne fut la prise de la villa Mascambruni, où quatorze brigands, commandés par un chef célèbre, tombèrent entre les mains des carabiniers pontificaux après un combat très vif. Mais il ne suffisait pas de purger le pays des bandes qui l'infestaient, il fallait réduire à l'impuissance les organisateurs secrets du brigandage, parmi lesquels se trouvaient des membres de l'aristocratie. L'anecdote suivante, que nous empruntons à Mgr T'Serclaes, est suggestive:

« Un jour, un seigneur de la province vint trouver le délégat et lui reprocha, avec de violents éclats de colère, les privilèges qu'il prétendait lui être dus en sa qualité de marquis, et dont faisaient bon marché les employés de la douane pontificale. Mgr Pecci, sans se départir de son affabilité, représenta à son interlocuteur qu'il ne pouvait le dispenser de se soumettre à des lois faites pour tous. Croyant sans doute en imposer au prélat, le marquis déclara insolemment qu'il allait partir

(1) Ces sortes d'associations sont très fréquentes encore aujourd'hui dans l'Italie méridionale. On leur donne le nom de camorra. Les brigands qui dévalisent les voyageurs et quelquefois assassinent des personnages ne sont que les serviteurs à gages d'une entreprise commerciale dont les membres se partagent clandestinement les bénéfices tout en gardant les dehors de citoyens honnêtes et considérés. Des procès récents ont attiré l'attention sur ces associations de malfaiteurs qui, souvent, comptent dans leurs rangs des banquiers, des magistrats, des hommes politiques.

pour Rome et qu'il en reviendrait avec la destitution du délégat. « Fort bien, Monsieur le marquis, répondit Mgr Pecci, mais rappelez-» vous qu'avant d'aller porter vos plaintes au Vatican, vous devez passer » par le château Saint-Ange! »

» Cette menace fit perdre contenance au contrebandier, qui se retira atterré. Quelques jours après, son château était pris d'assaut et tous les bandits auxquels il servait de repaire tombaient entre les mains des soldats pontificaux. »

Les résultats obtenus dans la province de Bénévent valurent au prélat le gouvernement de Spolète, auquel on substitua presque aussitôt celui de Pérouse. La capitale de l'Ombrie, travaillée par les Sociétés secrètes, était l'un des principaux foyers du carbonarisme.

Mgr Pecci venait à peine de s'installer dans son nouveau poste qu'on apprit que Grégoire XVI allait entreprendre la visite des Marches et de l'Ombrie.

Située au sommet d'une montagne élevée, la ville de Pérouse, qui voit se dérouler à ses pieds les riantes plaines de l'Ombrie, était d'un accès difficile aux voyageurs. En moins de vingt jours, le délégat fit construire, en longeant le flanc escarpé du mont, une route nouvelle et commode, qui reçut le nom de *Voie Grégorienne*, du nom du Pontife qui venait l'inaugurer. Charmé de l'activité du délégat, et touché des marques bruyantes d'attachement prodiguées par les populations de l'Ombrie, le Pape témoigna toute sa satisfaction : « Dans mes voyages à travers les provinces, dit-il en souriant, j'ai été, en quelques endroits, reçu comme un moine, ailleurs comme un cardinal, mais à Ancône et à Pérouse, réellement en souverain. »

La nonciature de Bruxelles.

Quelques mois plus tard, le délégat de Pérouse était nommé archevêque de Damiette et nonce apostolique à Bruxelles, en remplacement de Mgr Fornari, son ancien professeur de droit canon à l'Académie ecclésiastique, appelé à la nonciature de Paris. Le jeune prélat était sacré le 27 janvier 1843, par le cardinal Lambruschini, secrétaire d'État, en l'église de San-Lorenzo in Panisperna. Il s'embarquait le 19 mars, à Civita-Vecchia, sur le vapeur français *Sésostris*. Plusieurs incidents marquèrent le voyage, qui fut très pénible. Tombé malade presque aussitôt après son débarquement, le nouveau nonce dut s'arrêter quinze jours à Nîmes. Il profita de ce repos forcé pour se faire donner des leçon de français. Le second incident est raconté en ces termes par Mgr de T'Serclaes :

« La mission de Mgr Pecci faillit prendre fin d'une façon tragique avant même qu'il ne fût installé. Le nouveau nonce, qui n'avait pas encore présenté ses lettres de créance au roi, se rendait de Malines, où il avait été visiter le cardinal Sterckx, à Bruxelles, le long du canal de Vilvorde. Non loin de cette dernière ville, les chevaux de sa voiture, laissés à eux-mêmes par le cocher, s'emportèrent au moment de franchir un pont. Ils étaient sur le point de se précipiter avec la voiture dans le canal, lorsqu'un vicaire d'une paroisse des environs se jeta courageusement à la tête des animaux effrayés, les arrêta, et empêcha une catastrophe dont les conséquences eussent été d'une suprême importance pour l'histoire de l'Eglise. Le nonce, quelque peu impressionné de cet accident, comme on se l'imagine sans peine, accepta pour quelques heures l'hospitalité à la cure voisine, puis ne voulut plus remonter en voiture; il gagna Bruxelles à pied, en bon marcheur qu'il était. »

Réservé, prudent, mettant au service d'une diplomatie empreinte d'une certaine fermeté mais aussi de beaucoup de souplesse toutes les ressources d'un esprit fin, délié, parfois caustique, le représentant du Saint-Siège parvint à exercer une grande influence sur l'esprit du roi Léopold Ier qui, par son origine allemande, son alliance avec la famille royale de France, les étroites relations qu'il avait conservées avec la cour d'Angleterre, jouissait d'un véritable ascendant sur les principaux chefs d'État de l'Europe. La mission confiée au nonce était formulée en ces termes par le cardinal Lambruschini : « La religion catholique et l'exercice de l'autorité épiscopale jouissent en Belgique, par la divine miséricorde, d'une liberté dont on ne manque que trop en divers autres royaumes. C'est le strict devoir du nonce apostolique de protéger cette liberté. Pour atteindre ce but, il ne faut pas que le nonce se montre animé d'un zèle indiscret, et beaucoup moins encore d'un esprit quelconque de parti. »

Au moment où Mgr Pecci arrivait à Bruxelles, le pouvoir était détenu par un Cabinet libéral modéré, qui avait à sa tête M. Nothomb. L'année précédente, il avait fait voter une loi sur l'enseignement primaire qui accordait à la religion catholique des garanties, tout en augmentant l'ingérence du pouvoir central dans tout ce qui concernait l'organisation de l'instruction. Puis le ministère voulut aggraver cette loi en réservant au gouvernement la nomination exclusive de tous les membres des jurys d'examen, tandis que d'après la législation jusqu'alors en vigueur les ministres du roi ne pouvaient désigner que le tiers des membres, le choix des deux autres tiers étant réservé aux Chambres. Cette disposition nouvelle, qui avait cependant été agréée par l'ancien nonce, Mgr Fornari, fut attaquée avec vigueur par les évêques et la grande majorité des catholiques. Malgré les relations amicales qu'il entretenait avec le chef du Cabinet, Mgr Pecci se montra favorable aux réclamations des catholiques, qui obtinrent gain de cause à la Chambre.

Dès son arrivée en Belgique, le nouveau nonce avait signalé aux évêques le danger que faisaient courir à l'intégrité de la foi le traditionalisme et l'ontologisme, qui avaient des adeptes parmi les professeurs de l'Université de Louvain. Plus tard, il s'était occupé de préserver la Belgique des erreurs de Ronge. Ce prêtre apostat, appuyé d'abord par la cour de Berlin, avait, dans une lettre adressée à l'évêque de Trèves, levé l'étendard de la révolte contre l'Eglise catholique. Il avait trouvé quelques adhérents dans les provinces rhénanes et en Bavière ; il essaya d'implanter sa secte en Belgique. Mais les projets de ce prêtre dévoyé furent déjoués par la vigilance des évêques de Liège et de Namur qui, dans cette affaire, secondèrent le représentant du Saint-Siège avec une remarquable énergie.

La situation des Ordres religieux en Belgique était à cette époque mal définie et prêtait à de nombreuses difficultés avec les Ordinaires.

Le nonce voulut résoudre lui-même la question. Après avoir obtenu les pouvoirs nécessaires, il convoqua les Chapitres des divers Ordres et visita en personne les principales abbayes. Il s'occupa enfin de régler l'incident qui s'éleva en 1845 entre l'Université de Louvain et les Pères Jésuites.

Les Pères Jésuites ayant décidé de mettre le cours de philosophie qu'ils avaient fondé au collège de Namur en harmonie avec les programmes du gouvernement afin de permettre à leurs étudiants de recevoir les grades académiques, l'Université de Louvain protesta avec vigueur. L'érection d'une Faculté philosophique rivale était, disait-elle, un procédé injurieux pour elle; en outre, elle lui enlevait une partie des élèves sur lesquels elle croyait pouvoir compter pour contrebalancer l'influence des Universités non catholiques de Liège, de Gand et de Bruxelles. Le recteur de Louvain, Mgr de Ram, que les partisans de Namur accusaient d'être favorable aux doctrines traditionalistes, était soutenu par la majorité de l'épiscopat. Mgr Pecci persuada aux deux partis de s'en remettre au jugement du Saint-Siège. Le Pape demanda aux évêques de lui envoyer chacun un mémoire sur cette question. Après avoir pris l'avis du nonce, le Saint-Siège décida que le cours de Namur serait maintenu, mais aurait le caractère d'un simple cours préparatoire aux études universitaires et que le collège des Pères Jésuites ne posséderait pas de Faculté complète.

Mgr Pecci venait à peine de régler ce différend, quand, vers la fin de 1845, il fut appelé à l'important archevêché de Pérouse. Au moment de son départ, le roi Léopold rendit en ces termes témoignage au nonce apostolique dans la lettre suivante, datée de Bruxelles, le 14 mars 1846, et adressée à S. S. le Pape Grégoire XVI :

« Je dois recommander à la bienveillante protection de Votre Sainteté l'archevêque Pecci, il a mérite à tous les points de vue, car j'ai rarement vu un dévouement plus sincère à ses devoirs, des intentions plus pures et des agissements plus droits. Son séjour dans ce pays lui aura été très utile en lui permettant de rendre de bons services à Votre Sainteté. Je la supplie de lui demander un compte exact des impressions qu'il emporte sur les affaires de l'Eglise de Belgique. Il juge toutes ces choses très sainement, et Votre Sainteté peut lui accorder toute confiance. »

En retournant en Italie, l'archevêque de Pérouse s'arrêta à Londres et à Paris; il fut accueilli avec les plus grands égards par la reine Victoria, le prince Albert, le roi Louis-Philippe. Il arrivait à Rome le 1er juin, le jour même de la mort de Grégoire XVI. Avant l'ouverture du Conclave il eut une entrevue avec l'ancien évêque d'Imola dans la maison du cardinal Mastaï, sur la place de l'Ara-Cœli et qui est aujourd'hui la procure des Pères Augustins de l'Assomption. Au cours de son pontificat, Léon XIII a voulu perpétuer, dans une inscription latine qu'il rédigea lui-même, le souvenir de cette rencontre de l'archevêque nommé de Pérouse avec le cardinal qui devait, quelques jours plus tard, prendre le nom immortel de Pie IX.

Archevêque de Pérouse. — L'assassinat de Santi.

L'archevêque de Pérouse, qui avait été préconisé par le nouveau Pontife, faisait, le 26 juillet 1846, son entrée solennelle dans sa ville épiscopalc. Parti du monastère bénédictin de Saint-Pierre, monté sur un cheval richement caparaçonné de blanc et abrité par un baldaquin que portaient huit élèves du Séminaire, précédé de trompettes, de musiciens, d'enfants qui jetaient des fleurs sur son passage, entouré de son clergé et des professeurs de l'Université de Pérouse, il prenait possession de son siège au milieu des acclamations enthousiastes du peuple auquel il allait consacrer trente-deux ans de sa vie. A plusieurs reprises son épiscopat fut troublé par la révolution. Dès 1846, il devait s'interposer entre le peuple en armes, qui réclamait la délivrance des détenus renfermés dans les prisons, et les troupes pontificales, décidées de s'y opposer par la force. En 1849, après la délivrance de Rome, Pérouse tombait entre les mains des garibaldiens, et une colonne autrichienne placée sous les ordres du comte de Lichtenstein s'avançait pour occuper la ville. L'archevêque se rendit auprès du comte pour l'engager à renoncer à son dessein, et l'autorité pontificale fût rétablie sans effusion de sang. En 1859, une troupe de factieux, soutenue par les révolutionnaires de Toscane, s'emparait de la ville, qui était reprise peu après par un régiment suisse. Le 14 septembre 1860, un corps de 15 000 Piémontais, sous les ordres du général de Sonnaz, pénétrait dans la capitale de l'Ombrie après avoir contraint les troupes pontificales à se retirer dans la citadelle. On constituait sous les ordres du marquis Joachim Pepoli, commissaire du roi Victor-Emmanuel, un gouvernement provisoire tandis que les soldats piémontais enfonçaient les portes de l'évêché et du Séminaire sous prétexte de chercher les soldats que l'on disait y être cachés. Mgr Pecci eut à intervenir auprès du général en chef Fanti qui, arrivé sur ces entrefaites, voulait donner assaut à la citadelle pour éviter une nouvelle effusion de sang. Au milieu de ces événements se produisit un incident tragique que Bresciani raconte en ces termes :

« Pendant l'assaut donné à Pérouse, alors que les Romains défendaient la place avec énergie et empêchaient l'ennemi de pénétrer dans les principales rues de la cité, quelques factieux tiraient de leurs fenêtres ou du haut des toits sur les pontificaux, dont ils tuèrent un certain nombre. Or, il arriva qu'un soldat piémontais fut, par hasard ou autrement, tué par une balle tirée aussi d'une fenêtre. Aussitôt après la capitulation, le général della Rocca, furieux, demanda d'où était parti le coup. Ces paroles furent entendues par un misérable récemment sorti des galères qui avait une rancune contre un honorable prêtre du voisinage parce que celui-ci l'avait plusieurs fois repris de ses blasphèmes. Cet ex-galérien dit : « Celui qui a tiré dans le dos de vos soldats, c'est » le prêtre Santi qui demeure là, dans cette maison; c'est un papalin » enragé. » Della Rocca n'en demanda pas davantage. Il envoya quelques soldats à l'assaut de la maison de l'ecclésiastique. Ceux-ci s'emparèrent de lui et le traînèrent devant le général, qui le fit condamner à mort par un tribunal improvisé sur la place même. A cette horrible nouvelle, plusieurs personnages de distinction, entre autres le cardinal Pecci, alors archevêque de Pérouse, accoururent pour témoigner que le prêtre ainsi accusé était un homme très pieux, d'un caractère doux et bienveillant, tout à fait étranger à l'esprit de parti, ne s'occupant que des devoirs de son ministère sacré et connu de toute la ville pour ses vertus. On supplia le général de suspendre l'exécution de la sentence, de faire une enquête sérieuse..... Le général della Rocca, obstiné dans sa cruauté, ordonna que l'exécution eût lieu sur-le-champ. Alors Pérouse fut témoin d'un spectacle atroce, digne des cannibales : une bande d'individus ivres et de femmes de mauvaise vie dansèrent des rondes autour du cadavre du prêtre, le chargeant d'imprécations et criant: *Mort aux prêtres! Vive l'Italie!* »

L'archevêque de Pérouse, qui avait été créé, le 19 décembre 1853, cardinal du titre de Saint-Chrysostome, s'occupa avec un soin particulier, pendant son long épiscopat, de la formation de son clergé. Secondé par son frère, l'abbé Joseph Pecci, sécularisé après la dispersion de la Compagnie de Jésus, il mit en honneur au Séminaire de Pérouse, dont il surveillait les études avec une sollicitude constante, les doctrines de saint Thomas, alors battues en brèche par les disciples de Descartes et de Malebranche. Mais là ne s'arrêtait pas son activité : il fondait des orphelinats, des patronages, des hospices, des asiles de préservation pour les jeunes filles, restaurait sa cathédrale, faisait bâtir plus de quarante églises. Dans ses lettres pastorales, il proteste contre les usurpations sacrilèges du gouvernement italien et affirme la nécessité du pouvoir temporel des Papes, il s'élève contre le mariage civil, réfute Renan, dénonce les tendances du siècle présent contre la religion et traite par deux fois le sujet si actuel : « L'Eglise et la civilisation. » Il inaugure l'Académie théologique de Saint-Thomas pour favoriser l'étude de de la scolastique; il est un des premiers évêques à placer sa ville épiscopale sous la protection du Sacré Cœur, et il met l'année suivante son diocèse sous la protection de la Très Sainte Vierge. Plein de dévotion envers le séraphin d'Assise, il est, en 1878, nommé par Pie IX cardinal protecteur du Tiers-Ordre de Saint-François.

En 1860, l'archevêque de Pérouse eut à soutenir un procès retentissant. A une circulaire du ministre Minghetti invitant les évêques à reconnaître le gouvernement piémontais il avait répondu en rédigeant une adresse de fidélité au Pape. Trois prêtres dévoyés protestèrent contre cet acte épiscopal en donnant bruyamment leur adhésion au factum de l'ex-Jésuite Passaglia contre le pouvoir temporel. Le cardinal, dans un sévère avertissement à ces trois prêtres, leur déclara que, au témoignage même de leur propre conscience, ils devaient se considérer comme indignes de célébrer la messe jusqu'à ce qu'ils se fussent réconciliés avec l'Eglise. Les trois prêtres assignèrent leur évêque devant les tribunaux prétendant qu'ils avaient été suspendus *a divinis* pour des motifs politiques. Mais si l'archevêque avait admonesté ces ecclésiastiques avec énergie, il ne leur avait pas infligé de peine canonique et n'avait pas prononcé la suspence; aussi les tribunaux furent-ils contraints de débouter les demandeurs.

Théologien et administrateur, l'archevêque, qui avait fait une étude approfondie des classiques et en particulier de Dante, était aussi un lettré délicat qui aimait à se délasser de ses travaux en composant de gracieuses pièces de vers dont un certain nombre ont été conservées.

Camerlingue. — Le Conclave de 1878.

Le 24 juin 1877, le cardinal Pecci sacrait, en l'église de Saint-Chrysogone, son vicaire général, Mgr Laurenzi, nommé évêque d'Amata et coadjuteur de Pérouse. Quelques semaines plus tard, il allait prendre congé du Pape avant de retourner dans son diocèse lorsque Pie IX lui demanda tout à coup s'il accepterait de se fixer à Rome et de recevoir la charge de camerlingue de la Sainte Eglise laissée vacante par la mort du vénérable cardinal de Augelis. Un certain nombre de membres du Sacré-Collège s'étaient montrés hostiles à la candidature de l'archevêque de Pérouse et avaient mis en avant le nom du cardinal Panebiamo. Mgr Pecci, dont la santé avait à souffrir du climat assez âpre des montagnes de l'Ombrie, se rendit au désir du Pontife et, laissant l'administration de son diocèse à son coadjuteur, il alla fixer sa résidence au palais Falconieri.

Quelques mois plus tard, le 7 février 1878, Pie IX, qui, dans la matinée, avait réclamé et reçu les derniers sacrements, rendait le dernier soupir vers 5 heures du soir, au moment de l'*Ave Maria*. La nouvelle de la maladie et de la mort du grand Pape, dont la majestueuse et sereine figure avait pendant trente-deux ans exercé une véritable fascination sur le monde tout entier causa d'autant plus de consternation que rien ne faisait prévoir un dénouement aussi prompt. Le 2 février précédent, le Pontife avait reçu le clergé de Rome, venu pour lui offrir les cierges de la Chandeleur; il avait prononcé une énergique allocution et avait adressé à chacun des paroles pleines de bienveillance et d'à-propos.

Le lendemain de la mort, le camerlingue, suivi de Mgr Macchi et de deux camériers participants, soulevait le voile blanc qui couvrait la tête du Pontife et l'appelait par trois fois de son nom de baptême, Giovanni (Jean), en le frappant légèrement à la tempe avec un petit marteau d'argent. Le triple appel restait sans réponse, et le cardinal Pecci, après cette constatation officielle, annonçait que le Pape était mort.

Les circonstances étaient difficiles. Beaucoup de membres du Sacré-Collège étaient d'avis, et le camerlingue sembla tout d'abord partager cette opinion, que la liberté du Conclave ne serait pas respectée à Rome. Ils proposaient de le réunir à l'étranger. Mais un examen plus minutieux montrait l'impossibilité de l'entreprise, et la résolution de tenir le Conclave à Rome était notifiée par une circulaire du Sacré-Collège au corps diplomatique accrédité auprès du Saint-Siège. Mais le cardinal Pecci, redoutant des entraves de la part du gouvernement italien, fixait au 18 février l'ouverture de l'assemblée.

Le camerlingue se montrait inflexible au point de vue des principes du pouvoir temporel. Le secrétaire des Brefs aux princes, Mgr Mercurelli, lui demande à quelles Cours régnantes il faut signifier la mort du Pape. Il répond : « A toutes, excepté la cour d'Italie. » Le général Medici, au nom du roi d'Italie, et la marquise de Monterone, au nom de la reine Marguerite, raconte M. l'abbé Vidieu, s'informent de la place qui sera réservée à Leurs Majestés dans le cortège des princes assistant aux funérailles de Pie IX. « Veuillez dire à Leurs Majestés, répond le cardinal, que d'après le cérémonial qui règle tout en ces circonstances, la première place est réservée à l'ambassadeur d'Autriche, la seconde à celui de France, etc. Viennent ensuite les princes étrangers qui pourraient se trouver à Rome; il sera loisible au roi d'Italie de prendre rang parmi eux. »

Le Conclave s'ouvrait le 18° février, et le premier vote avait lieu le 19. 62 cardinaux étaient présents. La majorité des deux tiers, nécessaire pour la nomination, était donc de 42.

Au premier tour, le cardinal Pecci obtenait 23 voix. Le cardinal le plus favorisé après lui n'en avait que sept.

Au second tour, le cardinal Pecci réunissait 33 voix.

Le 20, au troisième tour, il était nommé par 44 voix, soit 2 voix de plus que la majorité nécessaire.

A la demande que lui posait le cardinal di Pietro : « Acceptez-vous l'élection pour le souverain pontificat ? » le camerlingue répondait que, tout en se croyant indigne d'une telle élévation, il acceptait la volonté de Dieu.

— Comment voulez-vous être appelé ?

— Léon, répondit le Pontife, en mémoire de Léon XII, pour lequel j'ai toujours eu une grande vénération.

Quelques instants plus tard, le cardinal Caterini, doyen des diacres, précédé de la croix et entouré de prélats, paraissait sur la loggia de la basilique de Saint-Pierre, et, d'une voix tremblante d'émotion, jetait à la ville de Rome ces solennelles paroles :

— Je vous annonce une grande joie. Nous avons un Pontife ; l'éminentissime cardinal Joachim Pecci, lequel a pris pour nom Léon XIII.

Le 3 mars avait lieu le couronnement du successeur de Pie IX.

Les premiers actes du Pontificat.

Le premier acte du nouveau Pontife fut de rétablir la hiérarchie ecclésiastique en Ecosse. Cet acte, daté du 4 mars 1878, ne faisait que mettre à exécution cette importante mesure préparée par son prédécesseur. Le 5 mars, le cardinal Franchi était appelé à la secrétairerie d'Etat, poste qu'il ne devait occuper que pendant quelques semaines. Le 28 mars, Léon XIII tenait son premier Consistoire et prononçait l'éloge de Pie IX dont il exaltait la mémoire. Le jour de Pâques 1878 paraissait l'Encyclique *Inscrutabili*. Dans un langage élégant qui attirait l'attention des lettrés, il affirmait la nécessité du pouvoir temporel et dénonçait la décadence doctrinale comme le mal le plus pernicieux qu'eût à redouter la société. Le 14 mai 1878, Léon XIII nommait une Commission de cardinaux chargée de le renseigner sur les ecclésiastiques d'Italie réunissant le plus d'aptitudes pour devenir évêques. Il avait, peu de temps auparavant, confirmé le programme qu'avaient adopté, avec l'approbation de Pie IX, les catholiques italiens en matière politique : « Ni électeurs, ni élus. » Le Pape protestait aussi contre une décision du Conseil municipal de Rome interdisant l'enseignement religieux dans les écoles de la ville alors que toute liberté était laissée aux dissidents.

Le 31 juillet, le cardinal Franchi était remplacé par le cardinal Nina.

Une des premières préoccupations de Léon XIII fut de rendre la paix religieuse à l'Allemagne. Il fut secondé dans cette œuvre par l'indomptable énergie de l'épiscopat et des catholiques allemands qui, dans les dernières années de Pie IX, avaient donné un éclatant témoignage de leur attachement à l'Eglise et à la papauté. Après l'écrase-

SERREE
e marges
res

Contraste insuffisant
NF Z 43-120-14

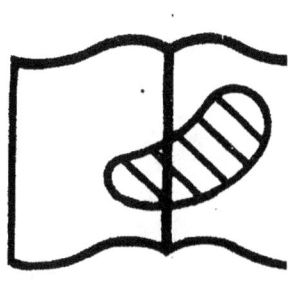

Illisibilité partielle

ment de la France, le prince de Bismarck, qui rêvait de reconstituer sur de nouvelles bases l'ancien empire germanique, avait caressé le projet de former, avec l'aide des Vieux-Catholiques, une Eglise nationale. Il avait commencé par s'attaquer aux Ordres religieux. Dès le 19 juin 1872, la Compagnie de Jésus était mise au ban de l'empire; en 1873, les Rédemptoristes, les Lazaristes, les Pères du Saint-Esprit, ceux de la Société du Sacré-Cœur, étaient frappés à leur tour, sous prétexte qu'ils étaient affiliés aux Jésuites. Une fois le terrain déblayé, le gouvernement modifia la constitution de 1850, qui laissait aux Eglises pleine et entière liberté dans leur administration intérieure, et s'attribuant une surveillance abusive, il fit voter une loi permettant de punir la publication en chaire des mandements et des encycliques qui n'auraient pas reçu l'approbation du pouvoir civil. Cela ne suffisait pas au chancelier de fer. La loi du 11 mai 1873 forçait tout aspirant au sacerdoce, dans le royaume de Prusse, à suivre les cours d'une Université allemande d'après un programme établi par l'Etat. Pendant leur séjour à l'Université, les étudiants en théologie ne pouvaient faire partie d'aucun Séminaire. Toutes les nominations aux fonctions paroissiales étaient soumises à une notification préalable adressée au résident supérieur de la province, qui était investi du droit de s'opposer à l'installation des candidats qui lui déplairaient. Dans le cas où, faute de l'agrément du résident supérieur, les cures demeureraient vacantes plus d'un an, les évêques étaient passibles d'une amende pouvant s'élever à 3600 francs, ou de l'emprisonnement. Plus dure encore, la loi du 13 mai 1873 décrétait que le pouvoir disciplinaire sur les ecclésiastiques ne pouvait être exercé que par une autorité ecclésiastique allemande. Enfin, une cour spéciale était investie du droit de déposer les évêques et les curés.

Pendant que le Parlement votait ces mesures tyranniques, le gouvernement prussien comblait de ses faveurs la secte des Vieux-Catholiques. Il dotait richement l'évêque intrus Reinkens, qu'il soutenait dans sa révolte contre la papauté. Le clergé et l'épiscopat, plus unis que jamais, tinrent tête avec une fermeté inébranlable à la persécution déchaînée. Les archevêques de Posen et de Cologne, les évêques de Trèves et de Paderborn furent jetés en prison ainsi qu'un très grand nombre de leurs prêtres. Mais les fidèles, encouragés par la vaillante attitude de leurs pasteurs, ne se laissèrent ni intimider ni séduire, et on les vit se presser autour de leurs curés pourchassés sans relâche et presque partout réduits à la famine par la privation de leur traitement. Ne se contentant pas d'exhaler d'inutiles regrets, ils protestèrent hautement contre la politique du gouvernement prussien en envoyant au Parlement un groupe compact et uni qui, sous le nom de *Centre*, devait acquérir dans la suite une influence prépondérante.

Au moment de la mort de Pie IX, M. de Bismarck, inquiet de la résistance des catholiques, se demandait comment il pourrait se dégager de la politique intolérante de son ministre des Cultes, M. Falk. Ce dernier ne reculait devant aucune injustice pour satisfaire sa haine contre Rome. Ainsi, on l'avait vu à Gottesberg, en Silésie, enlever leur église aux catholiques pour la donner aux Vieux-Catholiques, et cela malgré les avis du maire, du préfet, du président de la province, tous trois protestants. Sur ces entrefaites, arrivait à Berlin une lettre du nouveau Pape. Léon XIII exprimait le regret que les rapports entre le Saint-Siège et Guillaume Ier eussent été rompus, et il s'adressait à la magnanimité de l'empereur, « en vue d'obtenir que la paix et le repos de la conscience » fussent rendus à un grand nombre de ses sujets. Dans sa réponse à la lettre pontificale, l'empereur d'Allemagne insinuait, en parlant des résistances opposées à la persécution, que la majorité de la population catholique se soumettait aux lois de mai et que, seuls, l'épiscopat et le clergé y étaient rebelles.

Le Saint-Père répliquait dans une lettre du 17 avril 1878 : « Nous prions Votre Majesté de bien vouloir considérer que, s'il existe une notable différence entre la conduite tenue dans le passé par ses sujets catholiques et celle qu'elle signale aujourd'hui, cela doit uniquement s'attribuer au changement dans la législation civile qui, altérant en certaines parties la divine Constitution de l'Eglise, et causant en d'autres un désaccord entre les dispositions légales, civiques et canoniques, a été l'origine d'une inévitable agitation dans les consciences des catholiques, lesquels, par ce fait, se sont trouvés, malgré eux, dans la douloureuse alternative, ou de refuser l'obéissance aux lois nouvelles, ou de manquer aux devoirs sacrés qui leur sont imposées par la loi de Dieu et de l'Eglise. » Le Pape conjurait Sa Majesté « d'enlever l'obstacle qui empêchait les catholiques de concilier l'obéissance due aux lois de l'Eglise avec la soumission aux dispositions du pouvoir civil. »

Ce ne fut pas Guillaume Ier qui répondit à cette noble lettre. Deux attentats, celui du ferblantier Hœdel, qui avait tiré sur le vieux monarque sans l'atteindre, celui du docteur Nobiling, qui, d'un coup de feu, avait blessé l'empereur à la main, avaient jeté l'épouvante en Allemagne, et le Reichstag, ayant refusé de voter les lois d'exception, réclamées contre le socialisme, avait été dissous. Le prince régent Frédéric, dans une lettre contresignée par M. de Bismarck, écrivait qu'aucun roi de Prusse ne pourrait accéder au désir de Sa Sainteté de voir les lois de mai modifiées dans un sens conforme aux principes de l'Eglise catholique, « car l'indépendance de la monarchie serait affaiblie si le libre mouvement de sa législation était subordonné à un pouvoir résidant au dehors. » Au lendemain de cette fin de non-recevoir, les élections du 3 juillet 1878 constituaient pour le Centre un éclatant triomphe. Comprenant que l'appui du groupe catholique lui était nécessaire, le chancelier, sans se soucier des violentes attaques qu'il avait dirigées contre la papauté, prit l'initiative des négociations avec Rome. Il invita par deux fois le nonce apostolique à Munich, Mgr Aloïsi-Masella, à venir le trouver à Berlin. Sur le refus du représentant du Saint-Siège, il n'hésita pas à venir lui-même à Canossa en se ménageant une rencontre avec le futur prince de l'Eglise dans la ville d'eaux de Kissingen. Ces pourparlers étaient entamés à l'insu du ministre des Cultes, M. Falk, qui, quelques mois après, était congédié sous prétexte qu'il n'était pas assez protectionniste. Voici en quels termes le chancelier prononçait au Reichstag l'oraison funèbre de la politique dont ce subalterne avait été l'instrument : « Il est d'un brave de combattre lorsque la circonstance l'exige; mais on ne doit pas faire de la lutte une institution permanente, et quand il se présente des moyens d'adoucir les dissentiments sans attaquer les principes de la cause elle-même, quand on a appris à se connaître et à s'estimer réciproquement dans un travail commun, vers un commun et noble but, moi, comme ministre, je n'ai pas le droit de dédaigner ces moyens de pacification. »

Parmi les premiers actes du pontificat de Léon XIII il faut aussi mentionner l'Encyclique *Quod Apostolici* contre le socialisme, que le czar Alexandre II, objet déjà de plusieurs attentats nihilistes, permit à l'administrateur du diocèse de Varsovie de lire et de commenter, et l'Encyclique *Æterni Patris* qui mettait en honneur la doctrine scolastique et exprimait le désir de voir l'épiscopat tout entier se vouer à la restauration de la philosophie de saint Thomas; ce saint Docteur était bientôt après proclamé patron de toutes les universités, académies, collèges et écoles catholiques. En 1879, le successeur de P. IX eut le bonheur de voir se terminer le schisme arménien qui avait éclaté au lendemain du Concile du Vatican. Le chef des schismatiques, le moine Kiupelian, qui s'était arrogé le titre de chef civil des Arméniens et plus tard celui de patriarche de Cilicie, fit, par l'entremise du patriarche légitime, Mgr Hassoun, sa soumission au Pape. La cérémonie de réconciliation, célébrée avec une grande solennité le 20 avril 1879, eut un grand retentissement. A la suite de la soumission du patriarche intrus, le sultan Abdul-Hamid réintégra Mgr Hassoun dans tous ses droits et fit remettre aux catholiques la plupart des églises indûment retenues par les schismatiques.

Le conflit avec la Belgique.

Une des premières douleurs du nouveau Pontife fut la rupture diplomatique avec le pays où naguère il avait, avec tant de distinction, représenté Grégoire XVI. Le Cabinet libéral, présidé par M. Frère-Orban, présentait aux Chambres en 1879 une loi sur l'enseignement primaire qui avait pour but de soustraire l'éducation du peuple à l'action de l'Eglise et posait le principe de l'école neutre. Un article, l'article 4, mettait un local dans l'école à la disposition des ministres du culte, qui étaient admis à y donner l'instruction religieuse en dehors de l'heure des classes. Ce projet, avant même d'être déposé, avait été l'objet de protestations vigoureuses de la part de l'épiscopat qui, après le vote de la loi, condamna dans une lettre pastorale collective le nouveau régime d'enseignement « comme dangereux et nuisible de sa nature, favorisant l'indifférentisme et constituant un attentat à la foi, à la piété et aux droits religieux du peuple belge. » Il déclarait en outre qu'on ne pouvait en conscience, soit fréquenter les écoles neutres, soit coopérer à leur fonctionnement. Des instructions pratiques adressées au clergé, qui n'étaient pas destinées à être publiées mais qui furent divulguées, déterminaient d'une façon très précise les devoirs des confesseurs. Le jugement des cas particuliers était réservé aux évêques.

M. Frère-Orban émit la prétention de faire désavouer par le Saint-Siège la conduite des évêques belges. Le secrétaire d'Etat, le cardinal Nina, qui redoutait une rupture diplomatique avec la Belgique, déclara que les instructions de l'épiscopat belge « ne contenaient autre chose que certaines conséquences d'un jugement donné par Pie IX aux évêques d'Amérique sur leur demande ; qu'elles étaient irrépréhensibles sous le rapport dogmatique, qu'il était tout au plus permis d'en discuter la forme et l'opportunité. » Dans ses entretiens avec le ministre de Belgique auprès du Saint-Siège, le cardinal avait fait entendre des paroles conciliantes. M. Frère-Orban se plut à les considérer comme un désaveu de la conduite des évêques. Dans une dépêche du 11 novembre 1879 adressée au nonce, le secrétaire d'Etat niait le désaccord supposé par le gouvernement belge ; mais, sur la menace du premier ministre du roi Léopold de rompre les rapports diplomatiques avec le Vatican, il déclara cette dépêche non avenue. M. Frère-Orban, interprétant ce retrait comme un acquiescement complet à ses vues, déclara solennellement le 18 novembre 1879 à la Chambre des représentants que le Saint-Siège désapprouvait la conduite de l'épiscopat. L'archevêque de Malines, le cardinal Dechamps, releva aussitôt le défi dans une lettre où se trouvait cette phrase : « Cette parole de blâme, non seulement le Saint-Père ne l'a pas dite, mais nous le savons de science certaine, nos adversaires l'attendront en vain. » Léon XIII, par un Bref du 2 avril 1880, confirmait ce langage en louant le zèle des évêques et des catholiques belges dans la question scolaire ; il ajoutait : « Nous avons à cœur de vous dire que de pareils exemples de dévouement, d'attachement au Saint-Siège et de zèle pour la conservation de la foi et de la piété dans votre patrie Nous remplissent de consolation et resserrent toujours davantage les liens de la paternelle affection qui depuis longtemps Nous unissent aux évêques et aux fidèles de Belgique. » M. Frère-Orban réclama des explications. La réponse du secrétaire d'Etat qui, tout en promettant de conseiller la modération dans l'application des peines spirituelles, admettait la condamnation générale des écoles neutres, n'eut pas l'heur de lui plaire. Le baron d'Anethan était rappelé, et le nonce de Bruxelles recevait, le 28 juin 1880, la veille de la fête de saint Pierre, une lettre dans laquelle le ministre du roi Léopold lui signifiait en termes hautains son refus d'entretenir des rapports ultérieurs avec lui et mettait des passeports à sa disposition.

Les relations diplomatiques ne furent reprises qu'après l'éclatant triomphe des catholiques aux élections de 1884.

Léon XIII et la France. — Lettre à M. Grévy.

La situation de la France inspirait aussi une vive inquiétude au chef de l'Eglise. Après la chute du maréchal de Mac-Mahon, le ministère que présidait M. de Freycinet, mais dont M. Jules Ferry était l'âme, avait présenté aux Chambres un projet de loi dont un article fameux, l'article 7, interdisait aux religieux non autorisés l'enseignement secondaire. Cet article, voté au Palais Bourbon sans difficulté, rencontra au Luxembourg une opposition inattendue de la part de républicains qui avaient déjà donné des gages au parti avancé. Il fut rejeté. La Chambre ne le rétablit pas ; mais, dans un ordre du jour présenté par M. Devès, elle exprima sa confiance au gouvernement. Elle comptait, disait-elle, sur sa fermeté dans l'application des *lois existantes* aux Congrégations religieuses. Le 29 mars 1880 paraissaient deux décrets, l'un donnant aux Jésuites l'ordre d'évacuer dans les trois mois tous leurs établisse ments, l'autre obligeant les Congrégations à solliciter dans le même délai l'autorisation de l'État. Le mouvement de réprobation qu'excita l'application brutale de ces décrets et la démission de nombreux magistrats qui préférèrent noblement sacrifier leur situation effrayèrent le président du Conseil, M. de Freycinet; il entama des pourparlers avec Rome pour obtenir des supérieurs des Congrégations non encore frappées une déclaration attestant qu'ils n'étaient pas hostiles aux institutions établies. Sur le désir du Saint-Père, les supérieurs acceptèrent de signer une formule dans laquelle ils protestaient qu'ils n'étaient attachés qu'à la liberté chrétienne et ne s'occupaient de politique que pour recommander l'obéissance due à l'autorité dont Dieu est la source. Cette concession du Saint-Siège ne désarma pas les partisans des décrets; M. de Freycinet, désavoué par ses collègues, donna sa démission, et M. Jules Ferry, devenu président du Conseil, fit procéder avec un grand déploiement de force à l'expulsion des religieux. Les mesures prises contre les Congrégations n'étaient que le prélude d'une guerre sans merci engagée contre l'Église. En présence des attaques sans nom dont la religion catholique était l'objet, le Pape fut contraint d'exprimer hautement tout le chagrin qu'on lui causait, et il adressa, le 12 mai 1883, au président de la République, M. Grévy, la lettre suivante :

« MONSIEUR LE PRÉSIDENT,

» Les événements qui se produisent depuis quelque temps en France par rapport aux choses religieuses, et ceux qui semblent se préparer pour l'avenir, sont pour Nous l'objet d'appréhensions sérieuses et d'une profonde douleur. Nous inspirant uniquement du bien des âmes, dont Nous devons répondre devant Dieu et devant les hommes, Nous avons fait parvenir, à plusieurs reprises, au gouvernement de la République Nos observations, réitérées dernièrement encore par Notre cardinal secrétaire d'État, à propos des récentes mesures de rigueur adoptées contre divers membres de l'épiscopat et du clergé de France.

» A cet objet se réfère la note que M. le ministre des Affaires étrangères a envoyée le 20 du mois de mai dernier à M. l'ambassadeur de France près du Saint-Siège, dans laquelle Nous avons remarqué les déclarations du gouvernement destinées à calmer les justes craintes et les pénibles impressions du Saint-Siège. Nous sommes heureux de vous dire, Monsieur le Président, combien Nous sont précieuses et agréables les manifestations de respect qui Nous arrivent de la part de votre illustre nation, laquelle, par ses glorieuses traditions intimement liées avec les principes de la vie et de la civilisation chrétienne, et par la longue série des services rendus depuis les temps les plus reculés à l'Église et à son chef suprême, est devenue l'objet de Nos soins continuels et de Notre prédilection spéciale.

» C'est pourquoi, dirigeant Nos regards vers cette partie si importante du troupeau de Jésus-Christ, Nous en prenons à cœur les intérêts religieux avec une sollicitude tout à fait paternelle, et Nous sommes doublement affligé quand Nous les voyons menacés de quelque manière que ce soit, non seulement parce que la paix et la tranquillité des consciences chrétiennes est troublée, mais aussi parce que Nous savons que, aux intérêts de la religion se trouve étroitement liée la prospérité du pays, prospérité que Nous avons grandement à cœur.

» Ce sentiment d'active bienveillance pour le peuple français a toujours réglé l'attitude du Siège apostolique, et, dans votre impartialité et votre haute pénétration, vous en aurez vous-même, Monsieur le Président, trouvé des preuves indubitables dans les attentions délicates que le Saint-Siège a toujours eues pour le gouvernement de votre patrie.

» Nous ne vous rappellerons pas que, chaque fois que le Saint-Siège a pu déférer aux désirs de votre gouvernement, soit pour des affaires concernant l'intérieur de la nation, soit pour celles qui avaient rapport à l'influence française à l'étranger, il n'a jamais hésité à le faire, ayant toujours en vue de concourir au salut et à la grandeur de la France. Nous omettrons aussi de vous rappeler qu'alors que, pour ne point manquer aux très graves obligations de Notre ministère apostolique, Nous avons été contraint de présenter Nos griefs à votre gouvernement, Nous ne Nous sommes jamais écarté des règles les plus strictes de la modération et de la délicatesse, afin de ne pas diminuer le prestige de l'autorité civile, plus que jamais nécessaire à l'ordre public à une époque où de multiples courants subversifs semblent conjurer pour le miner et le détruire.

» Cette attitude toujours uniforme et constante du Siège apostolique a servi de règle de conduite à l'illustre épiscopat de France, qui, bien qu'aux prises avec des difficultés sérieuses et des embarras créés par divers événements fâcheux sur le terrain religieux, a néanmoins donné des preuves de sagesse et de prudence, auxquelles le gouvernement lui-même a plusieurs fois rendu justice soit par les déclarations faites à Nos nonces à Paris, soit par la note déjà citée du ministre actuel des Affaires étrangères, note par laquelle il reconnaît que le nombre des prélats qu'il estime avoir dépassé, dans les derniers incidents, les limites de la légalité, se réduit à une infime minorité.

» La même chose peut se dire du clergé inférieur tant régulier que séculier, lequel, extrêmement charitable, laborieux et appliqué à l'exercice de son ministère, a imité l'exemple de ses pasteurs respectifs et s'est toujours fait gloire de contribuer, par des actes de sacrifice et de vrai patriotisme, à rehausser le nom et la gloire de la nation tant sur le territoire de la patrie que dans les contrées lointaines.

» Une telle attitude de la part du Saint-Siège Nous donnait le droit d'espérer que le gouvernement de la République aurait suivi de son côté une ligne de conduite bienveillante et amicale à l'égard de l'Église catholique, appliquant largement en faveur de cette dernière ces principes de vraie liberté que tout gouvernement sage et éclairé s'honore d'avoir pour base et pour objectif. Mais nous sommes profondément affligé de devoir le dire, les faits douloureux qui se sont produits depuis quelques années au sein de la nation française n'ont pas été conformes à Nos légitimes espérances.

» Vous vous rappelez certainement, Monsieur le Président, les dispositions sévères prises contre divers Ordres religieux, qu'on disait n'être pas reconnus par l'autorité gouvernementale. Des citoyens français que l'Église elle-même avait en quelque sorte nourris et élevés avec une sollicitude maternelle dans tous les genres de vertus et de culture, et auxquels la nation était redevable de progrès signalés dans les sciences sacrées et profanes et dans l'éducation religieuse et morale du peuple, ont été expulsés de leurs pacifiques asiles et contraints à se chercher un refuge loin du pays natal. Cette mesure priva la France d'une abondante source de travailleurs industrieux et zélés, qui aidaient puissamment les évêques et le clergé séculier dans la prédication et l'enseignement ; qui, dans les hôpitaux et dans tous les instituts de charité, prodiguaient leurs soins affectueux à toute espèce de misère et de malheurs ; qui, sur les champs de bataille même, portaient la parole et les secours de la religion avec un esprit de sacrifice auquel les adversaires de l'Eglise catholique eux-mêmes ont plusieurs fois rendu hommage.

» Les Ordres religieux ayant été atteints de cette manière à l'intérieur du pays, et leur action ayant cessé en grande partie, il en résulta, par une conséquence nécessaire, que les ministres de la religion à envoyer à l'extérieur devinrent plus rares, non sans préjudice de l'influence française elle-même, qu'ils contribuaient puissamment à répandre, en même temps que l'Evangile, chez les peuples éloignés et surtout en Orient.

» Vous n'ignorez pas que Nous avons tout fait pour empêcher un tel malheur, que Nous considérions comme également grave pour la France et pour l'Eglise catholique. Ayant été averti à cette occasion qu'on pouvait éviter l'application des décrets du 29 mars, si les religieux déclaraient, dans un document *ad hoc*, qu'ils étaient étrangers à tout mouvement politique et à tout esprit de parti, Nous n'hésitâmes pas à accepter une proposition (1) qui, d'une part, n'était point contraire à la doctrine catholique, ni à la dignité des Ordres religieux, mais au contraire Nous fournissait une occasion d'inculquer une fois de plus le respect dû aux autorités constituées, et qui, d'autre part, semblait destinée, ainsi qu'on Nous le faisait espérer, à conjurer le péril dont étaient menacées l'Eglise et la société. Nos efforts cependant demeurèrent sans effet, et les décrets dont Nous parlons furent exécutés, non sans laisser dans les âmes de douloureux souvenirs et même des germes de divisions nouvelles pour l'avenir. Car si le noble et généreux peuple français commet parfois ou tolère de déplorables excès, l'histoire nous montre que, tôt ou tard, il retrouve dans son bon sens la force de les condamner et de réagir contre eux.

» Notre douleur et le dommage de l'Eglise catholique furent encore augmentés par la loi qui exclut des écoles cet indispensable et traditionel enseignement religieux, lequel, aussi longtemps qu'il demeura en vigueur, donna des fruits si utiles et si abondants pour la civilisation même du pays. En vain tout l'épiscopat de France fit-il entendre ses plaintes ; en vain les pères de famille demandèrent-ils, sur le terrain légal, la conservation de leurs droits ; en vain des hommes désintéressés et appartenant ouvertement au parti républicain, et parmi eux des personnages politiques et des intelligences d'élite, montrèrent-ils au gouvernement combien funeste serait pour une nation de 32 millions de catholiques une loi qui bannirait de ses écoles l'éducation reli-

(1) Ce passage est de nature à éclairer la discussion qui a eu lieu en 1902 dans la *Vérité* entre le R. P. Le Doré, Eudiste, et le R. P. de Rochemontéix. S. J.

gieuse, dans laquelle l'homme trouve les plus généreuses impulsions et les règles les plus parfaites pour supporter les difficultés de la vie, pour respecter les droits de l'autorité et de la justice, et pour se procurer les vertus indispensables à la vie domestique, politique et civile. Aucune considération ne fut assez puissante pour arrêter la détermination prise, et la loi fut promulguée et exécutée sur tout le territoire de la France.

» Mais par cette concession on ne parvint pas à satisfaire les exigences des ennemis de la religion. Au contraire, rendus plus entreprenants par le succès, et décidés à mettre à exécution leur dessein de faire disparaître de la société toute idée et toute influence religieuse, pour pouvoir ensuite plus facilement bouleverser tout régime politique et les bases elles-mêmes de n'importe quelle constitution civile, ces mêmes hommes ont demandé qu'on proscrivît tout salutaire élément religieux des hôpitaux, des collèges, de l'armée, des asiles de charité et de toutes les institutions de l'Etat.

» Notre cœur saigne en voyant les fils de cette noble nation, qui a trouvé pendant des siècles sa force et sa gloire dans les sublimes enseignements et les bienfaisantes pratiques de la foi catholique, privés du précieux héritage reçu de leurs pères, et engagés sur le chemin de cette déraisonnable indifférence en matière de religion qui conduit les peuples aux plus lamentables excès.

» A ce même dessein se rattachent les efforts continuels que l'on fait depuis des années pour diminuer les ressources matérielles dont l'Eglise se trouve en possession légitime et qui sont indispensables à sa conservation et au libre exercice de son culte.

» Nous ne pouvons omettre davantage, Monsieur le Président, de vous signaler d'autres dangers très graves, dont l'Eglise catholique semble être menacée en France. Nous voulons parler de deux projets de lois, l'un regardant le lien sacré du mariage, et l'autre, l'obligation du service militaire auquel on voudrait assujettir le clergé. Le sens politique et la sagesse des hommes qui sont au pouvoir ne permettront certainement pas que de tels projets, mis en avant par des personnes hostiles à l'Eglise et au bien véritable de la société, deviennent partie intégrante de la législation d'un pays qui n'a rien eu plus à cœur, dans les siècles passés, que de conserver la stabilité et l'harmonie dans les familles, principe et fondement de la force et de la prospérité des Etats, et de protéger et garantir la formation de son patriotique clergé, parce qu'il savait que, de la moralité, de la science et de l'activité du clergé, dépendraient le bien et la dignité morale de la nation. Nous ne pouvons croire que l'on veuille s'éloigner de ces antiques et nobles traditions, et introduire en France une innovation sur la nature et le caractère du mariage, qui, outre qu'elle est contraire à la doctrine dogmatique de l'Eglise catholique, doctrine sur laquelle ne peut porter aucune transaction puisqu'elle a été établie ainsi par son divin Fondateur, a eu les plus tristes résultats dans les pays non catholiques eux-mêmes, qui ont eu fréquemment à déplorer l'accroissement des divisions dans les familles, l'humiliation de la femme, le préjudice très grave des enfants, l'affaiblissement de la société domestique, l'augmentation de la corruption des mœurs. Nous ne pouvons supposer davantage que l'on veuille soustraire à ses soins maternels les jeunes gens qu'elle prépare au ministère des âmes dans une pureté de vie égale à la sublimité de leur mission, et de ne plus pouvoir satisfaire aux besoins spirituels des fidèles par suite du manque de prêtres, dont le nombre est dès maintenant faible et insuffisant.

» Tels étaient, Monsieur le Président, les motifs principaux de Notre douleur et de Nos préoccupations, quand, pour accroître l'un et l'autre, Nous apprîmes les mesures de rigueur adoptées par le gouvernement contre le clergé et l'avis du Conseil d'Etat, avis qui, sans tenir compte de l'esprit ni de la lettre du Concordat, reconnaît au pouvoir exécutif le droit de diminuer ou de supprimer le traitement des ecclésiastiques et des évêques eux-mêmes. Nous ne pouvons cacher que ces faits Nous causèrent la plus pénible surprise.

» Il est connu de tous que, lorsqu'on défère au Saint-Siège n'importe quel écrit suspect de contenir des doctrines erronées sur la morale ou le dogme catholique, le Siège apostolique, qui a obligation de veiller à l'intégrité de la foi et des mœurs, a coutume de l'examiner et de prononcer sur cet écrit son jugement, sans en rendre compte à aucune autorité terrestre. Car ce jugement faisant partie de la direction la plus intime des âmes et de la discipline intérieure de l'Eglise, ne peut être lié par aucun pacte international, puisqu'il est de la compétence exclusive du magistère de cette même Eglise. Ce qui était arrivé depuis les siècles les plus éloignés de l'antiquité pour d'autres livres arriva également pour les manuels que vous connaissez (1). Ayant été reconnus contraires aux vrais principes de la religion, ils furent rangés parmi les livres dont la lecture est défendue aux fidèles.

» Cette censure qui, à peine publiée dans la manière prescrite par l'Eglise, oblige les consciences catholiques, a décidé les évêques à rappeler aux fidèles leur devoir à ce propos, de la même façon qu'ils le font souvent pour d'autres préceptes des lois divines et ecclésiastiques. Nous ne pouvons comprendre comment, dans ce fait qui ne sortait certes pas du terrain purement religieux et du ministère pastoral, le gouvernement a pu trouver des arrière-pensées politiques et, par suite, a procédé à des mesures de rigueur contre lesquelles le Siège apostolique a toujours protesté et qui ne rencontrent de précédent qu'aux époques de guerre ouverte contre l'Eglise.

» Nous n'ignorons pas qu'on a prétendu justifier ces mesures par l'agitation des consciences née des lettres pastorales des évêques, par le peu de modération de leur langage et par la nécessité, pour l'autorité civile, de se munir d'une arme de défense contre les exagérations de quelques membres du clergé.

» Mais, alors même que de tels motifs eussent eu quelques fondements, Nous déplorons par-dessus tout que le gouvernement de la République, avant de prendre une mesure si grave — qui, par suite des pénalités qu'elle devait entraîner contre l'épiscopat et le clergé, était intimement connexe au droit de dotation ecclésiastique sanctionné par un pacte solennel et bilatéral, — Nous déplorons que le gouvernement ait voulu agir unilatéralement et sans entente préalable avec le

(1) Il s'agit des Manuels scolaires.

Siège apostolique. De plus, Nous ne pouvons Nous dispenser de faire observer que la perturbation des consciences ne dérive pas de la publication des décrets de la Congrégation de l'Index, mais remonte à des causes plus éloignées, parmi lesquelles il faut citer, en premier lieu, le fait d'avoir écarté des écoles l'enseignement religieux à l'immense détriment de la foi des générations naissantes, malgré les réclamations de l'épiscopat tout entier et des pères de famille, et d'avoir introduit dans les manuels scolaires des principes contraires à notre sainte religion. Le gouvernement lui-même, qui avait prévu ces événements, s'était empressé de promettre que, dans les écoles, on n'aurait jamais rien enseigné de contraire à la religion, rien qui pût, par conséquent, offenser la conscience des jeunes gens et de leurs parents. Mais, Nous avons le devoir de le dire avec cette franchise qui est le propre de Notre ministère apostolique, ces promesses n'ont pas été tenues.

» Ce fait, douloureux, mais incontestable, pourrait servir d'explication à certains actes ou à certaines expressions de quelques membres du clergé, au sujet desquels le gouvernement croit devoir faire entendre ses plaintes. En présence du dommage moral que souffre la jeunesse par la suppression de l'éducation religieuse dans l'école, dommage encore augmenté par la lecture de livres que la seule autorité compétente a déclarés hostiles aux principes sacrés de la religion, chacun comprend que le cœur d'un évêque, à qui incombent la charge et la responsabilité des âmes, doit surabonder d'affliction et d'amertume.

» Et c'est contre les pasteurs qu'il faudrait se procurer des armes défensives, comme si l'attaque et l'offense venaient de leur part! Cette nécessité pourrait se comprendre si les évêques, sortant de leur sphère religieuse, inculquaient des principes contraires à l'ordre public; mais tant que, demeurant dans le domaine de la conscience, ils s'efforcent de conserver à la nation, intègres et sans tache la foi et la morale évangélique, auxquelles le peuple français dans sa grande majorité attache comme de raison le plus vital intérêt, il Nous semble qu'il n'y a pas de motif juste et suffisant de recourir à des précautions générales de cette gravité, qui ne peuvent qu'alarmer et froisser tous les catholiques et surtout l'épiscopat français, lequel mérite si bien de la religion et de la patrie.

» Ce résumé des principaux dommages soufferts par la religion catholique de France et de ceux qui la menacent pour l'avenir semble justifier l'opinion admise déjà par beaucoup de personnes qui suivent attentivement et sans passion la marche des affaires publiques dans le pays, à savoir que l'on cherche à y mettre graduellement à exécution, au nom des prétendues exigences du temps, le plan conçu par les hommes hostiles à l'Église, qui, en la dénonçant comme une ennemie, cherchent à soustraire à son action et à son influence bienfaisante toutes les institutions civiques et sociales.

» Par tout ceci, vous comprendrez certainement, Monsieur le Président, combien sont justes Nos appréhensions et Nos angoisses. Nous ne pouvons Nous empêcher d'appeler votre attention sur les tristes conséquences dont seraient menacées la religion et la société civile si l'on ne prenait des mesures opportunes pour ramener le calme dans les consciences des fidèles, assurer à l'Église la pacifique possession de ses droits, et

Nous rendre possible la continuation de Notre attitude si paternellement modérée et si utile à votre nation, même sur le terrain de son influence à l'étranger, influence que le gouvernement français désire justement, comme il Nous l'a fait savoir récemment encore, conserver et accroître de concert avec le Siège apostolique.

» Au moment où toutes les nations, effrayées de la série de maux qui proviennent de la propagation croissante de doctrines erronées, se rapprochent du souverain pontificat, qu'ils savent être en possession de remèdes efficaces pour consolider l'ordre public et le sentiment du devoir et de la justice, on éprouverait une bien douloureuse impression en voyant la France, cette fille aînée de l'Eglise, alimenter dans son sein les luttes religieuses, et par conséquent perdre cette union et cette homogénéité entre les citoyens, qui a été par le passé l'élément principal de sa vitalité et de sa grandeur. Cette perte obligerait l'histoire à proclamer que l'œuvre inconsidérée d'un jour a détruit en France le travail grandiose des siècles.

» Nous voulons espérer que les hommes d'Etat qui dirigent les destinées de la France s'inspireront de cet ordre d'idées, et Nous en prenons comme gage les sentiments exprimés dans la note à laquelle Nous avons fait allusion en commençant. Nous ne doutons donc pas qu'ils ne sachent rendre ces intentions efficaces, en restituant à Dieu la place qui lui est due dans les institutions gouvernementales et sociales, en ne diminuant pas, mais en accroissant, au contraire, l'autorité et la force de l'épiscopat; en respectant les droits sacrés de la milice ecclésiastique en ce qui concerne le service militaire, afin que l'action du clergé ne vienne pas à décroître à l'intérieur et à l'extérieur; en empêchant enfin qu'on adopte les mesures nuisibles à l'Eglise et préparées par des hommes ennemis de la religion et de l'autorité, ces deux fondements principaux de l'ordre social et de la félicité des nations.

» Nous Nous rappelons avec plaisir, Monsieur le Président, les sages et nobles paroles que vous adressiez à Notre nonce, lorsque celui-ci avait l'honneur de vous remettre ses lettres de créance, et, en conséquence, Nous nourrissons une pleine confiance que, moyennant votre puissante influence, les précieux avantages de la paix religieuse seront conservés en France.

» Dans cette espérance et en faisant des vœux pour votre prospérité et celle de l'illustre nation française, Nous accordons de toute l'affection de Notre cœur Notre bénédiction apostolique à vous-même, à votre famille et à toute la France catholique.

» LÉON XIII, pape. »

M. Grévy répondit au Saint-Père la lettre suivante:

Juin 1883.

« TRÈS SAINT-PÈRE,

» J'ai reçu la lettre que Votre Sainteté m'a fait l'honneur de m'écrire au sujet des affaires religieuses en France.

» Personne, plus que moi, ne déplore le caractère qu'elles ont pris et ne désire plus ardemment une solution qui concilie les intérêts de l'Eglise et ceux de l'Etat.

» Votre Sainteté se plaint avec juste raison des passions antireligieuses. Il en existe certainement à côté des sentiments opposés de la grande majorité des Français. Mais ces passions, que je réprouve, peut-on méconnaître qu'elles sont nées principalement de l'attitude hostile d'une partie du clergé à l'égard de la République, soit à son avènement, soit dans les luttes qu'elle a eu depuis à soutenir pour son existence, soit dans celles qu'elle soutient encore journellement contre ses mortels ennemis?

» Dans le funeste conflit de passions contraires, je ne puis malheureusement que fort peu sur les ennemis de l'Eglise; Votre Sainteté peut beaucoup sur les ennemis de la République. Si elle daignait les maintenir dans cette neutralité politique qui est la grande et sage pensée de son pontificat, elle nous ferait faire un pas décisif vers un apaisement si désirable.

» Dans son appel au président de la République, Votre Sainteté ne doit pas perdre de vue le rôle assigné au chef du pouvoir exécutif par la Constitution française.

» En ce qui concerne les mesures gouvernementales, renfermé dans son irresponsabilité, le président doit s'abstenir de tout acte personnel. Il ne peut qu'offrir ses conseils au ministère, et il ne manque pas à ce devoir.

» Quant aux lois et aux résolutions parlementaires, il n'y intervient que par ses ministres, qui ont eux-mêmes à compter avec les majorités des deux Chambres.

» Toutefois, grâce au temps qui amène avec lui la réflexion et l'expérience, grâce aux dispositions que manifeste le Parlement, grâce aux efforts du gouvernement, qui est animé des sentiments les plus modérés et les plus conciliants, il est permis d'entrevoir des jours moins difficiles, et si Votre Sainteté daigne persévérer dans l'attitude que sa bienveillance et sa haute intelligence des choses et du temps présent lui ont fait prendre, aux applaudissements respectueux de tous les amis éclairés de la religion et de la paix publique, si la partie hostile du clergé finit par désarmer, nous avons l'espérance de voir tomber bientôt ces regrettables débats et d'arriver enfin à une heureuse pacification.

» Je demande à Votre Sainteté la permission de ne pas la suivre dans le détail des divers points auxquels sa lettre touche. J'aurais beaucoup de choses à approuver; il en est quelques autres sur lesquelles je demanderais peut-être à faire de respectueuses réserves. Mais le caractère de ma fonction ne me permet pas d'entrer personnellement dans une discussion que la loi réserve aux ministres responsables. Je leur ai communiqué la lettre de Votre Sainteté, en recommandant à leur plus vive sollicitude les griefs qu'elle renferme. Je suis assuré qu'ils feront ce qui dépendra d'eux pour leur donner toute la satisfaction possible.

» Je remercie Votre Sainteté du précieux témoignage d'estime et de confiance dont elle m'a honoré en m'adressant personnellement sa lettre. Je la remercie aussi de la bénédiction apostolique qu'elle a daigné à cette occasion donner à la France, à ma famille et à moi, et je la prie d'agréer l'humble expression de ma haute vénération et de mon profond respect.

» Jules Grévy,
» Président de la République française. »

Léon XIII et l'Allemagne.

La chute de M. Falk et son remplacement par M. de Puttkamer qui, comme président de la province de Sibérie, avait appliqué avec modération les lois du Kulturkampf, avaient amélioré la situation en Allemagne. Cependant, dans le seul royaume de Prusse, quatre diocèses seulement sur douze avaient conservé leurs titulaires ; 1185 cures étaient privées de leurs pasteurs, enfin 645 vicaires manquaient dans les rangs du clergé. Dès la fin de 1879, M. de Bismarck avait entamé de nouveaux pourparlers par l'entremise de Mgr Jacobini, alors nonce à Vienne, qu'il avait comme par hasard rencontré dans une ville d'eaux, à Gastein. Bien que les négociations soient restées secrètes, il résulte d'une note du prince Reuss, ambassadeur d'Allemagne à Vienne, dit Mgr de T'Serclaes que les conditions de l'accord projeté étaient probablement les suivantes : « 1º La notification n'aurait lieu que pour les nominations des curés et desservants. 2º Le veto éventuel du gouvernement ne pourrait être prononcé que dans certaines limites indiquées dans une lettre antérieure non publiée. 3º Les ecclésiastiques bannis ou exilés seraient amnistiés. 4º Le gouvernement s'engagerait à faire reviser les lois de mai dans un sens compatible avec les principes de l'Eglise et rendrait à l'Eglise la direction de l'enseignement religieux dans les écoles. »

Tout en se plaignant sur un ton cassant et avec une mauvaise humeur simulée de jouer le rôle de dupe et tout en montrant des prétentions exorbitantes, M. de Bismarck, qui sentait la nécessité de se réconcilier avec le Vatican, mais ne voulait pas donner un démenti formel à sa politique, faisait des avances. Le négociateur de Gastein, Mgr Jacobini, créé cardinal, avait remplacé à la secrétairerie d'Etat le cardinal Nina, qui avait résigné ses fonctions à la suite de la rupture diplomatique avec la Belgique. Ce fut le nouveau secrétaire d'Etat qui eut la bonne fortune de conclure la paix avec l'auteur des lois de mai.

La tâche n'était pas facilitée par l'attitude du gouvernement prussien. Ce dernier faisait voter en 1884 une loi lui permettant de pallier les mesures de rigueur édictées en vertu du Kulturkampf ; il rétablissait l'année suivante la légation auprès du Saint-Siège et nommait à ce poste M. de Schlœzer, mais il s'opposait à la rentrée des évêques exilés, Melchers et Ledochowski, il exigeait la reconnaissance de la notification préalable à l'autorité civile, il excluait de tous les adoucissements apportés au *Kulturkampf* les évêques de Cologne, Posen, Munster et Limbourg, qu'il considérait comme destitués. Poursuivant avec une ténacité pleine de mansuétude ces négociations épineuses, le Saint-Siège parvenait à obtenir progressivement la grâce de 1500 prêtres qui étaient dispensés des examens d'Etat, et le retour de l'évêque de Limbourg.

Le gouvernement allemand, tout en ne cédant que pied à pied prodiguait les témoignages de respect au Souverain Pontife. Le 18 juillet 1883, le prince Frédéric, alors l'hôte du Quirinal, sollicitait une audience de Léon XIII. Il se rendait à l'ambassade prussienne et se rendait de là au Vatican, comme d'un territoire allemand, dans une voiture particulière. En 1885, l'empereur d'Allemagne demandait au Pape d'être arbitre dans le différend hispano-allemand des Carolines. Le Pontife, récusant le rôle d'arbitre, accepta celui de médiateur et il fit signer un acte qui, tout en reconnaissant à l'Espagne un droit antérieur sur cet archipel, assurait aux sujets de l'empire germanique une protection et des avantages particuliers.

La médiation pontificale, qui eut un retentissement considérable dans le monde entier, faisait tomber les derniers obstacles qui s'opposaient encore à l'abrogation des lois de mai. Mgr Melchers et Mgr Ledochowski ayant résigné leurs évêchés en 1885, l'empereur appelait à la Chambre des seigneurs Mgr Kopp, évêque de Fulda. Quelque temps après, le gouvernement présentait un projet de loi supprimant le tribunal spécial pour les affaires ecclésiastiques, supprimant l'examen d'état pour les candidats ecclésiastiques, autorisant la réouverture des Séminaires, qui n'étaient plus soumis qu'aux dispositions générales concernant la surveillance exercée par l'Etat sur les maisons d'éducation. En échange de ces concessions, le Saint-Siège accordait la notification préalable des nominations aux cures réclamée par le gouvernement. M. de Bismarck, obligé de renoncer à la politique de persécution, déclara que les lois de mai, dont autrefois il avait exigé le vote avec tant d'énergie, constituaient en somme « une vraie chasse à cheval contre des canards sauvages. »

Les instructions que le Souverain Pontife envoya par l'entremise du cardinal Jacobini en 1887 au sujet du vote du septennat militaire que repoussait le Centre, désireux d'épargner de nouveaux sacrifices aux populations, provoquèrent un vif incident.

Dans une dépêche du 3 janvier, le cardinal exhortait Mgr di Pietro, nonce à Munich, à agir auprès du Centre afin que ce dernier se montrât favorable. Le secrétaire d'Etat ajoutait : « Si, par l'acceptation de cette loi, on pouvait arriver à éviter le danger d'une guerre prochaine, le Centre, en lui prêtant son concours, aurait bien mérité de la patrie, de l'humanité, de l'Europe. » La divulgation de ce document faite par les organes de M. de Bismarck causa une profonde émotion. L'un des chefs du Centre au Reichstag, le baron de Frankestein, adressa à Mgr di Pietro une lettre dans laquelle se trouvait ce passage : « Je n'ai pas besoin de dire que le Centre fut toujours heureux d'exécuter les ordres du Saint-Siège lorsqu'il s'agissait de lois ecclésiastiques, mais je me suis permis d'écrire déjà en 1880 qu'il était absolument impossible pour le Centre d'obéir à des directives données pour des lois non ecclésiastiques. Selon moi, ce serait un malheur pour le Centre et une source de désagréments bien graves pour le Saint-Siège, si le Centre demandait pour des lois qui n'ont rien à faire avec les droits de notre sainte Eglise des instructions du Saint-Siège. » En terminant, M. de Frankestein disait que la plupart des membres du Centre étaient décidés à démissionner, si le Conseil de Sa Sainteté devenait un ordre formel.

Dans une seconde note, publiée à propos de la lettre de M. de Frenkestein, le secrétaire d'Etat proclamait que le Centre n'avait pas encore terminé sa tâche et que le Saint-Siège comptait sur les catholiques du Reichstag pour travailler à l'abrogation complète des lois de persécution. Le cardinal ajoutait :

« Au Centre, considéré comme parti politique, on a toujours laissé une pleine liberté d'action, et, en cette qualité, il ne peut directement représenter les intérêts de l'Eglise. Si, dans la question du septennat, le Saint-Père a cru devoir manifester au Centre son désir, la chose doit s'attribuer aux rapports d'ordre moral et religieux qui s'associaient à cette question. D'abord il y avait de sérieux motifs de croire que la revision finale des lois de mai aurait reçu une puissante impulsion et une large exécution de la part du gouvernement satisfait de la conduite du Centre dans le vote du septennat. En second lieu, la coopération du Saint-Siège, par le moyen du Centre, au maintien de la paix, ne pouvait manquer de rendre le gouvernement de Berlin, devenu son obligé, plus bienveillant envers le Centre, et plus souple vis-à-vis des catholiques. Enfin le Saint-Siège a cru que le conseil donné touchant le septennat lui offrait une nouvelle occasion de se rendre agréable à l'empereur d'Allemagne et au prince de Bismarck. Or, au point de vue même de ses propres intérêts qui s'identifient avec ceux des catholiques, le Saint-Siège ne peut laisser échapper aucune occasion d'incliner en faveur d'un avenir meilleur pour lui le puissant empire germanique.

Au cours d'une grande assemblée électorale tenue à Cologne, le leader du parti catholique, M. Windthorst, se félicitait des éloges que le cardinal Jacobini décernait au Centre. Il exprimait le grand plaisir qu'il éprouvait à connaître les désirs du Saint-Père qui, cependant, n'étaient pas des ordres.

« Après la réunion du nouveau Reichstag, disait-il, le parti du Centre prendra en considération de la façon la plus sérieuse la lettre du cardinal Jacobini, et recherchera tout ce que l'on pourra faire en conséquence de cette lettre. » L'orateur terminait ainsi son éloquent discours: « Je le déclare ici, dans cette antique ville de Cologne, en face du Rhin qui la traverse, il n'y a jamais eu un moment, dans ce siècle, où l'autorité du Saint-Père ait été aussi universellement reconnue qu'aujourd'hui. Et si l'on fait appel à l'autorité du Souverain Pontife, non seulement dans les questions internationales, comme dans l'affaire des Carolines, mais jusque dans les questions intérieures, nous avons le devoir d'en être fiers. »

Quelque temps après était déposée à la Chambre des seigneurs une nouvelle loi revisant les lois de mai. L'article 2 définissait les limites du *veto* de la puissance civile contre les nominations ecclésiastiques, mais ne déterminait pas à laquelle des deux autorités il appartenait, en cas de désaccord, de trancher le différend.

Ces dispositions n'étaient pas sans exciter une assez vive inquiétude. Cependant, Mgr Kopp, le représentant du clergé catholique à la Chambre des seigneurs, s'était prononcé en faveur de la loi que combattait avec vigueur la plus grande partie de la presse catholique. Comme les membres du Centre, au Landtag prussien, paraissaient disposés à rejeter la loi nouvelle, le Saint-Père, dans une lettre à l'archevêque de Cologne, disait que la loi nouvelle n'était pas illusoire et qu'elle ouvrait la voie à la paix recherchée depuis si longtemps. Se conformant aux instructions pontificales, le Centre, par l'organe de M. Windthorst, annonça qu'il voterait le projet mais ne prendrait pas part à la discussion. La nouvelle loi, adoptée par le Landtag, levait la proscription portée contre les Ordres religieux voués au saint ministère, à la vie contemplative, aux œuvres de charité, à l'éducation des jeunes filles ; elle restreignait le droit de *veto* du gouvernement aux curés inamovibles. Les évêques n'étaient plus contraints sous peine d'amende et de prison à pourvoir dans l'année aux cures vacantes, enfin les condamnations prononcées par le fameux tribunal des Affaires ecclésiastiques n'entraînaient plus la destitution du prêtre frappé.

Au cours de la discussion, M. de Bismarck prononça ces mémorables paroles : « Quant à l'ingérence du Pape dans nos affaires intérieures, je doute fort que le Pape puisse être traité chez nous en étranger. En ma qualité de représentant du gouvernement, j'affirme que la papauté n'est pas seulement une institution étrangère et universelle, mais aussi une institution allemande pour nos concitoyens catholiques. Je nuirais au bien de mon pays si, par vanité nationale, je rejetais le secours d'un seigneur aussi consciencieux et aussi puissant que le Pape pour la raison qu'il demeure à Rome. »

Léon XIII et les autres nations.

La sollicitude que portait Léon XIII aux affaires de France et d'Allemagne n'avait pas détourné son attention des autres peuples. Dès le début de son pontificat, il avait cherché à renouer avec la Russie les relations interrompues à la fin du pontificat de Pie IX. Dans son Encyclique *Grande Munus*, il rappelait tout ce qu'avaient fait les Pontifes romains pour la race slave, si chère à son cœur, et il ordonnait que l'on célébrât dans tout l'univers la fête des deux grands missionnaires, saint Cyrille et saint Méthode, qui avaient introduit la langue slave dans la liturgie. Le 5 juillet 1881, le Pape recevait un pèlerinage de 1200 personnes accourues de tous les pays slaves, sauf la Russie.

Cette puissance, qui avait refusé en 1877 les réclamations que Pie IX lui avait adressées par voie diplomatique (1) contre les persécutions dont les catholiques étaient l'objet, se tenait vis-à-vis de Rome dans une réserve pleine de défiance. Un événement tragique qui jeta dans la consternation le monde entier, l'assassinat d'Alexandre II, qui, après avoir échappé à plusieurs reprises aux coups des nihilistes, était, le 13 mars 1881, déchiré affreusement par une bombe, permit au Pape d'adresser un solennel avertissement au czar. L'Encyclique *Diuturnum* constatait que la guerre faite à l'Eglise avait eu pour résultat l'ébranlement de l'autorité civile et la licence poussée jusqu'au brigandage et l'assassinat. Les relations, qui s'étaient améliorées à la fin du règne d'Alexandre II, furent officiellement reprises. Déjà, en 1880, des négociations avaient été entamées au sujet des Uniates, par l'entremise du prince Oubril, ambassadeur de Russie à Vienne, et le nonce apostolique dans cette ville. L'avènement d'Alexandre III fut officiellement

---

(1) A la suite de cette outrageante fin de non-recevoir, le cardinal Siméoni, secrétaire d'Etat, avait, par une circulaire du 20 octobre 1877, dénoncé ce procédé au monde, et déclaré que le Saint-Siège se trouvait dans la nécessité d'interrompre toute relation avec le chargé d'affaires officieux de la Russie à Rome.

notifié au Souverain Pontife, le 20 avril 1881, par le prince Oubril, venu à Rome comme envoyé extraordinaire. Le nouveau nonce à Vienne, Mgr Séraphin Vannutelli, obtenait la mise en liberté de Mgr Borowski, évêque de Zitomir, et le rappel de Mgr Félinski, évêque de Varsovie, interné en Sibérie depuis 1863. Les droits des évêques quant à l'éducation des clercs étaient reconnus, et le gouvernement russe ne se réservait qu'une inspection sur l'enseignement profane et sur celui de la langue russe dans les Séminaires. En avril 1883, Mgr Vincent Vannutelli représentait le Saint-Siège à Moscou à la cérémonie du couronnement d'Alexandre III. En 1888, les relations avec la Russie étaient reprises, et le Cabinet de Moscou envoyait à Rome un agent officieux, M. Iswolski, pour le représenter auprès du Vatican.

Pendant que s'opérait ce rapprochement avec l'empire des czars, l'attention du Pontife se tournait du côté de la malheureuse Irlande. En 1879, s'était formée une Ligue agraire dont le but était de provoquer une réduction des fermages exagérés et de faciliter l'acquisition du sol aux tenanciers. Le clergé, qui, au début, avait observé à l'égard de cette association une attitude défiante, suivit l'exemple de l'archevêque de Cashel et favorisa de son influence les efforts de la ligue dont la cause était intimement associée au *home rule* par le chef du parti national, M. Parnell. Ce dernier, dans un meeting tenu à Eunis, le 10 septembre 1880, proclama que le fermier qui consentirait à prendre à bail une ferme dont un autre aurait été expulsé devait être mis au ban de la société. Cette consigne fut exécutée à la lettre. Un certain capitaine Boycott, qui avait évincé pour le compte d'un seigneur anglais un tenancier insolvable, en fut la première victime. Objet d'avanies incessantes, il dut quitter l'Irlande après avoir été presque réduit à mourir de faim. Mais le *boycottage* ne tarda pas à prendre des proportions inattendues, et des crimes agraires ensanglantèrent bientôt la verte Erin. Léon XIII s'émut de ces manifestations révolutionnaires, et, dans une lettre adressée, le 3 janvier 1881, à Mgr Mac-Cake, archevêque de Dublin, il rappela que les Papes n'avaient pas cessé d'encourager les Irlandais à ne jamais s'écarter de la modération et de la justice, et il établit que la voie de la légalité était la plus avantageuse à leur cause. Ces paroles du Pontife causèrent une vive impression en Angleterre, et le gouvernement britannique, qui n'entretenait pas de relations diplomatiques avec le Vatican, chargea plus tard M. Errington d'une mission officieuse auprès du Saint-Siège. Le plénipotentiaire de Sa Majesté trompa la confiance que l'on avait placée en lui, et, en 1885, il eut l'inconvenance de publier une lettre insolente qui provoqua une désapprobation universelle.

Cependant un Cabinet tory avait succédé à un Cabinet libéral, et la répression brutale ne fit qu'envenimer la situation. A ce moment, deux députés irlandais, MM. Dillon et O'Brien, imaginèrent de réunir tous les fermiers d'un domaine ou d'une province par les liens de la solidarité. Ainsi unis, ils versaient entre les mains d'un fidei-commis les sommes dont ils disposaient. Ce délégué traitait les affaires avec le *landlord*. Si ce dernier consentait à une réduction, il était immédiatement payé ; dans le cas contraire, il ne recevait rien et l'on était obligé de recourir à l'expulsion en masse. C'est ce que l'on appela le *plan de campagne*. Le *plan de campagne* et le *boycottage* furent désapprouvés par le Saint-Siège et furent condamnés le 20 avril 1884 par le Saint-Office. Voici quelques extraits de la circulaire que le cardinal Monaco la Valetta adressait à ce sujet aux évêques d'Irlande :

« Souvent, quand les circonstances lui paraissaient le demander, le Siège apostolique a donné au peuple irlandais, qu'il a toujours entouré d'une grande bienveillance, les avertissements et les conseils opportuns afin qu'il pût défendre ou revendiquer ses droits sans porter atteinte à la justice et à la tranquillité publique.

» Or, maintenant, craignant que dans le genre de lutte amené chez ce peuple par des contestations entre locataires et propriétaires de fonds de ferme, et qu'on appelle le *plan de campagne*, comme dans cette forme d'interdiction qui, née des mêmes contestations, s'appelle le *boycottage*, le caractère propre de la justice et de la charité ne soit dénaturé, Notre Saint-Père Léon XIII a ordonné à la suprême Congrégation de la sainte Inquisition romaine et universelle de soumettre la chose à un sérieux et diligent examen.

» C'est pourquoi aux Eminentissimes Pères les cardinaux, inquisiteurs avec moi contre la méchanceté hérétique, il a proposé le doute suivant :

» Dans les contestations entre locataires et propriétaires de fonds et fermes en Irlande, est-il permis de se servir des moyens vulgairement appelés le *plan de campagne* et la *boycottage* ?

» A l'unanimité, les Eminentissimes Pères, après un long et mûr examen, ont répondu : Non.

» Réponse que le Très Saint-Père a approuvée et confirmée le 18 de ce mois.

» La grande équité de ce jugement sera facile à apprécier par quiconque voudra remarquer que le prix d'une location établie par consentement mutuel ne peut, sans atteinte à la foi de la convention, être diminué de l'avis du seul locataire ; surtout lorsque, en vue de trancher ces contestations, il a été institué des tribunaux spéciaux qui obligent de ramener à d'équitables limites les loyers plus élevés qu'il n'est juste, et qui le font en tenant compte de la stérilité ou des fléaux qui auraient pu survenir. Il ne faut pas croire non plus qu'il soit permis d'extorquer un loyer des locataires et de le déposer chez des inconnus sans tenir compte du propriétaire.

» Enfin, il est absolument contraire à la justice naturelle et à la charité chrétienne de sévir, soit contre ceux qui sont plutôt disposés à payer les loyers convenus avec les propriétaires des fermes et dont ils sont contents, soit contre ceux qui, usant de leur droit, prennent en location des terrains inoccupés. »

Le 24 juin 1888, avec l'autorité de sa parole, le Souverain Pontife, par l'Encyclique *Sæpe nos*, confirmait cette décision en condamnant l'insoumission de ceux qui provoquaient le peuple à des mesures réprouvées par le Saint-Siège. « Notre office, déclarait le Souverain Pontife, Nous interdisait de souffrir que tant de catholiques, dont le salut Nous est spécialement confié, suivissent une voie dangereuse et glissante, plus propre à tout détruire qu'à soulager les misères. Il faut donc considérer les choses selon la vérité; et l'Irlande doit reconnaître dans ce décret même Notre amour envers elle et Notre désir de sa prospérité, parce que rien n'est plus fatal à une œuvre, quelque juste qu'elle soit, que d'être défendue par la violence et l'injustice. »

La situation de l'Espagne préoccupait aussi le Saint-Père qui déplorait les divisions provoquées par les rivalités dynastiques. Déjà, dans l'Encyclique du 8 décembre 1882 adressée aux Espagnols, il avait condamné « la fausse opinion de ceux qui unissent la religion avec un parti politique et la confondent avec lui au point de prétendre que ceux qui appartiennent à un autre parti ont à peu près renié le nom catholique. » En 1885 surgit le conflit entre M. Nocedal, directeur du *Siglo futuro*, et Mgr Rampolla, alors nonce à Madrid. M. Nocedal attribuait aux évêques une autorité supérieure à celle des nonces apostoliques en ce qui concerne les rapports essentiels de l'Eglise et de l'Etat, et insinuait que, la mission des nonces étant purement diplomatique, les évêques n'avaient pas à tenir compte de leurs avis. A la suite de cette publication, le cardinal Jacobini fit paraître, le 13 avril 1885, une note dans laquelle on reprochait à M. Nocedal d'avoir émis des allégations se rapprochant des doctrines de Fébronius. « Les actes du nonce que le Saint-Siège n'a ni ignorés, ni réprouvés, disait-il, peuvent avec raison être considérés comme appartenant au Saint-Siège lui-même. » Dès lors, en ce qui concerne les relations de l'Eglise et de l'Etat, qui sont de la compétence du chef suprême de l'Eglise, les nonces, ses délégués, ont une compétence supérieure à celle des évêques. M. Nocedal se soumit noblement et répondit aux félicitations qu'on lui adressait à ce sujet qu'il saisissait « avec plaisir cette occasion pour manifester encore une fois, et avec une décision et un enthousiasme plus grands, son profond attachement et son adhésion absolue à l'autorité suprême du Vicaire de Jésus-Christ. »

Le Pape rétablissait aussi, après d'épineuses négociations la paix religieuse en Suisse, et il se réjouissait des progrès du catholicisme aux Etats-Unis.

L'Encyclique du Rosaire. — Actes pontificaux.

Dans leur vie de Léon XIII, les *Contemporains* parlent ainsi des actes importants accomplis par le Pontife:

« Le 1er septembre 1883 parut l'Encyclique *Supremi apostolatus*, qui recommandait tout particulièrement la pratique pieuse de la récitation du saint Rosaire. Depuis, tous les jours du mois d'octobre ont été consacrés, chaque année, à des exercices religieux en l'honneur de Notre-Dame du Rosaire; et un décret du 10 décembre de la même année ordonne d'ajouter aux litanies de la Sainte Vierge cette dernière invocation: *Regina sacratissimi Rosarii, ora pro nobis*.

» Durant ce temps, un long cri de détresse arrivait de la Chine et de la Cochinchine jusqu'en Europe; des milliers de chrétiens étaient mis à mort, des villages entiers brûlés et des malheureux, privés de tout, étaient réduits à chercher un asile dans les forêts et les montagnes. Le motif de ces cruautés inouïes, c'était la guerre que faisaient les Français pour se rendre maîtres d'une partie de la Cochinchine. Le Saint-Père entendait plus que tout autre ces appels qui arrivaient de l'Extrême-Orient : il écrivit à l'empereur de Chine et il obtint d'accréditer à sa cour un nonce ; tout ce qu'il était possible d'obtenir de la part des Chinois, il l'obtint.

» Toujours attentif aux besoins intellectuels des chrétiens, le Pape applaudit à tout ce qui peut assurer la diffusion de la vérité; aussi a-t-il approuvé avec joie l'établissement de l'Université, fondée à Salzbourg, assuré qu'elle serait une source abondante de lumière pour la Bavière et les contrées voisines (4 mars 1885). En même temps, il prévient les fidèles contre les dangers des Sociétés secrètes. »

Léon XIII et l'Italie.

Le gouvernement italien, qui, au lendemain de l'élection de Léon XIII, avait affecté d'opposer à l'attitude de Pie IX celle du nouveau Pape, dont les journaux vantaient l'esprit de conciliation, ne cessa, du moins jusqu'à la chute de M. Crispi, de manifester son hostilité pour le Saint-Siège. La translation des restes de Pie IX à la basilique de Saint-Laurent hors les murs donna lieu, dans la nuit du 13 juillet 1881, à des scènes odieuses qui dévoilèrent au monde civilisé jusqu'à quel point les ministres de la maison de Savoie pouvaient pousser leur condescendance vis-à-vis de la tourbe révolutionnaire. Il avait été décidé que la cérémonie se ferait sans solennité. Mais, en dépit des ordres donnés par l'autorité civile, plus de 100 000 personnes se pressaient sur la place Saint-Pierre quand sortit à minuit le modeste corbillard qui contenait la dépouille mortelle du grand Pape. Sur le passage du cortège, les façades des maisons s'illuminaient et l'on jetait des fleurs. Ce triomphe du Pontife, victime de la révolution et que des fils ingrats avaient abreuvé d'amertumes, excita la colère des sectes. Une bande de forcénés assaillit le cortège, et, sans que la police tentât de s'y opposer, menaça de jeter les restes de Pie IX dans le Tibre ou à l'égout ; ces misérables poursuivirent de leurs imprécations le cortège funèbre jusqu'à la basilique de Saint-Laurent. Léon XIII protesta par la voie diplomatique contre cet attentat monstrueux, et, dans son allocution du 4 août 1881, il stigmatisait avec indignation cet horrible forfait. « Que le monde catholique, s'écriait-il, voie par là quelle sécurité nous est laissée dans la Ville Eternelle! On comprend de mieux en mieux que nous ne pouvons actuellement résider à Rome que captif au Vatican. » Le 16 octobre suivant, 20 000 pèlerins italiens, conduits par le cardinal Agostini, patriarche de Venise, venaient déposer aux pieds du Souverain Pontife une protestation couverte de plusieurs millions de signatures et témoignant hautement la réprobation de l'Italie catholique pour les ignominies dont le gouvernement royal s'était fait le complice.

L'année suivante, l'Encyclique *Etsi nos* (15 février 1882) rappelait en termes saisissants les maux dont souffrait l'Italie. La suppression des Ordres religieux, la confiscation des biens ecclésiastiques, la sécularisation de l'enseignement y étaient dénoncées avec énergie. Le sombre tableau que traçait le Pontife était, malheureusement, trop conforme à la réalité. La mort de Garibaldi fournissait l'occasion de nouvelles démonstrations hostiles à la papauté et l'on répandait dans le peuple l'image de l'aventurier entourée d'une auréole. Le roi se faisait représenter par le ministre Zanardelli à l'inauguration du monument élevé au moine apostat Arnaud de Brescia ; à Turin, une foule ameutée contraignait les autorités trop dociles à enlever le buste de Pie IX de la façade de l'église de Saint-Second ; plus de vingt évêchés étaient privés de leurs pasteurs ; enfin, certains catholiques, égarés à la suite de l'ex-Père Jésuite Curci (1), qui publiait des libelles injurieux pour le Saint-Siège, préconisaient une conciliation impossible avec un gouvernement usurpateur.

Plusieurs incidents douloureux jetèrent un jour saisissant sur la situation précaire de la papauté à Rome. En 1881, la Cour de cassation attribuait à l'Etat italien le droit de disposer à son gré des édifices ou des objets du culte. En 1884, un arrêt de la Cour suprême, toutes Chambres réunies, appliquait à la Propagande les lois spoliatrices qui forçaient les institutions ecclésiastiques à convertir leurs biens en rente italienne.

Ce fut au cours de cette année que, pour atténuer les effets désastreux de cette mesure, le Saint-Siège transporta hors du territoire italien la gestion du patrimoine de la Congrégation. Enfin, les tribunaux italiens n'hésitèrent pas à battre en brèche la loi même des garanties. L'ingénieur Martinucci, congédié du Vatican, intenta un procès au Saint-Père devant le tribunal civil de Rome. Le tribunal, tout en repoussant cette prétention, affirma sa compétence sur l'enceinte même du Vatican. A cette violation du principe de l'extraterritorialité, qui avait pourtant été admis au lendemain de l'occupation de Rome par les ministres du roi Victor-Emmanuel eux-mêmes, le Pape répondait en établissant dans l'enceinte même du Vatican deux Commissions qui devaient remplir l'office, l'une de tribunal de première instance, l'autre de tribunal d'appel.

Le gouvernement italien ne devait pas, jusqu'au désastre d'Adoua, s'arrêter dans cette voie. Le grand-maître de la franc-maçonnerie, Lemmi, parcourait l'Italie, et, à Livourne, à Gênes, à Milan, à Bologne, il dénonçait le Pape comme l'ennemi. Le document suivant, qui fut distribué aux francs-maçons d'Italie, nous révèle les desseins perfides de la secte que Léon XIII a stigmatisée dans son Encyclique *Humanum genus* (2) (20 avril 1884).

« ... du T∴, 10 octobre 1890.

» *Aux Vénérables Frères des Loges italiennes.*

» L'édifice que les FF∴ sont en voie d'élever dans le monde ne pourra être regardé comme arrivé à bon point tant que les FF∴ d'Italie

---

(1) Le P. Curci, qui avait été le fondateur de la *Civiltà cattolica*, se soumit avant sa mort et fut même admis à ce moment à renouveler ses vœux dans la Compagnie de Jésus.

(2) Cette belle Encyclique résume les motifs des condamnations portées par l'Eglise contre la franc-maçonnerie, centre de toutes les sectes clandestines dont le caractère propre est le secret. Cette association pernicieuse, s'appuyant sur le naturalisme, tend à la destruction de l'Eglise, dont elle nie les dogmes, et à celle de la société. C'est elle qui préconise la morale civique, nie l'indissolubilité du mariage, veut imposer à tous l'indifférentisme en matière religieuse, met la main sur l'éducation de l'enfance, qu'elle a la prétention d'arracher aux pères de famille eux-mêmes.

n'auront pas fait don à l'humanité des *décombres de la destruction du grand ennemi*.

» L'entreprise avance rapidement en Italie..... Nous avons appliqué le ciseau au dernier refuge de la superstition, et la fidélité du F∴ 33∴ qui est à la tête du pouvoir politique (M. Crispi) nous est une garantie que le *Vatican tombera sous notre marteau vivifiant*.

» Mais il est nécessaire que, lors des prochaines élections politiques, quatre cents FF∴ au moins entrent à la Chambre législative comme députés..... Les derniers efforts rencontreront de plus grands obstacles du côté du chef des prêtres et de ses vils esclaves.....

» Le G∴-O∴ invoque le génie de l'humanité pour que tous les FF∴ travaillent de toutes leurs forces à *disperser les pierres du Vatican* pour construire avec elles le temple de la Nation émancipée.

» Le G∴-O∴ de la Vallée du Tibre. »

Au cours de la tournée qu'il entreprenait en 1892 à travers la péninsule, le grand-maître Lemmi attaquait en ces termes le pouvoir spirituel du Pape :

« La papauté, bien qu'elle ne soit plus qu'un fantôme planant sur des ruines, jette cependant encore de l'éclat dans le Vatican. Elle lève en face du monde, en le défiant, la croix, la *Somme théologique* et le *Syllabus*; une foule innombrable se prosterne et l'adore. Il y en a qui tirent argument de cette foule et de ses gémissements pour crier que la papauté est la digue contre la révolution, et que si le monde veut jouir de la paix il faut conserver l'Eglise. Ce qu'ils appellent la paix, c'est la servitude. Et nous qui voulons, avec tout le monde, la paix et plus que la paix, la fraternité — nous voulons la guerre contre la conspiration cléricale et réactionnaire. Et il faut que ce soit une guerre acharnée. Avec le cléricalisme et contre la franc-maçonnerie se trouvent tous ceux qui invoquent le passé ; ils ont tous peur des grandes et inévitables transformations de l'avenir. Mais nous ne redoutons point cette coalition. »

Pendant que la franc-maçonnerie, par l'organe de son chef, déclarait ouvertement la guerre à l'Eglise, le gouvernement italien continuait la persécution légale avec une brutalité dont le Code pénal préparé par M. Zanardelli, alors ministre de la Justice, nous donne une preuve.

D'après l'article 101, « quiconque commet un acte destiné à soumettre l'Etat ou une partie de celui-ci », c'est-à-dire quiconque réclame le pouvoir temporel, est puni de l'*ergastulum* (1). Tout ministre du culte qui attaque publiquement « les institutions ou les lois de l'Etat ou les actes de l'autorité » est puni, d'après l'article 175, d'une détention qui peut aller jusqu'à un an et d'une amende dont le maximum est 1 000 francs. L'article 174 punit de la détention de six mois à trois ans, d'une amende de 500 à 1 000 francs et de l'interdiction perpétuelle ou temporaire de son ministère, « le ministre d'un culte qui, abusant de

(1) L'*ergastulum* est ainsi défini par l'article 11 : « La peine de l'*ergastulum* est perpétuelle, et doit être subie dans un établissement spécial où le condamné demeure en séquestration cellulaire continuelle avec obligation de travailler. »

la force morale dérivant de son ministère, excite à méconnaître les institutions ou les lois de l'Etat, ou les actes de l'autorité, ou ceux qui ont rapport à un office public, ou préjudicie les intérêts patrimoniaux, ou trouble la paix des familles. » Enfin, tout prêtre qui « exerce des actes du culte extérieur en opposition aux mesures prises par le gouvernement » est passible de l'amende et de la prison.

Malgré les énergiques protestations du Souverain Pontife et de tout l'épiscopat italien, les deux Chambres votèrent ce projet que les évêques d'Angleterre stigmatisèrent en ces termes :

« Nous qui habitons une terre où l'Eglise catholique jouit d'une entière liberté, nous sommes profondément attristés et offensés de la violence cynique avec laquelle les droits sacrés de l'Eglise sont enchaînés dans le centre même de sa suprême autorité. Déjà le dévouement filial des pasteurs et des peuples dans toutes les parties de l'univers, non moins que la libre et saine opinion publique de toutes les nations civilisées, a réprouvé et condamné cette législation pénale, et nous ajoutons notre protestation à celle du monde civilisé tout entier, en exprimant avec tous les catholiques notre détestation pour tant d'injustice. »

Ces mesures de persécution, qui avaient pour but d'atteindre dans toute l'Italie le pouvoir spirituel du Pape, ne suffisaient pas à la secte qui projeta de dresser sur une place publique une statue au moine apostat Giordano Bruno. Cet évadé de l'Ordre de Saint-Dominique s'était, au moment de la Réforme, enfui du cloître pour satisfaire ses honteuses passions. Après avoir scandalisé l'Angleterre par ses mœurs infâmes, et s'être fait expulser de Suisse et d'Allemagne par les protestants eux-mêmes qui s'effrayaient de ses doctrines, il revint en Italie où il essaya de répandre ses monstrueuses erreurs. Athée et naturaliste, il niait la distinction du bien et du mal, n'admettait pas la supériorité de l'intelligence et de la volonté sur les sens, enseignait qu'il fallait « jouir de la vie présente, sans se préoccuper d'une vie future et incertaine », et que l'honneur n'avait « rien d'objectif ». Arrêté, traduit devant le Saint-Office, qui lui accorda de nombreux délais pour rétracter ses blasphèmes, il fut dégradé, exclu du for ecclésiastique. L'arrêt qui l'abandonnait à la Cour du gouvernement de Rome se terminait par ces mots : « Priant cependant avec instance le susdit gouverneur qu'il veuille adoucir la rigueur des lois touchant la peine encourue par toi, afin que cette peine n'entraîne ni la mort, ni la mutilation. » Plus sévères que les tribunaux ecclésiastiques, les tribunaux séculiers condamnaient l'ex-Dominicain à la peine de mort, et l'apostat périssait sur le bûcher, au *Campo di Fiori*, en regardant d'un œil furieux et en repoussant avec dédain le crucifix qu'on lui présentait.

Cet homme qui avait invité les seigneurs allemands à écraser « ces chiens et ces bêtes féroces de paysans », qui avait appelé ses compatriotes « des rustres incivils, sauvages et mal élevés », et qualifié l'Italie de « sentine », devint tout à coup l'idole des démagogues et des partisans de « l'Italie une ». Un Comité se forma pour lui élever une statue, et le Conseil municipal de Rome ayant refusé de concéder un terrain pour cette apothéose injurieuse à la papauté, le gouvernement prit en main la cause des sectaires, et, grâce à une pression éhontée, fit entrer dans l'assemblée municipale une majorité décidée à s'associer à ce défi jeté au Saint-Père. Un emplacement était accordé au Champ des fleurs pour la statue du renégat. L'inauguration, qui fut célébrée le 9 juin 1889 (fête de la Pentecôte), donna lieu à d'ignobles saturnales. Un cortège comprenant des délégations de toutes les Sociétés anticléricales d'Italie, et qui se groupait autour d'un étendard portant l'image de Satan, parcourait la voie nationale en faisant retentir ces clameurs sauvages : « A bas le paysan de Carpineto! A bas le détestable Pape! Au gibet, le Saint-Père! A l'eau, tout le Vatican! Les prêtres à la potence! Tuez les corbeaux! » Pendant que se passaient ces scènes ignobles, Léon XIII, accablé de douleur, à genoux devant le Saint Sacrement, priait pour les malheureux qui l'abreuvaient d'amertume et déchiraient son cœur.

Dans l'allocution qu'il prononçait au Consistoire du 28 juin suivant, le Pontife dénonçait ceux qui voulaient « donner à la capitale du monde chrétien la primauté de l'impiété ». « C'est une chose douloureuse et qui semble un affreux prodige, s'écriait le successeur du Prince des apôtres, d'entendre retentir dans cette Ville sainte où Dieu a établi la demeure de son Vicaire l'éloge de la raison rebelle à Dieu, et de voir, par un inique renversement des choses, d'infâmes erreurs et l'hérésie elle-même consacrées par des monuments dans un lieu où le monde est accoutumé à venir chercher les préceptes les plus purs de l'Evangile et les conseils du salut. Les temps sont venus où *l'abomination de la désolation règne dans le lieu saint..*» Le Pape revendiquait son indépendance et il laissait entendre que sa vie elle-même n'était plus en sûreté.

Cette allocution eut un retentissement énorme dans le monde entier. Sur l'ordre du Saint-Père, la Congrégation des Evêques et Réguliers la signalait à l'épiscopat dans une instruction spéciale, et elle ordonnait que la traduction de la parole pontificale fût lue dans toutes les églises. Elle recommandait aux catholiques de « revendiquer par tous les moyens légitimes les droits du Pontife romain, en songeant que la liberté propre de chaque fidèle est intimement liée à celle du Chef de l'Eglise ».

A la suite de cette publication, le bruit se répandait que Léon XIII allait quitter la Ville Éternelle, et les ministres italiens, affolés, prirent des mesures que Mgr de T'Serclaes décrit en ces termes :

« Toutes les avenues du Vatican furent occupées par des officiers de police et des gendarmes en uniforme ou en bourgeois. Les postes avaient été distribués avec une habileté consommée. Rien ne pouvait entrer ou sortir du Vatican sans subir des inspections répétées. Deux délégués de la sûreté publique se tenaient jour et nuit sur la place de Saint-Pierre avec une voiture à leur disposition, prêts à voler où besoin serait pour donner des ordres ou porter des nouvelles. C'est que l'autocrate du palais Braschi, M. Crispi, avait menacé de ses foudres le questeur de Rome et le chef de la police du Borgo si jamais le Pape quittait le Vatican sans que le gouvernement en fût averti à temps.

» Au reste, si l'espionnage officiel redoubla en ces jours d'angoisse ministérielle, il n'avait jamais cessé d'exister, et les précautions sont prises depuis longtemps pour que le Pape ne jouisse d'aucune liberté même dans l'intérieur du Vatican. Sans parler des espions payés qui, sous divers prétextes, arrivent à pénétrer jusque dans le palais apostolique, les entours de celui-ci sont comme bloqués par des constructions d'une élévation anormale, qui permettent à une curiosité indiscrète, non moins qu'aux investigations de la police, de fouiller du regard les jardins du Vatican, seul espace libre où l'auguste captif puisse encore se délasser par quelque promenade au grand air. »

Léon XIII et l'Amérique.

Dès le début de son pontificat, Léon XIII avait tourné son regard vers les Etats-Unis, qui lui donnaient de grandes espérances. Epris de liberté, l'Américain, au milieu de ses entreprises gigantesques, ressent un besoin mal défini de s'arracher au matérialisme pratique de la vie quotidienne et il se montre plein de respect pour l'Eglise, vers laquelle l'attire un amour instinctif pour la justice et la vérité. Les pouvoirs publics gardent vis-à-vis du catholicisme une attitude bienveillante, et l'on a vu, lors du Jubilé sacerdotal de Léon XIII, le président Cleveland offrir au Souverain Pontife, par l'entremise du cardinal Gibbons, archevêque de Baltimore, un exemplaire richement relié de la Constitution américaine. Le Pape adressait les paroles suivantes à la députation qui venait déposer à ses pieds ce cadeau : « Comme l'a dit l'archevêque de Philadelphie, on jouit chez vous de la liberté dans le vrai sens du mot, garantie qu'elle est par cette Constitution dont vous m'avez donné un exemplaire. Chez vous la religion est libre d'étendre toujours davantage l'empire du christianisme, et l'Eglise de développer sa bienfaisante action. »

Le Saint-Père encourageait l'épiscopat américain à fonder à Washington une Université catholique « fondée par des ressources américaines et dirigée par des intelligences américaines. » Le 7 mars 1889, jour de la fête de saint Thomas, il donnait l'institution canonique à cette école de théologie dont l'ouverture solennelle avait lieu au mois de novembre suivant, en présence de Mgr Satolli, délégué du Pape, et du président Harrisson. Au même moment on célébrait à Baltimore les fêtes du centenaire de l'introduction de la hiérarchie catholique. La police à cheval formait une escorte d'honneur à la procession nocturne formée par les paroisses de la ville et à laquelle prenaient part soixante corps de musique. Le Congrès tenu à l'occasion des fêtes de Baltimore votait un ordre du jour fort explicite en faveur de la liberté du Saint-Siège.

Sur ces entrefaites s'éleva un conflit religieux qui préoccupa beaucoup le Saint-Siège, et sur lequel il n'est pas inutile de donner quelques détails.

La liberté d'enseignement est complète aux Etats-Unis, mais, pour bénéficier des subsides de l'Etat, les écoles doivent se soumettre à la direction et à l'inspection d'un Comité scolaire élu par le peuple, et écarter de leur programme toute croyance confessionnelle. Pour obvier au danger de l'école neutre, le IIIe Concile de Baltimore ordonna la création d'écoles paroissiales catholiques partout où les ressources le permettraient. Fidèles aux principes établis par le Concile de Baltimore, les catholiques consentaient aux plus généreux sacrifices pour multiplier les écoles catholiques quand on apprit que l'archevêque de Saint-

Paul, Mgr Ireland, venait de passer un contrat avec l'autorité civile à propos des écoles de Faribault et de Stillwater, qui passaient pour un an sous la direction du Comité scolaire officiel. En présence de l'émotion que provoquait cette décision épiscopale, blâmée même par un certain nombre de protestants, l'archevêque de Saint-Paul expliqua que ses deux écoles périclitaient; en les mettant sous la direction du Comité scolaire, l'autorité épiscopale avait obtenu la certitude que les religieuses seraient maintenues et que l'enseignement catholique serait donné en dehors des classes, mais dans le local même de l'école. Quelque temps après, la question était soumise au jugement du Saint-Siège, et une congrégation spéciale de la Propagande rendit le 21 avril 1892 la décision suivante :

Sur la question : Quel jugement doit-on porter sur l'accommodement adopté par l'archevêque Ireland au sujet des deux écoles de Faribault et de Stillwater? Les membres de la Congrégation ont affirmé qu'il fallait répondre :

Affirmativement: Les décrets des Conciles de Baltimore sur les écoles provinciales subsistant dans toute leur force, la convention conclue par le R^{me} archevêque Ireland peut, toutes les circonstances étant pesées, être tolérée.

Le Très Saint-Père a daigné, dans son audience du même jour, 21 avril, approuver la décision susdite des Eminentissimes membres de la Congrégation.

† IGNACE,
archevêque de Damiette, secrétaire.

La polémique suscitée par cet incident n'avait pas cessé que surgit une nouvelle controverse au sujet des droits de l'Etat en matière d'instruction. Le docteur Bouquillon, professeur à l'Université catholique de Washington, reconnaissait à l'Etat le droit d'avoir des écoles, d'imposer des programmes, de punir les parents qui négligeraient d'assurer aux enfants le minimum d'instruction requis, de surveiller les écoles fondées par les particuliers ou les associations et d'exiger des instituteurs des preuves de capacité. La *Civilta cattolica* opposait à cette opinion la thèse exposée en ces termes par le P. Schiffini : « A l'exception de l'éducation morale et religieuse, qui doit être donnée par les soins des parents sous la direction de la puissance non politique mais ecclésiastique, l'instruction dans les arts et les sciences qu'on a coutume de donner dans les écoles ne peut être imposée comme une chose à subir nécessairement par tous les citoyens. » Ces deux thèses trouvèrent en Amérique d'ardents défenseurs. Les partisans de Mgr Ireland préconisaient la première, un grand nombre d'évêques soutenaient la seconde.

Sur ces entrefaites s'ouvrit, le 16 novembre 1892, à New-York, la réunion des archevêques américains. Le délégué du Pape, Mgr Satolli, « lut et déposa, dit le procès-verbal officiel rédigé par Mgr Chapelles, quatorze propositions tendant au règlement de la question scolaire. Mgr Satolli quitte la réunion après avoir déclaré que son rapport était fait au nom du Saint-Père ».

Les propositions que déposait le délégué confirmaient la règle du Concile de Baltimore, prescrivant d'ouvrir des écoles catholiques partout où cela serait possible. Elles affirmaient que l'on pouvait en sûreté de conscience fréquenter les écoles publiques « là où il n'existe pas d'école catholique, ou quand celle qui existe n'est pas suffisante pour l'instruction convenable des élèves selon leur condition. » L'Eglise a le droit d'enseigner, porte l'article 6, mais « il ne répugne pas que les jeunes gens reçoivent les premiers rudiments et l'instruction plus élevée dans les arts et les sciences naturelles aux écoles publiques dirigées par l'Etat. » Un autre article réprouve seulement les écoles publiques qui « s'opposent à la vérité de la religion chrétienne et à la moralité. » Mgr Satolli appelait l'attention sur la nécessité de ne pas abandonner les enfants qui, au nombre de plusieurs centaines de mille, fréquentaient les écoles officielles ; il condamnait le principe de la neutralité admis dans les établissements publics, mais il indiquait qu'il était permis d'y envoyer les enfants, lorsqu'il n'y avait aucun danger, ni pour la foi ni pour les mœurs ; il insistait sur le développement à donner aux écoles catholiques, qui devaient être des écoles modèles ; enfin, il encourageait les étudiants catholiques à conquérir les grades académiques.

Le 18 novembre, l'assemblée de New-York approuvait à l'unanimité les résolutions suivantes :

1° Il a été résolu de promouvoir l'érection d'écoles catholiques de façon à ce qu'il y ait place pour une plus grande quantité, et, si possible, pour la totalité de nos enfants catholiques, en conformité avec les décrets du III° Concile plénier de Baltimore.

2° Il a été résolu que, pour ce qui concerne les enfants qui présentement ne fréquentent pas les écoles catholiques, il serait pourvu à leur nécessité par des écoles dominicales, par des instructions faites quelque autre jour de la semaine, et aussi en engageant les parents à enseigner aux enfants la doctrine chrétienne dans leurs demeures. Ces écoles dominicales ou de semaines devraient être sous la surveillance directe du clergé, aidé par d'intelligents maîtres laïcs et, si possible, membres des corps enseignants.

Le rapport de Mgr Satolli, destiné aux seuls évêques, devait demeurer secret. Il fut divulgué par suite d'une indiscrétion regrettable et fut l'objet de divers commentaires qui représentaient ce document comme abrogeant les principales dispositions du Concile de Baltimore. Le Souverain Pontife dut élever la voix pour fixer les principes.

« Les propositions de Notre Délégué, disait-il dans la lettre adressée le 31 mai 1893 au cardinal Gibbons, ayant été publiées d'une manière inopportune, de nouvelles discussions se sont élevées plus vives, et, par suite d'interprétations inexactes ou d'insinuations malignes répandues par les journaux, ont pris un caractère plus pénible et plus général. C'est alors que plusieurs évêques de votre pays, souffrant des interprétations données à quelques-unes de ces propositions ou redoutant les conclusions fâcheuses pour le bien des âmes qui pourraient en être tirées, se sont adressés à Nous avec confiance et Nous ont exposé leur inquiétude. Nous rappelant que le salut des âmes est la loi suprême que Nous devons suivre, et désirant vous donner un nouveau témoignage de Notre bienveillance, Nous avons voulu que chacun d'entre vous, en des lettres particulières, Nous exprimât librement sa pensée, ce que d'ailleurs vous vous êtes empressés de faire.

» Ces lettres Nous ont montré que, pour un certain nombre d'entre vous, les propositions ne renfermaient rien qui pût inspirer quelque crainte ; tandis que, à plusieurs, il semblait qu'elles abrogeaient en partie les dispositions de la loi sur les écoles portée par le Synode de Baltimore. Ils craignaient que la diversité des interprétations qui en seraient faites engendrât des dissentiments fâcheux pour les écoles catholiques.

» Ayant sérieusement examiné la question, Nous Nous sommes persuadé que ces interprétations n'étaient nullement d'accord avec la pensée de Notre Délégué non plus qu'avec l'esprit de ce Siège apostolique. Les principales propositions que l'archevêque de Lépante a présentées ont été tirées des décrets du IIIᵉ Concile de Baltimore ; elles affirment avant tout la nécessité de susciter avec le plus grand zèle des écoles catholiques, et laissent au jugement et à la conscience de l'Ordinaire de décider quand il est permis ou défendu de fréquenter les écoles publiques. Si dans tout discours il faut entendre les paroles de la fin de la manière la plus conforme au sens de celles prononcées précédemment, ne serait-il pas injuste et déloyal de donner à la seconde partie d'un discours une interprétation contradictoire à la première? Cette manière d'agir serait d'autant plus condamnable que la pensée et l'intention de l'écrivain ou de l'orateur seraient plus évidentes. Or, lorsqu'il présenta dans l'illustre assemblée de New-York ces propositions, Notre Délégué a protesté (les actes officiels en font foi) de son admiration pour le zèle pastoral que les évêques de l'Amérique du Nord avaient montré en promulguant les décrets si sages du IIIᵉ Synode de Baltimore pour le succès de la grande cause de l'éducation de la jeunesse catholique. Il a ajouté que ces décrets, en tant qu'ils donnent une règle générale de conduite, doivent être *fidèlement* observés, et que, sans condamner tout à fait les écoles publiques (il peut arriver des cas, comme le Synode d'ailleurs l'avait prévu, où il soit permis de les fréquenter), des efforts doivent être faits avec énergie pour que les écoles catholiques s'élèvent de plus en plus nombreuses et parfaitement organisées. »

La croisade antiesclavagiste.

Léon XIII donna les plus hauts encouragements au cardinal Lavigerie pour la croisade contre l'esclavagisme qu'il avait entreprise en Afrique. Dans une lettre du 17 octobre 1888, adressée au primat d'Afrique, le Pontife rappelait qu'au Congrès de Berlin, en 1888, les souverains s'étaient engagés à s'opposer à l'esclavage. Le Pape, dans une Encyclique *In plurimis* (9 mai 1888), adressée aux évêques du Brésil, montrait la conduite sage et prudente que n'avait cessé de tenir l'Église pour guérir progressivement et sans secousse la hideuse plaie de l'esclavage. Tout d'abord, elle appela l'attention des chrétiens sur la communion d'homme à homme, de nation à nation, qui existe dans le Christ, nouvel Adam, et qui donne à tous, non seulement une même origine naturelle, mais encore une origine et une fin surnaturelles uniques. Elle adoucit le sort des esclaves, tout en leur recommandant la soumission, et, si elle ne procéda pas à ... affranchissement avec une hâte qui, tout en jetant une perturbation profonde dans la société, leur eût été préjudiciable, elle s'éleva contre les prérogatives exorbitantes que les législations païennes avaient attribuées aux maîtres, et, après ce travail de plusieurs siècles, Lactance pouvait s'écrier à bon droit : « Pour nous chrétiens, les esclaves ne sont pas esclaves, nous les disons nos maîtres en esprit et nous les traitons comme tels, et comme serviteurs de Dieu au même titre que nous-mêmes. » Léon XIII citait les nombreux Papes qui, avec des procédés divers, ont combattu l'esclavage, et il constatait avec douleur que 400 000 Africains étaient chaque année vendus comme des animaux. Il terminait son Encyclique par quelques conseils pleins de sagesse sur la manière dont devait s'opérer au Brésil l'affranchissement des esclaves. L'Allemagne et la Belgique, répondant à l'appel du Pontife, s'associaient à la France pour cette croisade contre la barbarie.

A la clôture du Congrès international contre l'esclavagisme, réuni à Bruxelles à l'instigation du roi Léopold, le plénipotentiaire d'Espagne, M. Gutthierez de Agrada, rendait en ces termes un éclatant hommage à l'initiative prise par le Saint-Siège : « Nous ne pouvons oublier les efforts du Souverain Pontife Léon XIII pour déterminer ce mouvement, ni les témoignages de paternelle sollicitude qu'il a donnés aux races déshéritées dont le sort nous a si longtemps occupés, ni les sacrifices et les travaux de ceux qui ont efficacement soutenu ses généreux desseins. L'acte général posera les bases d'une œuvre essentiellement humanitaire et civilisatrice. Plusieurs fois nous avons fait appel aux hommes de bonne volonté. Je crois donc, Messieurs, être l'interprète de vos sentiments en proposant que le protocole de la conférence atteste l'expression d'un vœu que nous formons tous. Puisse le pape Léon XIII prêter encore, à l'avenir, l'appui de sa parole et le concours des forces morales qui se réunissent autour du Chef de l'Eglise catholique à la cause qui a été l'objet de nos sollicitudes, et surtout aux dispositions adoptées en commun par les puissances. La haute considération que professent pour le Saint-Père les gouvernements, m'est un sûr garant de l'accueil que ma proposition, qui d'ailleurs réserve les points de vue de quelques-uns de nos collègues, rencontrera auprès des membres de cette assemblée. »

Le Souverain Pontife mit des sommes importantes à la disposition de l'œuvre antiesclavagiste, et, tandis qu'au centre de l'Afrique les missionnaires catholiques allaient, au péril de leur vie, évangéliser les noirs et les soustraire à l'esclavage, de courageux soldats, Joubert, van Kerchoven, etc., combattaient avec succès les trafiquants arabes qui portaient la terreur et la désolation dans ces contrées déshéritées.

Léon XIII et la question sociale.

Mgr Touchet, évêque d'Orléans, dans une remarquable lettre pastorale publiée à l'occasion de la mort du Souverain Pontife, expose en ces termes l'œuvre sociale de Léon XIII :

« En Amérique et en Europe, il est une multitude digne d'intérêt, parce que ses peines sont plus nombreuses et ses charges plus lourdes, c'est la multitude des ouvriers.

» Notez bien ce que je dis : je dis les ouvriers, je ne dis pas les pauvres.

» Le pauvre, c'est celui qui ne peut gagner sa vie, et qui manque parce qu'il ne peut gagner.

» L'ouvrier, c'est celui qui gagne sa vie, et qui a parce qu'il gagne.

» La charte libératrice du pauvre est dans l'Evangile, dans les préceptes qui ont trait à l'aumône : « Donnez et il vous sera donné. J'avais » faim, vous m'avez donné à manger ; j'avais soif, vous m'avez donné à » boire ; j'étais nu, vous m'avez donné un habit : entrez dans le royaume » des cieux. J'avais faim, j'avais soif, j'étais nu, vous ne m'avez donné » ni pain, ni eau, ni habit : allez, allez, maudits, au feu éternel. »

» La charte libératrice de l'ouvrier est dans l'Evangile aussi, je le crois. Mais elle n'y est pas aussi explicitement que la charte libératrice du pauvre. Léon XIII résolut de l'écrire.

» Le pas était glissant. Le capital et le travail sont deux antagonistes à réconcilier, mais qui paraissent bien irréconciliables tant qu'ils ne sont pas réconciliés. Ce sont deux antagonistes réfléchis, qui ont l'un et l'autre pour soi de bonnes raisons, et l'un contre l'autre de sérieux griefs. Ce sont deux antagonistes puissants : le capital est la richesse acquise ; le travail est l'élément fécondant de la richesse acquise. Le capital dit : « Sans moi pas de travail possible ; » le travail répond : « Sans moi pas de capital utile. » Le capital dispose de l'influence apparente, le travail dispose du nombre, qui finit par être l'influence réelle. Comment se jeter entre les deux puissances sans crainte de désobliger l'une, et plus vraisemblablement les deux ?

» Léon XIII avait une bravoure qui est assez rare : la bravoure intellectuelle. Il ne fuyait jamais devant un problème posé. S'il estimait de son devoir de le résoudre, il proposait sa solution.

» Il résolut de fixer aux capitalistes et aux travailleurs leurs droits, et, plus encore, leurs devoirs.

» Il faut remarquer que Léon XIII ne redouta point de les considérer comme « des classes », et comme des classes en bataille. Il n'essaya point de leur oindre un collyre sur les yeux et de leur faire accroire qu'entre eux il n'existait que des conflits superficiels. Il les connaissait, car il les connaissait pour les avoir vus.

» Il les avait rencontrés d'abord en Amérique, où on avait tenté de lui faire condamner l'immense Société des « Chevaliers du travail ». Il les avait rencontrés en Europe, où MM. Harmel et de Mun lui avaient conduit des pèlerinages ouvriers qui avaient fait du bruit. Du reste, ni tant de discours violents, ni tant de grèves, ni certains actes de sauvagerie, comme l'assassinat de l'ingénieur Vatrin, ne lui avaient échappé.

» Croyant donc à une guerre de classes, guerre non encore sanglante sinon à de très rares intervalles, guerre très dangereuse cependant, il estima indispensable d'assumer le rôle de médiateur.

» Et il publia l'Encyclique *Rerum novarum*.

» Favorable évidemment à l'idée de M. Decurtins, saisie par Guillaume II, d'une législation internationale du travail, il en traça les grandes lignes. Il dit « à tout gouvernement qui prétend répondre aux » préceptes de la raison naturelle et à ceux des enseignements divins » la part qui lui incombe en si redoutable affaire. Les pauvres, aussi bien que les riches, sont citoyens. Comme donc il serait déraisonnable de pourvoir à une classe de citoyens et de négliger l'autre, il devient évident que l'autorité publique doit prendre des mesures pour sauvegarder les intérêts de la classe ouvrière, tout en respectant notamment le principe de la propriété privée. Que l'autorité publique impose la respect du repos dominical, nécessaire au corps de l'ouvrier et à son âme; qu'elle arrache les ouvriers « aux mains de ces spéculateurs qui, » ne faisant point de différence entre un homme et une machine, abusent » sans mesure de leurs personnes pour satisfaire d'insatiables cupidités ». Que le nombre d'heures du travail soit déterminé et limité par sa nature. Que la femme et l'enfant jouissent d'égards spéciaux. « Que le » salaire ne soit jamais insuffisant à faire subsister l'ouvrier sobre et » honnête. S'il s'élève, sur ce point délicat des salaires, quelque que- » relle entre ouvriers et patrons, il n'est pas bon que l'Etat intervienne » indiscrètement : on pourra confier la solution aux corporations, aux » Syndicats, à des arbitrages, même appuyés par l'Etat. »

» Que l'on tende à donner au peuple quelque propriété du sol. Que l'on favorise les Sociétés de secours mutuels, les Caisses d'assurance, les patronages, les corporations. Que les patrons aient des rapports fréquents avec leurs ouvriers. Que le clergé voie bien qu'il doit s'intéresser à eux.

» Le Pape termine cette Encyclique, dont toutes les phrases sont dignes de la plus grave réflexion, par ce cri apostolique : « Que chacun se mette » à la tâche et cela sans délai, de peur qu'en différant le remède on ne » rende incurable un mal déjà très grave. Que les gouvernements fassent » usage de l'autorité protectrice des lois et des institutions. Que les riches » et les maîtres se rappellent leur devoir. Que les ouvriers dont le sort » est en jeu poursuivent leurs intérêts par des voies légitimes, et puisque » la religion seule est capable de détruire le mal dans sa racine, que tous » se rappellent que la première condition à réaliser, c'est la restauration » des mœurs chrétiennes, sans lesquelles les moyens suggérés par la » prudence comme les plus efficaces seront peu aptes à produire de salu- » taires résultats. »

» L'organe des socialistes allemands, le *Vorwaerts*, après avoir cité cette Encyclique, s'écriait : « En vertu de ses fonctions et dans la pléni- » tude de son pouvoir, le Pape a pris les devants sur les princes et les » gouvernements des Etats civilisés, et il a résolu la question sociale. » Oui, il l'a sans nul doute résolue, autant qu'il est donné aux pouvoirs » actuels de la résoudre. »

« Après l'Encyclique « sur la condition des ouvriers » et l'Ency- » clique aux catholiques de France, écrivait de son côté M. Maurice » Barrès, je ne vois pas de raison pour qu'il y ait un catholique de plus, » mais par contre je ne conçois pas qu'il subsiste un anticlérical.

» Le Pape reconnaît le droit des faibles dans la question sociale! Le » Pape coupe la corde qui le lie aux morts politiques. Donnez quelques » années pour effacer les défiances, et la démocratie ne verra plus dans » le prêtre un ennemi. Aussi bien, Léon XIII n'eût-il point parlé que la » démocratie aurait dû cesser une lutte devenue sans objet. Le prêtre, » s'il fut un obstacle au gouvernement républicain et à la propagande » socialiste, n'entrave plus aujourd'hui le large courant de l'opinion. » C'est pour l'avoir constaté que nous sommes au Parlement quelques » nouveaux venus qui nous refusons à voir dans la fameuse formule » guerre au cléricalisme » autre chose qu'une manie des vieilles barbes » du parti ou une tactique d'obstruction précisément contre le socialisme. » Dans les fractions les plus ardentes du monde ouvrier — et les plus

» intelligentes — les agitateurs eux-mêmes déclarent que « la question
» religieuse » leur est indifférente. »
» Un esprit d'autre famille, M. Leroy-Beaulieu, écrivit : « Il semble
» que nous assistions à la rentrée en scène d'un des grands acteurs de
» l'histoire. Sur le vieux théâtre d'où on l'avait crue à jamais bannie,
» la papauté aperçoit un personnage nouveau, bien différent de ceux
» auxquels pendant mille ans elle a donné la réplique. A la place des
» dynasties sacrées par ses mains, elle a en face d'elle la démocratie.
» Emouvante rencontre, en vérité, et d'où dépend beaucoup le drame
» des temps prochains. La papauté en a le sentiment, et, sans s'attarder
» à des discours inutiles, elle va droit à la démocratie. Et de quoi lui
» parle-t-elle ? De ce qui tient le plus au cœur du peuple, de la question
» sociale. »

» J'ai beaucoup insisté sur cette Encyclique, on me le pardonnera.
Je voudrais que plusieurs en fissent de nouveau la lecture. J'ai le sentiment, moi aussi, que ce fut l'acte de Léon XIII le plus décisif, le plus suggestif. »

M. Brunetière, dans l'article qu'il a publié sur Léon XIII (*Gaulois* du mardi 21 juillet 1903), rend hommage en ces termes à l'initiative prise par Léon XIII à propos de la question sociale :

« Aussi bien que personne au monde, Léon XIII savait que l'œuvre qu'il avait entreprise n'était pas l'affaire d'un jour, ni même d'une semaine d'années. « Ni la nature ni Dieu même ne font tout d'un coup » tous leurs grands ouvrages : on crayonne avant que de peindre, on » dessine avant que de bâtir. » Léon XIII ne l'ignorait pas. Et, d'ailleurs, quel Souverain Pontife, ayant devant lui l'éternité promise à l'Eglise, n'a toujours porté ses regards bien au delà du présent et travaillé surtout pour l'avenir ?

» Mais on se trompe encore davantage, ou plutôt on est aveugle, si l'on ne voit pas quelle transformation profonde ont opérée ces vingt-cinq ans de pontificat, et combien la situation du catholicisme dans le monde diffère aujourd'hui de ce qu'elle était au lendemain de la mort de Pie IX. Est-il besoin, pour le montrer, d'une longue énumération de faits ? Non, et il suffit qu'en dégageant la « vertu sociale » du catholicisme des formes surannées qui l'enveloppaient et qui l'enserraient, Léon XIII lui ait rendu, avec la liberté, toute la fécondité de son institution primitive.

» Les effets en sont partout sensibles, et ils sont de ceux contre lesquels on ne prévaudra pas. S'il s'est élevé depuis vingt-cinq ou trente ans, dans le monde, comme un esprit nouveau dont le souffle pénètre en quelque sorte d'humanité les institutions qui survivent encore du passé ; si l'organisation des lois qu'on appelle « sociales » est devenue la grande préoccupation de tous ceux qui ne croient pas qu'un mandat public leur ait été confié pour en faire l'instrument de leur politique, ce qui veut dire, en bon français, de leur ambition ou de leurs intérêts ; si l'on essaye de refaire, sur la base de la « solidarité », des Sociétés que leurs progrès matériels avaient comme aveuglées sur l'insuffisance d'une morale qui n'était que de l'économie politique, personne assurément n'y a contribué plus que Léon XIII.

» Il y a plus : et de ces « lois sociales », dont nous parlons, on pourrait prouver que celles-là seules ont pris vraiment corps et sont passées dans les mœurs, dont les catholiques de France et d'Italie, de Suisse et de Belgique, d'Amérique et d'Allemagne, ont fait en quelque sorte leur affaire personnelle. Si quelques cantons de Suisse et si la petite Belgique, à ce point de vue, sont peut-être, dans le vrai sens, dans le bon sens du mot, les pays du monde aujourd'hui les plus « avancés », c'est qu'on n'en connaît pas qui aient suivi plus fidèlement l'inspiration de Léon XIII. Et, sans doute, il nous est douloureux de songer qu'à la générosité de cette inspiration, la France, ou du moins une certaine France, n'ait répondu qu'en mettant son orgueil à faire d'elle-même, et elle seule, et contre le catholicisme, ce qu'elle eût pu si bien faire avec l'aide et l'appui du Souverain Pontife.

» Il est douloureux de songer que, tandis que l'Angleterre et la Russie, l'Allemagne et les Etats-Unis d'Amérique s'empressaient autour de Léon XIII, la République française ait choisi ce moment, je ne dis pas pour l'inquiéter sur la durée de l'œuvre qu'il avait entreprise, mais pour insulter du haut de la tribune à tout ce qu'avait aimé, tout ce qu'avait appelé de ses vœux, j'ajoute à tout ce que représentait un vieillard de quatre-vingt-quatorze ans, dont la vie, dans la prison dorée de son Vatican, n'a été qu'un long sacrifice de lui-même à sa mission « sociale » de chef de la catholicité. Il est douloureux de songer qu'un grand pays, dont on vantait jadis l'esprit de chevalerie, de reconnaissance et de courtoisie, n'aura répondu que par des accents de haine et de violence à l'appel le plus affectueux et le plus désintéressé qu'on lui eût jamais adressé du haut du trône de saint Pierre! »

La lettre suivante, que l'empereur d'Allemagne adressait au Pape à la veille de la réunion de la conférence internationale à Berlin atteste, elle aussi, l'importance de l'œuvre de Léon XIII au point de vue social.

A S. S. le Pape Léon XIII.

Berlin, 6 février.

Très Auguste Pontife,

Les nobles manifestations par lesquelles Votre Sainteté a toujours fait valoir son influence en faveur des pauvres et des abandonnés de la société humaine, me fait espérer que la conférence internationale qui, sur mon invitation, se réunira à Berlin le 15 courant, attirera l'attention de Votre Sainteté et qu'Elle suivra avec sympathie le progrès des délibérations qui ont pour but d'améliorer le sort des ouvriers.

A ce point de vue, je crois de mon devoir de faire parvenir à Votre Sainteté le programme qui doit servir de base aux travaux de la conférence, dont le succès serait singulièrement facilité si Votre Sainteté voulait prêter à l'œuvre humanitaire que j'ai en vue son bienfaisant appui. J'ai donc invité le prince-évêque de Breslau, que je sais pénétré des intentions de Votre Sainteté, à prendre part en qualité de mon délégué à la conférence. Je saisis volontiers cette occasion pour renouveler à Votre Sainteté l'assurance de mon estime et de mon dévouement personnel.

Signé : Guillaume.
Contresigné : de Bismarck.

Dans sa réponse, Léon XIII, qui se disait heureux de la désignation faite par l'empereur, tenait ce langage : « Le sentiment religieux est seul capable d'assurer aux lois toute leur efficacité, et l'Evangile est le seul code où se trouvent consignés les principes de la véritable justice, les maximes de la charité mutuelle qui doit unir tous les hommes, comme les fils d'un même père et les membres d'une même famille. La religion enseignera donc au patron de respecter dans l'ouvrier la dignité humaine et à le traiter avec justice et équité; elle inculquera à la conscience de l'ouvrier le sentiment du devoir et de la fidélité; elle le rendra moral, sobre, honnête. C'est pour avoir perdu de vue, négligé et méconnu les principes religieux, que la société se voit ébranlée jusque dans ses fondements. Les rappeler et les mettre en vigueur est l'unique moyen de rétablir la société sur ses bases, et de lui garantir la paix, l'ordre et la prospérité. Or, c'est la mission de l'Eglise de prêcher et de répandre dans le monde ces principes et ces doctrines. »

Le toast d'Alger. — L'Encyclique aux Français.

Dès les premières années de son pontificat, Léon XIII, dans la lettre qu'il avait adressée au cardinal Guibert au lendemain des expulsions de 1880, avait rappelé que l'Eglise ne réprouve aucune forme de gouvernement. « Personne ne doute, avait-il ajouté, que dans les choses qui ne sont pas injustes, il faut obéir à ceux qui gouvernent pour conserver l'ordre, qui est le fondement de la sécurité publique. Il ne s'ensuit pas qu'en obéissant on approuve ce qui, dans la constitution ou dans l'administration de l'Etat, peut n'être pas juste. » S'appuyant sur ce principe que l'Eglise n'a pas été fondée pour une époque, pour un peuple, et pour une forme de gouvernement, le R. P. Picard avait préconisé dans la *Croix*, qui venait d'être fondée (1883), la formation d'un parti purement catholique, qui, sans s'inféoder à un parti politique quelconque, se préoccuperait de défendre la liberté de l'Eglise. A la veille des élections de 1885, M. le comte de Mun avait adhéré à ce programme dans une lettre à l'amiral Gicquel des Touches, ancien ministre, où se trouvait ce passage : « Aucun terrain ne me paraît plus propre à l'union des bons citoyens. Aucun ne leur offre, avec une cause plus juste, des armes plus légitimes et de meilleures chances de succès. »

L'*Osservatore romano*, organe officieux du Saint-Siège, se félicitait en ces termes de la constitution du nouveau parti: « Il est nécessaire que les catholiques aient un programme qui se fonde sur les droits de Dieu, garantie de tous les droits humains, et qui détermine le régime de la famille, du travail, du crédit et de la propriété. Voilà l'œuvre la plus urgente, la plus nécessaire et la plus féconde. » Mais l'organisation d'un groupe purement catholique rencontra au Parlement et dans la presse une vive opposition. A l'approche des élections de 1889, M. Thévenet, alors ministre de la Justice et des Cultes, adressa aux procureurs généraux une circulaire dans laquelle il leur enjoignait de « réprimer immédiatement et sévèrement les délits qui seraient signalés à la charge des ministres du culte durant la période électorale. » La grande majorité de l'épiscopat ne se laissa pas intimider par ces menaces, et l'archevêque d'Aix, Mgr Gouthe-Soulard, publia un mandement dans lequel on remarquait le passage suivant :

« C'est un devoir de voter, c'est un devoir rigoureux de bien voter; mal voter, c'est un péché. Vous coopérez au mal qui sera fait par vos représentants, puisque vous les avez librement choisis ; vous les connaissez ou vous devez les connaître..... Le bulletin de vote, c'est votre fortune, votre paix, votre sécurité ; c'est l'âme, c'est le sang de vos enfants. Si vous trouvez que vos élus ont obéi au mot d'ordre de la Maçonnerie et non au vôtre ; qu'ils vous ont humiliés et indignés par leurs laïcisations, leurs expulsions, leurs crochetages ; qu'ils vous ont accablés d'impôts et criblés de dettes ; qu'ils ont porté atteinte à votre liberté dans les droits les plus essentiels, les plus inviolables, de pères et de chrétiens ; eh bien, avec votre terrible morceau de papier de quatre centimètres carrés, dites-leur qu'ils ont été des serviteurs infidèles, et que vous leur donnez congé, puisque vous êtes les maîtres. Agissez en maîtres, vous êtes les maîtres ! »

Le gouvernement se plaignit à Rome du langage des évêques, qui, prétendait-il, aidaient les adversaires des institutions républicaines. C'est pour répondre à ces objections que le Saint-Père et avec lui le cardinal Rampolla, son secrétaire d'Etat (1), résolurent d'accentuer le ralliement à la République et de former un parti constitutionnel.

Le cardinal Lavigerie se fit l'écho de cette politique dans le toast retentissant qu'il prononça le 12 novembre 1890 à Alger, en présence des officiers de marine. Il s'écriait : Il faut, pour arracher la nation « aux abimes qui la menacent, l'adhésion *sans arrière-pensée* à cette forme de gouvernement », c'est-à-dire au gouvernement républicain. Pour donner plus de mise en scène à ces déclarations, le cardinal fit jouer la *Marseillaise* par la fanfare des Pères Blancs. Une lettre du cardinal Rampolla à l'évêque de Saint-Flour dans laquelle ne se trouvaient pas encore cependant les mots « adhésion à la forme républicaine », et un bref du Pape au primat d'Afrique affirmèrent que le toast d'Alger avait reçu l'approbation du Saint-Siège. Voici d'ailleurs un extrait de la lettre du secrétaire d'Etat :

Le Saint-Siège, non seulement respecte les pouvoirs civils (que l'Etat soit gouverné par un seul homme ou par plusieurs), mais encore entre en relation avec eux en envoyant et en recevant des nonces et des ambassadeurs, et engage des négociations pour le règlement des affaires et la solution des questions qui intéressent à la fois l'Eglise et l'Etat. L'accomplissement de ce ministère, dont la grandeur domine les choses humaines ne porte aucun préjudice aux droits qui pourraient appartenir à des tiers, comme l'a sagement déclaré le pape Grégoire XVI, de sainte mémoire, suivant les traces de ses prédécesseurs, dans la Lettre apostolique donnée le 7 août 1831 qui commence par le mot *Sollicitudo*.

Le texte de Grégoire XVI, invoqué par le secrétaire d'Etat de Léon XIII, est celui-ci :

S'il arrive (à Nous ou à Nos successeurs) de traiter ou de régler quelque chose avec ceux qui sont à la tête des affaires dans un gouvernement de quelque forme que ce soit, *aucun droit ne doit leur être attribué*, acquis et reconnu en vertu des actes, règlements et conventions de ce genre, ni aucun argument ne peut et ne doit être tiré pour *mettre en question, diminuer ou modifier les droits des autres*.

(1) Le cardinal Rampolla avait été nommé secrétaire d'Etat en 1887 en remplacement du cardinal Jacobini.

Le 16 février 1892, dans son Encyclique aux Français, le Saint-Père, après avoir dit son affection pour la France, posait la religion comme première base de la paix et de la stabilité sociale ; il rappelait que toutes les gloires de la France sont dues à la religion, qui doit être défendue à tout prix contre les attaques des sectes « sans indolence dans l'action ni division de partis ». Le Souverain Pontife stigmatisait les lois contraires à la religion. Le respect que l'on doit aux pouvoirs publics, disait-il, ne saurait « imposer ni le respect, ni beaucoup moins l'obéissance sans limites à toute mesure législative quelconque édictée par ces mêmes pouvoirs. » L'idée-mère qui dominait toute l'Encyclique était la nécessité d'unir toutes les forces honnêtes de la nation pour arrêter celle-ci sur la pente qui la menait aux abîmes. Or, comment fallait-il réaliser cette union ? Par « l'acceptation du pouvoir civil sous la forme où de fait il existe ».

Le R. P. Janvier, de l'Ordre de Saint-Dominique, l'éloquent prédicateur de Notre-Dame, énumère en ces termes, dans un livre sur l'*Action intellectuelle et politique de Léon XIII en France*, les oppositions auxquelles se heurta la parole du Pape :

Premièrement, l'opposition à ce que l'on a appelé la politique pontificale vint des sectaires que Léon XIII avait dénoncés. Parfois, on a trop accusé les catholiques d'être responsables des maux qui nous accablent. Avant tout, les ennemis de la pacification, les auteurs de la ruine dont nous sommes menacés, ce sont ces hommes qui voulaient être seuls les maîtres de la France, exploiter sa fortune à leur profit, conduire le peuple et gagner ses suffrages à force de mensonges et à force de promesses faites aux appétits excités, et dominer le gouvernement par la peur qu'ils savaient lui inspirer. Comme ces hommes se rendaient compte que les catholiques et leur religion étaient la puissance la plus capable d'arrêter leur œuvre d'ambition, de convoitise et d'iniquité, ils formèrent « le vaste complot d'anéantir en France le christianisme, foulant aux pieds les plus élémentaires notions de liberté et de justice pour le sentiment de la majorité de la nation..... »

En un mot, d'un côté, ils ont employé tous les moyens pour empêcher le gouvernement de donner satisfaction aux légitimes réclamations des catholiques et du Pape, et ils ont fait l'impossible pour décourager les catholiques et leur prouver qu'en France la République est inséparable de l'iniquité des lois et de la haine religieuse, et par conséquent qu'on ne peut s'y rallier.

Voilà les vrais et les plus grands coupables dans cette affaire. Ennemis du bien public et de la religion, ces hommes sont, dans notre société, le levain des discordes dont nous mourons.

En dehors d'eux, il nous semble que plusieurs catégories de citoyens auraient dû faire davantage pour le bien public.

D'abord, les hommes qui, nombreux encore dans les Chambres, puissants au gouvernement, possédant la confiance du peuple en qualité de républicains de la veille, et se rendant compte que la politique de Léon XIII était la sagesse, que les procédés de persécution conduisaient à l'abîme, n'eurent pas le courage de tendre la main aux catholiques, ni de dire assez haut le droit de tous les Français, portent une part de responsabilité.

A plus forte raison faut-il regretter que plusieurs se soient cru obligés de faire des protestations antireligieuses et anticléricales qu'ils désavouaient intérieurement.

Parmi les catholiques, divers sentiments eurent cours, qui nuisirent certainement au mouvement créé par le Pape.

Les uns, ne se rendant pas suffisamment compte des paroles de Léon XIII, eurent le grave tort de combattre les directions pontificales, et, excités par les excès des journaux et des conversations, de se livrer à des récriminations, à des accusations, à des violences de langage inconciliables avec le respect souverain que tout chrétien doit avoir pour le Chef auguste de l'Eglise. Des articles signés d'hommes considérables, des manifestes parurent, dans lesquels le langage du Pape était dénaturé. Bien des affirmations étaient émises, fort peu orthodoxes, des protestations sans respect, des craintes injurieuses se formulaient à l'endroit du Pontife.....

Il fut de mode dans certains salons, parmi des gens qui souvent n'avaient même pas lu les enseignements pontificaux, de critiquer à outrance Léon XIII, le cardinal Rampolla, les divers nonces qui se succédèrent en France, et de prêcher la résistance à leurs directions.

D'autres, plus réservés dans leurs appréciations, se retirèrent dans un silence douloureux et inactif et, manquant de foi dans le gouvernement du Pape, se désintéressèrent totalement des choses publiques, alléguant des prétextes pour justifier leur attitude, qu'inspirait en réalité un mécontentement secret.

D'autres n'entraient qu'à moitié, en hésitant, avec mille réticences, dans les desseins du Saint-Père, et leur concours était proportionné à leur adhésion.

Disons-le, un trop grand nombre de fidèles perdirent leur temps et leurs vies dans des expectatives, dans des discussions inutiles.

. . . .

Enfin, les interprétations outrées que certains catholiques d'une autre nuance donnèrent à la direction de Léon XIII contribuèrent à augmenter le mal.

Ceux-ci, anciens partisans des gouvernements nouveaux, n'avaient guère d'autorité pour prêcher la soumission au Pape. On les avait entendus parler avec une liberté excessive du Concile du Vatican, du *Syllabus*, du pouvoir indirect de l'Eglise dans les choses temporelles; on les avait trouvés d'une indulgence extrême pour la Révolution, accusant vite les bons, excusant plus vite encore les méchants, prêchant toujours le pardon et la patience vis-à-vis des persécuteurs et frappant, sans assez de scrupule, sur les persécutés. On s'étonna que, tout d'un coup, ils fussent devenus les partisans si résolus des idées romaines, et on les eût facilement accusés de faire ce qu'ils avaient tant reproché aux anciens partis, de se servir de la religion pour amener le triomphe de leurs idées politiques.

Ce zèle, pourtant, eût été louable dans sa substance, et aurait pu produire des fruits, s'il n'eût usé d'interprétations qui dénaturaient parfois la pensée de Léon XIII, et d'armes qui contrariaient les desseins de pacification du Pontife. Les interprétations forçaient la doctrine du Pape sur la forme du gouvernement, et l'atténuaient sur la question des lois.

. . . .

La même note exagérée se rencontrait dans l'affirmation que la République était définitivement établie en France. Qui donc peut ainsi décider de l'avenir, et dans notre pays, où, hélas! les choses sont si mobiles, qui peut assurer qu'on ne brûlera pas demain ce qu'hier on a adoré?

Quand il s'agissait de la législation, on était porté, dans cette catégorie, à se tenir en deçà des vues de Léon XIII. On était ennemi de toute protestation et de toute résistance, on avait souvent l'air d'insinuer qu'après tout l'on pourrait se résigner aux lois mauvaises. Du moins on se plaisait à rappeler et à grouper les excès et les violences des anciens régimes, sans parler des services que ceux-ci avaient rendus, et l'on semblait vouloir atténuer, par ces souvenirs, l'odieux des persécutions nouvelles. Ajoutons que, glissant trop légèrement sur des jours de sang et de tyrannie cruelle qui n'ont pas manqué à notre histoire depuis plus de cent ans, on se plaisait à exagérer étrangement l'importance de certains progrès incontestables, et quelquefois même on s'essayait à réhabiliter des hommes presque tous ennemis passionnés de l'Eglise, et dont plusieurs étaient à jamais condamnés par tout ce qu'il y avait de sain dans l'opinion catholique.

Nous n'avons pas besoin de dire ce que ce procédé d'histoire et de philosophie porte avec lui d'inacceptable; chacun peut en juger facilement.

Mais il faut savoir que, loin d'être l'écho de la pensée de Léon XIII, cette note lui était formellement opposée.

Le R. P. Janvier montre en effet que ces opinions sont en contradiction formelle avec l'Encyclique *Sapientiæ christianæ*. Ajoutons que, sous la présidence de M. Carnot et sous celle de M. Félix Faure, des efforts très réels furent faits pour atténuer, malgré les incartades de certains ministres, les défiances trop légitimes qu'inspiraient aux catholiques les chefs du soi-disant parti républicain.

Ce que l'on a appelé la « politique pontificale » est apprécié en ces termes par M. Ferdinand Brunetière dans son article du *Gaulois* :

« Rendre au catholicisme toute la portée de son action sociale, et d'une doctrine de vérité, uniquement saisie par l'intelligence, en faire une doctrine de vie qui ne pénètre pas seulement la conduite, mais littéralement, et à tout moment de l'action, qui l'engendre; la dégager pour cela de toute espèce de particularisme local ou politique, dogmatique ou national; la concilier ou la réconcilier avec des doctrines qui s'y opposent pour le moment, mais qui ne lui sont pas nécessairement ennemies puisqu'elles n'en sont elles-mêmes, à vrai dire, que la « laïcisation »; subordonner, d'ailleurs, aux circonstances le choix ou l'application des moyens, qui ne sauraient être partout ni toujours identiques, mais qui doivent évoluer avec les conditions changeantes de la vie; telle semble bien avoir été l'idée maîtresse de la « politique » de Léon XIII; et, en effet, si on le veut, c'est de la « politique », mais ce n'en est pas si on le veut aussi; et que, la « politique » ayant généralement pour objet une augmentation de puissance, de ressources et de bien-être, celle de Léon XIII n'ait uniquement tendu qu'à rasseoir sur ses bases morales une société mal remise encore, toujours branlante, et comme étourdie de la violence du choc dont elle est issue.

» Par là s'expliquent la prédilection qu'il a dès le début de son pontificat et toujours témoignée à la France, *Nobilissimam Gallorum gentem*, et le coup d'audace par lequel, sans condamner aucunement les « anciens partis » et bien moins encore les théories monarchiques, il a déclaré hautement que le catholicisme n'en était pas solidaire, non plus que d'aucune forme et d'aucune opinion sur la forme du gouvernement. Il est surprenant, à ce propos, que, dans les discussions récentes sur l'existence des Congrégations, aucun orateur ne se soit rencontré pour faire observer qu'en tout cas, si quelques Congrégations s'étaient mêlées de « politique », leur politique s'était du moins conformée aux « directions pontificales », et que ces « directions », pendant un quart de siècle, n'ont eu pour objet, en libérant la religion de toute attache politique, que de procurer, en France, à l'idée républicaine et démocratique le moyen de se la concilier.

» Et, en effet, l'oserai-je dire sans blasphème? si la France a besoin du catholicisme pour remplir toute sa destinée, le catholicisme n'a peut-être pas moins besoin de la France pour être tout ce qu'il peut être, et spécialement pour développer la plénitude de son action sociale. Léon XIII se flattait que nous finirions un jour par le comprendre, et que, lassés de chercher au travers des utopies socialistes la réalisation de l'idéal démocratique — au prix de quelles violences! — nous finirions un jour par la voir avec lui où elle est, dans le triomphe d'une religion contre laquelle on n'a rien pu d'effectif qu'en l'opposant à elle-même, en la « démarquant » ou en la parodiant, et en invoquant ces idées de « liberté », d' « égalité », de « solidarité », qui n'ont de sens qu'en elle, et d'application vraie jusqu'ici que dans son enseignement. »

Léon XIII et les études bibliques.

Sur cette question, nous empruntons à la *Revue générale* (de Bruxelles), août 1903, le passage suivant de l'article de Mgr Lamy, l'érudit orientaliste de l'Université de Louvain :

« Une autre question d'un genre tout différent, la question biblique, vint à son tour préoccuper l'esprit vigilant de Léon XIII. Depuis un siècle, l'enseignement de la théologie dans les Universités protestantes, en Allemagne surtout, est presque réduit à l'exégèse biblique. Le rationalisme, issu du principe du libre examen, en est venu à ne considérer les livres sacrés que comme des livres purement humains; il dissèque leur texte comme il fait pour Homère, Virgile ou Cicéron, sans aucun souci de l'enseignement de l'Eglise, à qui ils ont été donnés, ni de leur origine divine. Il réduit les miracles qu'ils contiennent à des faits purement humains ou à des mythes, et les prophéties à des pressentiments ou à des oracles faits après coup. Le Souverain Pontife, voyant que quelques-unes de ces idées, revêtues du brillant manteau de l'érudition allemande, tendaient à s'infiltrer chez quelques exégètes catholiques plus hardis que sages, a résolu d'y couper court; et le 18 novembre 1893 il nous a donné la grande Encyclique *Providentissimus* sur les *Etudes bibliques*, qu'il a couronnée par la Lettre apostolique *Vigilantiæ* du 30 octobre de l'année dernière, instituant une Commission d'études bibliques dans laquelle il a fait entrer des érudits de toutes les nations.

» Dans ce grave document, le Souverain Pontife exhorte les fidèles et surtout le clergé à l'étude des Saints Livres, qui forment avec la tradition les deux grandes sources de la Révélation. Il indique la manière de les enseigner dans les Séminaires et les règles à suivre pour les interpréter.

» C'est à tort qu'on accuse l'Eglise d'étouffer la science et de mépriser la critique. Dans tous les temps elle a favorisé l'une et l'autre. L'Eglise latine fait usage de la Vulgate; cette version a été déclarée *authentique*, et avec raison, puisqu'elle est très fidèle et très exacte; mais il ne s'ensuit pas de là qu'elle soit parfaite ou qu'il faille la préférer aux textes originaux. Il faut en outre établir avec grand soin un texte exact, car la Vulgate et de même les textes originaux ne sont pas exempts de fautes de copistes. Le Pape veut qu'on n'admette que sur de bonnes preuves qu'un texte soit vicié, parce que les copistes ont mis un soin religieux à les transcrire. En effet, les nombreuses variantes qu'on trouve en collationnant les manuscrits des textes et des versions se rapportent presque toutes à l'orthographe des noms propres ou aux formes grammaticales.

» Lorsque l'interprète veut concilier l'Ecriture Sainte avec les sciences, il doit se rappeler qu'il ne saurait y avoir de contradictions entre la Bible et les sciences, dès que celles-ci suivent leurs propre principes et ne sort... pas de leur sphère (1). La science considère les choses en elles-mêmes ; l'Ecriture en parle selon leur apparence extérieure ; c'est ainsi qu'elle dit que le soleil se lève et se couche. En outre, elle se sert du langage vulgaire et non de la langue scientifique (2). Le Saint-Père développe ces propositions.

» Quelques interprètes catholiques avaient cru pouvoir restreindre l'inspiration au dogme et à la morale et admettre des erreurs de détail dans le récit des faits historiques et dans le choix des documents. Le Concile du Vatican avait déjà exclu cette opinion fausse. Léon XIII affirme l'inerrance absolue du texte sacré dès qu'il n'y a pas de faute de copiste. Les paroles pontificales sont catégoriques. Il peut se faire que les copistes aient été fautifs dans leurs transcriptions — cela doit être sérieusement pesé et pas facilement admis, — mais il est absolument défendu ou de restreindre l'inspiration à quelques parties, ou d'admettre que l'écrivain sacré s'est trompé. On ne saurait, en effet, tolérer le système de ceux qui, pour échapper à ces difficultés, ne craignent pas d'admettre que l'inspiration divine s'applique aux choses de la foi et des mœurs, mais à rien de plus, parce qu'ils croient faussement que, s'il s'agit de la vérité des textes, on ne doit pas tant rechercher ce que Dieu a dit que le motif pour lequel il l'a dit. Car tous les livres que l'Eglise reçoit comme sacrés et canoniques ont été écrits, dans leur entier et dans toutes leurs parties, sous la dictée du Saint-Esprit. Or, bien loin que l'inspiration puisse être sujette à aucune erreur, elle exclut par elle-même toute erreur, et même elle l'exclut et la repousse aussi nécessairement qu'il est nécessaire que Dieu, la vérité suprême, ne soit l'auteur absolument d'aucune erreur.

» Ce document pontifical termine la série des grandes Encycliques. Le grand Pontife a traité toujours les grandes questions qui agitent aujourd'hui les esprits. »

Léon XIII et Guillaume II.

L'empereur Guillaume, qui, au lendemain de la mort du Pontife, exprimait, dans une dépêche officielle, son regret et son admiration pour l'auguste défunt, a été reçu au Vatican à trois reprises différentes sous le pontificat de Léon XIII.

La première visite eut lieu le 12 octobre 1888. L'empereur se rendit au Vatican en partant de la légation allemande auprès du Saint-Siège, où le cardinal Rampolla vint lui présenter ses hommages. Sur le parcours les troupes italiennes faisaient la haie et présentaient les armes. Au Vatican, Guillaume fut reçu en souverain. Un incident fâcheux interrompit brusquement l'audience, comme l'indique la note officieuse suivante insérée dans la *Civiltà cattolica* :

---

(1) Ainsi, on ne peut opposer le darwinisme au récit de la création du corps de l'homme, puisque le darwinisme repose sur une simple hypothèse et que cette hypothèse n'est pas démontrée. (Note de Mgr Lamy.)

(2) Quand Moïse dit : *Dieu forma l'homme du limon de la terre*, il n'a assurément pas voulu dire : il le forma du corps d'un anthropopithèque ; car dans le langage vulgaire le mot « limon » ne désigne pas un singe, quelque perfectionné qu'on le suppose. (Note de Mgr Lamy.)

« Le Saint-Père, après avoir échangé avec S. M. Guillaume II les courtoisies d'usage, ouvrit l'entretien en exprimant le désir qu'il aurait eu de pouvoir le recevoir en de meilleures conditions et de la même façon que Grégoire XVI avait reçu Guillaume IV, roi de Prusse. En conséquence, il déplora la situation où il se trouvait réduit et qui est réellement déplorable. Il fit observer que la venue de Sa Majesté avait donné lieu, dans la presse libérale, aux appréciations les plus injurieuses et les plus hostiles au Saint-Siège.

» Répondant à ces observations, l'empereur exalta le grand prestige dont jouit actuellement la papauté en Europe, et dit que le nom du Pontife est partout entouré de respect et de vénération. Quant aux appréciations de la presse, il ajouta qu'il ne fallait en faire aucun cas.

» — Néanmoins, répondit le Pape, la position du Pontife à Rome est si douloureuse qu'il ne lui est pas même possible de rendre à l'empereur sa visite s'il ne veut compromettre sa personne et sa dignité. »

« Ici, le Saint-Père se proposait d'exposer diverses considérations sur l'état général de l'Europe, les dangers dont la menace l'audace croissante des partis anarchiques, et la nécessité absolue d'y opposer une digue. Mais à peine le Saint-Père avait-il entamé ce sujet, que l'entretien fut brusquement interrompu par l'entrée imprévue du prince Henri, frère de l'empereur. Ce pénible incident détourna naturellement la conversation et ne permit pas au Saint-Père de continuer le sujet commencé. Néanmoins, avant que l'entrevue ne prît fin, Sa Sainteté voulut dire un mot des choses religieuses de l'Allemagne. Elle rappela les résultats satisfaisants obtenus en faveur des catholiques sur la base d'accords mutuels, et insista pour qu'on achevât de faire droit à leurs demandes, en poursuivant jusqu'au bout l'œuvre de la pacification religieuse. Sa Majesté accueillit ces instances avec une grande bienveillance, montrant dans sa réponse la noblesse de son âme, ainsi que ses bonnes dispositions envers ses sujets catholiques. »

L'incartade du prince Henri fut attribuée au comte Herbert de Bismarck, qui eut dans l'antichambre une attitude presque grossière. Au sortir du Vatican, l'empereur allait au Quirinal, et le soir, au dîner de gala qu'on lui offrait, il se félicitait, en portant un toast, de l'accueil chaleureux qu'il avait reçu « dans la capitale de S. M. le roi d'Italie. »

A la seconde audience, qui eut lieu le 23 avril 1893, Guillaume II était accompagné de l'impératrice. Leurs Majestés restèrent en conversation avec le Saint-Père pendant vingt minutes, puis l'impératrice, après avoir présenté les dames qui l'accompagnaient, se retira pour visiter le Vatican et Saint-Pierre, laissant l'empereur avec le Pontife. Au sortir de l'audience, Guillaume II ne se rendit pas cette fois au Quirinal. Il rentra à la légation allemande. Il fit don d'une riche tabatière en or au cardinal Ledochowski et décerna au cardinal Rampolla la décoration de l'Aigle noir.

Revenu en 1903, quelques semaines avant la mort de Léon XIII, Guillaume II se rendit au Vatican escorté de cuirassiers blancs à cheval — amenés d'Allemagne, et qui furent exclusivement employés pour ce cortège — à la grande indignation des irrédentistes italiens, qui virent dans cet hommage rendu au chef de l'Eglise une marque de vassalité de l'Italie vis-à-vis de la puissance allemande.

Léon XIII et l'Orient.

A l'exemple de Pie IX, qui s'était préoccupé avec beaucoup d'ardeur de l'extinction du schisme grec, Léon XIII a étendu sa sollicitude sur tous les peuples de l'Orient. Dès le début de son pontificat, il avait témoigné son respect pour les rites orientaux en étendant à l'Eglise universelle la fête des saints Cyrille et Méthode, apôtres de la liturgie slave. L'éclat donné en 1893 au Congrès eucharistique de Jérusalem attesta devant les schismatiques et les infidèles l'union étroite qui rattache les catholiques des différents rites à l'évêque de Rome. Le cardinal Langénieux, légat du Pape, monté sur une mule blanche, précédé de la croix, accompagné des prélats de tous les rites présents à Jérusalem et de nombreuses députations, fit une entrée solennelle dans la Ville Sainte; sur son passage les troupes turques formaient la haie. Le 16 mai, 29 évêques, parmi lesquels le cardinal légat, le patriarche latin et le patriarche melchite de Jérusalem et 15 autres évêques orientaux, assistaient à l'ouverture du Congrès eucharistique.

Le cardinal légat redisait dans un éloquent discours les paternelles sollicitudes de Léon XIII pour les nobles Eglises qui gardent sur la terre d'Orient les saintes traditions du passé. Il déclarait que le Pape, en l'envoyant, avait voulu donner un nouveau signe de sa vénération et de sa sympathie aux chrétientés orientales qui sont les filles aînées de l'Eglise de Dieu, et il répétait les paroles qu'il avait adressées à Léon XIII dans son audience de congé : « Saint-Père, je serai l'envoyé de votre cœur pour leur faire connaître votre amour. » Le légat rendait ensuite hommage aux gloires chrétiennes de l'Orient et retraçait l'histoire de ses Docteurs, de ses martyrs, de ses papes (l'Orient en a fourni 22 à l'Eglise pendant les huit premiers siècles); l'archevêque rappelait les paroles que prononçait Léon XIII deux mois seulement après son élévation au pontificat : « Oh! comme Nous sont chères les Eglises de l'Orient! Combien Nous admirons leurs antiques gloires et combien Nous serions heureux de les voir briller de leur éclat primitif. »

En terminant, le cardinal légat montrait que sa mission n'était pas une mission de diplomatie, mais une mission de piété et d'adoration, dont l'Eucharistie était le principe et la charité l'instrument. Il engageait enfin les Orientaux non unis à voir dans les assemblées eucharistiques, selon le désir exprimé par Léon XIII, une muette et éloquente invitation à s'unir aux catholiques dans un même sentiment de foi, d'espérance et de charité.

Le jour de la clôture du Congrès, le légat du Pape engageait les Orientaux à entendre et faire entendre autour d'eux, « dans les traditions des Eglises orientales, dans les écrits de leurs Docteurs, dans les décrets de leurs grands Conciles et jusque dans l'admirable symbolisme de leurs rites, la doctrine des Apôtres, l'enseignement de l'Eglise du Christ. Et il sera bientôt manifeste pour tous que l'Occident alimente sa foi aux mêmes sources et se rencontre avec l'Orient dans la même croyance. » Le cardinal montrait dans l'Eucharistie le symbole et le lien de l'unité dans la charité. « Pas plus que le Christ, s'écriait-il, l'Eglise ne peut être divisée. A l'inverse de la Synagogue, qui était essentiellement nationale, elle ne peut être circonscrite aux limite d'une province ou d'une nation. Et puisque ces deux mots ont personnifié jadis l'Orient et l'Occident : *elle n'est pas grecque, elle n'est pas latine*, elle est catholique, universelle comme la paternité divine et la Rédemption du Christ ! Mais elle se plie admirablement aux tempéraments divers des peuples qu'elle appelle dans son sein. » Et le légat du Pape terminait par ces éloquentes paroles: « Puisses-tu retrouver bientôt, ô terre d'Orient, ton antique splendeur, ta merveilleuse fécondité, en recevant la bénédiction que je t'apporte et que m'a confiée pour toi, au nom du Dieu qui dispense tous les biens, le grand Pontife Léon XIII, le successeur de Pierre, l'auguste représentant de Jésus-Christ sur la terre!»

Le Souverain Pontife ne s'est pas borné à exprimer, par la bouche de son légat, l'appel qu'il adressait à l'Orient. De nombreux actes pontificaux rendent témoignage de sa tendresse pour les Eglises d'Orient et de l'amour paternel qu'il porta aux âmes égarées qui n'ont pas su encore se dégager de tous les préjugés que le schisme n'a cessé d'accumuler depuis plusieurs siècles. Parmi ces actes, dont on trouvera les principaux dans la nomenclature des actes de Léon XIII (voir les *Questions actuelles*, t. LXIX, n° 9), citons la lettre apostolique *Præclara gratulationis*, 20 juin 1894, dans laquelle le Pontife regrette que le schisme ait éloigné le peuple de l'Orient des fêtes jubilaires ; la lettre *Orientalium dignitas*, 30 juin 1894, sur le maintien des rites orientaux et la nécessité de fonder des Séminaires orientaux ; la lettre au T. R. P. Picard, du 2 juillet 1895 ; le Bref *Romanorum Pontificum*, 18 avril 1896, en faveur des Pèlerinages aux Lieux Saints ; la lettre *Auspicia rerum*, 19 mars 1896, donnant les règles à suivre pour l'accroissement du culte catholique en Orient ; la lettre du 20 août 1898 au cardinal Langénieux, sur le protectorat français, à la veille du voyage de Guillaume II à Jérusalem ; la lettre *Cum divini Pastoris*, 25 mai 1898, érigeant l'archiconfrérie de Notre-Dame de l'Assomption, spécialement destinée au retour des Eglises orientales. Quelques semaines avant sa mort (juin 1903), Léon XIII, déjà affaibli par le mal qui devait bientôt l'enlever à l'affection du monde catholique, recevait encore en audience solennelle les pèlerins français de Jérusalem.

Le Jubilé.

Il serait trop long de rappeler les magnifiques Encycliques de Léon XIII qui attestent à la fois sa tendre dévotion pour la Très Sainte Vierge, sa sollicitude pour les pauvres et les petits, sa vigilance à dénoncer les maux qui menacent la société et à donner les remèdes capables de les guérir, sa science théologique qui s'appuie sur les profonds enseignements de saint Thomas d'Aquin. Nous avons énuméré tous ces documents plus loin, avec la liste des canonisations célébrées par Léon XIII (1).

---

(1) On trouvera aussi, outre la liste des canonisations et béatifications faites par Léon XIII, l'extension de la hiérarchie ; patriarcats, archevêchés, évêchés, vicariats apostoliques, abbayes *nullius*, créés sous ce pontificat ainsi que la liste (date, titres, destinataires, objet) des Encycliques, Lettres apostoliques les plus importantes, Lettres et Brefs spéciaux aux œuvres françaises, principales allocutions de Léon XIII.

Parmi les derniers actes de Léon XIII, citons l'Encyclique *Divinum illud munus*, 9 mai 1897, se rapportant aux prières, au culte de l'Esprit-Saint.

La veille de Noël 1896, lorsque la France s'apprêtait à célébrer, par des fêtes, le centenaire du baptême de Clovis, Léon XIII voulut prendre part à cet événement. Il le fit sous une forme nouvelle et originale, en adressant au peuple très chrétien une exhortation poétique, qui était un appel ardent à la concorde et à l'union.

En juillet 1898, les catholiques d'Ecosse reçoivent, sous la forme d'une Encyclique, des encouragements à préparer, par leurs bons exemples, la conversion totale de leur pays.

Quelques jours plus tard, le 5 août, une importante Lettre apostolique est adressée aux catholiques italiens. Des troubles venaient d'éclater dans plusieurs villes de la péninsule; le Pape attribue ces faits à l'esprit de subversion, de désordre, auquel manque le frein de la religion. Il exhorte à résister à la marée montante d'impiété, aux tendances de dissolution sociale.

En septembre 1899, deux Encycliques : l'une, à l'épiscopat français, traitant du recrutement et de l'éducation du clergé dans les Séminaires; l'autre, aux évêques du Brésil, pour leur tracer tout un plan de réorganisation religieuse.

Le jour de l'Ascension, en cette même année 1899, le Pape avait fait solennellement publier la Bulle d'indiction du Jubilé de l'Année Sainte. Depuis 1825, les Portes Saintes des basiliques étaient restées closes; Léon XIII était un des rares survivants pouvant se rappeler les cérémonies jubilaires célébrées trois quarts de siècle auparavant. La veille de Noël, il ouvrait lui-même la Porte Sainte de la basilique Vaticane, et, durant toute l'année 1900, il ne cessait de se prodiguer pour les pèlerins qui affluaient de toutes les parties du monde. Heureux de ce spectacle de foi et de dévotion, Léon XIII put clore, le 24 décembre 1900, la porte de la basilique vaticane.

Des difficultés, à propos de théories et de pratiques, surgissent parmi les démocrates chrétiens; les uns excèdent dans leur démocratie, les autres se montrent trop rétrogrades. Par son Encyclique *Graves de communi*, Léon XIII permet la dénomination de « démocratie chrétienne », mais décide qu' « il ne faut l'employer qu'en lui ôtant tout sens politique et en ne lui attachant aucune autre signification que celle d'une bienfaisante action chrétienne parmi le peuple »; puis il recommande aux catholiques démocrates d'être respectueux vis-à-vis de l'autorité et de ne point s'écarter du sentiment si noble de la charité chrétienne.

En Portugal, en Espagne, en France, les Ordres religieux sont menacés. Dans le courant de l'année 1901, Léon XIII intervient par une lettre au patriarche de Lisbonne et une autre au cardinal archevêque de Paris; plus tard, il s'adresse à tous les généraux d'Ordres et les exhorte à la confiance, non sans avoir flétri les lois de persécution que venait d'adopter le Parlement français sous le ministère Waldeck-Rousseau : « Nous réprouvons hautement de telles lois parce qu'elles sont contraires au droit naturel et évangélique, confirmé par une tradition constante, de s'associer pour mener un genre de vie non seulement honnête en lui-même, mais particulièrement saint; contraires également au droit absolu que l'Eglise a de fonder des instituts religieux exclusivement soumis à son autorité, pour l'aider dans l'accomplissement de sa mission divine, tout en produisant les plus grands bienfaits d'ordre religieux et civil, à l'avantage de cette très noble nation elle-même. »

Plus heureux en Espagne, où il peut traiter directement avec le gouvernement, le Pape obtient que les mesures préparées contre les couvents ne soient point suivies d'exécution.

En présence des mesures de proscription qui sont prises en France (et dont l'exécution sera, en 1903, l'objet à la Chambre des communes d'un blâme officiel donné par un membre du Cabinet britannique), Léon XIII, le cœur attristé, garde le silence. Il sait que sa voix ne sera pas écoutée, et, quelques mois avant sa mort, il a la douleur d'apprendre que dans les Chambres françaises le président du Conseil et le ministre de la Justice n'ont pas craint de diriger contre son auguste personne des insinuations outrageantes. Les pèlerinages qui accouraient de tous les points du monde entier pour saluer le 25e anniversaire de son pontificat, et la visite de deux des plus puissants souverains de l'Europe, Edouard VII et Guillaume II, adoucirent les amertumes que, jusqu'au dernier moment, lui réservait notre malheureux pays.

Léon XIII, qui a daté plusieurs actes importants de la vingt-cinquième année de son pontificat, est, après Pie IX, le seul Pape qui ait atteint les années de Pierre. Malgré son grand âge, il a pendant plusieurs semaines résisté à la maladie qui devait l'emporter, et, durant cette longue et douloureuse agonie, son âme, toujours maîtresse de son corps affaibli, a déployé une sérénité et une énergie qui ont fait l'admiration des incroyants eux-mêmes. Il voulait mourir debout, et c'est sans crainte qu'il a vu approcher la mort qui a pu venir à bout de son organisme usé par de longues années d'un travail ininterrompu, mais qui n'est point parvenue à éteindre la lumière de sa vaste intelligence.

Joachim Pecci est allé rejoindre Pie IX dans la tombe. Mais la Papauté reste debout, plus vivante et plus forte que jamais; et cependant la « fin prochaine » de la Papauté avait été annoncée par les ennemis de l'Eglise le jour des funérailles du grand pontife Pie IX, dont le noble caractère, rehaussé par l'éclat du malheur, a valu aux successeurs du prince des Apôtres un ascendant qui s'est imposé avec une force irrésistible aux gouvernements sous le règne glorieux de Léon XIII.

La papauté est entourée, au milieu de ses malheurs, d'une majesté toujours sereine, et l'enthousiasme qu'a manifesté le monde catholique à la nouvelle de l'élévation, sur le trône de saint Pierre, du cardinal Sarto montre qu'elle exerce toujours une influence souveraine sur toutes les nations. Avec les fidèles du monde entier, nous sommes heureux de le saluer aujourd'hui, en déposant aux pieds de Sa Sainteté Pie X, dont nous esquisserons la vie et les œuvres dans notre prochain numéro, l'hommage de notre soumission illimitée et de notre inébranlable attachement.

II

LÉON XIII ET LA PRESSE
D'APRÈS SES LETTRES ET ACTES PUBLICS

PREMIÈRE PARTIE

LA MAUVAISE PRESSE

I. — ELLE EXISTE

Son origine : abus d'une liberté.

La *liberté* de penser et *de publier ses pensées*, soustraite à toute règle, n'est pas de soi un bien dont la société ait à se féliciter; mais c'est plutôt la source et l'origine de beaucoup de maux..... Il n'est pas permis de mettre au jour et d'exposer aux yeux des hommes ce qui est contraire à la vertu et à la vérité, et bien moins encore de placer cette *licence* sous la tutelle et la protection des lois.

[Encycl. *Immortale Dei*, 1ᵉʳ novembre 1885.]

Cette licence n'est pas un droit.

A propos de la liberté d'exprimer par la parole ou par la presse tout ce que l'on veut, assurément, si cette liberté n'est pas justement tempérée, si elle dépasse le terme et la mesure, *une telle liberté*, il est à peine besoin de le dire, *n'est pas un droit*, car le droit est une faculté morale, qui ne peut appartenir naturellement à la vérité et au mensonge, au bien et au mal. Le vrai, le bien, on a le droit de les propager dans l'Etat avec une liberté prudente, afin qu'un plus grand nombre en profite; mais les doctrines mensongères, peste la plus fatale de toutes pour l'esprit, mais les vices qui corrompent le cœur et les mœurs, il est juste que l'autorité publique emploie à les réprimer sa sollicitude, afin d'empêcher le mal de s'étendre pour la ruine de la société. Les écarts d'un esprit licencieux, qui, pour la multitude ignorante, deviennent facilement une véritable oppression, doivent justement être punis par l'autorité des lois, non moins que les attentats de la violence commis contre les faibles. Et cette répression est d'autant plus nécessaire que contre ces artifices de style et ces subtilités de dialectique, surtout quand tout cela flatte les passions, la partie sans contredit la plus nombreuse de la population ne peut en aucune façon ou ne peut qu'avec une très grande difficulté se tenir en garde. Accordez à chacun la liberté illimitée de parler et d'écrire, rien ne demeure sacré et inviolable, rien ne sera épargné, pas même ces vérités premières, ces grands principes naturels que l'on doit considérer comme un noble patrimoine commun à toute l'humanité. Ainsi, la vérité est peu à peu envahie par les ténèbres, et l'on voit, ce qui arrive souvent, s'établir avec facilité la domination des erreurs les plus pernicieuses et les plus diverses. Tout ce que la licence y gagne, la liberté le perd; car on verra toujours la liberté grandir et se raffermir à mesure que la licence sentira davantage le frein. Mais s'agit-il de matières libres que Dieu a laissées aux disputes des hommes, à chacun il est permis de se former une opinion et de l'exprimer librement; la nature n'y met point d'obstacle, car, par cette liberté, les hommes ne sont jamais conduits à opprimer la vérité, et elle est souvent une occasion de la rechercher et de la faire connaître..... Il résulte donc qu'il n'est aucunement permis de demander, de défendre ou d'accorder sans discernement la liberté de la pensée, de la presse....., comme autant de droits naturels...... Ces libertés peuvent, pour de justes raisons, être tolérées, pourvu qu'un juste tempérament les empêche de dégénérer jusqu'au désordre. Là enfin où les usages ont mis ces libertés en vigueur, les citoyens doivent s'en servir pour faire le bien et avoir à leur égard les sentiments qu'en a l'Eglise.

[Encycl. *Libertas*, 20 juin 1888.]

Cette licence est générale.

Parmi les autres sujets de douleur, tous les hommes de bien déplorent avec nous qu'au sein même des nations catholiques il se trouve un trop grand nombre de gens qui, usant d'*une licence incroyable de tout publier*, semblent mettre leur application à vouer les choses les plus saintes au mépris et à la dérision de la foule.

[Encycl. *Jucunda semper*, 8 septembre 1894.]

Elle aide à la corruption.

Par les livres, les journaux, les écoles, les chaires, les cercles, les théâtres, on continue à semer largement (en Italie) les *germes de l'irréligion et de l'immoralité*, à ébranler les principes qui engendrent dans un peuple les mœurs honnêtes et fortes, à répandre les maximes qui ont pour suite infaillible la perversion de l'intelligence et la corruption du cœur.

[Encycl. aux évêques d'Italie, 5 août 1898.]

Son but.

« Saper par tous les moyens le cléricalisme (ou catholicisme) dans tous ses fondements et aux sources mêmes de la vie, c'est-à-dire à l'école et dans la famille », tel est le *mot d'ordre* des écrivains francs-maçons.

[Encycl. aux évêques d'Italie, 15 octobre 1890.]

II. — SES RAVAGES

En général.

Ceux qu'une haine mortelle sépare de l'Eglise savent combattre avec la plume et s'en faire une arme redoutable pour le mal. De là, ce déluge de mauvais livres ; de là, ces journaux de désordre et d'iniquité dont les lois sont impuissantes à réfréner les excès, et la pudeur à contenir les tristes débordements. Tout ce que ces dernières années ont vu de troubles et de séditions, ils entreprennent de le justifier ; ils dissimulent ou ils altèrent la vérité ; ils poursuivent avec hostilité l'Eglise et le Pontife suprême de malédictions quotidiennes et d'accusations calomnieuses, et il n'est pas d'opinions si absurdes et si nuisibles qu'ils ne s'efforcent de propager. *Ce mal immense gagne tous les jours du terrain ;* il faut en arrêter la violence. Vous devez, par de graves et sévères avertissements, amener les fidèles à se tenir sur leurs gardes et à mettre une religieuse prudence dans le choix de leurs lectures.

[Encycl. aux évêques d'Italie, 15 février 1882.]

Contre Dieu.

La licence de la parole et de la presse a outragé bien des fois la *Majesté divine*. Il est des hommes qui, non seulement se montrent ingrats envers le Sauveur du monde Jésus-Christ et répudient ses bienfaits, mais aussi qui vont se faire gloire de ne plus croire même à l'existence de Dieu. C'est aux catholiques surtout qu'il convient de réparer par un grand esprit de foi et de piété ces égarements de l'esprit et de l'action.....

[Encycl. *Nobilissima Gallorum*, 8 février 1884.]

Contre la révélation.

Nous ne saurions trop déplorer l'étendue et la violence de plus en plus grande que prennent les attaques *contre la Bible*..... C'est surtout contre la foule des ignorants que des ennemis acharnés agissent par tous les procédés ; au moyen des livres, des opuscules, des journaux, ils répandent un poison funeste.

[Encycl. *Providentissimus Deus*, 18 novembre 1893.]

Contre la vérité.

L'art de l'historien paraît être une conspiration *contre la vérité*. Ainsi, les anciennes accusations étant remises en circulation, on voit le mensonge audacieusement se glisser dans de volumineuses compilations et de courts pamphlets, dans les feuilles volantes du journaliste et sous les décors séduisants du théâtre.

[Bref *Sæpe numero considerantes*, 18 août 1883.]

Contre l'Église.

Ainsi veut-on surtout restreindre d'abord, exclure complètement ensuite l'instruction religieuse en faisant des générations d'incrédules ou d'indifférents, combattre par la presse quotidienne *la morale de l'Église*, ridiculiser enfin ses pratiques et profaner ses fêtes sacrées.

[Encycl. *Parvenu à la vingt-cinquième année*, 19 mars 1902.]

Contre la vertu.

Ajoutons ces funestes invitations au péché : nous voulons parler....., de ces livres et de ces journaux écrits dans le but de *ridiculiser la vertu* et de glorifier l'infamie.....

[Encycl. *Exeunte jam anno*, 25 décembre 1888.]

Contre la société.

Comme s'il ne suffisait pas, *pour corrompre l'esprit et le cœur du peuple*, du torrent de malsaines doctrines et de dépravations qui jaillit journellement et impunément des livres, des chaires professorales, des théâtres, des journaux, il devait s'ajouter à toutes ces causes de perversion l'insidieux labeur des hommes hérétiques qui, en lutte entre eux, se trouvent seulement d'accord pour vilipender le suprême magistère pontifical, le clergé catholique et les dogmes de notre sainte religion, dont ils ne comprennent pas la signification et encore moins l'auguste beauté.

[Lettre sur le prosélytisme protestant à Rome, 19 août 1900.]

III. — IL FAUT LA COMBATTRE

S'en détourner.

Les habiletés de nos ennemis et leurs moyens de nuire sont certes variés et innombrables; au premier rang est une dangereuse intempérance qui fait publier et répandre dans les masses de pernicieux écrits. On ne peut, en effet, rien concevoir de plus funeste ou de plus corrupteur pour les esprits que ce mépris public de la religion et cet exposé des nombreux appâts du vice. Aussi, dans la crainte d'un si grand mal, l'Église, gardienne vigilante de la foi et des mœurs, a vite compris qu'il fallait prendre des mesures contre un tel fléau; c'est pourquoi sa constante préoccupation a été de *détourner les hommes* autant qu'elle le pouvait de ce terrible poison qu'est la lecture des mauvais livres. Les premiers âges du christianisme furent témoins du zèle ardent de saint Paul sur ce point; et les siècles suivants purent constater la vigilance des Saints Pères, les décisions des évêques, les décrets des Conciles tendant au même but.

[Constitution *Officiorum*, 25 janvier 1897.]

L'avoir en horreur.

Quant aux livres et aux journaux qui distillent le venin de l'impiété et attisent dans les cœurs le feu des convoitises effrénées et des passions sensuelles; quant aux cercles et cabinets de lectures où l'esprit maçonnique rôde à la recherche de quelqu'un à dévorer, *qu'ils soient en horreur* à tous les chrétiens et à chacun d'eux.

[Lettre au peuple italien, 8 décembre 1892.]

Ne pas la lire, ni y collaborer.

Les journaux, feuilles et publications périodiques qui attaquent systématiquement la religion sur les bonnes mœurs *sont prohibés*, non seulement de droit naturel, mais encore de droit ecclésiastique. Les Ordinaires auront soin, là où c'est nécessaire, d'avertir à propos les fidèles du péril et des pernicieux effets de telles lectures. Les catholiques et surtout les ecclésiastiques *n'écriront rien* dans ces journaux, feuilles ou publications, sans un motif juste et raisonnable.

[Constitution *Officiorum*, 25 janvier 1897.]

Lutter contre elle.

Il faut *combattre les efforts des ennemis de la vérité* pour empêcher que la contagion de leurs mauvais exemples et de leurs doctrines perverses partout répandus ne continue de se propager. Il y a à guérir beaucoup de blessures.....; il y a à relever beaucoup de ruines.

[Encycl. aux évêques de Portugal, 25 juin 1894.]

Lui opposer la bonne presse.

Vous voyez, en outre, que, grâce au secours des livres et des journaux, les ennemis de l'Eglise répandent en abondance dans la foule le poison de leurs erreurs et de leur perversité et détournent peu à peu le peuple d'une vie chrétienne. Que vos fidèles comprennent donc qu'ils ont, eux aussi, des efforts à faire dans ce sens; qu'ils doivent *opposer les écrits aux écrits*, et des remèdes appropriés aux maux.

[Encycl. aux évêques de Hongrie, 2 septembre 1893.]

De plus, comme il s'agit d'une secte qui a tout envahi, il ne suffit pas de se tenir sur la défensive, mais il faut descendre courageusement dans l'arène et la combattre de front *en opposant publications à publications*, écoles à écoles, congrès à congrès. Aux gages (de la Franc-Maçonnerie) combat une presse antichrétienne au double point de vue religieux et social; vous, de votre personne et de votre argent, aidez, favorisez la presse catholique.

[Lettre au peuple italien, 8 décembre 1892.]

Comme le principal instrument dont se servent les ennemis est la presse, en grande partie inspirée et soutenue par eux, il faut que les catholiques *opposent la bonne presse à la mauvaise* pour la défense de la vérité et de la religion et pour le soutien des droits de l'Eglise.....

[Encycl. aux évêques d'Italie, 15 octobre 1890.]

DEUXIÈME PARTIE

LA BONNE PRESSE

I. — SA NÉCESSITÉ

Pour la lumière.

Les ténèbres ont obscurci les esprits, que la *lumière de la vérité* dissipe cette ombre.

[Encycl. *Annum sacrum*, 25 mai 1899.]

Pour la vertu.

Votre paternelle vigilance s'exercera dans la recherche soigneuse de ce qui peut le mieux contribuer..... à ce que des écrits soient publiés qui sèment *la bonne doctrine* et favorisent les germes des *vertus*.

[Lettre aux évêques de Portugal, 25 juin 1891.]

Pour le salut.

Aux écrits, il faut opposer les écrits ; que cet instrument si puissant pour la ruine devienne puissant *pour le salut des hommes*, et que le remède découle de la source même du poison.

[Encycl. aux évêques d'Italie, 15 février 1882.]

C'est un moyen d'"édification.

Puisque, au temps présent surtout, les méchants abusent des journaux pour la diffusion des mauvaises doctrines et la dépravation des mœurs, estimez de votre devoir d'user des mêmes moyens : eux, indignement, pour la destruction, vous, saintement, *pour l'édification*. Il sera assurément très utile que des hommes instruits et pieux se consacrent à des publications quotidiennes ou périodiques ; les erreurs étant ainsi peu à peu et graduellement dissipées, la vérité se répandra, les âmes engourdies se réveilleront, et la foi qu'elles cultivent en elles-mêmes pour leur salut, elles se mettront à la professer publiquement et à la défendre avec vaillance.

[Lettre aux évêques du Pérou, 1ᵉʳ mai 1894.]

C'est un remède et un antidote.

Nous conseillons très fort d'exposer, soit par écrit, soit de vive voix, les éléments des principes sacrés qui constituent la philosophie chrétienne. Cette recommandation *a pour but de guérir*, par une science de bon aloi, les maladies intellectuelles des hommes et de les prémunir tout à la fois contre les formes multiples de l'erreur et contre les nombreuses séductions du vice, surtout en un temps où la licence des écrits va de pair avec une insatiable avidité d'apprendre.

[Encycl. *Humanum genus*, 20 avril 1884.]

C'est une arme.

Il n'échappera à personne combien ont de force, pour le bien et pour le mal, principalement en nos temps, les journaux et autres publications de ce genre. Que ce ne soit donc pas une des moindres sollicitudes des catholiques que de combattre *avec ces armes* pour la défense de la religion chrétienne, en recevant comme il convient la direction des évêques et en observant le respect qui est dû à la puissance civile.

[Lettre aux évêques du Brésil, 2 juillet 1894.]

C'est une défense appropriée au temps.

Puisque les ennemis du nom chrétien ont coutume d'employer la presse quotidienne à corrompre les esprits, il faut que les catholiques comprennent qu'il importe que la défense ne soit pas, sur ce terrain, inférieure à l'attaque. Au nombre des moyens les plus aptes à défendre la religion, il n'en est pas, à Notre sens, de plus efficace et *de plus approprié à l'époque actuelle* que celui qui consiste à répondre aux écrits par des écrits et à confondre ainsi les artifices des ennemis de la foi.

[Lettre à l'archevêque de Vienne, 30 août 1883.]

C'est la maîtresse de l'opinion.

Ce n'est pas avec moins d'instance que Nous vous renouvelons le conseil de travailler avec autant de zèle que de prudence à la rédaction et à la diffusion de journaux catholiques. Car à notre époque le peuple ne se forme guère d'*opinions* et ne règle guère sa vie que *d'après la lecture quotidienne des journaux*. Et c'est vraiment pénible de voir les bons négliger des armes qui, maniées par les impies avec un charme trompeur, préparent la ruine déplorable de la foi et des mœurs. Il faut donc que les styles s'aiguisent, que la verve littéraire se déploie pour que le mensonge cède le pas à la vérité et que la voix de la droite raison et de la justice se fasse peu à peu accepter des esprits prévenus. A ces avantages de la presse religieuse, il faut joindre ceux qui résultent de l'accès des catholiques aux charges publiques et de leur admission à l'Assemblée législative. La parole, en effet, non moins que la plume, l'influence et l'autorité, non moins que les écrits, peuvent servir la bonne cause. Il sera bon même d'envoyer quelquefois à la députation des hommes revêtus du caractère sacerdotal ; ces gardiens professionnels, ces sentinelles en quelque sorte de la religion, pourront défendre mieux que personne les droits de l'Eglise.

[Lettre apostolique aux évêques du Brésil, 18 septembre 1899.]

C'est un besoin actuel.

Que vos soins assidus se portent aux choses destinées à la publicité, soit journellement, soit à époques fixes. Vous connaissez les temps présents : d'un côté, les hommes sont animés d'une *avidité insatiable de lire*; de l'autre, un torrent de mauvais écrits se répand en toute licence ; et c'est à peine si l'on peut évaluer quels ravages Il en résulte pour l'honnêteté des mœurs, quel détriment en est produit pour l'intégrité de la religion. Persévérez donc à exhorter, à avertir par tous les moyens et sous toutes les formes en votre pouvoir, afin de détourner les hommes de ces gouffres de corruption et pour les amener aux sources salutaires. Il sera très utile à cet effet que, par vos soins et sous votre conduite, on publie des journaux qui, au poison répandu de toutes parts, opposent un remède opportun, en prenant la défense de la vérité, de la vertu et de la religion.

[Encycl. aux évêques de Portugal, 14 septembre 1886.]

C'est un devoir.

Graver dans l'esprit des peuples une notion exacte et presqu^e l'image de Jésus-Christ ; mettre en lumière son amour, ses bienfaits, se^s institutions, par la plume, par la parole, dans les écoles, dans le^s collèges, dans les assemblées publiques, partout où l'occasion s'en présente : voilà ce que vous devez considérer *comme la principale partie de votre devoir.*

[Encycl. *Tametsi*, 1er novembre 1900.]

II. — SON DÉVELOPPEMENT

Par des Sociétés.

Pour préserver des opinions erronées ou pour les extirper, il est utile de faire répandre largement parmi le peuple des écrits conformes à la vérité et aptes à porter à la vertu. Nous savons que *quelques Sociétés* se sont déjà formées dans ce but louable et salutaire, et qu'elles ne déploient pas en vain leur activité. Aussi désirons-Nous vivement les voir augmenter en nombre, et produire chaque jour des fruits plus abondants.

[Encycl. aux évêques de Hongrie, 22 août 1886.]

En chaque pays.

Parmi les moyens variés de venir en aide aux fidèles, sont les livres, journaux et autres publications à répandre pour la défense de la foi et la sauvegarde des mœurs. En cette matière, il importe beaucoup de recommander aux évêques ce qui Nous tient depuis longtemps à cœur et sur quoi Nous insistons fréquemment, savoir que le travail des écrivains catholiques, bien réglé, bien ordonné, soit encouragé et développé. Certes, il faut reconnaître *en tous pays* à ces écrits excellents, qu'ils soient quotidiens ou périodiques, une grande utilité pour les intérêts religieux et civils, soit qu'ils les soutiennent directement et les fassent prospérer, soit qu'ils repoussent les attaques des adversaires qui cherchent à leur nuire et qu'ils écartent l'impure contagion. Mais, dans l'empire autrichien, il faut leur attribuer une extrême utilité : une foule de journaux y sont, en effet, au service d'ennemis de l'Eglise qui, grâce à leurs richesses, les propagent plus facilement et en plus grand nombre. Il est donc absolument nécessaire, pour lutter à armes égales, d'opposer les écrits aux écrits : ainsi l'on pourra repousser les attaques, dévoiler les perfidies, empêcher la contagion des erreurs et persuader le devoir et la vertu. C'est pourquoi il serait convenable et salutaire que *chaque contrée* possédât ses journaux particuliers qui seraient comme les champions de l'autel et du foyer, institués de façon à ne s'écarter jamais du jugement de l'évêque, avec lequel ils s'appliqueraient à marcher justement et sagement d'accord; le clergé devrait les favoriser de sa bienveillance et leur apporter les secours de sa doctrine, et tous les vrais catholiques les tenir en haute estime et les aider suivant leurs forces et leur pouvoir.

[Encycl. aux évêques d'Autriche, 3 mars 1891.]

En chaque province et chaque jour.

Il est à désirer que, *au moins dans chaque province*, on crée quelque organe d'enseignement pour instruire publiquement le peuple des graves devoirs qui incombent à tous les chrétiens à l'égard de l'Eglise, et cela par le moyen de publications fréquentes, et, s'il est possible, *quotidiennes*. Que l'on y mette surtout en lumière les mérites que la religion catholique s'est acquis auprès de tous les peuples; que l'on montre combien son influence est heureuse et salutaire pour les intérêts privés et publics; que l'on établisse combien il importe de replacer promptement l'Eglise dans la société au poste d'honneur que réclament sa divine grandeur et l'intérêt des nations. Pour cela, il est nécessaire que ceux qui se dévoueront à écrire observent plusieurs points : que tous aient le même but devant les yeux; qu'ils déterminent avec une sage précision les mesures opportunes et qu'ils les exécutent; qu'ils ne passent sous silence rien de ce qu'il peut être utile ou avantageux de connaître ; dans un langage grave et modéré, qu'ils reprennent les erreurs et les vices, sans aigreur dans le reproche, avec indulgence pour les personnes; puis qu'ils usent d'une manière de dire claire et facile, à la portée de tout le monde.

[Encycl. aux évêques d'Italie, 15 février 1882.]

Par le zèle de chaque fidèle.

De même que c'est la tâche de la presse catholique de mettre à nu les perfides desseins des sectes, d'aider et de seconder l'action des pasteurs, de défendre et de promouvoir les œuvres catholiques, ainsi *c'est le devoir des fidèles* de soutenir la bonne presse, soit en refusant ou retirant toute faveur à la mauvaise, soit en concourant directement, *chacun dans la mesure de ses moyens*, à la faire vivre et prospérer ; en quoi Nous croyons que jusqu'à présent, en Italie, on n'a pas fait assez.

[Encycl. aux évêques d'Italie, 15 octobre 1890.]

Par l'activité des publicistes.

Il faut que les *laïques d'élite* qui aiment l'Eglise, notre Mère commune, et qui, par leurs paroles ou leurs écrits, peuvent utilement soutenir les droits de la religion catholique, *multiplient leurs travaux* pour sa défense.

[Encycl. *Nobilissima Gallorum*, 8 février 1884.]

Par l'autorité des savants.

Tous peuvent contribuer à ce devoir, si grandement méritoire : *les lettrés et les savants*, en prenant la défense (de l'Eglise) dans les livres ou dans la presse quotidienne, puissant instrument dont nos adversaires abusent tant.

[Encycl. *Parvenu à la vingt-cinquième année*, 19 mars 1902.]

Par les libéralités des riches.

Quant à tous ceux qui, vraiment et de tout cœur, veulent voir fleurir la religion et la société, défendues par le talent et par la presse, que ceux-là *protègent de leurs libéralités* la fécondité de la presse et du génie, chacun proportionnant ses largesses à sa fortune. Les soldats de la presse ont un absolu besoin de ces secours, sans lesquels leurs travaux n'auraient que des fruits incertains et chétifs. Dans cette œuvre, si quelques vexations attendent Nos fils dévoués, s'il leur faut soutenir le combat, qu'ils osent descendre dans l'arène; un chrétien ne saurait souffrir pour une plus juste cause que pour préserver la religion d'être déchirée par les méchants. Car si l'Eglise a engendré et élevé ses fils, ce n'est pas pour qu'aux heures difficiles elle ne pût en attendre *aucun secours*, mais bien pour qu'à son repos et à d'égoïstes intérêts chacun préférât le salut des âmes et l'intégrité de la cause chrétienne.

[Encycl. aux évêques d'Italie, 15 février 1882.]

III. — SES RÈGLES

a) Conseils généraux.

Défendre la religion et la société.

La défense du nom chrétien réclame impérieusement que l'assentiment aux doctrines enseignées par l'Eglise soit de la part de tous unanime et constant, et, de ce côté, il faut se garder ou d'être en quoi que ce soit de connivence avec les fausses opinions, ou de les combattre plus mollement que ne le comporte la vérité. Pour les choses sur lesquelles on peut discuter librement, il sera permis de discuter avec modération et dans le but de rechercher la vérité, mais en mettant de côté les soupçons injustes et les accusations réciproques..... Que ce soit là une loi imprescriptible pour les écrivains et surtout pour les journalistes. Dans une lutte où les plus grands intérêts sont en jeu, il ne faut laisser aucune place aux dissensions intestines ou à l'esprit de parti, mais dans un accord unanime des esprits et des cœurs, tous doivent poursuivre le but commun, qui est de *sauver les grands intérêts de la religion et de la société*. Si donc, par le passé, quelques dissentiments ont eu lieu, il faut les ensevelir dans un sincère oubli; si quelque témérité, si quelque injustice a été commise, quel que soit le coupable, il faut tout réparer par une charité réciproque et tout racheter par un commun assaut de déférence envers le Saint-Siège.

[Encycl. *Immortale Dei*, 1er novembre 1885.]

Observer ses obligations.

De bons résultats seront abondamment obtenus si les écrivains *observent les devoirs propres* de ceux qui combattent pour les justes causes, c'est-à-dire, comme nous l'avons enseigné ailleurs, observent les convenances, la modération, la sagesse, la charité, et, avec cela, défendent fermement les principes du vrai et du juste, soutiennent les droits sacrés de l'Eglise, font resplendir la majesté du Siège apostolique, respecter l'autorité de ceux qui gèrent les affaires publiques, et, dans l'accomplissement de ces devoirs, se souviennent de rechercher, comme il est juste, la direction des évêques et de suivre leurs conseils. Vous aurez ainsi, Vénérables Frères, un moyen excellent pour détourner des sources empoisonnées les peuples qui vous sont confiés et pour les conduire aux fontaines salubres.

[Lettre aux évêques du Pérou, 1er mai 1894.]

Obéir au Saint-Siège.

Attachez-vous à obtenir de tous, et particulièrement des rédacteurs de journaux, qu'ils laissent actuellement de côté toutes discussions sur les matières qui les divisent; que tous, sans distinction, s'en remettent avec une entière docilité et tranquillité d'esprit *aux enseignements du Saint-Siège* sur ces questions: que tous, unis dans ce même sentiment, et assurés de se maintenir ainsi dans la voie de la vérité, ne se proposent plus désormais qu'un objet: consacrer toutes leurs forces à la défense de la religion et au salut de la société menacée.

[Lettre au nonce de France, 4 novembre 1884.]

Ne pas entraver l'épiscopat.

Les journaux catholiques doivent en cela (la soumission à l'Eglise) donner les premiers l'exemple. Si, en effet, l'action de la presse devait aboutir *à rendre plus difficile aux évêques l'accomplissement de leur mission*; s'il en résultait un affaiblissement du respect et de l'obéissance qui leur sont dus; si l'ordre hiérarchique établi dans l'Eglise de Dieu en était atteint et troublé, les inférieurs s'arrogeant le droit de juger les supérieurs, la doctrine et la conduite de leurs pasteurs, l'œuvre de ces journaux serait non seulement stérile, mais grandement nuisible.

[Lettre au nonce de France, 4 novembre 1884.]

Rester très unis.

Il est très important que ceux qui combattent par leurs écrits, surtout dans les journaux, pour la défense de la religion, observent cette règle (l'union). Leur zèle et leurs bonnes intentions Nous sont connus, et Nous ne pouvons manquer de leur accorder de justes éloges pour leurs mérites à l'égard du catholicisme. Mais la cause qu'ils ont embrassée est si bonne et si haute qu'elle exige de nombreuses conditions auxquelles ne doivent pas faillir les défenseurs de la justice et de la vérité: car en remplissant un devoir ils ne peuvent manquer aux autres. Les avis que Nous avons donnés aux associations, Nous les donnons de même aux écrivains, afin que, écartant dans un esprit de douceur et de mansuétude les sujets de disputes, ils maintiennent entre eux et dans le public *l'union des esprits;* car les écrivains peuvent beaucoup en bien et en mal. Comme il n'y a rien de plus contraire à la concorde que la violence du langage, les jugements téméraires, les calomnies, il faut éviter et détester tout ce qui y ressemble. Pour la défense des droits sacrés de l'Eglise et de la doctrine catholique, ce ne sont pas des débats acrimonieux qu'il faut, mais une discussion modérée et mesurée, où le poids des arguments plutôt que la violence et l'âpreté du style donne raison à l'écrivain.

[Encyclique aux évêques d'Espagne, 8 décembre 1882.]

Chercher l'intérêt commun.

Pour arriver (à défendre utilement les intérêts de l'Eglise, qui sont ici ceux de la France), il faut de toute nécessité l'accord des volontés et la conformité d'action..... Nos ennemis, en effet, ne désirent rien tant que les dissensions entre les catholiques; à ceux-ci de bien comprendre combien il leur importe souverainement d'éviter les dissentiments et de se souvenir de la divine parole : « Tout royaume divisé contre lui-même sera désolé. » Si, pour conserver l'union, il est parfois nécessaire de renoncer à son sentiment et à son jugement, qu'on le fasse volontiers *en vue du bien commun*. Que les écrivains n'épargnent aucun effort pour conserver en toutes choses cette concorde des esprits ; que *chacun préfère l'intérêt de tous* à son propre avantage; qu'ils soutiennent les œuvres commencées *pour le bien commun*; que leur règle soit de se soumettre avec piété filiale aux évêques que l'Esprit Saint a posés pour régir l'Eglise de Dieu, qu'ils respectent leur autorité et qu'ils n'entreprennent rien sans leur volonté; car, dans les combats pour la religion, ils sont les chefs qu'il faut suivre.

[Encycl. *Nobilissima Gallorum*, 8 février 1884.]

Avoir une grande charité.

Pour ce qui est de ceux qui, dans un très noble et très saint propos, unissent l'art d'écrire à l'amour et au zèle des intérêts catholiques, qu'ils se souviennent constamment, s'ils veulent que leurs travaux soient féconds et louables sous tous les rapports, de ce que l'on requiert de ceux qui combattent pour la meilleure des causes. Il faut qu'en écrivant ils emploient avec le plus grand soin la modération, la prudence, et *surtout cette charité* qui est la mère ou la compagne de toutes les vertus. Et voyez combien est contraire à la charité fraternelle cette facilité à soupçonner, cette témérité à accuser. Par là, on comprend combien agissent d'une manière coupable et injuste ceux qui, pour soutenir l'intérêt d'un parti politique, n'hésitent pas à mettre en doute la foi catholique des autres par cela seul qu'ils appartiennent à un parti différent, comme si le mérite de la profession du catholicisme était attaché nécessairement à l'un ou à l'autre de ces partis..... En employant la prudence et la modération voulues, on verra ainsi s'affermir cette concorde des catholiques que Nous désirons si ardemment.

[Encycl. aux évêques de Portugal, 14 septembre 1886.]

Eviter les polémiques entre soi.

Nous vous exhortons à *écarter toute controverse inutile*, toute contention de partis, éléments de division pour les âmes, en sorte que tous, n'ayant qu'une voix pour défendre l'Eglise, concentrent leurs forces pour les diriger vers un même but, dans un même sentiment, soucieux de garder l'unité de l'esprit dans le lien de la paix.

[Encycl. *Militantis Ecclesiæ*, 1ᵉʳ août 1897.]

Rester dignes.

A expliquer et à défendre tout ce que nous avons dit jusqu'ici, ceux-là d'entre les catholiques y peuvent puissamment contribuer qui se sont consacrés aux travaux de la presse, surtout de la presse quotidienne; qu'ils se souviennent donc de leur devoir, qu'ils défendent religieusement et avec courage tout ce qui est vérité, droit, intérêts de l'Eglise et de la société : de telle sorte pourtant *qu'ils restent dignes*, respectueux des personnes, mesurés en toutes choses. Qu'ils aient une scrupuleuse déférence envers l'autorité épiscopale et envers tout pouvoir légitime. Plus les temps sont difficiles, plus est menaçant le danger de division, et plus aussi ils doivent s'étudier à inculquer cette unité de pensée et d'action sans laquelle il y a peu, ou même point d'espoir d'obtenir jamais ce qui est l'objet de nos communs désirs.

(Encycl. aux évêques du Canada, 8 décembre 1897.)

Surpasser les mauvais.

Bien que vous ne puissiez pas vous servir de ces procédés et de ces appâts dont se servent vos adversaires, vous pouvez du moins les égaler par la variété et l'élégance des informations, *et même les surpasser* par la science des choses utiles, surtout par la vérité, que l'esprit désire naturellement connaître, et dont la force, la supériorité et la beauté sont telles que, dès qu'elle apparaît, elle arrache sans peine l'assentiment même de ceux qui lui sont contraires. Pour atteindre à cette fin heureuse, il faut employer un langage digne et mesuré, qui ne blesse pas le lecteur par une amertume excessive ou intempestive, et qui ne sacrifie pas le bien général aux intérêts de parti ou aux avantages particuliers. Nous pensons que vous devez vous appliquer par-dessus tout, selon l'avertissement de l'Apôtre, à n'avoir pas de schisme parmi vous et à vous tenir dans le même esprit, en adhérant avec toute la fermeté de vos cœurs aux doctrines et aux décisions de l'Eglise.

[Allocution à un pèlerinage de journalistes, 22 février 1879.]

b) *Conseils particuliers.*

En France.

Nous savons que Nos précédentes instructions (union sur le terrain constitutionnel) sont de mieux en mieux comprises *par la majorité des catholiques de France*; et s'il en reste un certain nombre en qui la lecture de certaines feuilles publiques entretient encore des tendances opposées, il nous est permis d'espérer que, éclairés d'en haut, eux aussi finiront par accepter dans leur entier les enseignements du Vicaire de Jésus-Christ.

[Lettre au cardinal Perraud, 9 février 1898.]

N'écoutez pas ces hommes néfastes qui, tout en se disant chrétiens et catholiques, jettent la zizanie dans le champ du Seigneur et sèment la division dans son Eglise, en attaquant et souvent même en calomniant les évêques..... Ne lisez ni leurs brochures ni leurs journaux.

[Encycl. au clergé français, 8 septembre 1899.]

En Belgique.

C'est Notre volonté que *vous exhortiez les catholiques* (belges) et que vous les avertissiez, en Notre nom, de cesser absolument à partir de ce moment toute controverse et polémique sur ces matières (certaines questions sociales), soit par des discours, soit par des journaux ou autres écrits semblables.

[Lettre aux évêques de Belgique, 10 juillet 1895.]

En Espagne.

Ce n'est pas sans une profonde douleur que nous voyons, parmi les Espagnols, *certains résister*, sous le couvert de la religion, aux conseils et aux enseignements du Siège apostolique, et que certains journaux, quoique se comptant au nombre des catholiques, répugnent à se soumettre à l'autorité de l'Eglise, sans aller cependant jusqu'à manquer au respect qui lui est dû.

[Lettre à l'archevêque de Tarragone, 10 décembre 1894.]

En Lombardie.

Et cependant il est à craindre que cette entente des esprits ne soit détruite *par les rivalités de partis* auxquelles fournit matière un des journaux de la contrée, ainsi que la doctrine d'un personnage célèbre, dont le nom est devenu fameux parmi les philosophes modernes. Pour ce qui est du premier point, il y a dans vos provinces des journaux dont les rédacteurs observent les principes du vrai et du bien et défendent courageusement les droits sacrés de l'Eglise, la majesté du Siège apostolique et du Pontife romain. Il faut favoriser particulièrement ceux-là et faire en sorte, par tous les moyens, non seulement que de tels écrivains obtiennent les faveurs et la gratitude des hommes, mais encore qu'il s'en trouve partout un grand nombre comme eux qui soutiennent les assauts quotidiens des méchants et compensent par la défense du bien et de la religion la licence impunie de beaucoup d'autres écrivains. Pour cette raison, Nous avons plus d'une fois approuvé leur intention et Nous les avons vivement exhortés à s'attacher, en écrivant, à défendre la justice et la vérité et à ne pas se laisser détourner par rien de leur but. Mais il convient, dans une cause aussi grave et aussi noble, d'employer également un genre grave et noble de défense au delà duquel il ne faut pas aller. Il est beau pour ceux qui défendent tous les jours par leurs écrits la cause catholique de montrer un amour ferme et sans peur de la vérité ; mais il faut aussi ne rien se permettre qui puisse déplaire avec raison à un homme de bien, et ne se départir en aucune manière de la modération qui doit être la compagne de toutes les vertus. En cela aucun esprit sage n'approuvera ni un style violent à l'excès, ni les insinuations malveillantes, ni quoi que ce soit qui s'écarterait témérairement du respect et de l'indulgence pour les personnes. En premier lieu, que le caractère des évêques soit sacré pour les écrivains catholiques : comme ils sont placés au degré supérieur de l'autorité, ils ont droit à un honneur en rapport avec leur dignité et leur charge. Que les particuliers ne se croient pas permis de discuter ce que les évêques ont décidé dans leur autorité; autrement il s'ensuivrait un grand désordre et une confusion intolérable. Et même ce respect auquel il n'est permis à personne de manquer, il est nécessaire qu'il brille chez les rédacteurs catholiques de journaux et qu'il y paraisse comme un exemple. Car les journaux faits pour être propagés au loin tombent chaque jour aux mains du premier venu et ne sont pas de peu d'influence sur les opinions et les mœurs de la multitude. Mais, comme Nous voyons avec inquiétude que l'ardeur des partis s'est enflammée plus que de raison dans la dispute, il est de l'intérêt public d'imposer quelque modération à cette excitation des esprits. C'est pourquoi, comme ces écrits qui paraissent chaque jour réclament surtout une grande réflexion ainsi que la paix et la tranquillité du jugement, il est à souhaiter que les rédacteurs des journaux s'abstiennent de traiter des questions de ce genre.

[Lettre aux évêques des provinces de Milan, Turin et Verceil, 25 janvier 1882.]

En Italie.

Dans les programmes, conférences et journaux démocratiques chrétiens, on peut traiter toutes les questions qui tendent au triomphe de la justice et à la pratique de la charité en faveur du peuple et qui constituent le véritable *objet de la démocratie chrétienne*. Les journaux démocratiques chrétiens peuvent également donner des informations et des appréciations sur les faits et opinions politiques, mais sans prétendre parler au nom de l'Eglise, ni imposer leur manière de voir dans les matières où la discussion est libre comme si ceux qui pensent autrement qu'eux n'étaient pas de sincères catholiques...... Aucun journal, même catholique et organe d'action populaire chrétienne, ne peut être introduit dans les Séminaires, collèges et écoles dépendant de l'autorité ecclésiastique, sans la permission expresse des supérieurs immédiats; ceux-ci devront absolument avoir d'abord l'autorisation de leur propre évêque pour chaque journal et chaque revue. En règle générale, il ne convient pas que le temps destiné à la formation ecclésiastique et à l'étude soit employé à lire les journaux, particulièrement ceux qui exigent chez leurs lecteurs des garanties spéciales d'expérience et un véritable esprit de piété chrétienne. Les supérieurs d'Ordres et de Congrégations n'oublieront pas ces règles et devront les faire observer dans leurs familles religieuses.

[Instruction de la Sacrée Congrégation des Affaires ecclésiastiques, 27 janvier 1902.]

Aux Etats-Unis.

Les temps mêmes commandent aux catholiques de travailler à la tranquillité publique, et pour cela d'observer les lois, d'avoir la violence en horreur, et de ne pas demander plus que ne le permet l'équité ou la justice. Pour assurer ce résultat, ceux-là, à coup sûr, peuvent beaucoup qui se sont consacrés à écrire, et, parmi eux, ceux surtout qui dépensent leurs forces dans la presse quotidienne. Nous n'ignorons pas que nombre d'athlètes bien exercés luttent déjà dans cette arène, et que leur zèle est bien plus digne d'éloge qu'il n'a besoin d'encouragement. Toutefois, comme l'avidité de lire et d'apprendre est si vive et s'est tellement répandue chez vous qu'elle peut être le principe des plus grands biens autant que des plus grands maux, il faut, par tous les moyens, chercher à augmenter le nombre de ceux qui remplissent leur tâche d'écrivain avec science et bon esprit, ayant la religion pour guide et l'honnêteté pour compagne. Cela est encore *plus visible en Amérique*, où les catholiques vivent en rapports habituels avec des non-catholiques, ce qui oblige les nôtres à une extrême prudence et à une fermeté toute particulière. Il faut les instruire, les avertir, les affermir, les exciter à la pratique des vertus, à l'observance fidèle de leurs devoirs envers l'Eglise, au milieu de si grandes occasions de péril. Ces soins et ces travaux sont sans doute la tâche propre du clergé, sa grande mission ; mais, néanmoins, le pays et l'époque exigent de la part des journalistes que, eux-mêmes, selon leur pouvoir, consacrent leurs efforts et leurs travaux à la même cause. Qu'ils considèrent sérieusement que l'œuvre de la presse sera, sinon nuisible, du moins fort peu utile à la religion, si l'accord ne règne pas entre ceux qui tendent au même but. Ceux qui veulent servir l'Eglise utilement, ceux qui désirent sincèrement défendre par leurs écrits la religion catholique, doivent combattre avec un parfait accord et, pour ainsi dire, en rangs serrés. Aussi ceux-là paraîtraient plutôt déclarer la guerre que la repousser, qui dissiperaient leurs forces par la discorde. C'est ainsi également que les écrivains font, au lieu d'œuvre utile et fructueuse, œuvre défectueuse et nuisible, chaque fois qu'ils osent déférer à leur propre jugement les résolutions ou les actes des évêques ; et, dépouillant le respect qu'ils leur doivent, les critiquer, les censurer, ne voyant pas quelle perturbation de l'ordre et quels maux engendre leur conduite. Qu'ils se souviennent donc de leurs devoirs et qu'ils ne franchissent point les justes bornes de la modestie. Il faut obéir aux évêques, qui sont à un très haut degré de l'autorité, et leur rendre l'honneur qui convient à la grandeur et à la sainteté de leurs fonctions, ce respect « auquel personne n'a le droit de manquer, et qui, principalement chez les journalistes catholiques, doit briller et pour ainsi dire être affiché pour servir d'exemple. Les journaux, en effet, destinés à se répandre au loin, tombent tous les jours entre les mains du premier venu et ils ont une grande influence sur l'opinion et la conduite de la multitude » (1). Nous-même avons, en beaucoup d'endroits, donné de nombreux enseignements concernant le devoir d'un bon écrivain..... Que les catholiques les aient donc

---

(1) Lettre aux évêques des provinces de Milan, Turin et Verceil, 25 janvier 188..

présents à l'esprit, et qu'ils les reconnaissent comme devant servir de règle à toute l'œuvre de la presse, s'ils veulent bien s'acquitter de leurs devoirs, comme ils doivent le vouloir.

[Lettre aux évêques des États-Unis, 6 janvier 1895.]

IV. — SON ÉLOGE

C'est la première des œuvres.

Parmi cês enseignements, vous mettez *en première ligne* ceux qui regardent..... la bonne direction des journaux et des autres écrits du même genre qui sont répandus dans la foule, direction grâce à laquelle ils pourront contribuer fficacement, ce qui est leur but, à la sauvegarde de la vérité et du bien.

[Lettre au président du Congrès catholique de Munich, 30 juillet 1895.]

Elle lutte pour les principes.

Dans les tristes jours que nous traversons, la presse catholique mérite les plus grands éloges et les encouragements les plus bienveillants; elle concentre ses efforts *à la défense des principes* foulés aux pieds et au triomphe des doctrines du Siège apostolique.

[Allocution aux rédacteurs du *Corriere nazionale* et de l'*Italia reale*, 25 juillet 1897.]

Elle est surnaturelle.

Mais dans cette lutte ardente et variée, où la gloire de Dieu est en cause et où l'on combat *pour le salut éternel des âmes*, toute la force et l'habileté des hommes seraient vaines si des secours appropriés aux temps ne leur venaient du ciel.

[Encycl. *Militans*, 12 mars 1884.]

Elle va au peuple.

Vous allez au peuple, aux ouvriers, aux pauvres. Vous cherchez par tous les moyens à leur venir en aide, à les moraliser et à rendre leur sort moins dur. Dans ce but, vous provoquez des réunions et des Congrès; vous fondez des patronages, des cercles, des Caisses rurales..... C'est encore pour cela que vous écrivez des livres ou *des articles dans les journaux* et les revues périodiques.

[Encycl. au clergé français, 8 septembre 1899.]

Elle a l avenir.

Ce fut toujours Notre plus ardent désir, dans ces temps de liberté illimitée de la presse, où le monde est inondé de publications pernicieuses, de voir des hommes travailler au bien public par la diffusion d'une saine littérature. Que cette œuvre importante ait été poursuivie avec le plus grand zèle par nos fidèles enfants de l'Amérique du Nord,

Nous le savions déjà..... Assurément, puisque c'est l'esprit du temps que le peuple de presque toute condition et de tout rang recherche le plaisir de la lecture, rien n'est plus désirable que de voir publier et largement distribuer dans le peuple des écrits tels qu'ils puissent non seulement être lus sans préjudice, mais encore produire les meilleurs fruits. Aussi sommes-Nous porté à donner Nos cordiales félicitations à tous ceux qui travaillent pour une cause à la fois si honorable et si fructueuse, et à leur accorder un tribut d'éloges bien mérité, les exhortant en même temps *à continuer* de défendre les lois de l'Eglise comme tout ce qui est vrai, tout ce qui est juste, avec la concorde et la prudence nécessaires. Mais Nous espérons traiter de cette matière un autre jour, et bientôt.

[Lettre à Mgr Satolli, délégué aux États-Unis, 12 décembre 1894.]

Même si elle est persécutée.

Dans cette œuvre, si *quelques vexations* attendent nos fils dévoués, s'il leur faut soutenir le combat, qu'ils osent descendre dans l'arène; un chrétien ne saurait souffrir pour une plus juste cause que pour préserver la religion d'être déchirée par les méchants.

[Lettre aux évêques d'Italie, 15 octobre 1890.]

Si l'on n'a pu étouffer la voix de la presse catholique, on a tout mis en œuvre *pour la discréditer et l'avilir*.

[Lettre au peuple italien, 8 décembre 1892.]

Notre douleur s'accrut bien davantage, quand, aux calomnies succédèrent des *actes arbitraires et violents* et qu'on vit nombre des principaux et des plus vaillants journaux catholiques suspendus ou supprimés (en Italie).....

[Encycl. aux évêques d'Italie, 5 août 1898.]

On jette maintenant un *soupçon injurieux* sur la presse qui soutient franchement les intérêts religieux et moraux (persécution des journaux catholiques et de don Albertario en Italie).

[Allocution au Sacré-Collège, 23 décembre 1898.]

V. — SON TRIOMPHE FINAL

Il faut nécessairement qu'aux arguments convaincants cède le jugement de l'opinion ; et la vérité, malgré les efforts persévérants contre elle, les brisera *et triomphera;* un moment, elle peut être obscurcie, mais *éteinte, jamais!*

[Bref *Sæpenumero considerantes*, 18 août 1883.]

III

LÉON XIII ET LA « CROIX »

I

Dès le début de l'Œuvre, le Souverain Pontife a béni la *Croix*. Mais c'est surtout au moment où elle prenait de l'extension par ses Comités, par ses Suppléments, par ses Congrès, que Léon XIII lui a prodigué ses bénédictions.

TÉLÉGRAMMES

Tous les Congrès de la *Croix*, depuis les débuts, ont été encouragés et bénis par Léon XIII. Nous citons, pris au hasard, un ou deux de ces télégrammes qui apportaient tant de joie aux réunions et que l'assemblée écoutait debout :

Rome, 28 février 1889.

Saint-Père, agréant les sentiments exprimés par votre télégramme, et comptant sur la continuation du dévouement de la *Croix* à toutes ses directions et enseignements, vous envoie de grand cœur la bénédiction sollicitée pour rédacteurs et propagateurs de votre excellen-journal.

Cardinal RAMPOLLA.

Rome, 28 novembre 1897.

Le Saint-Père agrée avec beaucoup de joie vos protestations filiales de pleine soumission à toutes ses directions; et il bénit de tout cœur et d'une façon toute spéciale vous et les œuvres de la *Croix* à l'occasion de l'ouverture des réunions, faisant des vœux d'une concorde entière de tous les catholiques.

Cardinal RAMPOLLA.

Les Congrès régionaux des *Croix* locales eurent aussi les mêmes faveurs; par exemple, en février 1893, pour la *Croix de Saintonge et d'Aunis* :

Le Saint-Père agrée l'hommage du dévouement et du filial attachement aux doctrines du Saint-Siège des catholiques réunis au Congrès de la *Croix* à Saintes, et leur envoie sa bénédiction.

Cardinal RAMPOLLA.

En juillet 1893, pour les *Croix de la Drôme et de l'Ardèche* réunies :

Le Saint-Père, satisfait des sentiments d'amour filial et d'obéissance absolue aux enseignements du Saint-Siège, exprimés par les propagateurs de la *Croix* indiqués dans votre télégramme, les bénit avec effusion.

Cardinal RAMPOLLA.

En décembre 1893, pour la Savoie :

Le Saint-Père agrée les sentiments exprimés dans votre télégramme, en bénissant de grand cœur tous les membres des Comités de la *Croix de Savoie*.

Cardinal RAMPOLLA.

En plusieurs occasions, la *Croix* tint à s'associer aux joies du Pape. Le 19 février 1893, elle lui télégraphiait :

A l'occasion du Jubilé épiscopal célébré ici avec enthousiasme, la Croix, la Maison de la Bonne Presse, ses 20 journaux parisiens, ses 100 Suppléments et journaux alliés en province, ses 3 500 Comités, les rédacteurs, propagateurs, coopérateurs, bienfaiteurs et lecteurs, les Religieux Augustins de l'Assomption, prosternés humblement aux pieds de Votre Sainteté, déposent leur hommage de respect et d'amour.

La réponse fut :

Au journal *la Croix*,

Le Saint-Père agrée avec bonté les hommages des fils, des rédacteurs, propagateurs, coopérateurs, bienfaiteurs et lecteurs de ce journal, remercie et bénit de cœur.

Cardinal RAMPOLLA.

AUDIENCES

Le 2 février 1893, le R. P. Emmanuel, reçu en audience, disait au Saint-Père :

Très Saint-Père, je suis chargé de mettre à vos pieds toutes nos œuvres, et de vous dire notre dévouement absolu, en particulier celui de la Croix, qui compte un million d'exemplaires avec ses Suppléments et ses diverses publications, et suit très fidèlement la ligne politique indiquée à la France par Votre Sainteté.

Léon XIII a répondu :

Je désire que toutes vos œuvres prospèrent, je les encourage, je sens leur importance et leur nécessité, et j'en suis content; il faut l'union de tous pour le bien général. Je bénis encore toutes vos œuvres.

En décembre 1892, le Pape avait daigné demander de lui-même que la *Croix* l'aidât dans sa propagande contre la Franc-Maçonnerie.

Dites à ces Pères que je serais bien heureux s'ils me faisaient une traduction de ma Lettre au peuple italien (contre la Franc-Maçonnerie).

Cette Lettre, qu'ils le sachent bien, je l'ai faite avec l'intention de dire ce que j'y dis à tous les peuples..... Dites-le à la *Croix*, ils me comprendront..... J'excite au combat; je le fais avec les instances d'un père à ses enfants, en donnant toute l'action possible à mes paroles : qu'on garde ce caractère.

En janvier 1893, dans **une audience** à M. l'abbé Laude, du Mans, Léon XIII disait :

Je vous félicite de vous intéresser à la *Croix*, et je vous charge de dire à tous les rédacteurs que je les encourage et les bénis de tout mon cœur..... Vous direz bien à tous les rédacteurs que je les bénis.

Au mois d'avril 1893, pendant les fêtes du Jubilé épiscopal du Souverain Pontife, un Pèlerinage fût conduit par la *Croix* aux pieds de Léon XIII. Un hommage spécial lui était porté : dans un album richement relié étaient réunis un exemplaire de luxe de chacune des publications de la Bonne Presse et de chacun des suppléments de la *Croix*, datés du 19 février, et consacrés à fêter le Pape. Le P. Picard, qui avait été l'âme de ce mouvement et qui avait porté la parole au nom de tous en cette audience inoubliable du 18 avril, écrivait peu après, dans la *Croix des Comités* (3 mai 1893) :

« Le Pèlerinage de Rome a été un véritable triomphe pour la *Croix*. Notre Très Saint-Père le Pape s'intéresse aux moindres détails de notre œuvre et il m'a déclaré avec une aimable simplicité *qu'il aimait la « Croix »*. Son affection s'étend à toutes les *Croix* de province comme ses bénédictions.

Le Pape compte sur nous. Il sait que vous êtes tous fidèles à suivre la ligne de conduite qu'il a tracée aux Français. Il se réjouit de voir une pléiade nouvelle se former sous le drapeau de la *Croix*, et lorsque j'ai annoncé à Son Eminence le secrétaire d'État que les rédacteurs et propagateurs des *Croix* de province formaient, au sein du Pèlerinage des œuvres françaises, un vrai groupe de journalistes uniquement occupés à servir l'Eglise sous l'impulsion de son Chef, celui-ci me répondit : « Mais alors, il y aurait lieu » d'avoir une audience spéciale, car une audience de journalistes plairait » au Pape. »

» Nous aurons un jour la joie de réaliser ce désir du Saint-Père. En attendant, continuons à entrer dans ses vues et luttons contre l'ennemi de l'Eglise et de la France : la Franc-Maçonnerie.

» N'oublions pas que la *Croix* n'a réussi que par les moyens surnaturels, et que les moyens surnaturels peuvent seuls préparer des triomphes dans les luttes politiques comme dans les luttes sociales. Ayons donc confiance en Jésus Crucifié et en sa Sainte Mère, et restons unis dans la prière comme dans le travail. »

Le 8 juin 1893, le Pape **recevait** en audience le R. P. Emmanuel et lui disait :

Mais vous avez aussi une grande force et une œuvre importante à accomplir en France, vous avez entre vos mains la *Croix*, qui est l'instrument d'un grand bien. La France est dans une crise : aux élections, il ne faut pas que nous laissions passer les francs-maçons. Il faut la relever, la France; et dites au P. Picard et à vos Pères qu'ils doivent y travailler. Votre journal est un puissant moyen. Continuez avec l'esprit et le zèle que vous y avez apportés, et que Dieu donne à vos efforts efficacité et fécondité.

LETTRES PUBLIQUES

La *Croix* du 3 juillet 1896 annonçait que son rédacteur en chef revenant de Jérusalem avait rendu compte au cardinal Rampolla du Pèlerinage de Pénitence. Sa communication se terminait ainsi :
« Je reprends maintenant mon travail habituel, et à la *Croix*, dont je suis le vieux directeur, je vais continuer à lutter pour l'Eglise et à suivre de plus en plus les pensées et la ligne de conduite que notre très saint et vénéré Pontife Léon XIII a daigné nous tracer et qui nous a déjà procuré un certain nombre de victoires au moment des élections municipales. »
Le cardinal Rampolla répondit au R. P. Bailly au nom du Pape (1er juillet 1896):

Sa Sainteté m'a chargé de vous exprimer sa satisfaction pour l'heureux succès de ce Pèlerinage et de vous confirmer la paternelle bienveillance avec laquelle Elle vous a, à cette occasion, renouvelé la bénédiction apostolique, formant des vœux pour que l'œuvre, à laquelle vous vous êtes remis de nouveau à vous dévouer tout entier, réussisse et soit féconde en fruits abondants pour le bien de la société civile et religieuse.

En remplissant ce mandat si agréable de Sa Sainteté, je tiens à m'affirmer de nouveau, avec les sentiments d'une estime spéciale,

De Votre Paternité,

Le très affectionné dans le Seigneur.

Cardinal RAMPOLLA.

En 1898, la *Croix* prit l'initiative de faire célébrer les messes restées en souffrance à l'église Saint-Joachim de Rome. Et, le 22 mai, le cardinal Rampolla écrivait au P. Picard :

L'Institut si bien méritant que dirige Votre Révérence a déjà donné bien des fois des preuves éloquentes de son attachement et de son dévouement au Saint-Siège.

Mais celle que naguère il a donnée en promouvant et encourageant par l'organe du journal *la Croix* le prompt acquittement des messes qui n'avaient pu être célébrées dans l'église de Saint-Joachim de Rome a été particulièrement agréée et acceptée par Sa Sainteté.

Aussi le Saint-Père désire que j'exprime à Votre Révérence en particulier, et, par son entremise, à tous ceux qui ont si promptement et si généreusement répondu à l'invitation de la *Croix*, sa reconnaissance pontificale.

C'est aussi pour montrer sa bienveillance et pour preuve de sa reconnaissance de l'hommage qui lui a été adressé en vue de répondre à l'un de ses plus vifs désirs, que Sa Sainteté me charge de vous dire qu'Elle accorde avec effusion de cœur la bénédiction apostolique à tous ceux qui ont eu l'initiative ou qui ont concouru à la célébration des messes de Saint-Joachim…..

Cardinal RAMPOLLA.

II

Depuis que la *Croix* a changé de direction, elle a continué de recevoir des témoignages de bienveillance paternelle de Léon XIII. Ses Congrès et ses efforts ont été bénis par le Souverain Pontife.

DISTINCTION

Mais la marque la plus significative fut la distinction accordée à son nouveau directeur, M. Paul Feron-Vrau, nommé commandeur avec plaque de Saint-Grégoire le Grand (1).

Le cardinal Rampolla l'annonçait ainsi :

Très honoré Monsieur,

Le Saint-Père, désireux de voir les meilleurs de ses fils participer, même d'une manière extérieure, aux joies de son Jubilé pontifical, vient de prendre la résolution de donner à Votre Excellence un témoignage public de la satisfaction et de la gratitude avec lesquelles Il vous voit, depuis tant d'années, favoriser avec générosité et incessante ardeur dans les œuvres les multiples intérêts de la science et de l'action catholique.

En conséquence, l'auguste Pontife a décidé de conférer à Votre Excellence la dignité de commandeur avec plaque de l'Ordre de Saint-Grégoire le Grand, et je suis heureux de vous remettre ci-joint le Bref apostolique relatif à cette distinction.

Tout en me réjouissant avec vous de cette singulière preuve de bienveillance que vous recevez de Sa Sainteté, je suis sûr que vous en tirerez occasion et motif pour redoubler de zèle dans la défense de la bonne cause, et je profite de l'occasion pour vous assurer de mes sentiments de particulière estime.

Cardinal RAMPOLLA.

Et le Bref lui-même contenait un éloge précieux de l'œuvre et du journal.

Cher Fils.

Salut et bénédiction apostolique.

Nous savons pertinemment quel amour pour la religion, quelle immuable fidélité envers la Chaire romaine, quel attachement scrupuleux aux doctrines du Siège apostolique vous apportez, soit en défendant et en revendiquant avec un cœur viril les droits de l'Eglise dans le journal de Paris qui porte le titre de *la Croix*, soit en travaillant à sauvegarder et à promouvoir, avec une grandeur d'âme, une générosité et une activité de zèle admirables, ce qui intéresse le plus le nom catholique. C'est pourquoi vous nous paraissez digne de recevoir un

---

(1) M. Paul Feron-Vrau avait été déjà décoré de la croix *Pro Ecclesia et Pontifice* l'année précédente, ainsi que M. l'abbé Masquelier. Et en 1903, un autre rédacteur de la *Croix*, M. Hervagault, a été nommé chevalier de Saint-Grégoire le Grand.

témoignage éclatant de notre volonté qui ne soit pas inférieur à vos mérites.

Aussi, après vous avoir absous de toutes les excommunications, interdictions et autres sentences, censures et peines ecclésiastiques, si par hasard vous en aviez encouru, Nous vous choisissons et créons chevalier commandeur de l'Ordre de Saint-Grégoire le Grand, au grade civil, et vous incorporons à cet Ordre très illustre. En conséquence, nous vous accordons le droit de revêtir le costume de chevalier de cet Ordre et de ce grade et d'en porter l'insigne, c'est-à-dire la croix d'or octogone grand module, portant au centre sur fond rouge l'image de saint Grégoire le Grand et attachée au cou par un ruban de soie rouge liseré de jaune. Enfin, pour vous donner un gage particulier de Notre bienveillance, Nous vous accordons en outre de porter, sur la poitrine, à gauche, l'autre insigne appelé plaque.

Et pour vous éviter tout embarras, soit pour le costume de cérémonie, soit pour la plaque et la croix, Nous ordonnons qu'on vous en fasse tenir un modèle.

Donné à Rome, près Saint-Pierre, sous l'anneau du Pêcheur, le 8 mars 1902, en la 25ᵉ année de notre Pontificat.

A., cardinal MACCHI.

IV
ACTES DE LÉON XIII

LES 12 CANONISATIONS FAITES PAR LÉON XIII

Saint JEAN-BAPTISTE DE ROSSI, canonisé *in aula superiori Vaticana* (loggia de Saint-Pierre) le 8 décembre 1881.
Saint LAURENT DE BRINDISI, canonisé *in aula superiori Vaticana* (loggia de Saint-Pierre) le 8 décembre 1881.
Saint BENOIT-JOSEPH LABRE, canonisé *in aula superiori Vaticana* (loggia de Saint-Pierre), le 8 décembre 1881.
Sainte CLAIRE DE MONTEFALCO, canonisée *in aula superiori Vaticana* (loggia de Saint-Pierre) le 8 décembre 1881.
LES 7 FONDATEURS DES SERVITES, canonisés *in aula superiori Vaticana* (loggia de Saint-Pierre) le 15 janvier 1888.
Saint PIERRE CLAVER, canonisé *in aula superiori Vaticana* (loggia de Saint-Pierre) le 15 janvier 1888.
Saint JEAN BERCHMANS, canonisé *in aula superiori Vaticana* (loggia de Saint-Pierre) le 15 janvier 1888.
Saint ALPHONSE RODRIGUEZ, canonisé *in aula superiori Vaticana* (loggia de Saint-Pierre) le 15 janvier 1888.
Saint ANTOINE-MARIE ZACCARIA, canonisé à Saint-Pierre le 27 mai 1897.
Saint PIERRE FOURIER, canonisé à Saint-Pierre le 27 mai 1897.
Saint JEAN-BAPTISTE DE LA SALLE, canonisé à Saint-Pierre le 24 mai 1900.
Sainte RITA DE CASSIA, canonisée à Saint-Pierre le 24 mai 1900.

LES 29 BÉATIFICATIONS FAITES PAR LÉON XIII

Bienheureux ALPHONSE DE OROZCO, béatifié le 15 janvier 1881.
Bienheureux CHARLES DE SEZZE, béatifié le 22 janvier 1881.
Bienheureux HUMBLE DE BISIGNANO, béatifié le 29 janvier 1881.
Bienheureux LOUIS-MARIE GRIGNION DE MONTFORT, béatifié le 22 janvier 1888,
Bienheureux CLÉMENT-MARIE HOFBAUER, béatifié le 29 janvier 1888.
Bienheureux GILLES-MARIE DE SAINT-JOSEPH, béatifié le 5 février 1888.
Bienheureux FÉLIX DE NICOSIE, béatifié le 12 février 1888.
Bienheureux JEAN-BAPTISTE DE LA SALLE, béatifié le 19 février 1888.
Bienheureuse JOSÉPHINE-MARIE DE SAINTE-AGNÈS (INÈS DE BENIGANIM), béatifiée le 26 février 1888.
Bienheureux PIERRE-LOUIS-MARIE CHANEL, béatifié le 17 novembre 1889.
Bienheureux JEAN-GABRIEL PERBOYRE, béatifié le 17 novembre 1889.
Bienheureux POMPILIO-MARIA PIRROTTI, béatifié le 29 janvier 1890.

Bienheureux Jean-Juvénal Ancina, béatifié le 5 février 1890.
Bienheureux François-Xavier-Marie Bianchi, béatifié le 22 janvier 1893.
Bienheureux Gérard Majella, béatifié le 29 janvier 1893.
Bienheureux Léopold de Gaichis, béatifié le 12 mars 1893.
Bienheureux Antoine Baldinucci, béatifié le 16 avril 1893.
Bienheureux Rodolphe de Aquaviva, S. J., et ses compagnons, martyrs, béatifiés le 30 avril 1893.
Bienheureux Pierre Sanz et ses compagnons, Dominicains, martyrs, béatifiés le 14 mai 1893.
Bienheureux Jean d'Avila, béatifié le 15 avril 1894.
Bienheureux Diégo de Guadix, béatifié le 22 avril 1894.
Bienheureux Bernardin Realino, béatifié le 12 janvier 1896.
Bienheureux Théophile de Corte, béatifié le 19 janvier 1896.
Bienheureux Clet et ses compagnons, martyrisés au Tonkin, béatifiés le 27 mai 1900.
Bienheureuse Marie-Madeleine Martinengo, béatifiée le 3 juin 1900.
Bienheureux Denys de la Nativité et Redempt de la Croix, béatifiés le 10 juin 1900.
Bienheureuse Jeanne de Lestonnac, béatifiée le 23 septembre 1900.
Bienheureux Antoine Grassi, béatifié le 30 septembre 1900.
Bienheureuse Crescence Hoss, béatifiée le 7 octobre 1900.

EXTENSION DE LA HIÉRARCHIE CATHOLIQUE
SOUS LÉON XIII

2 Patriarcats créés par Léon XIII.

Alexandrie (Egypte), rite copte, érigé le 26 novembre 1895 (*Christi Domini*).
Indes orientales (Hindoustan, Colonies portugaises), érigé le 1er septembre 1886 (*Humanæ salutis auctor*.)

9 Archevêchés nouveaux créés par Léon XIII.

Agra (Indes anglaises), 1er septembre 1886.
Alep (Syrie), 3 février 1899.
Edimbourg (Ecosse), 4 mars 1878.
Carthage, 19 novembre 1884.
Colombo (Ile de Ceylan), 1er septembre 1886.
Pondichéry (Hindoustan), 1er septembre 1886.
Serajevo (Bosnie), 5 juillet 1881.
Tokio (Japon), 15 juin 1891.
Verapoly (Hindoustan), 1er septembre 1886.

26 anciens évêchés érigés en archevêchés par Léon XIII.

Adélaïde (Australie), 5 mai 1887.
Antequera (Mexique), 23 juin 1891.
Aquila (Italie), 1881.
Bombay (Hindoustan), 2 octobre 1893.
Brisbane (Australie), 10 mai 1887.
Bukarest (Roumanie), 27 avril 1883.
Calcutta (Hindoustan), 1er septembre 1886.
Carthagène (Colombie), 20 juillet 1900.
Chicago (Etats-Unis, 10 septembre 1880.
Dubuque (Etats-Unjs), 15 juin 1893.
Durango (Mexique), 23 juin 1891.
Hobartown (Tasmanie-Océanie), 3 août 1888.
Kingston (Canada), 25 janvier 1890.
Linarès (Mexique), 23 juin 1891.
Madras (Hindoustan), 1er septembre 1886.
Medellin (Colombie), 24 février 1902.
Montevideo (Uruguay), 19 avril 1897.
Montréal (Canada), 10 mai 1887.
Ottawa (Canada), 8 juin 1886.
Paul (Saint-) de Minnesota (Etats-Unis), 4 mai 1888.
Pérouse (Italie), 27 mars 1882.
Popayan (Colombie), 20 juin 1900.
Rio-de-Janeiro (Brésil), 27 avril 1892.
Sébaste (Asie Mineure), 30 mai 1892.
Vancouver (Canada), avril 1903.
Wellington (Nouvelle-Zélande), 10 mai 1887.

116 Évêchés créés par Léon XIII.

Aberdeen (Ecosse), supprimé en 1577, rétabli le 4 mars 1878.
Aguas Calientes (Mexique), 27 août 1899.
Alagoas (Brésil), 2 juillet 1900.
Alexandrie (Canada), 21 janvier 1890.
Allahabad (Indes anglaises), 1er septembre 1886.
Altoona (Etats-Unis), 1901.
Amazones (Brésil), 27 avril 1892.
Argyll (Ecosse), 4 mars 1878.
Baker City (Etats-Unis), 19 juin 1903.
Banjaluka (Bosnie), 5 juillet 1881.
Belleville (Etats-Unis), 7 janvier 1887.
Bombay (Hindoustan), 1er septembre 1886.
Campêche (Mexique), 2 décembre 1895.
Cheyenne (Etats-Unis), 2 août 1887.
Chiavari (Italie), 3 décembre 1892.
Chicoutimi (Canada), 28 mai 1878.
Chihuahua (Mexique), 23 juin 1891.
Christchurch (Nouvelle-Zélande), 10 mai 1887.

Cienfuegos (Ile de Cuba), 20 février 1903.
Cloud (Saint-) (Etats-Unis), 3 octobre 1889.
Coïmbatour (Indes françaises), 1er septembre 1886.
Colima (Mexique), 11 décembre 1881.
Concordia (Etats-Unis), 2 août 1887.
Cuernavaca (Mexique), 23 juin 1891.
Curityba (Brésil), 27 avril 1892.
Dacca (Indes anglaises), 1er septembre 1886.
Dallas (Etats-Unis), 15 juillet 1890.
Damao (Indes portugaises), 1er septembre 1886.
Davenport (Etats-Unis), 1881.
Denver (Etats-Unis), 8 août 1887.
Duluth (Etats-Unis), 3 octobre 1889.
Dunkeld (Ecosse), 4 mars 1878.
Fargo (Etats-Unis), 12 avril 1889.
Galle (Ile de Ceylan), 16 août 1893.
Galloway (Ecosse), 4 mars 1878.
Geraldton (Australie), 30 janvier 1898.
Glascow (Ecosse), 4 mars 1878.
Grand-Rapids (Etats-Unis), 19 mai 1882.
Hacodaté (Japon), 15 juin 1891.
Helena (Etats-Unis), 7 mars 1884.
Hermopolis majeure (rite copte), 26 novembre 1895.
Huaraz (Pérou), 8 mai 1899.
Hydebarad (Hindoustan), 1er septembre 1886.
Ibagué (Colombie), 20 juin 1900.
Jaffna (Ile de Ceylan), 1er septembre 1886.
Jassy (Roumanie), 27 juin 1884.
Kandy (Ile de Ceylan), 1er septembre 1886.
Kansas-City (Etats-Unis), 10 septembre 1880.
Kielce (Pologne russe), 1882.
Kisnaghur (Hindoustan), 1er septembre 1886.
Kumbakonam (Indes anglaises), 13 septembre 1899.
Lac-Salé (Etats-Unis), 27 janvier 1891.
Lahore (Hindoustan), 1er septembre 1886.
Lead-City (Etats-Unis), 4 août 1902.
Leeds (Angleterre), 20 décembre 1878.
Lincoln (Etats-Unis), 27 juillet 1887.
Lismore (Australie), 5 mai 1887.
Malacca (Indo-Chine anglaise), 10 août 1888.
Manchester (Etats-Unis), 1884.
Mangalore (Hindoustan), 1er septembre 1886.
Manizales (Amérique centrale), 11 avril 1900.
Menevia (Angleterre), 12 mai 1898.
Middlesborough (Angleterre), 4 mars 1878.
Mixtecas (Mexique), 25 avril 1902.
Monaco (Principauté de Monaco), 15 mars 1887.
Montevideo (Uruguay), 15 juillet 1878.
Mostar (Herzégovine), 5 juillet 1881.

Musc (Haute-Arménie), 1883.
Mysore (Hindoustan), 1er septembre 1886.
Nagasaki (Japon), 15 juin 1891.
Nagpour (Hindoustan), 29 juillet 1887.
New-Westminster (Canada), 2 septembre 1890.
Nicolet (Canada), 10 juillet 1885.
Omaha (Etats-Unis), 2 octobre 1885.
Osaka (Japon), 16 mars 1888.
Parahyba (Brésil), 27 juillet 1892.
Pembroke (Canada), 4 mai 1898.
Peterborough (Canada), 11 juillet 1882.
Petropolis (Brésil), 21 mai 1893.
Piahuy (Brésil), 17 janvier 1902.
Pinar del Rio (Ile de Cuba), 20 février 1903.
La Plata (République Argentine), 15 février 1897.
Poona (Hindoustan), 1er septembre 1886.
Port-Augustus (Australie), 10 mai 1887.
Portsmouth (Angleterre), 19 mai 1882.
Port-Victoria (Iles Seychelles), 14 juillet 1892.
Pouso-Alegre (Brésil), 4 août 1900.
Quilon (Hindoustan), 1er septembre 1886.
Rockhampton (Australie), 29 décembre 1882.
Sale (Australie), 10 mai 1887.
Saltillo (Mexique), 23 juin 1891.
Salto (Uruguay), 14 avril 1897.
Santa-Fé (République Argentine), 15 février 1897.
Sinaloa (Mexique), 27 janvier 1884.
Sioux-City (Etats-Unis), 25 janvier 1902.
Sioux-Falls (Etats-Unis), 12 novembre 1889.
Soccoro (Colombie), 20 mars 1896.
Spirito-Santo ou Espirito-Santo (Brésil), 15 novembre 1895.
Stanislawow (Pologne autrichienne), 26 mai 1885.
Syracuse (Etats-Unis), 22 novembre 1886.
Tabasco (Mexique) 25 mai 1880.
Tehuantepec (Mexique), 23 juin 1893.
Tepic (Mexique), 23 juin 1891.
Thèbes (Egypte), 26 novembre 1894.
Trenton (Etats-Unis), 1881.
Trichinopoly (Hindoustan), 1er septembre 1886.
Trincomalie (Ile de Ceylan, 25 août 1893.
Tucson (Etats-Unis), 4 mars 1897.
Tucuman (République Argentine), 15 février 1897.
Tunja (Colombie), 20 juillet 1880.
Valleyfield (Canada), 5 avril 1892.
Vizagapatam (Hindoustan), 1er septembre 1886.
Wichita (Etats-Unis), 28 juillet 1887.
Wilcannia (Australie), 10 mai 1887.
Winona (Etats-Unis), 26 novembre 1889.
Zulia (Colombie), 28 juillet 1897.

65 Vicariats apostoliques créés par Léon XIII.

Amoy (Chine), 3 décembre 1883.
Arabie (Asie), 25 avril 1888.
Canelos et Macas (Equateur), 3 février 1893.
Casanare (Colombie), 17 juillet 1893.
Changanacchery (Hindoustan), 28 juillet 1896.
Chan-si méridional (Chine), 17 juin 1890.
Chan-si septentrional, 17 juin 1890.
Chan-tong méridional, 22 décembre 1885.
Chan-tong oriental, 22 février 1894.
Chan-si méridional (Chine), 6 juillet 1887.
Congo belge, 2 mai 1888.
Congo français inférieur, 24 novembre 1886.
Congo français supérieur, 14 octobre 1890.
Congo supérieur, 21 septembre 1880.
Cooktown (Australie), 4 janvier 1884.
Côte d'Or (Afrique occidentale), 7 mai 1901.
Dahomey, 25 mai 1901.
Danemark, 22 février 1892.
Ernaculum (Hindoustan), 11 août 1896.
Fleuve-Orange (Afrique), mai 1898.
Georges (Saint-) (Terre-Neuve), 28 avril 1892.
Ho-nan méridional (Chine), 28 août 1882.
Ho-nan septentrional, 28 août 1882.
Honduras (Antilles), 3 janvier 1893.
Hu-nan méridional (Chine), 19 septembre 1879.
Hu-nan septentrional, 19 septembre 1879.
Iles Fidji (Océanie), 5 mai 1887.
Iles Gilbert (Océanie), 28 juillet 1897.
Kan-Sou (Chine), 21 mai 1878.
Kiang-tsi méridional (Chine), 1879.
Kiang-tsi oriental (Chine), 28 août 1885.
Kimberley (Australie), 10 mai 1888.
Laos (Indo-Chine), 4 mai 1899.
Macédoine, 12 juin 1883.
Madagascar méridional, 16 janvier 1896.
Madagascar septentrional, 16 janvier 1896.
Mandchourie septentrionale, 10 mai 1898.
Mendez et Gualaquiza (Equateur), 3 février 1893.
Mongolie occiduo-méridionale (Chine), 3 décembre 1883.
Mongolie orientale, 21 décembre 1883.
Napo (Equateur), 3 février 1893.
Nil supérieur (Afrique centrale), 10 décembre 1895.
Norvège, 11 mars 1892.
Nouvelle-Guinée (Océanie), 1er mai 1889.
Nouvelle-Poméranie (Océanie), 1er janvier 1889.
Nyassa (Afrique), 12 février 1897.
Orange (Afrique), 15 mars 1886.

Patagonie septentrionale (Amérique du Sud), 15 novembre 1883.
Pe-tchi-li oriental (Chine), 23 décembre 1899.
Queensland (Australie), 10 mai 1887.
Sahara (Afrique), 6 mars 1891.
Saskatchewan (Canada), 20 janvier 1891.
Tanganika (Afrique), 30 décembre 1886.
Territoire indien (Etats-Unis), 29 mai 1891.
Thrace, 7 avril 1883.
Tonkin maritime, 15 avril 1901.
Tonkin septentrional, 29 mai 1883.
Tonkin supérieur, 15 avril 1895.
Trichoor (Hindoustan), 17 mai 1887.
Unianembé (Afrique,) 13 novembre 1883.
Victoria-Nyanza méridional (Afrique), 31 mai 1883.
Victoria-Nyanza septentrional (Afrique), 6 juillet 1894.
Zamora (Equateur), 3 février 1893.
Zanguebar méridional (Afrique), 1902.
Zanguebar septentrional (Afrique), 13 novembre 1883.

33 Préfectures apostoliques érigées par Léon XIII.

Alaska (Amérique du Nord), 27 juillet 1894.
Amazzones (Saint-Léon des) (Amérique du Sud), 5 février 1900.
Assam (Indes orientales), 15 décembre 1889.
Basutoland (Afrique), 8 mai 1894.
Bettiah (Indes orientales) 20 avril 1892.
Cameroun (Afrique), 18 mars 1890.
Carolines (Océanie), 15 mai 1896.
Cimbébasie inférieure (Afrique), 1er août 1892.
Cimbébasie supérieure (Afrique), 3 juillet 1879.
Côte d'Ivoire (Afrique), 10 mai 1894.
Delta du Nil (Egypte), 10 décembre 1885.
Erythrée (Afrique), 13 septembre 1894.
Golfe Saint-Laurent (Canada), 1882.
Guinée française (Afrique), 18 octobre 1897.
Iles Salomon allemandes (Océanie), 17 juillet 1897.
Iles Salomon britanniques (Océanie), 1902.
Intendances orientales (Colombie), avril 1903.
Kafiristan (Indes orientales), 6 juillet 1887.
Kassaï supérieur (Congo belge), 1901.
Kwango (Congo belge), 6 avril 1892.
Niger inférieur (Afrique), 1889.
Niger supérieur (Afrique), 1884.
Nouvelle Guinée hollandaise (Afrique occidentale), 1902.
Patagonie méridionale (République Argentine), 27 novembre 1883.
Rajpootana (Hindoustan), 17 mars 1892.
Terre de Guillaume (Océanie), 23 janvier 1896.
Togo (Afrique), 12 avril 1892.
Transvaal (Afrique), 15 mars 1886.

Trébizonde (Asie-Mineure), 1898.
Ucayali (Saint-François de) (Pérou), 5 février 1900.
Uellé (Congo belge), 12 mai 1898.
Urubamba (Saint-Dominique de) (Pérou), 5 février 1900.
Zambèze (Afrique), 2 juillet 1879.

3 Abbayes « nullius » créées par Léon XIII.

Alexandre de Orochi (Saint-) (diocèse d'Alessio en Albanie, province de Scutari), créée le 25 décembre 1888.
Mehrerau ou Wettingen-Mehrerau, abbaye située en Autriche, avec le Prieuré de Augia Major (Voralberg-Autriche).
Monte Oliveto Maggiore, abbaye située en Toscane (Italie), fondée le 16 février 1766, rétablie en 1899.

CONVENTIONS DIPLOMATIQUES
DU PONTIFICAT DE LÉON XIII

2 mai 1881. — Concordat avec la République de l'Equateur, et acte additionnel, *8 novembre 1890*.

8 juin 1881. — Concordat avec l'Autriche-Hongrie pour la Bosnie et l'Herzégovine.

24 décembre 1882. — Accord avec le gouvernement russe sur certaines questions ecclésiastiques.

1er décembre 1884. — Conventions avec la Suisse pour régler l'administration ecclésiastique du Tessin et l'administration régulière du diocèse de Bâle.

23 juin 1886. — Concordat avec le Portugal pour les Indes orientales et, le *14 octobre 1891*, pour le vicariat apostolique du Maduré.

18 août 1886. — Concordat avec le Monténégro.

1er septembre 1886. — Convention avec le gouvernement français pour la réunion de la préfecture apostolique de Pondichéry avec ce vicariat.

31 décembre 1887. — Concordat avec la République de Colombie et convention additionnelle du *20 juillet 1892*.

18 janvier 1890. — Arrangements avec le gouvernement anglais sur certains points de l'administration ecclésiastique de l'île de Malte.

7 novembre 1893. — Accord avec le gouvernement français pour la régularisation du diocèse de Carthage.

V
LISTE DES ENCYCLIQUES
ET LETTRES APOSTOLIQUES LES PLUS IMPORTANTES
DU PONTIFICAT DE LÉON XIII

28 mars 1878. — Encyclique *Ubi primum superiori mense*, sur son élévation au Pontificat. (*Œuvres* (1), t. Ier, p. 2.)
21 avril 1878. — Encyclique *Inscrutabili*, sur les maux de la société, leurs causes et leurs remèdes. (*Œuvres*, t. Ier, p. 8.)
28 décembre 1878. — Encyclique *Quod apostolici muneris*, sur les erreurs modernes. (*Œuvres*, t. Ier, p. 26.)
4 août 1879. — Encyclique *Æterni Patris*, sur la philosophie scolastique. (*Œuvres*, t. Ier, p. 42.)
10 février 1880. — Encyclique *Arcanum*, sur le mariage chrétien. (*Œuvres*, t. Ier, p. 76.)
4 août 1880. — Bref *Cum hoc sit*, proclamant saint Thomas d'Aquin patron des écoles catholiques. (*Œuvres*, t. Ier, p. 110.)
30 septembre 1880. — Encyclique *Grande munus*, sur le culte des saints Cyrille et Méthode. (*Œuvres*, t. VII, p. 4.)
3 décembre 1880. — Encyclique *Sancta Dei civitas*, sur trois œuvres françaises (Propagation de la Foi, Sainte-Enfance, Ecoles d'Orient). (*Œuvres*, t. Ier, p. 118.)
12 mars 1881. — Encyclique *Militans Jesu Christi*, portant indiction d'un Jubilé extraordinaire. (*Œuvres*, t. Ier, p. 130.)
29 juin 1881. — Encyclique *Diuturnum*, sur l'origine du pouvoir civil. (*Œuvres*, t. Ier, p. 140.)
3 août 1881. — Encyclique *Licet multa* aux évêques belges, sur des controverses entre catholiques. (*Œuvres*, t. VII, p. 20.)
15 février 1882. — Encyclique *Etsi nos* aux évêques d'Italie, sur les maux présents. (*Œuvres*, t. VII, p. 26.)
17 septembre 1882. — Encyclique *Auspicato*, sur le Tiers-Ordre de Saint-François d'Assise. (*Œuvres*, t. Ier, p. 162.)
8 décembre 1882. — Encyclique *Cum multa* aux évêques espagnols, sur l'union des catholiques. (*Œuvres*, t. VII, p. 44.)
23 juin 1883. — Constitution *Misericors Dei Filius*, sur la règle du Tiers-Ordre de Saint-François d'Assise. (*Œuvres*, t. Ier, p. 180.)
18 août 1883. — Bref *Sæpenumero considerantes*, sur les études historiques. (*Œuvres*, t. Ier, p. 196.)

(1) C'est à notre édition actuelle, en 7 volumes, que renvoient les références indiquées dans la présente énumération par le mot *Œuvres*.

1er septembre 1883. — Encyclique *Supremi apostolatus*, sur le Rosaire de Marie. (*Œuvres*, t. Ier, p. 214.)
8 février 1884. — Encyclique *Nobilissima Gallorum gens* aux évêques de France, sur la question religieuse en France. (*Œuvres*, t. Ier, p. 226.)
20 avril 1884. — Encyclique *Humanum genus*, sur la secte des francs-maçons. (*Œuvres*, t. Ier, p. 242.)
30 août 1884. — Encyclique *Superiore anno*, sur la récitation du Rosaire. (*Œuvres*, t. Ier, p. 278.)
1er novembre 1885. — Encyclique *Immortale Dei*, sur la constitution chrétienne des Etats. (*Œuvres*, t. II, p. 16.)
22 décembre 1885. — Encyclique *Quod auctoritate apostolica*, portant indiction d'un Jubilé extraordinaire. (*Œuvres*, t. II, p. 54.)
6 janvier 1886. — Encyclique *Jampridem* aux évêques de Prusse, sur la situation du catholicisme en Allemagne. (*Œuvres*, t. II, p. 66.)
22 août 1886. — Encyclique *Quod multum* aux évêques de Hongrie, sur la liberté de l'Eglise. (*Œuvres*, t. II, p. 82.)
14 septembre 1886. — Encyclique *Pergrata nobis* aux évêques portugais, sur les besoins de l'Eglise en Portugal. (*Œuvres*, t. II, p. 102.)
15 juin 1887. — Lettre *Quantumque le siano* au cardinal Rampolla, sur la politique pontificale. (*Œuvres*, t. VII, p. 73.)
20 septembre 1887. — Lettre *Vié ben noto* aux évêques d'Italie, sur le Rosaire, remède aux maux qui affligent l'Italie. (*Œuvres*, t. VII, p. 84.)
22 décembre 1887. — Encyclique *Officio sanctissimo* aux évêques de Bavière, sur les conditions de l'Eglise en Bavière. (*Œuvres*, t. II, p. 112.)
5 mai 1888. — Encyclique *In plurimis* aux évêques du Brésil, sur l'abolition de l'esclavage. (*Œuvres*, t. II, p. 144.)
20 juin 1888. — Encyclique *Libertas*, sur la liberté humaine. (*Œuvres*, t. II, p. 172.)
24 juin 1888. — Encyclique *Sæpe nos* aux évêques d'Irlande, contre le boycottage. (*Œuvres*, t. VII, p. 86.)
25 juin 1888. — Encyclique *Paterna Caritas* aux Arméniens, sur l'union dans la foi. (*Œuvres*, t. II, p. 214.)
25 décembre 1888. — Encyclique *Exeunte jam anno*, sur son Jubilé sacerdotal. (*Œuvres*, t. II, p. 226.)
1er juin 1889. — Lettre *Litteris ad te* à l'archevêque de Milan, contre les doctrines rosminiennes. (*Œuvres*, t. VII, p. 92.)
15 août 1889. — Encyclique *Quanquam pluries*, sur le patronage de Saint Joseph et de la Sainte Vierge. (*Œuvres*, t. II. p. 250.)
10 janvier 1890. — Encyclique *Sapientiæ christianæ*, sur les principaux devoirs civiques des chrétiens. (*Œuvres*, t. II, p. 262.)
15 octobre 1890. — Encyclique *Dall'alto del'Apostolico Seggio* aux évêques et au peuple d'Italie, sur les maux présents. (*Œuvres*, t. VII, p. 96.)
3 mars 1891. — Lettre *In ipso* aux évêques d'Autriche, sur la nécessité de l'union et de l'action de l'épiscopat. (*Œuvres*, t. III, p. 8.)
16 mai 1891. — Encyclique *Rerum novarum*, sur la condition des ouvriers. (*Œuvres*, t. III, p. 18.)
25 juin 1891. — Encyclique *Pastoralis vigilantiæ* aux évêques de Por-

tugal, sur l'état du catholicisme en leur pays. (*Œuvres*, t. III, p. 72.)
12 septembre 1891. — Lettre apostolique *Pastoralis officii* aux évêques d'Allemagne et d'Autriche-Hongrie, sur le duel. (*Œuvres*, t. III, p. 84.)
22 septembre 1891. — Encyclique *Octobri mense*, sur le Rosaire de Marie. (*Œuvres*, t. III, p. 92.)
16 février 1892. — Encyclique *Au milieu des sollicitudes* aux évêques et aux catholiques de France, sur les rapports de l'Eglise avec l'Etat. (*Œuvres*, t. III, p. 112.)
3 mai 1892. — Lettre *Notre consolation* aux six cardinaux français, sur l'acceptation de la forme républicaine. (*Œuvres*, t. III, p. 123.)
16 juillet 1892. — Encyclique *Quarto abeunte sæculo* aux évêques d'Espagne, d'Italie et des deux Amériques, sur Christophe Colomb. (*Œuvres*, t. III, p. 128.)
7 septembre 1892. — Encyclique *Magnæ Dei Matris*, sur le Rosaire de Marie. (*Œuvres*, t. III, p. 138.)
8 décembre 1892. — Encyclique *Inimica vis* aux évêques d'Italie, sur la Franc-Maçonnerie en Italie. (*Œuvres*, t. III, p. 156.)
8 décembre 1892. — Lettre *Custodi di quella fede* au peuple italien, sur le même sujet. (*Œuvres*, t. III, p. 164.)
8 février 1893. — Lettre *Il divisamento* aux évêques de la province de Venise, sur le mariage civil en Italie. (*Œuvres*, t. III, p. 176.)
31 mai 1893. — Lettre *Clara sæpenumero* au cardinal Gibbons, sur la question scolaire aux Etats-Unis. (*Œuvres*, t. III, p. 196.)
24 juin 1893. — Encyclique *Ad extremas*, sur la fondation des Séminaires dans les Indes orientales. (*Œuvres*, t. III, p. 204.)
2 septembre 1893. — Encyclique *Constanti Hungarorum* aux évêques de Hongrie, sur l'état du catholicisme en leur pays. (*Œuvres*, t. III, p. 228.)
8 septembre 1893. — Encyclique *Lætitiæ sanctæ*, sur le Rosaire de Marie. (*Œuvres*, t. III, p. 242.)
25 octobre 1893. — Encyclique *Non mediocri* aux évêques d'Espagne, sur l'instruction du clergé. (*Œuvres*, t. III, p. 258.)
18 novembre 1893. — Encyclique *Providentissimus Deus*, sur l'étude de l'Ecriture Sainte. (*Œuvres*, t. IV, p. 2.)
19 mars 1894. — Encyclique *Caritatis providentiæque nostræ* aux évêques de Pologne, sur l'éducation du clergé. (*Œuvres*, t. IV, p. 60.)
1er mai 1894. — Encyclique *Inter graves* aux évêques du Pérou, sur l'état du catholicisme dans leur pays. (*Œuvres*, t. IV, p. 75.)
1er mai 1894. — Lettre *Ante vestrum* au cardinal archevêque de Prague, sur la neutralité scolaire. (*Œuvres*, t. IV, p. 108.)
20 juin 1894. — Lettre apostolique *Præclara* aux princes et aux peuples de l'univers, sur la situation religieuse. (*Œuvres*, t. IV, p. 82.)
2 juillet 1894. — Lettre *Litteras a vobis* aux évêques du Brésil, sur l'influence et la formation du clergé. (*Œuvres*, t. IV, p. 111.)
2 août 1894. — Lettre *Perlibenti quidem voluntate* aux évêques du Mexique, sur la dévotion à Notre-Dame de Guadeloupe. (*Œuvres*, t. IV, p. 116.)
8 septembre 1894. — Encyclique *Jucunda semper*, sur le Rosaire de Marie. (*Œuvres*, t. IV, p. 118.)

30 novembre 1894. — Lettre apostolique *Orientalium dignitas*, sur le maintien et la conservation des rites orientaux. (*Œuvres*, t. IV, p. 136.)

24 décembre 1894. — Encyclique *Christi nomen*, sur les missions d'Orient et l'unité des Eglises. (*Œuvres*, t. IV, p. 152.)

6 janvier 1895. — Lettre *Longinqua Oceani* aux évêques des Etats-Unis, sur l'état du catholicisme dans leur pays. (*Œuvres*, t. IV, p. 158.)

14 avril 1895. — Lettre apostolique *Amantissimæ voluntatis* au peuple anglais, sur l'unité de la foi. (*Œuvres*, t. IV, p. 182.)

5 mai 1895. — Encyclique *Provida matris*, pour recommander des prières spéciales le jour de la Pentecôte. (*Œuvres*, t. IV, p. 206.)

11 juin 1895. — Lettre apostolique *Unitatis christianæ* aux Coptes, disant ce que l'Eglise a fait pour eux. (*Œuvres*, t. IV, p. 212.)

10 juillet 1895. — Lettre *Permoti nos* aux évêques belges, sur la question sociale en Belgique. (*Œuvres*, t. IV, p. 226.)

5 septembre 1895. — Encyclique *Adjutricem*, sur le Rosaire de Marie. (*Œuvres*, t. IV, p. 236.)

24 novembre 1895. — Lettre apostolique *Christi Domini*, sur le rétablissement du patriarcat copte d'Alexandrie. (*Œuvres*, t. IV, p. 258.)

8 janvier 1896. — Lettre apostolique *Magni commemoratio* aux catholiques de France leur accordant un jubilé extraordinaire. (*Œuvres*, t. IV, p. 274.)

1er mai 1896. — Lettre *Insignes Deo* aux évêques hongrois, sur le millénaire de la Hongrie. (*Œuvres*, t. IV, p. 300.)

29 juin 1896. — Encyclique *Satis cognitum*, sur l'unité de l'Eglise. (*Œuvres*, t. V, p. 2.)

13 septembre 1896. — Lettre apostolique *Apostolicæ curæ*, déclarant l'invalidité complète et absolue des ordinations anglicanes. (*Œuvres*, t. V, p. 58.)

20 septembre 1896. — Encyclique *Fidentem piumque*, sur le Rosaire. (*Œuvres*, t. V, p. 84.)

25 janvier 1897. — Constitution apostolique *Officiorum ac munerum*, sur l'interdiction et la censure des livres. (*Œuvres*, t. V, p. 104.)

18 avril 1897. — Encyclique *Trans Oceanum*, sur les privilèges de l'Amérique latine. (*Œuvres*, t. V, p. 128.)

9 mai 1897. — Encyclique *Divinum illud*, sur l'action du Saint-Esprit. (*Œuvres*, t. V, p. 138.)

1er août 1897. — Encyclique *Militantis Ecclesiæ* aux évêques d'Autriche, d'Allemagne et de Suisse, sur le centenaire du B. Pierre Canisius. (*Œuvres*, t. V, p. 190.)

12 septembre 1897. — Encyclique *Augustissimæ*, sur le Rosaire de Marie. (*Œuvres*, t. V, p. 166.)

10 octobre 1897. — Constitution apostolique *Felicitate quadam*, sur l'union des Frères Mineurs. (*Œuvres*, t. V, p. 204.)

8 décembre 1897. — Encyclique *Affari vos* aux évêques du Canada, sur les écoles du Manitoba. (*Œuvres*, t. V, p. 220.)

25 juillet 1898. — Encyclique *Caritatis studium* aux évêques d'Ecosse, sur le magistère de l'Eglise. (*Œuvres*, t. V, p. 232.)

5 août 1898. — Encyclique *Spesse volte* aux évêques et au peuple d'Italie, sur l'action catholique dans leur pays. (*Œuvres*, t. V, p. 248.)

5 septembre 1898. — Lettre *Diuturni temporis,* sur le Rosaire de Marie. (*Œuvres,* t. V, p. 274.)
2° octobre 1898. — Constitution apostolique *Ubi primum arcano* sur les règles, droits et privilèges de la Confrérie du Rosaire. (*Œuvres,* t. V, p. 292.)
25 décembre 1898. — Lettre *Cum diuturnum* aux évêques de l'Amérique latine, sur leur prochain Concile à Rome. (*Œuvres,* t. V, p. 306.)
22 janvier 1899. — Lettre *Testem benevolentiæ* au cardinal Gibbons, condamnant l'américanisme. (*Œuvres,* t. V, p. 310.)
11 mai 1899. — Bulle *Properante ad exitum* promulguant le Jubilé de l'Année sainte. (*Œuvres,* t. VI, p. 14.)
25 mai 1899. — Encyclique *Annum sacrum,* sur la consécration du genre humain au Sacré Cœur. (*Œuvres,* t. VI, p. 24.)
8 septembre 1899. — Encyclique *Depuis le jour* aux évêques de France, sur l'instruction du clergé dans les Séminaires. (*Œuvres,* t. VI, p. 94.)
18 septembre 1899. — Lettre *Paternæ providæque* aux évêques du Brésil, sur l'état du clergé. (*Œuvres,* t. VI, p. 110.)
30 septembre 1899. — Lettre apostolique *Quod pontificum,* sur les indulgences et pouvoirs pendant le Jubilé. (*Œuvres,* t. VI, p. 118.)
21 octobre 1899. — Lettre apostolique *Quoniam divinæ,* sur les pouvoirs des confesseurs à Rome pendant le Jubilé. (*Œuvres,* t. VI, p. 123.)
1er novembre 1900. — Encyclique *Tametsi,* sur Jésus-Christ Rédempteur. (*Œuvres,* t. VI, p. 146.)
8 décembre 1900. — Constitution apostolique *Conditæ a Christo,* sur les Instituts religieux à vœux simples. (*Œuvres,* t. VI, p. 170.)
25 décembre 1900. — Lettre apostolique *Temporis quidem,* étendant au monde catholique le Jubilé universel. (*Œuvres,* t. VI, p. 192.)
18 janvier 1901. — Encyclique *Graves de communi re,* sur la démocratie chrétienne. (*Œuvres,* t. VI, p. 204.)
11 février 1901. — Lettre *In maximis* aux évêques de la province de Westminster, sur le catholicisme libéral et le rationalisme. (*Œuvres,* t. VI, p. 228.)
29 juin 1901. — Lettre *En tout temps,* aux Supérieurs généraux d'Ordres et d'Instituts religieux. (*Œuvres,* t. VI, p. 234.)
20 août 1901. — Lettre *Reputantibus* aux archevêques de Bohême et de Moravie sur l'union des catholiques. (*Œuvres,* t. VII, p. 112.)
19 mars 1902. — Lettre apostolique *Parvenu à la vingt-cinquième année,* sur son Jubilé pontifical. (*Œuvres,* t. VI, p. 274.)
28 mai 1902. — Encyclique *Mira caritatis,* sur la Sainte Eucharistie. (*Œuvres,* t. VI, p. 294.)
30 octobre 1902. — Lettre apostolique *Vigilantiæ studiique,* sur l'institution d'une Commission des études bibliques. (*Œuvres,* t. VII, p. 132.)
8 décembre 1902. — Encyclique *Fin dal principio* aux évêques italiens, sur l'éducation du clergé. (*Œuvres,* t. VII, p. 142.)

LISTE DES LETTRES ET BREFS DE LÉON XIII
SPÉCIAUX AUX ŒUVRES FRANÇAISES OU CATHOLIQUES

12 mai 1883. — Lettre au président de la République française pour revendiquer les droits catholiques. (*Œuvres*, t. VI, p. 241.)
10 novembre 1884. — Lettre apostolique *Materna Ecclesiæ caritas*, sur la restauration du siège archiépiscopal de Carthage. (*Œuvres*, t. II, p. 2.)
20 mai 1885. — Lettre *Plane quidem* au cardinal Parocchi, sur l'impulsion à imprimer aux études littéraires dans le Séminaire romain. (*Œuvres*, t. VII, p. 56.)
17 juin 1885. — Lettre *Epistola tua* au cardinal Guibert, sur l'incident provoqué par l'interprétation tendancieuse d'une lettre du cardinal Pitra à l'abbé Browers (avec les lettres du cardinal Guibert et du cardinal Pitra, relatives à cet incident) (*Œuvres*, t. VII, p. 62.)
20 novembre 1890. — Lettre *Catholicæ Ecclesiæ* au cardinal Lavigerie, sur l'œuvre antiesclavagiste. (*Œuvres*, t. II, p. 298.)
20 novembre 1890. — Lettre *Novum argumentum* au cardinal Bausa, sur la dévotion à la Sainte Famille. (*Œuvres*, t. III, p. 2.)
19 juillet 1893. — Lettre à Mgr Juteau, évêque de Poitiers, sur le schisme de la Petite Eglise. (*Œuvres*, t. III, p. 223.)
3 août 1893. — Lettre *Gratæ vehementer* au cardinal Lecot, sur la question électorale. (*Œuvres*, t. III, p. 220.)
6 août 1893. — Lettre *Nihil nobis* à M. Gaspard Decurtins, sur la question ouvrière. (*Œuvres*, t. III, p. 214.)
10 décembre 1893. — Lettre *Quæ a te* au cardinal Langénieux sur le Congrès eucharistique de Jérusalem. (*Œuvres*, t. VII, p. 108.)
17 décembre 1893. — Lettre aux délégations des Sociétés catholiques de Rome. (*Œuvres*, t. IV, p. 46.)
20 décembre 1893. — Lettre à Mgr Perraud, évêque d'Autun, sur la soumission aux enseignements du Pape. (*Œuvres*, t. IV, p. 48.)
10 décembre 1894. — Lettre *Postquam catholici* à Mgr Costa, archevêque de Tarragone, sur le IVᵉ Congrès des catholiques espagnols. (*Œuvres*, t. IV, p. 180.)
13 décembre 1894. — Lettre à Mgr Satolli, en réponse à une adresse des journaux catholiques des Etats-Unis. (*Œuvres*, t. VII, p. 107.)
29 janvier 1895. — Lettre à Mgr Belmont, évêque de Clermont, sur le VIIIᵉ centenaire des Croisades. (*Œuvres*, t. IV, p. 203.)
19 mars 1895. — Motu proprio *Optatissimæ*, sur le retour des dissidents à l'Eglise et les moyens de le procurer. (*Œuvres*, t. IV, p. 266.)
2 juillet 1895. — Lettre *Adnitentibus* au P. Picard, Supérieur général des Augustins de l'Assomption, sur les missions de cette Congrégation en Orient. (*Œuvres*, t. IV, p. 226.)
30 juillet 1895. — Lettre au comte Conrad de Preysing, président du

LISTE DES LETTRES

Congrès catholique de Munich, sur ce Congrès. (*Œuvres*, t. IV, p. 234.)

8 septembre 1895. — Lettre à Mgr Satolli, sur le Congrès des religions aux Etats-Unis. (*Œuvres*, t. IV, p. 257.)

8 octobre 1895. — Lettre au cardinal Rampolla, sur les fêtes révolutionnaires du 20 septembre. (*Œuvres*, t. IV, p. 252.)

6 janvier 1896. — Lettre *C'est un noble dessein* au cardinal Langénieux, sur les fêtes du XIVe centenaire du baptême de Clovis à Reims. (*Œuvres*, t. IV, p. 270.)

19 mars 1896. — Motu proprio *Auspicia*, sur la méthode à suivre dans l'apostolat en Orient. (*Œuvres*, t. IV, p. 290.)

18 avril 1896. — Bref *Romanorum Pontificum* aux Augustins de l'Assomption, en faveur des Pèlerinages de Pénitence à Jérusalem. (*Œuvres*, t. IV, p. 282.)

11 mai 1896. — Lettre *Il vous a plu* à Ménélik, empereur d'Ethiopie. (*Œuvres*, t. V, p. 82.)

15 septembre 1896. — Lettre à Mgr Keane, ancien recteur de l'Université catholique de Washington. (*Œuvres*, t. V, p. 181.)

28 octobre 1896. — Lettre au cardinal Langénieux, à propos du centenaire du baptême de Clovis. (*Œuvres*, t. V, p. 100.)

1er décembre 1896. — Lettre *Suavi nimirum* au cardinal Richard, à propos d'un triduum à Sainte-Clotilde. (*Œuvres*, t. V, p. 186.)

6 janvier 1897. — Lettre *Nuperrime* au cardinal Richard, pour le Jubilé de la basilique de Montmartre. (*Œuvres*, t. V, p. 96.)

28 mars 1897. — Lettre à Mgr Mathieu, archevêque de Toulouse, sur l'obéissance due aux pouvoirs constitués (*Œuvres*, t. V, p. 102.)

31 décembre 1897. — Lettre au cardinal Rampolla, à l'occasion de ses noces de diamant sacerdotales. (*Œuvres*, t. V, p. 189.)

25 mai 1898. — Lettre apostolique *Cum divini Pastoris* aux Augustins de l'Assomption, érigeant dans leur église de l'Anastasie à Constantinople l'archiconfrérie de Notre-Dame de l'Assomption pour l'union des Eglises. (*Œuvres*, t. V, p. 256.)

20 août 1898. — Lettre au cardinal Langénieux, archevêque de Reims, sur le protectorat français en Orient. (*Œuvres*, t. V, p. 272.)

25 novembre 1898. — Lettre *Nostra erga* au Ministre général des Frères Mineurs, sur l'étude des sciences sacrées et l'exercice du ministère apostolique. (*Œuvres*, t. V, p. 284.)

25 mai 1899. — Lettre *Haud levi* à Mgr Servonnet, archevêque de Bourges, sur les directions pontificales. (*Œuvres*, t. VI, p. 36.)

29 mai 1899. — Lettre à la reine de Hollande, sur la conférence de La Haye. (*Œuvres*, t. VI, p. 39.)

10 juin 1899. — Lettre au cardinal Richard, sur la Fédération électorale. (*Œuvres*, t. VI, p. 41.)

18 juin 1899. — Bref *Concilium plenarium* aux évêques de l'Amérique latine réunis à Rome. (*Œuvres*, t. VI, p. 48.)

16 juillet 1900. — Lettre au cardinal Respighi prescrivant des prières à l'occasion des événements de Chine. (*Œuvres*, t. VI, p. 203.)

21 juillet 1900. — Lettre aux évêques grecs-melchites, sur les différends survenus dans leur Eglise. (*Œuvres*, t. VI, p. 138.)

19 août 1900. — Lettre au cardinal Respighi, sur le prosélytisme protestant à Rome. (*Œuvres*, t. VI, p. 142.)

23 décembre 1900. — Lettre *Au milieu des consolations* au cardinal Richard, sur la situation des Ordres religieux en France. (*Œuvres*, t. VI, p. 184.)

29 mai 1901. — Lettre *Ex disciplinæ* à l'évêque de Namur (Belgique), sur un ouvrage de M. le chanoine Guillaume, à propos des auteurs chrétiens. (*Œuvres*, t. VII, p. 110.)

8 septembre 1901. — Lettre apostolique *Parta humano*, à propos de la consécration de la basilique du Rosaire à Lourdes. (*Œuvres*, t. VI, p. 254.)

1ᵉʳ octobre 1901. — Lettre à Mgr Dubois, évêque de Verdun, sur la réorganisation du Grand Séminaire. (*Œuvres*, t. VI, p. 273.)

20 novembre 1901. — Lettre *Urbanitatis* aux évêques latins de Grèce, pour instituer un Séminaire latin à Athènes. (*Œuvres*, t. VII, p. 118.)

4 décembre 1901. — Lettre *Multis quidem* aux cardinaux et évêques d'Autriche, en réponse à une adresse sur la situation de leur pays. (*Œuvres*, t, VII, p. 126.)

10 avril 1902. — Lettre *Compertum* pour le collège Illyrique. (*Œuvres*, t. VII, p. 150.)

18 juillet 1902. — Lettre au président Roosevelt. (*Œuvres*, t. VII, p. 128.)

30 juillet 1902. — Lettre apostolique *Non mediocri* aux Cisterciens Réformés. (*Œuvres*, t. VII, p. 154.)

15 août 1902. — Lettre aux évêques de France en réponse à leur adresse lors du Jubilé pontifical. (*Œuvres*, t. VII, p. 130.)

22 avril 1903. — Lettre *Quos nuper* au cardinal Sancha, archevêque de Tolède, à l'occasion d'un Congrès des catholiques espagnols. (*Œuvres*, t. VII, p. 162.)

26 mai 1903. — Lettre *Da mollte parti* aux cardinaux V. Vannutelli, Rampolla, Ferrata et Vivès, à propos du cinquantième anniversaire de la définition dogmatique de l'Immaculée Conception. (*Œuvres*, t. VII, p. 149.)

ALLOCUTIONS PLUS IMPORTANTES

2 mai 1879. — Discours aux pèlerins français conduits par le Conseil des pèlerinages. (*Œuvres*, t. VII, p. 2.)
11 février 1889. — Discours au Sacré Collège, sur le désarmement. (*Œuvres*, t. V, p. 266.
16 janvier 1893. — Discours au Sacré Collège pour la création de nouveaux cardinaux. (*Œuvres*, t. III, p. 172.)
2 mars 1893. — Discours au Sacré Collège, à l'anniversaire de sa naissance et de son couronnement. (*Œuvres*, t. III, p. 183.)
29 avril 1893. — Discours aux pèlerins d'Alsace et de Lorraine. (*Œuvres*, t. III, p. 188.)
9 mai 1893. — Discours aux pèlerins allemands. (*Œuvres*, t. III, p. 184.)
29 mai 1893. — Discours aux pèlerins ruthènes. (*Œuvres*, t. III, p. 193.)
11 octobre 1893. — Discours aux associés de l'Apostolat de la prière. (*Œuvres*, t. III, p. 256.)
27 janvier 1894. — Discours au clergé romain à propos du Jubilé. (*Œuvres*, t. IV, p. 51.)
19 mars 1894. — Discours aux pèlerins ouvriers espagnols. (*Œuvres*, t. IV, p. 71.)
2 mars 1896. — Discours au Sacré Collège sur le rétablissement de la hiérarchie chez les Coptes. (*Œuvres*, t. IV, p. 280.)
23 décembre 1896. — Discours au Sacré Collège en réponse à ses vœux. (*Œuvres*, t. V, p. 80.)
7 octobre 1898. — Discours aux pèlerins ouvriers français. (*Œuvres*, t. V, p. 281.)
11 avril 1899. — Discours au Sacré Collège, sur le désarmement. (*Œuvres*, t. VI, p. 6.)
15 avril 1901. — Discours au Sacré Collège, sur les périls qui menacent l'Eglise et les Ordres religieux. (*Œuvres*, t. VI, p. 232.)
23 décembre 1902. — Discours au Sacré Collège, à propos de Noël (*Œuvres*, t. VI, p. 167.)
24 janvier 1903. — Discours au Patriarcat et à la noblesse romaine en réponse à une adresse. (*Œuvres*, t. VII, p. 169.)
20 février 1903. — Discours au Sacré Collège à l'occasion du vingt-cinquième anniversaire de son élection. (*Œuvres*, t. VII, p. 171.)
9 juin 1903. — Discours aux pèlerins de Jérusalem. (*Œuvres*, t. VII, p. 172.)

TABLE GÉNÉRALE ALPHABÉTIQUE

DES 7 VOLUMES

A

Abolition de l'esclavage (Encyclique *In plurimis* aux évêques du Brésil sur l'), II, 144. — Voir ESCLAVAGE.
— Lettre *Catholicæ Ecclesiæ* au cardinal Lavigerie sur l'œuvre anti-esclavagiste, III, 298.

Action et union de l'Episcopat, III, 8. Voir EPISCOPAT.

Action du Saint-Esprit (Sur l'), V, 138. — Voir ESPRIT.

Action populaire chrétienne, (Encyclique *Graves de communi re* sur l'), VI, 204. — Voir SOCIALE.

« **Ad extremas** » (Lettre) adressée au clergé des Indes sur la fondation des Séminaires, III, 204.

« **Adjutricem populi** » (Encyclique) sur le Rosaire de Marie, IV, 236. — Voir ROSAIRE.

« **Adnitentibus nobis** » (Lettre) adressée au T. R. P. Picard sur les missions des Augustins de l'Assomption en Orient. IV, 222. — Voir AUGUSTINS DE L'ASSOMPTION.

Adresse (Lettre à M\ufeffgr Satolli, en réponse à une) des journaux catholiques des Etats-Unis, VII, 107.
— (Lettre aux Cardinaux et évêques d'Autriche en réponse à une) sur la situation de leur pays, VII, 126.
— (Lettre aux évêques de France en réponse à une) lors du Jubilé pontifical, VII, 130.

« **Æternæ Patris** » (Encyclique) sur la philosophie scolastique, I, 42. — Voir ETUDE.

« **Affari vos** » (Encyclique) sur les écoles du Manitoba, V, 220. — Voir ECOLES.

Alexandrie (Lettre apostolique *Christi Domini* sur le patriarcat d') du rite cophte, IV, 258.
— Voir ORIENT.

Allemagne (Encyclique *Jampridem Nobis* sur l'état du catholicisme en), II, 66.
— (Lettre apostolique *Pastoralis officii* aux évêques d'Autriche-Hongrie et d') sur le duel, III, 84.
— Discours *Libenti animo* prononcé devant les pèlerins d'), III, 184.
— (Encyclique *Militantis Ecclesiæ* aux évêques d') sur le centenaire de B. Pierre Canisius, V, 190.

Alsaciens-Lorrains (Discours prononcé à l'occasion du pèlerinage des) à Rome, III, 188.

« **Amantissimæ voluntatis** » (Lettre apostolique) adressée au peuple anglais sur l'unité de la foi, IV, 182. — Voir ANGLETERRE.

Américanisme (Lettre *Testem benevolentiæ* adressée au cardinal Gibbons contre l'), V, 340.
— (Lettre de M\ufeffgr Ireland à Léon XIII déclarant se soumettre à la doctrine de la lettre pontificale sur l'), V, 329.
— (Lettre de M\ufeffgr Isoard remerciant Léon XIII de sa lettre sur l'), V, 330.
— (Lettres de M. l'abbé Klein à Léon XIII et au cardinal-ar-

chevêque de Paris, et réponse du cardinal Richard, à propos de la condamnation de l'), VI, 1-3.
— (Lettre adressée à Léon XIII, à propos de la condamnation de l') par les évêques de la province de Milwaukee (États-Unis), VI, 43.
Amérique latine (Lettre apostolique *Trans Oceanum* sur les privilèges de l') V, 128.
— (Lettre apostolique *Cum diuturnum* aux évêques de l') les convoquant à un Concile plénier à Rome, V, 306.
— (Adresse des Évêques de l'), réunis à Rome en Concile, et réponse de Léon XIII, VI, 47.
Amériques (Encyclique *Quarto abeunte sæculo* aux évêques d'Espagne, d'Italie et des deux) sur Christophe Colomb, III, 128.
Angleterre (Lettre apostolique *Amantissimæ voluntatis* adressée au peuple anglais) sur l'unité de la foi, IV, 182.
— Lettre *In maximis occupationibus*, adressée aux évêques de la province de Westminster sur le catholicisme libéral et le rationalisme, VI, 228.
— (Lettre apostolique *Apostolicæ curæ* déclarant nulles les ordinations anglicanes), V, 58.
Année Sainte (Bulle *Properante ad exitum* promulguant le Jubilé de l'), VI, 44. - Voir JUBILÉ.
« **Anni sacri** » (Décret) permettant d'exposer le Saint Sacrement et de célébrer la messe au milieu de la nuit du 31 décembre 1900 et du 31 décembre 1901, VI, 136.
Anniversaire (Discours au Sacré-Collège pour l') de sa naissance et de son couronnement, III, 182.
— (Lettre à propos du cinquantième) du dogme de l'Immaculée Conception, VII, 149.
« **Annum Sacrum** » (Encyclique) sur la consécration du genre humain au Sacré Cœur, VI, 24. — Voir SACRÉ CŒUR.
« **Ante vestrum** » (Lettre) au cardinal-archevêque de Prague, sur la neutralité scolaire, IV, 108. — Voir ÉCOLES.
Antiesclavagiste (Lettre *Catholicæ Ecclesiæ* adressée au cardinal Lavigerie sur l'œuvre). — Voir ESCLAVAGE.
Apostolat de la prière (Discours prononcé devant la délégation des membres de l'association de l'), III, 256.
« **Apostolicæ curæ** » (Lettre apostolique) déclarant nulles les ordinations anglicanes, V, 58.
« **Arcanum divinæ sapientiæ** » (Encyclique) sur le mariage chrétien, I, 76.
Arméniens (Encyclique *Paterna Caritas* adressée aux) sur l'union dans la foi et sur l'état du catholicisme dans leur pays, II, 214. — Voir ORIENT.
Athènes (Lettre aux évêques latins de Grèce sur la fondation d'un Séminaire latin à) VII, 148.
Augustins de l'Assomption (Lettre *Adnitentibus Nobis* adressée au T. R. P. Picard, Supérieur général des), sur les missions de cette Congrégation en Orient, IV, 222.
— (Bref *Romanorum Pontificum* adressée au T. R. P. Picard, Supérieur général des) en faveur des Pèlerinages de Pénitence à Jérusalem, organisés par ces religieux, IV, 282.
— (Lettre apostolique *Cum divini pastoris* adressée aux) érigeant dans leur église grecque de l'Anastasie à Koum-Kapou (Constantinople) l'archiconfrérie de N.-D. de l'Assomption, V, 286.
« **Augustissimæ Virginis** » (Encyclique) sur le Rosaire de Marie, V, 166. — Voir ROSAIRE.
« **Au milieu des Consolations** » (Lettre) adressée au card. Richard, archev. de Paris, sur la situation des Ordres religieux en France, VI, 184. — Voir RELIGIEUX.
« **Au milieu des sollicitudes** » (Encyclique) adressée aux évêques, au clergé et au peuple de France sur les rapports de

l'Eglise avec l'Etat, III, 111.
Voir RÉPUBLIQUE.
« **Auspicato concessum** » (Encyclique) sur le Tiers-Ordre de Saint-François, I, 162.
« **Auspicia** », *Motu proprio* sur la méthode à suivre dans l'apostolat en Orient, IV, 290. — Voir ORIENT.
Auteurs chrétiens (Lettre *Ea disciplinæ* à l'évêque de Namur sur un ouvrage de M. le chanoine Guillaume à propos des) VII, 110.
Autriche (Lettre apostolique *In ipso* adressée aux archevêques et évêques d') sur l'union et l'action de l'épiscopat, III, 8.
— Lettre apostolique *Pastoralis officii* aux évêques d'Allemagne et d') sur le duel, III, 84.
— (Lettre aux évêques d') sur la neutralité scolaire, IV, 108.
— Encyclique *Militantis Ecclesiæ* adressée aux archevêques et évêques d'Allemagne et de Suisse, au sujet du centenaire du bienheureux Canisius, V, 190.
— (Lettre aux évêques d') sur la situation de leur pays, VII, 126.
Autun (Lettre à Mgr l'évêque d') sur sa soumission aux directions pontificales relatives à la France, IV, 48. — Voir RÉPUBLIQUE.

B

Bausa (Lettre *Novum argumentum* adressée au cardinal) sur la Sainte Famille, III, 2.
Bavière (Encyclique *Officio sanctissimo* adressée aux archevêques et évêques de) sur l'état du catholicisme dans leur pays, II, 116.
— Lettre au président du congrès catholique de Munich, IV, 234.
Belgique (Encyclique *Licet multa* aux évêques de). VII, 20.
— (Lettre apostolique *Permoti Nos*, adressée au cardinal Goossens, sur la question sociale en). IV, 226. — Voir SOCIALE.

Belgique. Lettre à l'évêque de Namur sur une collection de morceaux choisis d'auteurs païens et chrétiens comparés, publiée sous la direction de M. le chanoine Guillaume, VII, 110.
Belmont (Lettre adressée à Mgr évêque de Clermont, sur le VIIIe centenaire des Croisades, IV, 203.
Bible. Lettre apostolique *Vigilantiæ studiique* sur l'institution d'une Commission des études bibliques, VII, 132.
Bohême (Lettre *Repulantibus* aux évêques de) et de Moravie sur l'union des catholiques, VII, 112.
Bourges (Lettre à Mgr l'archevêque de) sur les directions pontificales, VI, 36.
Boycottage (Encyclique *Sæpe nos* aux évêques d'Irlande contre le), VII, 86.
Brésil (Lettre *In plurimis* sur l'abolition de l'esclavage au), II, 144. — Voir ESCLAVAGE.
— (Lettre aux évêques du), sur l'influence et la formation du clergé, IV, 141.
— (Lettre *Paternæ providæque*, adressée aux archevêques et aux évêques du), sur la situation du catholicisme dans leur pays, VI, 110.
Browers. L'incident Pitra-Browers, VII, 62.

C

Canada (Encyclique *Affari vos* aux archevêques et évêques du), au sujet des écoles du Manitoba, V, 220. — Voir ÉCOLES.
Canisius (Centenaire du bienheureux). Encyclique *Militantis Ecclesiæ* adressée aux archevêques et évêques d'Autriche, d'Allemagne et de Suisse, V, 190.
« **Caritatis providentiæque nostræ** (Encyclique) aux évêques de Pologne sur l'éducation du clergé, IV, 60.
« **Caritatis studium** ». (Encyclique) adressée aux évêques

d'Écosse sur la situation du catholicisme dans leur pays, V, 232.

Carthage (Lettre apostolique *Materna Ecclesiæ caritas* sur la restauration du siège archiépiscopal de), II, 2.

« **Catholicæ Ecclesiæ** » (Lettre) adressée au cardinal Lavigerie sur l'œuvre antiesclavagiste, II, 208. — Voir ESCLAVAGE.

Catholicisme. (Encyclique *Nobilissima Gallorum gens* sur l'état du) en *France*, I, 226. — Voir à FRANCE.

— (Encyclique *Jampridem Nobis*, sur la situation du) en Allemagne, II, 66.

— (Lettre encyclique *Quod multum* adressée aux évêques de *Hongrie* sur l'état du) dans leur pays, II, 82.

— (Encyclique *Pergrata Nobis* adressée aux évêques du *Portugal* sur l'état du) dans leur pays, II, 102.

— Encyclique *Officio sanctissimo* sur la situation du) en *Bavière*. II, 116.

— (Encyclique *Paterna caritas* adressée aux *Arméniens* sur l'état du) dans leur pays et sur l'union dans la foi, II, 214.

— (Encyclique *Pastoralis vigilantia* adressée aux évêques du *Portugal* sur l'état du) dans leur pays, III, 72.

— (Encyclique *Constanti Hungarorum* adressée aux évêques de *Hongrie* sur l'état du) dans leur pays, III, 228.

— Lettre apostolique *Non mediocri* adressée aux archevêques et évêques d'*Espagne* sur l'état du) dans leur pays, III, 258.

— (Encyclique adressée aux évêques de *Pologne* sur l'état du) dans leur pays, IV, 60.

— (Lettre adressée aux évêques du *Pérou* sur l'état du) dans leur pays, IV, 78.

— (Lettre apostolique *Præclara gratulationis* adressée aux peuples et aux princes de l'*Univers* sur l'état général du), la situation religieuse de tous les peuples et l'union des églises, IV, 82.

— Lettre apostolique *Longinqua Oceani* adressée aux archevêques et évêques des *États-Unis* sur l'état du) dans leur pays. IV, 158.

— (Encyclique *Caritatis studium* adressée aux évêques d'*Écosse* sur la situation du) dans leur pays, V, 232.

— (Encyclique adressée aux évêques et au peuple d'*Italie* sur la situation faite au) dans leur pays par le gouvernement, V, 248.

— (Lettre *Paternæ providæque* aux évêques du *Brésil* sur l'état du clergé et la situation du), VI, 110.

— (Lettre *In maximis* aux évêques de la province de *Westminster* sur le) libéral et le nationalisme, VI, 228.

— (Lettre apostolique *Parvenu à la vingt-cinquième année*, sur l'état *général* du) dans le monde, VI, 274.

Catholiques (Encyclique *Licet multa* aux évêques belges sur des controverses entre), VII, 20.

— (Encyclique *Cum Multa* aux évêques espagnols sur l'union des) VII, 44.

— (Lettre *Reputantibus* aux archevêques de Bohême et de Moravie sur l'union des), VII, 112.

— (Congrès). Voir CONGRÈS.

— (Lettre aux évêques d'Espagne sur un Congrès des) d'Espagne VII, 162. — Voir ESPAGNE.

Censure *Officiorum ac munerum* sur la) des livres, V, 104.

Centenaire (Lettres au cardinal Langénieux sur le XIVe) du baptême de Clovis, IV, 270; V, 100.

— Ode adressée au cardinal Langénieux sur le baptême de Clovis, V, 182.

— (Lettre sur le VIIIe) des Croisades, IV, 203.

« **C'est un noble dessein** ». Lettre au cardinal Langénieux sur le XIVe centenaire du baptême de Clovis à Reims, IV, 270.

Chine (Lettre au card. Respighi, cardinal-vicaire, prescrivant des prières à l'occasion des événements de la) en 1900, VI, 203.
Chrétienne (Encyclique *Immortale Dei* sur la Constitution) des Etats, II, 16.
Chrétiens (Encyclique *Sapientiæ christianæ* sur les principaux devoirs civiques des), III, 262.
« **Christi Domini** » (Lettre apostolique) concernant le patriarcat d'Alexandrie du rite copte, IV, 258.
« **Christi nomen** » (Encyclique) sur les missions d'Orient et l'union des Eglises, IV, 152.
— Voir Orient.
Christophe Colomb. — Voir Colomb.
Cisterciens (Lettre *Non mediocri* aux) Réformés, VII, 154.
Civil (Encyclique *Diuturnum illud* sur l'origine du pouvoir), I, 140.
— (Encyclique *Immortale Dei* sur la constitution chrétienne des Etats et sur le pouvoir), II, 16.
— Voir Etats.
— (Lettre apostolique sur le mariage) en Italie, III, 176.
— Voir République.
Civiques (Encyclique *Sapientiæ christianæ* sur les principaux devoirs) des chrétiens, II, 262.
« **Clara sæpenumero** » (Lettre apostolique) adressée au cardinal Gibbons sur la question scolaire aux Etats-Unis, III, 196.
Clergé. Lettre *Ad extremas* sur la fondation des Séminaires aux Indes, III, 204.
— (Encyclique *Non mediocri* aux évêques d'Espagne sur l'instruction du), III, 258.
— (Encyclique *Caritatis providentiæque nostræ* aux évêques de Pologne, sur l'éducation du), IV, 80.
— (Lettre adressée aux évêques du Brésil sur l'influence et la formation du), IV, 111.
— (Encyclique *Depuis le jour* aux évêques de France sur l'instruction du) dans les Séminaires, VI, 94.

Clergé. (Lettre *Paternæ providæque* aux évêques du Brésil sur l'état du catholicisme et la situation du), VI, 110.
— Lettre à Mgr Dubois, évêque de Verdun, sur la réorganisation du Grand Séminaire. VI, 273.
— Lettre *Urbanitatis* aux évêques latins de Grèce sur l'institution d'un Séminaire latin à Athènes. VII, 118.
Clermont (Lettre à Mgr l'évêque de) sur le VIIIe centenaire des croisades, IV, 203.
Clotilde (Lettre au cardinal Richard sur un triduum à Sainte-), V, 186.
Clovis (Lettre accordant un jubilé à la France à l'occasion du XIVe centenaire du baptême de) à Reims, IV, 270 et 274.
— (Lettre adressée au cardinal Langénieux après les fêtes du XIVe centenaire du baptême de) à Reims, V, 100.
— (Ode sur le baptême de) à Reims, V, 182.
Collège (Discours au Sacré) pour la création de nouveaux cardinaux, III, 172.
— (Discours de Léon XIII au Sacré) à l'anniversaire de sa naissance et de son couronnement, III, 183.
— (Discours au Sacré) sur le rétablissement de la hiérarchie chez les Coptes, IV, 280.
— (Discours au Sacré) en réponse à ses vœux, V, 80.
— (Discours au Sacré) sur le désarmement, V, 266.
— (Discours au Sacré) sur le désarmement, VI, 6.
— (Discours au Sacré) sur les périls qui menacent l'Eglise et les Ordres religieux, VI, 232.
— (Discours au Sacré) à propos de Noël, VII, 167.
— (Lettre *Compertum* pour le) Illyrique, VII, 150.
— (Discours au Sacré) à l'occasion du vingt-cinquième anniversaire de son élection, VII, 171.
Colomb (Encyclique *Quarto abeunte sæculo*, aux évêques d'Espa-

gne, d'Italie et d'Amérique, sur Christophe) III, 128.

Commission (Institution d'une) des études bibliques, VII, 132.

« **Compertum** » (Lettre) pour le Collège Illyrique, VII, 180.

Concile (Lettre aux évêques de l'Amérique latine sur leur) plénier à Rome, V, 306.

« **Concilium plenarium** » (Bref) aux évêques de d'Amérique latine réunis à Rome, VI, 48.

« **Conditæ** » (Constitution) sur les Instituts des religieux à vœux simples, VI, 170. — Voir RELIGIEUX.

Condition (Encyclique *Rerum novarum* sur la) des ouvriers, III, 18. — Voir SOCIALE.

Congrégations (Lettre *Au milieu des consolations* au cardinal Richard sur la situation des) religieuses en France, VI, 184.

— (Lettre *En tout temps* aux supérieurs des) religieuses, VI, 234. — Voir RELIGIEUX.

— des Augustins de l'Assomption. — Voir AUGUSTINS.

Congrès (Lettre aux évêques d'Espagne sur le quatrième) des catholiques de ce pays, IV, 180.

— (Lettre adressée au président du) catholique de Munich, IV, 234.

— (Lettre adressée à Mgr Satolli sur le) des religions aux Etats-Unis, IV, 257.

— (Lettre au cardinal Langénieux sur le) eucharistique de Jérusalem, VII, 108.

— (Lettre au cardinal archevêque de Tolède sur un) de catholiques espagnols, VII, 462.

Consécration du genre humain au Sacré-Cœur, VI, 24.

« **Conservatrix vitæ** » (Allocution) prononcée dans le Consistoire du 16 janvier 1892, III, 172.

« **Constanti Hungarorum** » (Encyclique) adressée aux évêques de Hongrie sur l'état du catholicisme dans leur pays, III, 228.

Constantinople (Lettre érigeant dans l'Eglise augustinienne de l'Anastasie à) l'Archiconfrérie de N.-D. de l'Assomption, V, 256. — Voir AUGUSTINS.

Constitution (Encyclique *Immortale Dei* sur la) chrétienne des Etats, II, 16.

Controverses (Encyclique *Licet multa* sur les) entre catholiques, VII, 20. — Voir CATHOLIQUES.

Cophte (Lettre apostolique *Christi Domini* concernant le patriarcat d'Alexandrie du rite), IV, 258.

Cophtes (Lettre apostolique *Unitatis christianæ* adressée aux), IV, 212.

— (Discours au Sacré-Collège sur le rétablissement de la hiérarchie chez les catholiques), IV, 280. — Voir ORIENT.

Costa (Lettre *Potsquam catholici* à Mgr), archevêque de Tarragone, sur le IVe Congrès de catholiques espagnols, IV, 180.

Croisades (Lettre adressée à Mgr Belmont, évêque de Clermont, sur le VIIIe centenaire des), IV, 203.

« **Cum diuturnum** ». Lettre apostolique adressée aux évêques de l'Amérique latine les convoquant à un Concile plénier à Rome, V, 306. — Voir AMÉRIQUE.

« **Cum divini Pastoris** » (Lettre apostolique) érigeant, dans l'église grecque des Augustins de l'Assomption, à Constantinople, l'archiconfrérie de prières et de bonnes œuvres pour le retour des Eglises dissidentes à l'unité catholique, sous le patronage de Notre-Dame de l'Assomption, V, 256. — Voir AUGUSTINS DE L'ASSOMPTION.

« **Cum hoc sit** ». Bref proclamant saint Thomas d'Aquin patron des écoles catholiques, I, 110.

« **Custodi di quella fede** ». Lettre au peuple italien sur la Franc-Maçonnerie en Italie, III, 176.

Cyrille et Méthode (Encyclique *Grande munus* sur le culte des saints), VII, 4.

D

« **Dall' alto del Apostolico Seggio** ». Encyclique aux évêques

et au peuple d'Italie sur les maux présents. VII, 96.
Decurtins (Lettre *Nihil Nobis*, adressée à M. Gaspard) sur la question sociale, III, 214. — Voir SOCIALE.
Délégations (Lettre aux) des sociétés catholiques de Rome. IV, 46.
Démocratie chrétienne (Adresse lue par M. Harmel et réponse de Léon XIII sur la), V, 280. — Voir SOCIALE.
— (Instruction de la S. C. des Affaires ecclésiastiques extraordinaires sur la) ou action populaire chrétienne en Italie, VI, 262. — Voir SOCIALE.
— (Encyclique *Graves de communi re* sur la) ou action populaire chrétienne, VI, 204. — Voir SOCIALE.
« **Depuis le jour** » (Encyclique) adressée aux archevêques, évêques et au clergé de France, VI, 94. — Voir CLERGÉ.
Désarmement général (Le). Communication adressée par ordre de Nicolas II à tous les représentants étrangers accrédités à Saint-Pétersbourg, V, 265.
— Allocution prononcée dans le Consistoire secret du 11 février 1889, V, 266.
— (Discours sur le) prononcé devant le Sacré Collège, VI, 6.
— Lettre de la reine des Pays-Bas et réponse de Léon XIII, VI, 39.
Deshon (Lettre adressée à S. S. Léon XIII par le R. P. Georges), Supérieur général des prêtres de la Mission de l'apôtre saint Paul, à propos de la condamnation de l'américanisme, VI, 2. — Voir AMÉRICANISME.
« **Deus qui** » (Décret) concernant la cause de béatification et de canonisation de Jeanne d'Arc, IV, 53.
Devoirs civiques (Encyclique *Sapientiæ christianæ* sur les principaux) des chrétiens, II, 262.
Diamant (Lettre de Léon XIII à l'occasion de ses noces de) sacerdotales, V, 189.

Différends (Sur les) grecs melchites, VI, 138. — Voir ORIENT.
Dissidents. Voir UNION.
« **Diuturni temporis** » (Lettre) sur le Rosaire de Marie, V, 274. — Voir ROSAIRE.
« **Diuturnum illud** » (Encyclique) sur l'origine du pouvoir civil, I, 140. — Voir ÉTATS.
« **Divinum illud** ». (Encyclique) sur l'action du Saint-Esprit, V, 138.
Dubois (Lettre à Mgr), évêque de Verdun, sur la réorganisation du Grand Séminaire, VI, 273.
Duel (Aux évêques d'Allemagne et d'Autriche-Hongrie sur le) III, 84.
Dumoulin-Borie (Décret de déclaration de martyre de), de Taurin-Dufresse et de leurs compagnons, VI, 56.

E

« **Ea disciplinæ** » (Lettre) à l'évêque de Namur sur un ouvrage de M. le chanoine Guillaume à propos des auteurs chrétiens. VII, 110.
Écoles (Lettre adressée aux évêques d'Autriche sur la neutralité dans la question des), IV, 180.
— (Bref *Cum hoc sit* proclamant saint Thomas d'Aquin patron des) catholiques, I, 110.
— (Encyclique *Affari vos* sur les) du Manitoba, V, 220.
— (Lettre apostolique *Clara sæpenumero* sur la question des) aux États-Unis, III, 19.
— (Encyclique *Sancta Dei civitas* sur la propagation de la Foi, la Sainte-Enfance et les) d'Orient, I, 118.
— Décret de la S. C. des Évêques et Réguliers blâmant le projet d'École normale de Mme Marie du Sacré-Cœur, VI, 4.
Écosse (Encyclique *Caritatis studium* adressée aux évêques d') sur la situation du catholicisme dans leur pays, V, 232.
Écriture Sainte (Encyclique *Providentissimus Deus* sur l'étude de l') IV, 2. — Voir ÉTUDE.
Éducation du clergé. — Voir CLERGÉ.

Eglise (Encyclique *Quod multum* aux évêques de Hongrie sur la liberté de l'), II, 82.
— Motu proprio *Optatissimæ* sur le retour des dissidents à l'Eglise et les moyens de le procurer, IV, 266.
— (Encyclique *Pergrata nobis* aux évêques portugais sur les besoins de l') en Portugal, II, 102.
— (Lettre à Mgr l'évêque de Poitiers, sur la Petite), III, 223.
— (Magistère de l'). — Voir MAGISTÈRE.
— (Unité de l'). — Voir UNITÉ.
Eglises dissidentes. *Motu proprio* concernant la Commission pontificale établie pour favoriser la réunion des) à l'Eglise catholique, IV, 266.
— (Lettre apostolique *Cum divini Pastoris* érigeant dans l'église de l'Anastasie, à Constantinople, l'archiconfrérie de prières et de bonnes œuvres, sous le patronage de Notre-Dame de l'Assomption, pour le retour des) à l'unité catholique, V, 256. — Voir UNION et mots suivants.
Eglise et Etat. Encyclique *Au milieu des sollicitudes* adressée au clergé et au peuple de France sur les rapports de l'Eglise et de l'Etat, III, 112.
— Voir ÉTATS.
Elections (Lettre adressée au cardinal Lecot sur la question des) en France, III, 220. — Voir RÉPUBLIQUE.
Electorale (Lettre adressée au cardinal Richard, à propos de la Fédération), VI, 41.
Enfance (Encyclique *Sancta Dei civitas*, sur trois œuvres françaises, Propagation de la Foi, Œuvre d'Orient et Sainte-), I, 118.
« **En tout temps** » (Lettre) aux Supérieurs généraux d'Ordres et d'Instituts religieux, VI, 234.
— Voir RELIGIEUX.
Episcopat (Lettre apostolique *In ipso* adressée aux archevêques et évêques d'Autriche sur l'union et l'action de l'), III, 8.

« **Epistola tua** » (Lettre) au cardinal Guibert sur l'incident Pitra-Browers, VII, 62.
Erreurs modernes (Encyclique *Quod apostolici* sur les), I, 26.
Esclavage (Lettre *In plurimis* adressée aux évêques du Brésil sur l'abolition de l'), II, 145.
— Lettre *Catholicæ Ecclesiæ* adressée au cardinal Lavigerie sur l'œuvre antiesclavagiste, II, 298.
Espagne (Lettre apostolique *Non mediocri* adressée aux archevêques et évêques d') sur l'instruction du clergé, III, 258. — Voir CLERGÉ.
— (Discours prononcé au Vatican devant les pèlerins ouvriers d'), IV, 71.
— (Lettre adressée aux évêques d') sur le IVe Congrès des catholiques de ce pays, IV, 180.
— (Lettre au cardinal archevêque de Tolède sur un Congrès de catholiques d'), VII, 162. — Voir CONGRÈS.
Esprit Saint (Encyclique *Divinum illud* sur l'action de l'). V, 138.
Etats. Encyclique *Inscrutabili* sur les maux de la société, leurs causes et leurs remèdes, I, 8.
— (Encyclique *Immortale Dei* sur la constitution chrétienne des), II, 16.
Etats-Unis (Lettre apostolique *Clara sæpenumero* sur la question scolaire aux), III, 196. Voir ECOLES.
— (Lettre apostolique *Longinqua Oceani* adressée aux archevêques et évêques des) sur la situation du catholicisme dans leur pays, IV, 158.
— (Lettre à Mgr Satolli sur le Congrès des religions aux), IV, 257.
— Lettre à Mgr Satolli en réponse à une adresse des journaux catholiques des Etats-Unis, VII, 107.
— (Lettre au président des), VII, 128.
Ethiopie (Lettre *Il vous a plu* à Ménélik, empereur d'), V, 82.
« **Etsi nos** »(Encyclique) aux évêques

d'Italie sur les maux présents, VII, 26.
Etude (Bref *Sæpenumero considerantes* sur l') de l'Histoire, I, 196.
— (Encyclique *Æterni Patris* sur l') de la philosophie scolastique, I, 42.
— (Encyclique *Providentissimu Deus* sur l') de l'Ecriture Sainte, IV, 2.
— Lettre *Nostra erga Fratres Minores* adressée au Ministre général des Frères Mineurs sur l') des sciences sacrées et sur l'exercice du ministère apostolique, V, 284.
Etudes (Lettre apostolique *Vigilantiæ studiique* sur l'institution d'une Commission des) bibliques, VII, 132.
Eucharistie (Encyclique *Miræ caritatis*, sur l'), VI, 294.
Eucharistique (Lettre au cardinal Langénieux sur le Congrès) de Jérusalem, VII, 108.
« **Exeunte jam anno** » (Encyclique) sur le jubilé sacerdotal de Léon XIII, II, 226.
Extraordinaire (Encyclique *Militans Jesu Christi* portant indiction d'un jubilé), I, 130.

F

Famille (Lettre *Novum argumentum* adressée au cardinal Bausa sur la Sainte), III, 2.
Fédération électorale (Lettre sur la) adressée au cardinal Richard, VI, 44.
« **Felicitate quadam** » (Constitution apostolique) sur le rétablissement de l'unité de l'Ordre des Frères Mineurs, V, 204.
« **Fidentem piumque** » (Encyclique) sur le Rosaire, V, 84.
— Voir ROSAIRE.
« **Fin del principio** » aux évêques d'Italie sur l'éducation du clergé, VII, 142. — Voir CLERGÉ.
Foi (Propagation de la), I, 118. — Voir « SANCTA DEI CIVITAS ».
Fondation (Encyclique *Ad extremas* sur la) des Séminaires dans les Indes orientales, III, 204. — Voir CLERGÉ.

Formation du clergé (Lettre aux évêques du Brésil sur l'influence de la). — Voir CLERGÉ.
Franc-Maçonnerie (Encyclique *Humanum genus* sur la), I, 242.
— (Lettre *Inimica vis* aux évêques d'Italie sur la), III, 156.
— (Encyclique au peuple italien sur la), III, 164.
France. Lettre adressée à M. Jules Grévy, président de la République française, à propos des mesures de rigueur prises contre des membres de l'épiscopat et divers Ordres religieux, les laïcisations, le service militaire des clercs, les manuels scolaires, les divorces, VI, 241.
— (Encyclique *Nobilissima Gallorum gens* sur la question religieuse en), I, 276.
— (Lettres accordant un jubilé à la) à l'occasion du XIVᵉ centenaire du baptême de Clovis à Reims, IV, 270, 274.
— (La) du travail à Rome. Adresse lue par M. Harmel à S. S. Léon XIII, V, 280; réponse de Léon XIII sur la démocratie chrétienne, V, 284.
— (Lettre au cardinal archevêque de Reims sur le protectorat de la) en Orient, V, 272.
— (Encyclique *Depuis le jour* adressée aux archevêques, évêques et au clergé de) VI, 94.
— (Léon XIII et l'acceptation de la République en). — Voir RÉPUBLIQUE.
— (Lettre *Au milieu des consolations*, adressée au cardinal Richard, archevêque de Paris, sur la situation des Ordres religieux en), VI, 184.
— (Discours aux pèlerins de) conduits par le Conseil des Pèlerinages, VII, 2.
— (Lettre aux évêques de) en réponse à leur adresse lors du jubilé pontifical, VII, 130.
Franciscains (Les divers Ordres), V, 204.
François (Encyclique *Auspicato concessum* sur le Tiers-Ordre de Saint-), I, 162.

ELIURE SERREE
sence de marges
ntérieures

Contraste insuffisant
NF Z 43-120-14

Illisibilité partielle

François (Constitution *Misericors Dei Filius* sur la règle du Tiers-Ordre séculier de Saint), I, 180.

Frères Mineurs (Constitution apostolique *Felicitate quadam* sur le rétablissement de l'unité de l'Ordre des), V, 204.

— (Lettre *Nostra erga* au Ministre général de l'Ordre des) sur l'étude des sciences sacrées et l'exercice du ministère apostolique, V, 284. — Voir ÉTUDE.

G

Géraïgiry (Lettre *Fratres minores*, à Mᵍʳ), patriarche d'Antioche, et aux évêques du rite grec-melchite, sur les droits respectifs du patriarche et de ses suffragants, VI, 138. — Voir ORIENT.

Gibbons (Lettre apostolique *Clara sæpenumero* adressée au cardinal) sur la question scolaire aux Etats-Unis, III, 196. — Voir ÉCOLES.

— (Lettre *Testem benevolentiæ* adressée au cardinal) sur l'américanisme, V, 310. — Voir AMÉRICANISME.

Goossens (Lettre apostolique *Permoti Nos* adressée au cardinal) sur la question sociale en Belgique, IV, 226. — Voir SOCIALE.

Gotti (Lettre du cardinal) et catalogue des indulgences du Rosaire, VI, 61. — Voir ROSAIRE et INDULGENCES.

« **Grande Munus** » (Encyclique) sur le culte des saints Cyrille et Méthode, VII, 4.

« **Gratæ vehementer** » (Lettre) au cardinal Lecot sur la question électorale, III, 220. — Voir FRANCE.

« **Graves de communi** » (Encyclique) sur l'action populaire chrétienne ou démocratie chrétienne, VI, 204. — Voir SOCIALE.

Grec-melchite (Lettre à Mᵍʳ Géraïgiry fixant les droits respectifs du patriarche et des évêques du rite), VI, 138. — Voir ORIENT.

Grévy (Lettre à M. Jules), président de la République française, à propos de diverses mesures de persécution, VI, 241. — Voir FRANCE.

Guadeloupe (Lettre adressée aux évêques du Mexique sur la dévotion à Notre-Dame de), IV, 116.

Guibert. Lettre *Epistola tua* sur l'incident Pitra-Browers, et lettres des deux cardinaux Guibert-Pitra relatives à cet incident, VII, 62.

Guillaume (Lettre sur un ouvrage de M. le chanoine) à propos des auteurs chrétiens et païens, VII, 110.

H

Harmel (Adresse lue par M.) à l'occasion du pèlerinage des ouvriers français à Rome, et réponse de Léon XIII sur la démocratie chrétienne, V, 280. — Voir SOCIALE.

Histoire (Bref *Sæpenumero considerantes* sur l'étude de l'), I, 196. — Voir ÉTUDE.

Hongrie (Encyclique *Quod multum* adressée aux évêques de) sur la liberté de l'Eglise, II, 82.

— (Encyclique *Constanti Hungarorum* adressée aux évêques de) sur l'état du catholicisme en leur pays, III, 228.

— (Lettre apostolique *Insignes Dei* adressée aux évêques à l'occasion des fêtes du millénaire de la), IV, 300.

« **Humanum genus** » (Encyclique) sur la Franc-Maçonnerie, I, 242. — Voir FRANC-MAÇONNERIE.

I

« **Il divisamento** » (Lettre) aux évêques de la province de Venise, sur le mariage civil en Italie, III, 176.

« **Il vous a plu** » (Lettre) à Ménélik, empereur d'Ethiopie, V, 82.

« **Immortale Dei** » (Encyclique) sur la constitution chrétienne des Etats, II, 16. — Voir ETATS.

Indes (Lettre *Ad extremas* adressée au clergé des) sur la fondation des Séminaires, III, 204. — Voir SÉMINAIRES.

Index (Constitution *Officiorum* édictant de nouvelles règles pour l'), V, 104.

Indulgences (Catalogue des) du Rosaire et lettre du cardinal Gotti, VI, 61. — Voir ROSAIRE.
— (Décret *Orbis et Urbis* donnant les règles pour discerner les) des apocryphes, VI, 80.
— (Lettre apostolique *Quod Pontificum* portant suspension des) et du pouvoir pour l'année du jubilé de 1900, VI, 118. — Voir JUBILÉ DE 1900.

Influence du clergé, IV, 111. — Voir CLERGÉ.

« **Inimica vis** » (Encyclique) adressée aux évêques italiens sur les Sociétés secrètes et la Franc-Maçonnerie en Italie, III, 156. — Voir FRANC-MAÇONNERIE.

« **In ipso** » (Lettre apostolique) adressée aux archevêques et évêques d'Autriche sur l'union et l'action de l'épiscopat, III, 8.

« **In maximis occupationibus** » (Lettre) adressée aux évêques de la province de Westminster sur le catholicisme libéral et le rationalisme, VI, 228. — Voir ANGLETERRE.

« **In plurimis** » (Lettre) adressée aux évêques du Brésil sur l'abolition de l'esclavage, II, 144. — Voir ESCLAVAGE.

« **Inscrutabili Dei** » (Encyclique) sur les maux de la société, leurs causes et leurs remèdes, I, 8.

« **Insignes Deo** » (Lettre apostolique) adressée aux évêques hongrois à l'occasion des fêtes du millénaire de la Hongrie, IV, 800.

Instituts religieux (Lettre *Conditæ a Christo* sur les) à vœux simples, VI, 170. — Voir RELIGIEUX.

Instruction du clergé. — Voir CLERGÉ.

Ireland (Lettre de Mʳ), archevêque de Minnesota, à Léon XIII, déclarant se soumettre à la doctrine de la lettre pontificale sur l'américanisme, V, 329. — Voir AMÉRICANISME.

Irlande (Encyclique *Sæpe nos* aux évêques d') contre le boycottage, VII, 86.

Italie (Encyclique *Inimica vis* adressée aux évêques d') sur la Franc-Maçonnerie, III, 156. — Voir FRANC-MAÇONNERIE.
— Encyclique adressée au peuple italien sur le même sujet, III, 164.
— (Lettre apostolique sur le mariage civil en), III, 176.
— Lettre au cardinal Rampolla sur les fêtes révolutionnaires du 20 septembre, IV, 252.
— (Encyclique adressée aux évêques et au peuple d') sur la situation faite à la religion catholique dans leur pays par le gouvernement, V, 248.
— (Encyclique *Etsi nos* aux évêques d') sur les maux présents, VII, 26.
— Lettre *Vi è ben noto* aux évêques d') sur le Rosaire, remèdes aux maux qui affligent l'Italie, VII, 84.
— (Lettre à l'archevêque de Milan contre la diffusion en) des doctrines rosminiennes, VII, 122.
— Discours aux pèlerins d'), VII, 172.
— (Encyclique *Fin del principio* aux évêques d') sur l'éducation du clergé. VII, 142.

J

« **Jampridem Nobis** » (Encyclique) sur la situation du catholicisme en Allemagne, II, 66.

Jeanne d'Arc (Décret *Deus qui* concernant la cause de béatification et de canonisation de), IV, 58.

Jérusalem (Bref *Romanorum Pontificum* en faveur des Pèlerinages de Pénitence à), organisés par les Augustins de l'Assomption, IV, 282. — Voir AUGUSTINS DE L'ASSOMPTION.
— (Lettre au cardinal Langénieux

sur le Congrès eucharistique de), VII, 108.
Jésus (Encyclique *Tametsi* sur) Rédempteur, VI, 146.
Joseph (Encyclique *Quanquam pluries* sur le patronage de saint) et de la Très Sainte Vierge, II, 250.
Jubilé (Encyclique *Militans Jesu Christi* portant indiction d'un) extraordinaire, I, 130.
— (Encyclique *Quod auctoritate apostolica* portant indiction d'un) extraordinaire, II, 54.
— (Encyclique *Exeunte jam anno* sur le) sacerdotal de Léon XIII, II, 226. — Voir LÉON XIII. Discours au clergé et au peuple romains à l'occasion des fêtes du) épiscopal de Léon XIII, IV, 51.
— (Lettre apostolique *Præclara gratulationis* adressée aux peuples et aux princes de l'univers par Léon XIII à l'occasion de son) épiscopal, IV, 82.
— (Lettres accordant un) à la France à l'occasion du XIVᵉ centenaire du baptême de Clovis à Reims, IV, 270 et 274.
— (Bulle *Properante ad exitum* promulguant le) de 1900, VI, 14.
— (Bulle *Temporis quidem sacri* étendant le) de 1900 au monde catholique, VI, 102.
— (Lettre apostolique *Quod pontificum* portant suspension des indulgences et des pouvoirs pour l'année du), VI, 118.
— (Lettre apostolique *Quoniam divinæ* accordant des pouvoirs spéciaux au pénitencier et à certains confesseurs de Rome, à l'occasion du), VI, 123.
— (Constitution accordant les indulgences du) aux religieuses, femmes, etc., vivant en communauté, ainsi qu'aux infirmes, prisonniers, etc., VI, 131.
— (Lettre *Nuperrime* sur le) de la basilique de Montmartre, V, 96.
— (Lettre apostolique *Parvenu à la vingt-cinquième année* sur son) pontifical, VI, 274.

Jubilé (Lettre aux évêques de France en réponse à leur adresse lors du) pontifical, VII, 130.
« **Jucunda semper** » (Encyclique), sur le Rosaire de Marie, IV, 118. — Voir ROSAIRE.
Juteau (Lettre à Mgr), évêque de Poitiers, sur le schisme de la Petite Église, III, 223.

K

Keane (Lettre à Mgr), à propos de l'Université catholique de Washington, V, 181.
Klein (Lettres adressées par M. l'abbé) à Léon XIII et au cardinal-archevêque de Paris, réponse du cardinal Richard, à propos de la condamnation de l'américanisme, VI, 1. — Voir AMÉRICANISME.
Kophte. Voir COPHTE.

L

« **Lætitiæ sanctæ** » (Encyclique) sur le Rosaire de Marie, III, 242. — Voir ROSAIRE.
La Haye (Conférence de). — Voir DÉSARMEMENT.
Langénieux (Lettre *C'est un noble dessein* adressée au cardinal) accordant un jubilé à la France à l'occasion du XIVᵉ centenaire du baptême de Clovis à Reims, IV, 270 et 274.
— (Lettre au cardinal) après les fêtes du XIVᵉ centenaire du baptême de Clovis à Reims, V, 100.
— (Ode adressée au cardinal) sur le baptême de Clovis, V, 182.
— (Lettre au cardinal) à Léon XIII sur le protectorat français en Orient, V, 270.
— (Réponse de Léon XIII au cardinal) sur le protectorat, V, 272. — Voir ORIENT.
(Lettre *Quæ a te* au cardinal) sur le Congrès eucharistique de Jérusalem, VII, 108.
La Salle (Décret *des miracles* pour la canonisation du bienheureux J.-B. de), VI, 8.
— (Décret *de tuto* concernant

la canonisation du bienheureux J.-B. de), VI, 51.
Latine (Amérique). — Voir AMÉRIQUE.
Lavigerie (Lettre *Catholicæ Ecclesiæ* adressée au cardinal) sur l'œuvre antiesclavagiste, II, 208. — Voir ESCLAVAGE.
Lécot (Lettre adressée au cardinal) sur les élections en France, III, 220. — Voir RÉPUBLIQUE.
Léon XIII (Vie de S. S.), I, IX; t. VII, 177.
— Encyclique *Ubi primum* sur son élévation au pontificat, I, 2.
— (Encyclique *Exeunte jam anno* sur le jubilé sacerdotal de S.S.), II, 226.
— (Discours) prononcé devant le Sacré-Collège à l'occasion du double anniversaire de sa naissance et de son couronnement, III, 183.
— (Lettre adressée au cardinal Rampolla à l'occasion des noces de diamant de), V, 189.
« **Libenti animo** » (Discours) prononcé à l'occasion du pèlerinage des Allemands à Rome III, 184. — Voir ALLEMAGNE.
Libéral (Lettre *In maximis occupationibus* sur le catholicisme) et sur le rationalisme, adressée aux évêques de la province de Westminster, VI, 228. — Voir ANGLETERRE.
« **Libertas præstantissimum** » (Encyclique) sur la liberté humaine, II, 172.
Liberté (Encyclique *Quod multum* aux évêques de Hongrie sur la) de l'Eglise, II, 82.
« **Licet multa** » (Encyclique) aux évêques belges sur des controverses entre catholiques, VII, 20. — Voir CATHOLIQUES.
Lima (Lettre adressée à l'archevêque de) et aux autres évêques du Pérou sur l'état du catholicisme dans leur pays, IV, 75.
« **Litteras a vobis** » (Lettre) aux évêques du Brésil sur l'influence et la formation du clergé, IV, 111.— Voir CLERGÉ.
Littérature. Sur les études littéraires dans le Séminaire romain, VII, 56.
« **Litteris ad te** » (Lettre) à l'archevêque de Milan contre les doctrines rosminiennes, VII, 92.
Livres (Constitution *Officiorum* sur l'interdiction et la censure des), V, 104.
« **Longinqua Oceani** » (Lettre apostolique) adressée aux archevêques et évêques des Etats-Unis sur l'état du catholicisme dans leur pays, IV, 158. — Voir ETATS-UNIS.
Lorraine (Discours aux pèlerins d'Alsace et de), III, 188.
Louqsor (Création de l'évêché de), IV, 263.
Lourdes (Lettre apostolique sur la consécration de la basilique du Rosaire à), VI, 254.

M

« **Magnæ Dei Matris** » (Encyclique) sur le Rosaire de Marie, III, 138. — Voir ROSAIRE.
Magistère de l'Eglise. (Encyclique *Caritatis studium* aux évêques d'Ecosse sur le), V, 232.
« **Magni commemoratio** » (Lettre apostolique) accordant un jubilé à la France à l'occasion du XIVe centenaire du baptême de Clovis à Reims, IV, 274.
— Voir REIMS.
Manitoba (Encyclique *Affari vos* sur les écoles du), V, 220. — Voir ECOLES.
Mariage chrétien (Encyclique *Arcanum divinæ sapientiæ* sur le), I, 76.
Mariage civil (Lettre aux évêques de la province de Venise sur le) en Italie, III, 176.
Marie (Encycliques et Constitution sur le Rosaire de la T. S. V). — Voir ROSAIRE.
Marie du Sacré-Cœur (Décret de la S. C. des Evêques et Réguliers blâmant le projet d'Ecole normale et le livre de Mme), VI, 4.
« **Materna Ecclesiæ caritas** » (Lettre apostolique) sur la restauration du siège archiépiscopal de Carthage, II, 2.

Mathieu (Lettre adressée à Mgr) sur l'obéissance due aux pouvoirs constitués, V, 102. — Voir RÉPUBLIQUE.

Maux présents (Encyclique *Dall' alto del Apostolico Seggio* aux évêques et au peuple d'Italie sur les), VII, 96.

Mazella (Lettre du cardinal), adressée aux évêques sur les développements à donner au culte du Sacré Cœur, VI, 74.

Ménélik (Discours de Léon XIII sur son intervention auprès de), V, 80.
— (Lettre à), V, 82.
— (Lettre de) à Léon XIII, V, 83.

Méthode et Cyrille (Encyclique *Grande munus* sur le culte des saints), VII, 4.

Mexique (Lettre adressée aux évêques du) sur la dévotion à Notre-Dame de Guadeloupe, IV, 116.

Milan (Lettre *Litteris ad te* à l'archevêque de) contre les doctrines rosminiennes, VII, 92.

« **Militans Jesu Christi** » (Encyclique) portant indiction d'un jubilé extraordinaire, I, 130.
— Voir JUBILÉ.

« **Militantis Ecclesiæ** » (Encyclique) adressée aux archevêques et évêques d'Autriche, d'Allemagne, de Suisse, à l'occasion du centenaire du bienheureux Canisius, V, 190.

Millénaire (Lettre *Insignes Deo* sur le) de la Hongrie, IV, 300.

Milwaukee (Lettre des évêques de) adressée à Léon XIII, au sujet de la condamnation de l'américanisme, VI, 43. — Voir AMÉRICANISME.

Mineurs (Frères). — Voir FRÈRE.

Minieh (Création de l'évêché de), IV, 263.

Ministère apostolique (Lettres aux Frères Mineurs sur le), V, 284. — Voir FRÈRES.

Minuit (Décret *Anni sacri* permettant d'exposer le Saint Sacrement et de célébrer la messe à) le 31 décembre 1900 et le 31 décembre 1901, VI, 136.

« **Miræ caritatis** » (Encyclique) sur l'Eucharistie, VI, 204.

« **Misericors Dei Filius** » (Constitution) sur la règle des Franciscains du Tiers-Ordre séculier, I, 180. — Voir FRANÇOIS.

Missions d'Orient. — Voir ORIENT.

Modernes (Encyclique *Quod apostolici* sur les erreurs), I, 26.

Montmartre (Lettre adressée au cardinal Richard sur le 25e anniversaire de l'inauguration des travaux de l'église du Sacré-Cœur), V, 96.

Moravie (Lettre *Reputantibus* aux archevêques de Bohême et de) sur l'union des catholiques, VII, 112. — Voir CATHOLIQUES.

« **Multis quidem** » (Lettre) aux cardinaux et évêques d'Autriche sur la situation de leur pays, VII, 126.

Munich (Lettre au président du Congrès catholique de), IV, 234.

N

Namur (Lettre à l'évêque de) à propos d'un ouvrage de M. le chanoine Guillaume) sur les auteurs chrétiens, VII, 110.

Neutralité scolaire (Lettre aux évêques d'Autriche sur la), IV, 108. — Voir ÉCOLES.

Nicolas II (Communication adressée par ordre de) à tous les ambassadeurs étrangers accrédités à Saint-Pétersbourg, concernant le désarmement général, V, 265.
— Allocution de S. S. Léon XIII prononcée le 11 février 1889, V, 266. — Voir DÉSARMEMENT.

« **Nihil Nobis** » (Lettre) adressée à M. Gaspard Decurtins sur la question sociale, III, 214. — Voir SOCIALE.

« **Nobilissima Gallorum gens** » (Encyclique) sur la question religieuse en France, I, 226. Voir FRANCE.

Noces de diamant (Lettre au cardinal Rampolla à l'occasion de ses) sacerdotales, V, 189.

« **Non mediocri** » lettre aux Cisterciens réformés, VII, 154.

« **Non mediocri cura** » (Lettre apostolique) adressée aux archevêques et aux évêques d'Espagne sur l'instruction du clergé, III, 258. — Voir CLERGÉ.

« **Nostra erga Fratres Minores** » (Lettre) adressée au Ministre général de l'Ordre des Frères Mineurs sur l'étude des sciences sacrées et sur l'exercice du ministère apostolique, V, 284. — Voir FRÈRES.

« **Notre consolation** » (Lettre) aux cardinaux français sur l'acceptation de la République, III, 123. — Voir RÉPUBLIQUE.

« **Novum argumentum** » (Lettre) adressée au cardinal Bausa sur la Sainte Famille, III, 2.

« **Numeræ caritatis** » (Encyclique) sur la Sainte Eucharistie, VI, 294.

« **Nuperrime** » (Lettre) au cardinal Richard pour le Jubilé de la basilique de Montmartre, V, 96.

O

« **Octobri mense** » (Encyclique) sur le Rosaire de Marie, III, 92. — Voir ROSAIRE.

« **Officio sanctissimo** » (Encyclique) aux archevêques et évêques de Bavière sur la situation du catholicisme dans leur pays, II, 116.

« **Officiorum** » (Constitution) sur l'interdiction et la censure des livres, V, 104.

« **Optatissimæ** » (*Motu proprio*) sur le retour des dissidents à l'Eglise et les moyens de le procurer, IV, 266.

Ordinations anglicanes (Lettre apostolique *Apostolicæ curæ* déclarant nulles les), V, 58. — Voir ANGLETERRE.

Ordres religieux. — Voir CONGRÉGATIONS.

Orient (Encyclique *Sancta Dei civitas* sur la Propagation de la Foi, la Sainte-Enfance et les écoles d'), I, 118.

— Encyclique *Paterna caritas* adressée aux Arméniens sur l'union dans la foi, II, 214.

— (Encyclique *Christi nomen* sur les missions d'), IV, 152.

— Lettre apostolique *Unitatis christianæ* adressée aux cophtes catholiques, IV, 212.

— (Lettre *Adnitentibus Nobis* adressée au T. R. P. Picard sur les Missions des Augustins de l'Assomption en), IV, 222.

— (*Motu proprio* touchant la Commission pontificale établie pour favoriser la réconciliation des dissidents d') avec l'Eglise catholique, IV, 266.

— (*Motu proprio* sur la méthode à suivre et la concorde à garder dans l'avancement du catholicisme en), IV, 290.

— (Lettre apostolique *Cum divini Pastoris* érigeant dans l'église grecque des Augustins de l'Assomption à Constantinople l'archiconfrérie de Notre-Dame de l'Assomption pour le retour des Eglises d'), V, 256. — Voir AUGUSTINS DE L'ASSOMPTION.

— (Lettre du cardinal Langénieux sur le protectorat français en), V, 270.

— (Réponse de Léon XIII au cardinal Langénieux sur le protectorat français en), V, 272.

— Lettre à Mgr Géraïgiry fixant les droits respectifs du patriarche et des évêques grecs melchites, VI, 138.

— (Eglises d'). — Voir UNION et mots suivants.

— Lettre apostolique *Orientalium dignitas* sur le maintien et la conservation de la discipline des Orientaux, IV, 136.

Ouvriers (Encyclique *Rerum novarum* sur la condition des), III, 18. — Voir SOCIALE.

— (Discours aux pèlerins) espagnols, IV, 71.

— (Discours aux pèlerins) français, V, 281.

— Discours aux pèlerins français, VII, 2.

Ouvrière (Question). — Voir SOCIALE.

P

Paris. (*Suavi nimirum* sur un triduum à Sainte-Clotilde), V, 186.

— Lettre au cardinal Richard

sur le 25° anniversaire de l'inauguration des travaux de la basilique de Montmartre, V, 96.

Parocchi (Lettre au cardinal) sur les études littéraires dans le Séminaire romain, VII, 56. — Voir CLERGÉ.

« Parta humano » (Lettre apostolique) à propos de la consécration de la basilique du Rosaire à Lourdes, VI, 254.

« Parvenu à la vingt-cinquième année » (Lettre apostolique) adressée à tous les patriarches, primats, archevêques et évêques du monde catholique, VI, 274.

« Pastoralis officii » (Lettre apostolique) adressée au cardinal Schœnborn sur le duel, III, 84.

« Pastoralis vigilantiæ » (Lettre apostolique) adressée aux archevêques et évêques du Portugal sur l'état du catholicisme dans leur pays, III, 72. — Voir CATHOLICISME.

« Paterna caritas » (Encyclique) adressée aux Arméniens sur l'union dans la foi, II, 214. — Voir ORIENT.

« Paternæ providæque » (Lettre) adressée aux archevêques et évêques du Brésil, sur la situation du catholicisme et l'état du clergé dans leur pays, VI, 110. — Voir CLERGÉ.

Patriarcat (Discours au) et à la noblesse romaine en réponse à une adresse, VII, 169.

Patronage (Encyclique Quanquam pluries sur le) de saint Joseph et de la Sainte Vierge, II, 280.

Pèlerinages (Bref Romanorum pontificum en faveur des) de Pénitence à Jérusalem, IV, 282.

Pentecôte (Lettre Provida matris recommandant des prières pour le jour de la), IV, 206.

« Pergrata Nobis » (Encyclique) adressée aux évêques du Portugal sur l'état du catholicisme dans leur pays, II, 102.

« Perlibenti quidem voluntate » (Lettre) aux évêques du Mexique sur la dévotion à Notre-Dame de Guadeloupe, IV, 116.

« Permoti Nos » (Lettre apostolique) au cardinal Goossens, sur la question sociale en Belgique, IV, 226. — Voir SOCIALE.

Pérou (Lettre adressée aux évêques du) sur l'état du catholicisme dans leur pays, IV, 75.

Perraud (Lettre adressée au cardinal), évêque d'Autun, sur la soumission aux directions données par Léon XIII à la France, IV, 48. — Voir RÉPUBLIQUE.

« Petite Eglise » (Lettre adressée à Mgr l'évêque de Poitiers sur la), III, 223.

Philosophie (Encyclique Æterni Patris sur l'étude de la) scolastique, I, 42.

Picard (Lettres et Bref adressés au T. R. P.). — Voir AUGUSTINS DE L'ASSOMPTION.

Pitra. L'incident Pitra-Browers, VII, 62.

« Plane quidem » (Lettre) au cardinal Parocchi sur l'impulsion à imprimer aux études littéraires dans le Séminaire romain, VII, 56. — Voir ROME.

Politique (Lettre quantunque le siano au cardinal Rampolla sur la) pontificale, VII, 73.

Pologne (Encyclique adressée aux évêques de) sur l'état du catholicisme dans leur pays, IV, 60. — Voir CATHOLICISME.

Populaire (Encyclique Graves de communi re sur l'action) chrétienne, VI, 204. — Voir SOCIALE.

Portugal (Encyclique Pergrata Nobis adressée aux évêques de) sur l'état du catholicisme dans leur pays, II, 102. — Voir CATHOLICISME.

— (Encyclique Pastoralis vigilantiæ adressée aux archevêques et aux évêques du) sur le même sujet, III, 72.

« Postquam catholici » (Lettre) à Mgr Costa, archevêque de Tarragone, sur le IV° Congrès des catholiques espagnols, IV, 180. — Voir CONGRÈS.

Pouvoir (Encyclique *Diuturnum* sur l'origine du) civil, I, 104.
— (Encyclique *Immortale Dei* sur la constitution chrétienne des Etats et sur le), II, 16. — Voir ETATS.
« **Præclara gratulationis** » (Lettre apostolique) adressée aux peuples et aux princes de l'univers sur l'état du catholicisme, la situation religieuse de tous les peuples et l'union des Eglises, IV, 82. — Voir UNION.
Prague (Lettre au cardinal archevêque de) sur la neutralité scolaire,IV,108.—Voir ECOLES.
Présent (Encyclique *Etsi nos* aux évêques d'Italie sur les maux du), VII, 26.
Preysing (Lettre au comte Conrad de), président du Congrès catholique de Munich sur ce Congrès, IV, 234.
Prière (Discours prononcé devant la délégation des membres de l'association de l'Apostolat de la), III, 256.
Privilèges (Les) de l'Amérique latine, V,128. — Voir AMÉRIQUE.
Propagation de la foi (Encyclique *Sancta Dei civitas* sur la), la Sainte-Enfance et les écoles d'Orient, I, 118.
« **Properante ad exitum** » (Bulle) promulguant le Jubilé de 1900, VI, 14. — Voir JUBILÉ DE 1900.
Protectorat (Lettre du cardinal Langénieux à S. S. Léon XIII sur le) français en Orient, V, 270.
— (Réponse de Léon XIII au cardinal Langénieux sur le), V, 272. — Voir ORIENT.
Protestant (Lettre sur le prosélytisme) adressée à Rome, adressée à Mgr Respighi, cardinal-vicaire, VI, 142.
« **Provida matris** » (Lettre) recommandant des prières pour les fêtes de la Pentecôte, IV, 206.
« **Providentissimus Deus** » (Encyclique) sur l'étude de l'Ecriture Sainte, IV, 2. — Voir ETUDE.
Prusse (Encyclique *Jampridem* aux évêques de) sur la situation du catholicisme en Allemagne, II, 66.

Q

« **Quæ a te** » (Lettre) au cardinal Langénieux sur le Congrès eucharistique de Jérusalem, VII, 108.
« **Quanquam pluries** » (Encyclique) sur le patronage de saint Joseph et de la Très Sainte Vierge, II, 250.
« **Quantunque lo siano** » (Encyclique) au cardinal Rampolla sur la politique pontificale, VII, 73.
« **Quarto abeunte sæculo** » (Encyclique) adressée aux évêques d'Espagne, d'Italie et d'Amérique. sur Christophe Colomb, III, 128.
Question ouvrière. — Voir SOCIALE.
Question religieuse dans les divers Etats. — Voir CATHOLICISME et UNION.
Question sociale. — Voir SOCIALE.
« **Quod apostolici** » (Encyclique) sur les erreurs modernes, I, 26.
« **Quod auctoritate apostolica** » (Encyclique) portant indiction d'un jubilé extraordinaire, II, 54.
« **Quod multum** » (Encyclique) adressée aux évêques de Hongrie sur l'état du catholicisme dans leur pays, II, 82.
« **Quod Pontificum** » (Lettre apostolique) portant suspension des indulgences et des pouvoirs pour l'année du Jubilé de 1900, VI, 118. — Voir JUBILÉ DE 1900.
« **Quoniam divinæ** » (Lettre apostolique) accordant à propos du jubilé de 1900 des pouvoirs spéciaux aux pénitenciers et à certains confesseurs de Rome, VI, 123. Voir JUBILÉ DE 1900.
« **Quos nuper** » (Lettre) au cardinal Sancha, archevêque de Tolède, à l'occasion d'un Congrès de catholiques espagnols,VII,162. — Voir CONGRÈS.

R

Rampolla del Tindaro (Lettre au cardinal) sur les fêtes révolutionnaires du 20 septembre 1895 à Rome, IV, 252.
— (Lettre au cardinal) à l'occasion des noces de diamant sacerdotales de Léon XIII, V, 189.
— [Lettre *Quantunque le siano* au cardinal) sur la politique pontificale, VII, 73.
— (Lettre aux cardinaux), V. Vannutelli, Ferrata et Vivès à propos du cinquantième anniversaire de la définition dogmatique de l'Immaculée Conception, VII, 149.

Rédempteur (Encyclique *Tametsi futura prospicientibus*) sur Jésus), VI, 146.

Reims (Lettre accordant un jubilé à la France à l'occasion du XIV° centenaire du baptême de Clovis à), IV, 270 et 274.
— (Lettre adressée au cardinal Langénieux après les fêtes du XIV° centenaire du baptême de Clovis à), V, 100.
— (Ode sur le baptême de Clovis à), V, 182. — Voir FRANCE.
— Lettres à Mgr l'archevêque de). Voir LANGÉNIEUX.

Religieuse (Lettre apostolique *Prævtura gratuiationis* aux princes et aux peuples de l'univers sur la situation), IV, 82.

Religieux (Encyclique *Nobilissima Gallorum gens* aux évêques de France sur le problème) en France et les rapports de l'Église avec l'État, III, 111.
— (Constitution *Condiiæ* sur les Instituts de) à vœux simples, VI, 170.
— (Lettre *Au milieu des consolations*, adressée au cardinal Richard, archevêque de Paris, sur la situation des Ordres) en France, VI, 184.
— (Allocution consistoriale sur les périls qui menacent les Ordres) en diverses contrées d'Europe, VI, 232.
— (Lettre aux Supérieurs généraux des Ordres et Instituts), VI, 234.

Religieux. (Lettre à propos de diverses mesures de rigueur notamment contre les Ordres), adressée à M. Jules Grévy, président de la République française, VI, 241. — Voir FRANCE.

Religions (Lettre à Mgr Satolli sur le Congrès des) aux Etats-Unis, IV, 257.

République (Encyclique *Au milieu des sollicitudes* adressée aux évêques, au clergé et au peuple de France sur l'acceptation de la).
— (Encyclique *Notre consolation* adressée aux cardinaux français sur l'acceptation de la), III, 122.
— (Lettre adressée au cardinal Lecot sur les élections et l'acceptation de la), III, 220.
— (Lettre adressée au cardinal Perraud sur l'acceptation de la), IV, 48.
— Lettre adressée à Mgr Mathieu sur l'obéissance due aux pouvoirs constitués, V, 102.
— Lettre à Mgr Servonnet, archevêque de Bourges, sur les directions pontificales, VI, 36. — Voir ÉTATS.

« **Reputantibus** » (Lettre) aux archevêques de Bohême et de Moravie sur l'union des catholiques, VII, 112.

« **Rerum novarum** » (Encyclique) sur la condition des ouvriers, III, 18. — Voir SOCIALE.

Respighi (Lettre à Mgr) cardinal-vicaire, sur le prosélytisme protestant à Rome, VI, 142.
— (Lettre au cardinal) prescrivant des prières à l'occasion des événements de Chine, VI, 203.

Révolutionnaires (Lettre adressée au cardinal Rampolla sur les fêtes) du 20 septembre 1895 à Rome, IV, 252.

Richard (Lettre *Nuperrime* adressée au cardinal), archevêque de Paris, à l'occasion du 25° anniversaire de l'inauguration des travaux de l'église du Sacré-Cœur de Montmartre, V, 96.
— (Lettre *Suavi nimirum* au cardinal) à propos d'un tri-

duum à Sainte-Clotilde, V, 186.
— (Lettre adressée au cardinal) à propos de la « Fédération électorale », VI, 41.
— Lettre *Au milieu des consolations*, adressée au cardinal) sur la situation des Ordres religieux en France, VI, 184.

Rites (Conservation des) orientaux, IV, 136. — Voir ORIENTALIUM.

« **Romanorum Pontificum** » (Bref) en faveur des Pèlerinages de Pénitence à Jérusalem, organisés par les Augustins de l'Assomption, IV, 282. — Voir AUGUSTINS DE L'ASSOMPTION.

Rome (Discours au clergé de) à propos du Jubilé, IV, 51.
— (Lettre apostolique *Quoniam divinæ*, sur les pouvoirs des confesseurs de) pendant le Jubilé, VI, 123.
— Lettre au cardinal Parocchi sur les études littéraires dans le Séminaire romain, VII, 56.
— (Lettre aux délégations des sociétés catholiques de), IV, 46.
— (Discours à la noblesse de) en réponse à une adresse, VII, 169.

Roosevelt (Lettre au président) VII, 128.

Rosaire de Marie. Encyclique *Supremi apostolatus*, I, 214.
— Encyclique *Superiore anno* sur le), I, 278.
— Encyclique *Octobri mense*, III, 92.
— Encyclique *Magnæ Dei Matris*, III, 138.
— Encyclique *Lætitiæ sanctæ*, III, 242.
— Encyclique *Jucunda semper*, IV, 148.
— Encyclique *Fidentem piumque*, V, 84.
— Lettre encyclique *Augustissimæ virginis*, V, 166.
— Encyclique *Adjutricem populi*, V, 236.
— Lettre *Diuturni temporis* aux prélats du monde entier, V, 274.
— Constitution apostolique *Ubi primum arcano* sur ses règles, ses droits et ses privilèges, V, 292.

Rosaire de Marie. (Catalogue des indulgences du) et lettre du cardinal Gotti, VI, 61. — Voir INDULGENCES.
— (Lettre *Vi è ben noto* aux évêques d'Italie sur le), remède aux maux qui affligent l'Italie, VII, 84.

Rosaire (Eglise du). — Voir LOURDES.

Rosminisme (Lettre *Litteris ad te* à l'archevêque de Milan contre le), VII, 92.

Ruthènes (Discours adressé aux pèlerins), III, 193.

S

Sacré Cœur (Encyclique *Annum Sacrum* sur la consécration du genre humain au), VI, 24.
— (Lettre du cardinal Mazella, adressée aux évêques, sur les développements à donner au culte du), VI, 74.

Sacré Collège. — Voir COLLÈGE.

« **Sæpe nos** » (Encyclique) aux évêques d'Irlande, contre le boycottage, VII, 86.

« **Sæpenumero considerantes** » (Bref) sur l'étude de l'Histoire, I, 196. — Voir ÉTUDE.

Saint-Esprit (Encyclique *Divinum illud* sur l'action du), V, 138.

Sainte-Enfance (Encyclique *Sancta Dei civitas* sur la), la Propagation de la Foi et les écoles d'Orient, I, 118. — Voir ORIENT.

Sainte Famille (Lettre au cardinal Bausa sur la dévotion à la), III, 2.

« **Sancta Dei civitas** » (Encyclique sur la Propagation de la Foi, la Sainte-Enfance et les écoles d'Orient, I, 118. — Voir ORIENT.

« **Sapientiæ christianæ** » (Encyclique) sur les principaux devoirs civiques des chrétiens, II, 202. — Voir ÉTATS.

« **Satis cognitum** » (Encyclique) sur l'unité de l'Église, V, 2.

Satolli (Lettre adressée à Mgr), délégué apostolique aux États-Unis, sur le Congrès des religions, IV, 257.
— (Lettre à Mgr) en réponse à une adresse des journaux catholiques des États-Unis, VII, 107.

Schisme (Lettre à Mgr l'évêque de Poitiers sur le) de la Petite Église, III, 223.

Schoenborn (Lettre apostolique *Pastoralis officii* adressée au cardinal) sur le duel, III, 84.

Scolaire (Question). — Voir ÉCOLES.

Scolastique (Encyclique *Æterni Patris* sur la philosophie), I, 42. — Voir ÉTUDE.

Secrètes (Sociétés). — Voir FRANC-MAÇONNERIE.

Séminaire (Lettre à Monseigneur de Verdun sur la réorganisation du Grand), VI, 273.

Séminaires (Lettre *Ad extremas* sur la fondation des) aux Indes, III, 204.— Voir CLERGÉ.

— (Instruction du clergé dans les). — Voir CLERGÉ.

— (Sur les études littéraires au) romain, VII, 56.

— (Lettre aux évêques latins de Grèce sur la fondation d'un) latin à Athènes.

Servonnet (Lettre à Mgr), archevêque de Bourges, sur les directions pontificales, VI, 36. — Voir RÉPUBLIQUE.

Siècle (Poésie saluant l'aurore du xxe), VI, 201.

Situation religieuse (Lettre *Præclara* aux princes et aux peuples de l'univers sur la), IV, 82.

Sociale (Encyclique *Rerum Novarum* sur la condition des ouvriers et la question), III, 18.

— Lettre *Nihil Nobis* adressée à M. Gaspard Decurtins sur la question), III, 214.

— (Lettre apostolique *Permoti Nos* adressée au cardinal Goossens sur la question) en Belgique, IV, 226.

— Adresse de M. Harmel et réponse de Léon XIII sur la Démocratie chrétienne, V. 280.

— (Encyclique *Graves de communi* sur la question) et l'action populaire chrétienne ou démocratique chrétienne, VI, 204.

— Instruction de la Sacrée Congrégation des Affaires ecclésiastiques extraordinaires sur l'action populaire chrétienne ou démocratique chrétienne en Italie, VI, 262.

Société (Encyclique *Inscrutabili* sur les maux de la), I, 8. — Voir ÉTATS.

Sociétés catholiques (Lettre adressée aux délégations des) de Rome, IV, 46.

« **Spesse volte** » (Encyclique) aux évêques et au peuple d'Italie sur l'action catholique dans leur pays, V, 248.

« **Suavi nimirum** » (Lettre) sur un triduum à Sainte-Clotilde, V, 186.

« **Superiore anno** » (Encyclique) sur la récitation du Rosaire de Marie, I, 278. — Voir ROSAIRE.

Supérieurs (Letttre *En tout temps* aux) d'Ordres religieux, VI, 234. — Voir RELIGIEUX.

« **Supremi apostolatus** » (Encyclique) sur le Rosaire de Marie) I, 214. — Voir ROSAIRE.

T

« **Tametsi futura prospicientibus** » (Encyclique) sur Jésus Rédempteur, VI, 146.

Tarragone (Lettre à Mgr l'évêque de) sur le IVe Congrès des catholiques espagnols, IV, 180.

Taurin-Dufresse (Décret de déclaration de martyre de), de Dumoulin-Borie et de leurs compagnons, VI, 56.

« **Temporis quidem sacri** » (Bulle) étendant au monde catholique le jubilé de 1900, VI, 192. — Voir JUBILÉ DE 1900.

« **Testem benevolentiæ** » (Lettre) adressée au cardinal Gibbons sur l'américanisme, V, 310. — Voir AMÉRICANISME.

Thomas d'Aquin (Bref *Cum hoc sit* proclamant saint) patron des écoles catholiques, I, 110. — Voir ÉCOLES.

Tiers-Ordre (Encyclique *Auspicato concessum* sur le) de Saint-François, I, 162.

— (Constitution *Misericors Dei Filius* sur la règle des Franciscains du) séculier, I, 180. — Voir FRANÇOIS.

Tolède (Lettre à l'archevêque de)

sur un Congrès des catholiques espagnols, VII, 162.
Toulouse (Lettre à Mgr l'archevêque de) sur l'obéissance aux pouvoirs constitués, V, 102.
« **Trans Oceanum** » (Lettre apostolique) sur les privilèges de l'Amérique latine, V, 128. — Voir AMÉRIQUE.
Triduum (Lettre au cardinal Richard sur un) à Sainte-Clotilde, V, 186.

U

« **Ubi primum superiori mense** » (Encyclique) sur son élévation au Pontificat, I, 2. — Voir LÉON XIII.
« **Ubi primum arcano** » (Constitution apostolique) sur les règles, les droits et les privilèges du Rosaire de Marie, V, 292. —Voir ROSAIRE.
Union (Encyclique *Paterna caritas* adressée aux Arméniens sur l') dans la foi, II, 214.
— (Lettre apostolique *In ipso* adressée aux archevêques et évêques d'Autriche sur l') et l'action de l'épiscopat, III, 8.
— (Encyclique *Christi nomen* sur les missions d'Orient et l') des Eglises, IV, 152.
— (Motu proprio « *Optatissimæ* » concernant la Commission pontificale établie pour favoriser l'); IV, 266.
— (Motu proprio « *Auspicia* » sur la méthode à suivre pour favoriser les progrès du catholicisme et l') en Orient, IV, 290.
— (Lettre apostolique *Præclara gratulationis* sur l'état général du catholicisme, la situation religieuse de tous les peuples et l') des Eglises, IV, 82. — Voir ORIENT.
Union des Frères Mineurs (Sur l') V, 204. — Voir FRÈRE.
— (Lettre *Reputantibus* aux archevêques de Bohême et de Moravie sur l') des catholiques, VII, 112.
« **Unitatis christianæ** » (Lettre apostolique) adressée aux Cophtes catholiques, IV, 212.
Unité (Lettre apostolique *Amantissimæ voluntatis* adressée au peuple anglais sur l') de la foi, IV, 182.
— (Encyclique *Satis cognitum* sur l') de l'Eglise, V, 2.
Université. (Lettre à Mgr Keane, ex-recteur de l'Université catholique de Washington, V, 184.
« **Urbanitatis** ». Lettre aux évêques latins de Grèce pour instituer un Séminaire latin à Athènes, VII, 118.

V

Venise (Lettre apostolique aux évêques de la province de) sur le mariage civil en Italie, III, 176. — Voir MARIAGE.
Verdun (Lettre à Monseigneur de) sur la réorganisation du grand Séminaire, VI, 27.
« **Vi è ben noto** » (Lettre) aux évêques d'Italie sur le Rosaire, remède aux maux qui affligent l'Italie. VII, 84.
Vierge (Encyclique *Quanquam pluries* sur le patronage de saint Joseph et de la Très Sainte), II, 250.
— (Encyclique et Constitution sur le Rosaire de la T. S.). — Voir ROSAIRE.
« **Vigilantiæ studiique** » (Lettre apostolique) sur l'institution d'une Commission des études bibliques, VII, 132.
Vœux simples. — Voir RELIGIEUX.

W

Washington (Lettre à Mgr Keane sur l'Université catholique de), V, 184.
Westminster (Lettre *In maximis occupationibus* adressée aux évêques de la province de) sur le catholicisme libéral et le rationalisme, VI, 223. — Voir ANGLETERRE.
Wilhelmine (Lettre de S. M., reine des Pays-Bas, à Léon XIII sur la Conférence de La Haye, sur le désarmement, et réponse de Léon XIII, VI, 39. — Voir DÉSARMEMENT.

TABLE DES MATIÈRES
DE CE VOLUME

Discours aux pèlerins français conduits par le Comité des Pèlerinages nationaux le 2 mai 1879, texte français.................	2
Lettre encyclique « GRANDE MUNUS », sur saints Cyrille et Méthode (30 septembre 1880), latin et français..................	4
Lettre « LICET MULTA », à l'épiscopat belge (3 août 1881), latin et français..................	20
Lettre encyclique « ETSI NOS », à l'épiscopat italien (15 février 1882), latin et français..................	26
Lettre encyclique « CUM MULTA SINT » à l'épiscopat espagnol (8 décembre 1882), latin et français..................	44
Lettre « PLANE QUI DEM », au cardinal Parocchi sur l'impulsion à imprimer aux études littéraires dans le Séminaire romain (20 mai 1885), latin et français......	56
Affaire Dom Pitra. Lettre au cardinal Guibert, archevêque de Paris (17 juin 1885), latin et français..................	62
Affaire Dom Pitra. Lettre du cardinal Pitra à M. l'abbé W. Brouwers, directeur de l'*Amstelbode*, texte français..................	68
Affaire Dom Pitra. Lettre du cardinal Guibert à Léon XIII, texte français..................	70
Affaire Dom Pitra. Lettre du cardinal Pitra à Léon XIII, texte français..................	74
Lettre de Léon XIII au cardinal Mariano Rampolla, secrétaire d'État (15 juin 1887), texte français..................	78
Lettre aux archevêques et évêques d'Italie (20 septembre 1887), texte français..................	84
Lettre « SÆPE NOS », aux évêques d'Irlande (24 juin 1888), latin et français..................	86
Lettre « LITTERIS AD TE », à l'archevêque de Milan, sur la secte rosminienne (1er juin 1889), latin et français..................	92
Lettre encyclique à l'épiscopat italien (15 octobre 1890), texte français..................	96
Lettre à Mgr Satolli, en réponse à une adresse des journaux catholiques des États-Unis (12 décembre 1894), texte français.........	107
Bref au cardinal Langénieux, archevêque de Reims, sur le Congrès eucharistique de Jérusalem (10 décembre 1893), latin et français..................	108
Lettre « EA DISCIPLINÆ, » à l'évêque de Namur (29 mai 1901), latin et français..................	110
Lettre « REPUTANTIBUS », aux évêques de Bohême et de Moravie (20 août 1901) latin et français..................	112
Lettre « URBANITATIS », aux évêques de Grèce sur l'institution à	

TABLE DES MATIÈRES

Athènes d'un Séminaire catholique (20 novembre 1901), latin et français.. 118
Lettre « Multis quidem » aux cardinaux et évêques autrichiens (4 décembre 1901), latin et français........................ 126
Lettre à S. Exc. M. le président de la République des Etats-Unis (18 juillet 1902), texte français........................ 128
Jubilé pontifical de Léon XIII : adresse des évêques de France et réponse de Léon XIII (19 juillet et 15 août 1902), texte français.... 129
Lettre « Vigilantiæ » sur l'institution d'une Commission des études bibliques (30 octobre 1902), latin et français................ 132
Lettre aux évêques d'Italie sur l'éducation des clercs et l'exercice du saint ministère (8 décembre 1902), texte français....... 142
Lettre à divers cardinaux à propos du cinquantième anniversaire de la définition dogmatique de l'Immaculée Conception (26 mai 1903), texte français.. 149
Lettre « Compertum » à l'archevêque d'Agram sur l'érection à Rome du collège de Saint-Jérôme (10 avril 1902), latin et français... 150
Lettre apostolique « Non mediocri » sur les Cisterciens réformés ou Trappistes (30 juillet 1902), latin et français........ 154
Lettre « Quos nuper » au cardinal Sancha y Hervas, archevêque de Tolède (22 avril 1903), latin et français................. 162
Les dernières allocutions de Léon XIII. — Allocution prononcée le 23 décembre 1902, en réponse à l'adresse du cardinal Oreglia à l'occasion des fêtes de Noël, texte français.................. 167
Allocution au patriarcat et à la noblesse romaine, prononcée le 24 janvier 1903, en réponse à une adresse lue par le prince Marc-Antoine Colonne, texte français........................... 169
Allocution prononcée le 20 février 1903, à l'occasion du vingt-cinquième anniversaire de son élection, texte français......... 171
Allocution prononcée le 9 juin 1903, devant le XV° pélerinage de Pénitence à son retour de Jérusalem, texte français....... 172
Dernière poésie latine de Léon XIII avec traduction........... 173

APPENDICES

Biographie de Léon XIII.. 177
Léon XIII et la presse, d'après ses lettres et actes publics...... 231
Léon XIII et la *Croix*... 249
Actes de Léon XIII : Canonisations et béatifications ; extension de la hiérarchie catholique ; conventions diplomatiques.......... 255
Liste des Encycliques de Léon XIII........................... 263
Liste des Lettres et Brefs de Léon XIII spéciaux aux œuvres françaises ou catholiques.. 268
Allocutions plus importantes de Léon XIII.................... 274
Table alphabétique générale des sept volumes................. 273